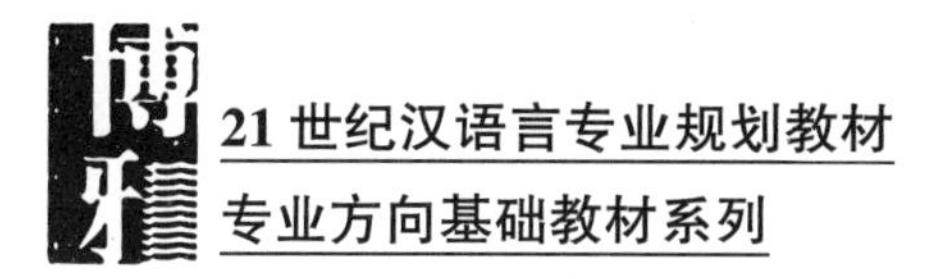


# 认知语义学

## 基础理论十讲

李福印　刘娜　编著

**图书在版编目（CIP）数据**

认知语义学基础理论十讲 / 李福印，刘娜编著. —北京：北京大学出版社，2022.9

（21世纪汉语言专业规划教材 · 专业方向基础教材系列）

ISBN 978-7-301-33131-6

Ⅰ. ①认… Ⅱ. ①李… ②刘… Ⅲ. ①认知语言学 Ⅳ. ①H0-06

中国版本图书馆CIP数据核字（2022）第107858号

| | |
|---|---|
| 书　　名 | 认知语义学基础理论十讲<br>RENZHI YUYIXUE JICHU LILUN SHIJIANG |
| 著作责任者 | 李福印　刘　娜 编著 |
| 责任编辑 | 唐娟华 |
| 标准书号 | ISBN 978-7-301-33131-6 |
| 出版发行 | 北京大学出版社 |
| 地　　址 | 北京市海淀区成府路 205 号　100871 |
| 网　　址 | http://www. pup. cn　　新浪微博: @ 北京大学出版社 |
| 电子信箱 | dianjiwenhua@126. com |
| 电　　话 | 邮购部 010-62752015　发行部 010-62750672　编辑部 010-62767349 |
| 印 刷 者 | 北京溢漾印刷有限公司 |
| 经 销 者 | 新华书店 |
| | 787 毫米 ×1092 毫米　16 开本　22. 75 印张　400 千字 |
| | 2022 年 9 月第 1 版　2022 年 9 月第 1 次印刷 |
| 定　　价 | 78. 00 元 |

---

# Preface by Leonard Talmy

Professor Fuyin Thomas Li has been instrumental in bringing cognitive semantics to China and the world. He founded the China International Forum on Cognitive Linguistics (CIFCL), an organization that has invited virtually all prominent cognitive linguists to Beijing, each giving ten lectures subsequently published as a book; edited the journal *Cognitive Semantics*, published by Brill in the Netherlands; edited the *Handbook of Cognitive Semantics* with international contributions from over 45 cognitive linguists who together map out the field; organized theme sessions at conferences of the International Cognitive Linguistics Association; initiated the "Innovation in Linguistics" series of zoom talks and their publication in the journal; taught numerous classes on cognitive semantics, thus helping launch the careers of many students as cognitive linguists in China; and contributed his own theoretical work to the field.

In addition, he organized four "Talmyan" conferences on research related to my work and, leading a team, translated my two-volume set *Toward a Cognitive Semantics* into Chinese. The present book, *Cognitive Semantics: Ten Lectures on Basic Theories*, in fact aims to help readers access the contents of those two volumes more readily. It introduces a number of the more significant ideas presented in the two volumes. Its ten chapters are based on the classroom-tested materials that Prof. Li has developed over the years. In a similar vein, his forthcoming book, *Cognitive Semantics: Ten Lectures on the Macro-event Hypothesis*, introduces the ideas on event structure in the two volumes and extends them with new proposals.

Including his two new books, Prof. Li's contribution to cognitive semantics is huge. But in addition to advancing our collective human understanding of language and the mind, this contribution and that of all the others are made in the hope that you, the reader, will be able to advance this understanding still further.

Leonard Talmy

# 前 言

笔者自 2003 年春季开始，给北京航空航天大学外国语学院外国语言学及应用语言学专业的硕士研究生开设"认知语义学"课程。因为学院有两年制硕士和三年制硕士，因此有同一年给两类硕士研究生讲授该课程的经历，笔者实际在本校讲授这门课程已超过 20 个循环。2004 年，笔者以兼职教授身份在北京外国语大学开设该课程，讲授过 4 个循环。自 2012 年开始，笔者在北航给博士研究生开设该课程，至今已有 10 个循环。2019 年，笔者以讲座教授身份受邀给河南大学外语学院硕士研究生开设该课程，已完成 3 个循环。至 2022 年，这门课程笔者讲授了 40 多个循环。

同一门课程，讲授了 40 多个循环，因此主讲者有诸多感悟。这些感悟细腻、微妙、深刻、多层次、多视角。教学内容的更新与教师的学术水平、学生的基础及接受程度以及本学科前沿研究三者密不可分。笔者将这些感悟融入本学科的教、学、研，在此略述一二，作为前言。

## 一、学科前沿引领教学内容

如果以 3—5 年作为一个时间段，观察认知语义学的教学内容，我们会发现，该学科内容更新十分缓慢。以 10 年为一个时间段，再回头看，我们会发现，这门学科有了较大发展。如果继续拉长时间段，以 20 年甚至 30 年为视角看这一学科，可以说，认知语义学今非昔比。

1994 年，笔者入读吉林大学攻读硕士学位。在当时的语义学课程中，主讲教师主要讲授 Palmer 教授的 *Semantics*（《语义学》）（Palmer 1976）中的内容。

自2003年开始的最初几年,笔者主要讲授Lakoff的隐喻、转喻以及Rosch的原型理论等,当时尚未系统讲授Talmy的认知语义学理论。

学科教学内容滞后于本学科的学术前沿,这就要求教师及时更新教学内容,追逐前沿。当然,这是一个缓慢的过程。教师本身必须对本学科及其发展有浓厚的兴趣。学生在课堂上也必须适应所教的内容。唯有这样,才能确保教师教学内容的学术前沿性。

## 二、认知语义学的引进

认知语言学是以反对Chomsky的生成语言学为主,自20世纪70年代开始发展起来的一门语言学流派。它可以笼统地分为认知语法和认知语义学两个主要分支。宽泛地讲,隐喻、转喻、意象图式和原型理论等一系列话题都可以归入认知语义学领域。Talmy的认知语义学理论较为系统,他是公认的认知语义学创始人。

自2006年起,笔者以Talmy的两卷英文原著*Toward a Cognitive Semantics*(《认知语义学》)为蓝本,开始系统讲授认知语义学。

2007年,笔者邀请Talmy作为第四届中国认知语言学国际论坛(网址:http://cifcl.buaa.edu.cn/Speakers.htm)主讲专家,亲自来京讲授认知语义学,一共十讲。2010年,讲座内容在外语教学与研究出版社正式出版,书名为《伦纳德·泰尔米认知语义学十讲》。

2012年,笔者受邀为Talmy的两卷英文原著的影印版撰写汉语导读(总共约2万字),该影印版已由外语教学与研究出版社出版。

2015年,在Talmy, Langacker, Lakoff等国际领军学者的支持下,笔者主编的英文国际期刊*Cognitive Semantics*正式创刊,由荷兰Brill出版社负责出版及发行(网址:https://www.brill.com/cose)。

笔者带领研究团队翻译的Talmy两卷英文原著的汉译本分别于2017年(卷I)和2019年(卷II)在北京大学出版社出版。

随着这一系列工作的推进,笔者讲授的"认知语义学"的课程内容不断更新,笔者对这门学科的理解不断加深,与该学科的前沿研究不断靠近。

笔者认为,研究生的课程内容应该保持与国际学术前沿的一致性。

## 三、《认知语义学基础理论十讲》

遵循"继承核心理论,力图发展创新"的理念,笔者设计并撰写《认知语义学基础理论十讲》。本书诠释 Leonard Talmy 认知语义学奠基性著作《认知语义学》(卷 I、卷 II)中的核心思想,并使之与研究前沿接轨。本书力图诠释笔者本人面对西方理论首先学习、之后尝试应用、最后力图创新的整个过程。这一过程更是反映了笔者过去 20 年来教、学、研三者相结合的过程。"教" 就是教学,我们要考虑教什么、教谁、如何教等问题。"学" 首先是笔者本人的学习提高,其次是所指导的研究生的学习,我们要考虑学什么、所学内容是不是国际前沿、如何学等问题。"研" 就是研究。研究必须具有国际视野,研究必须创新。无论是作为博士生导师的笔者本人,还是硕士及博士研究生们,创新性研究是我们共同面对的挑战,是研究者一生的使命。

本书竭力体现和融合了笔者在以上三个方面对认知语义学的种种感悟。这些感悟很难用三言两语写入前言中,但是三者相融合的精神已经融入书中。

笔者结合多年课堂教学以及研究生指导经验,力图在本书中阐述 Talmy 的核心思想和最有影响力的理论(或者说他的学术灵魂)。下面,笔者简要概括十讲内容。

1. Talmy 所持的语言哲学观为语言是一种认知系统。
2. 区分形式与意义是 Talmy 认知语义学研究最重要的方法论基础,他提出了 35 个语义范畴。
3. 语言系统从宏观上可以划分为开放类与封闭类,大致与词汇类和语法类相对应。
4. 从人的感知视角出发,我们可以把看到的场景划分为焦点和背景,这种认知结构相应地反映在语言的概念结构中。
5. 时间和空间这对语义域是我们感知世界以形成概念结构的基础。
6. 人类对空间的认知形成一定的图式,进而利用这些图式组织更为抽象的概念结构。
7. 力动态是对自然界中的力反映到概念结构中的规律性概括,这是 Talmy 理论皇冠上的一颗明珠。
8. 与力动态相一致,因果关系也反映了事物之间的普遍规律。
9. 运动是物质的存在形式,是一种时空融合。
10. 基于运动事件提出的语言类型两分法是 Talmy 最具影响力的理论。

笔者首先以 Talmy 两卷英文原著及其汉译本为蓝本,基于 40 多个教学循环的课堂讲义，精选出十讲，并于2019年在河南大学讲授这门课程的过程中得以最后完善，写成终稿。本书第二作者刘娜是笔者指导的博士研究生，她参与了书稿的整理工作。这也是笔者对教、学、研相融合理念的践行。编撰本教材的主要目的是帮助读者深入理解Talmy《认知语义学》的内容。我们在撰写某些章节的时候，直接转引了汉译本的内容。我们力图在体例上与原译著保持一致，同时兼顾本书要求。例如，在原译著中，双引号有时表示范畴，单引号可表示范畴成员或者语义。在本书中，我们保持了这一体例。如果读者发现对出处的标注有遗漏，恳请批评指正。

李福印
邮编：100191
地址：北京市海淀区学院路37号，北京航空航天大学外国语学院
邮箱：thomasli@buaa.edu.cn
手机：(86)13811098129（限短信）
微信号：thomasli1963

# 目　录

## 6 空间图式与封闭类



## 7 力动态模式

# 1 语言认知系统

## 1.1 引 言

认知科学家、认知语义学创始人 Leonard Talmy 主张语言是一种认知系统，且语言认知系统和其他认知系统共同构成人类的认知。语言系统由几大图式系统构成，包括：构型结构、注意分布、视角、力动态和事件结构等。图式系统由范畴构成。语言系统、图式系统和范畴共同构成概念系统的层级结构。

## 1.2 不同语言学流派的语言观

研究语言，我们首先需要回答语言是什么。对这一问题的不同回答，区分了不同的语言学流派，也框定了不同流派研究语言具体问题的视角、提出研究问题的方式以及解答这些问题的路径，最终形成该流派整体研究的面貌。

### 1.2.1 语言符号学：Saussure

现代语言学之父 Saussure 着力将语言学与其他相近的、涉及语言的学科区分开，以确立语言学的学科界限。在《普通语言学教程》(*Cours de Linguistique Générale*)(Saussure 1916)中，Saussure 首次将语言作为一个独立自足的系统加以考察，详细论述了语言、符号、意义三者之间的关系。

Saussure 指出人类与生俱来的不是口头言语活动，而是构建语言的能力或机能(faculty),即语言是符号与思想相匹配的系统。①

Saussure 的符号语言学观可概括为以下三点:(1)语言学是符号学的一部分;(2)语言是一个符号系统;(3)语言是一个特殊的符号系统。②

和其他符号一样,语言符号分为两面:声音-图像(sound-image)和概念(concept),即能指和所指。Saussure 认为语言符号自身是自足的两面体(self-contained dyadic entity),具有任意性、社会性等一般符号的基本特征,但语言同时又是最复杂的符号系统,它还具有区别于一般符号的线性、递归性等特征。Saussure 的符号学语言观为语言研究提供了一个全新视角,这一思想受到后来学者的广泛推崇。如今符号学的思想还被文学、文化学、艺术研究等领域广泛借鉴,在人文科学中具有方法论上的意义(王铭玉、于鑫 2013)。

语言符号学理论的问世使语言学研究完成了从传统向现代的转向,但同时也留下了诸多问题。正如 Saussure 本人所言:"语言根本无法抵抗那些随时促使所指和能指的关系发生转移的因素,这是符号任意性的后果之一。"(索绪尔 1980: 113)(转自鲁苓 2003)这一问题引发了西方学界的思考,不少理论流派对"意义不确定"论的源头,即语言符号任意性原则提出了质疑和挑战,认知语言学理论正是其中重要的流派之一。认知语言学中的体验性及象似性就是对任意性的挑战(李福印 2008: 41,247)。

### 1.2.2 结构主义语言观: Bloomfield

美国结构主义语言学是 20 世纪 30 年代初至 50 年代末占统治地位的语言学流派,主要以 Bloomfield 和 post-Bloomfieldians 为代表。Saussure 对语言符号系统的阐释为日后兴起的结构主义建立了理论基础。Saussure 因此被公认为开创了语言研究的新时代,即结构主义语言学时代。

比照 Bloomfield 和 Saussure 的语言观,可以看出两者的相同之处。Saussure 理论的要点在于语言的系统观。具体说来,符号间的相互关系构成语言的系统,符号的价值在于其相互关系,不在于符号本身,即语言是形式,不是实体(Saussure 1983: 120)。Bloomfield 虽未直接提及系统这一概念,但他对语

① Saussure (1959: 16): We can say that what is natural to mankind is not oral speech but the faculty of constructing a language, i.e. a system of distinct signs corresponding to distinct ideas.

② Saussure (1959: 16): Language is a system of signs that express ideas, and is therefore comparable to a system of writing, the alphabets of deaf-mutes, symbolic rites, polite formulas, military signals, etc. But it is the most important of all these systems.

言的分析完全建立在系统及与之相关的价值、关系、差别等结构关系的基础之上。比如,他提出的语言分析的操作方法(替换法、对比法、直接成分分析法等)都是基于 Saussure 的语言系统观。此外, Saussure 语言理论中的一些其他重要思想,如共时语言学和历时语言学区分、语言和言语区分以及组合关系和聚合关系区分等,都在 Bloomfield 的《语言论》(Bloomfield 1933)中有直接或间接的反映(熊兵 2003: 52)。

作为一种思维方式和描写方式,结构主义的核心观点可以表述为"事物的真正本质不在于事物本身,而在于我们在各种事物之间构造,然后又在它们之间感觉到的那种关系……任何实体或经验的完整意义除非被整合到结构(它是其中组成部分)中去,否则便不能被人们感觉到"。(霍克斯 1987: 8)(转自王铭玉、于鑫 2013: 367)结构具有整体性,各组成部分不会以它们在结构中存在的同样形式独立地存在于结构之外。语言是典型的结构体,语言单位依赖于相邻单位并受其制约,下级语言单位通过内部联系构成上级语言单位。基于行为主义的语言观,以 Bloomfield 为代表的美国结构主义语言学派反对人类语言具有普遍特征,认为语言研究的目的就是描述一门语言的语言事实。结构主义的确为语言研究提供了世界观和方法论指导。但是,其不足之处亦难以规避,具体有如下体现:

> (1)结构主义语言学把任何一个语言系统都看成是纯粹的完全符合规律的系统,这种认识带有主观主义和理想主义色彩;
>
> (2)结构主义语言学把语言系统看成是共时的、静态的,只承认语言的共时态是系统,忽视了语言是一个不断变化的社会现象;
>
> (3)结构主义语言学对于形式和意义的关系处理不当,忽视了语言符号的意义研究。
>
> (刘富华、孙维张 2003: 289—293)

最早打破结构主义一统天下局面的是 Chomsky,他主张语言理论应当是解释性的,以演绎法为基础,用构造模型的方法可以揭示人脑中具有普遍性和遗传性的语言能力,这个模型应能推导出所有潜在的可能句子。如果只是对已有语言事实进行收集、分类和描写,就无法揭示语言的内在和普遍规律(王铭玉、于鑫 2013)。

### 1.2.3 生成语言学:Chomsky

20世纪中叶,生成语言学从与结构主义的决裂和对立中诞生。结构主义语言学(或者描写语言学)各个流派首先注意的是整理语言事实,因此通常将语言学看作是一种分类活动,而生成语言学创始人Chomsky却赋予语言学逻辑结构和科学结构。Chomsky于1957年出版《句法结构》一书,确立了转换生成语法理论的独立地位。Chomsky曾在不同时期对语言作出略不相同的表述,其原文依次如下(笔者对原文进行了翻译,附于原文下面)。

(1) From now on I will consider a *language* to be a set of (finite or infinite) sentences, each finite in length and constructed out of a finite set of elements. All natural languages in their spoken or written form are languages in this sense, since each natural language has a finite number of phonemes (or letters in its alphabet) and each sentence is representable as a finite sequence of these phonemes (or letters), though there are infinitely many sentences.

(Chomsky 1957: 13)

从现在开始,我将把一种语言看作是一组(有限的或无限的)句子,每一个句子的长度都是有限的,由有限的元素构成。所有自然语言的口语或书面语都是这种意义上的语言,因为每种自然语言都有有限数量的音素(或其字母表中的字母),每个句子都可以表示为这些音素(或字母)的有限序列,尽管句子是无限多的。

(2) A particular language L is an instantiation of the initial state of the cognitive system of the language faculty with options specified. We take L to be a generative procedure that constructs pairs (π, λ) that are interpreted at the articulatory-perceptual (A-P) and conceptual-intentional (C-I) interfaces, respectively, as "instructions" to the performance systems. π is a PF representation and λ is an LF representation, each consisting of "legitimate objects" that can receive an interpretation.

(Chomsky 1995: 201)

特定语言L是认知系统初始状态的实例化,这一认知系统是具有特定选项的语言官能。我们将语言L看作是一个生成过程,可构造(π, λ)

对，个体对(π，λ)对的解读分别位于发音-感知(A-P)层面和概念-意图(C-I)层面，两个界面如同表现系统的“指令”。π是PF（Phonetic Form，即语音式）的表征；λ是LF（Logical Form，即逻辑式）的表征。两者均包含多个“合法对象”，且可进行解读。

(3) We can think of the states attained by FL, including the stable states, as “languages”: in more technical terminology, we may call them “internalized languages” (I-languages).

(Chomsky 2001: 388)

我们可以把FL（Faculty of Language，即语言官能）所能达到的状态，包括稳定状态，看作是“语言”。用更专业的术语来说，我们可称之为“内化的语言”，即I-语言。

在新近接受的访谈中，Chomsky再次回答了有关生成语法的几个核心问题。对于最基础的问题，即“语言是什么”，Chomsky依次回顾了不同学科以及不同语言学流派对“语言”的经典定义，最后重申其生成语法理论下的语言观。在此我们胪列如下：

(4) Taking some of the classics, for Ferdinand de Saussure, language (in the relevant sense) is a storehouse of word images in the brains of a collectivity of individuals, founded on a “sort of contract”. For Leonard Bloomfield, language is an array of habits to respond to situations with conventional speech sounds, and to respond to these sounds with actions. Alternatively, in his *Postulates for the Science of Language* (Bloomfield 1926), language is “the totality of utterances made in a speech community”.... Sapir defines language as “a purely human and non-instinctive method of communicating ideas, emotions, and desires by means of a system of voluntarily produced symbols”.

(Chomsky 2015: 92)

以一些经典定义为例，比如，对于Ferdinand de Saussure来说，语言（在相关意义上）是所有个体大脑中单词图像的贮藏库，该库建立在一种“契约”之上。对于Leonard Bloomfield而言，语言是借用规约性的语音回应不同情境的一系列习惯,也是借用动作回应语音的一系列习惯。或者,在他的《语言科学的假设》(Bloomfield 1926)中,语言是"一个言语社区所说的话语的总和"。Sapir 将语言定义为"纯人类式地、非本能地用自动产生的符号系统来表达思想、情感和欲望"。

Turning to the philosophical literature, the most influential work on the nature of language (not on language use, which is a different question) in the post-war period was that of Quine (1960). He considered a language to be a kind of theory, where a theory is a fabric of sentences associated with one another and stimuli by the mechanism of conditioned response. Elsewhere, he takes a language to be an infinite set of well-formed sentences, perhaps something like Bloomfield's "totality of utterances". This notion, if coherent at all, is derivative, presupposing some mode of generation. (Quine 1970)

(Chomsky 2015: 92)

在哲学文献中,战后时期关于语言本质(而不是语言使用,这是一个不同的问题)最具有影响力的著作是 Quine (1960)。他认为语言是一种理论,这一理论由相互关联的句子和条件反应机制的刺激交织而成。在其他著作中,他把一种语言看成是一组无穷无尽的句子,类似 Bloomfield"话语总和"的定义。这一概念如果连贯起来则是派生的,原因在于它预设了某些生成模式。(Quine 1970)

Moving to the present, Max Planck researcher N. J. Enfield, expressing a common view in the cognitive sciences, writes in the journal *Science* that language may be "a constellation of cognitive capacities" that have other functions (Enfield 2010). Another influential view is that a language is some rather arbitrary array of "constructions" acquired by general learning procedures and stored in memory (of astronomical size).

(Chomsky 2015: 92)

让我们将视角转向当下,马克斯·普朗克研究员 N. J. Enfield 在认知科学中传递了一个共识性观点,在他发表于《科学》杂志上的文章中,他说语言是具有其他功能的"认知能力的集合"(Enfield 2010)。另一个有影响力的观点是，语言是一系列非常任意的“结构”，可通过一般性的学习过程被习得，并（大量）存储在记忆中。

Chomsky之后详细阐述了其生成语法视角下的语言观。

（5）By *language* in these remarks I will mean *I-language*, a biological object internal to an individual, and considered in *intension*. That is, we are interested in the actual nature of the system, not just in its external manifestations. Adapting David Marr's terminology for processing systems, such study of I-language can proceed at the level of computation, algorithm, or mechanism, all of course interrelated.

Another concept that appears in the literature is *E-language*. I have to take responsibility for the term, but not for the ways it is conventionally used, which do not seem to me coherent. Sometimes it seems to be used rather in the sense of the Bloomfield-Quine conception of "totality of utterances", but as mentioned above, that concept presupposes some finite generative process, neurally encoded, and even then it is by no means clear that any well-defined set is determined, for reasons discussed extensively over half a century ago.

Among the various conceptions of language, the concept I-language is unique in that it presupposes none of the others and is presupposed, if only tacitly, by each of them. Any conception of language will at least assume that there are individual users, and that they use their language by virtue of some internal state of (mostly) their brains—that is, an I-language understood within what has come to be called "the biolinguistics program".

（Chomsky 2015: 92-93）

对于以上谈及的语言，我指的是I-语言（内在语言），一种存在于个人的大脑里的生物客体。我们研究的是这个概念，也就是说，我们感兴趣的是这一系统的实际性质，而不仅仅是它的外在表现。借用David Marr过程系统中的术语，这种对I-语言的研究可以在计算、算法或机制的层次上进行，当然所有这些都是相互关联的。

文献中出现的另一个概念是E-语言（外在语言）。我必须对这个词负

> 责任，但不是对它的常见的用法负责，因为我认为这些用法并不相关。这一概念的用法有时类似 Bloomfield-Quine 的"话语总和"概念，但正如上文所言，这一概念预设了一些有限的生成程序，而这种程序是神经系统的一部分，但即便如此，仍不清楚关于这一概念的任何明确集合，具体原因见于 50 多年前的大量讨论。
>
> 在各种关于语言的概念中，I-语言这一概念是独特的，因为它不假定任何其他语言概念，且其他语言概念都假定默认 I-语言概念。任何语言概念都至少假定有作为个体的使用者，他们使用语言(主要)是通过大脑的一种内在状态。换言之，是一种 I-语言且理解为"生物语言学程序"的一部分。①

总的说来，Chomsky 的主张是：语言是先天的(Language is somewhat innate)，生成能力是语言最重要的一个特点。语法是一种装置，这种装置能产生所研究的对象语言的许多句子(Chomsky 2002: 11-13)。因此，对 Chomsky 而言，语言是模块(Language is modular)，即大脑中有一个特殊区域掌管语言。

### 1.2.4 系统功能语言学：Halliday

20 世纪 60 年代，Halliday《语法理论范畴》(Halliday 1961)的发表标志着系统功能语言学的问世。生成语法和系统功能学派的诞生表明语言学研究由描述转向解释阶段。从历史渊源上来看，系统功能语言学是受到以 Protagoras 和 Plato 为代表的人类学传统的影响，继承和发展了以 Firth 为代表的伦敦学派的传统发展起来的(张德禄 2011)。

与上述 Chomsky 对语言的看法不同，Halliday 将语言看作一种社会符号。社会符号有两层含义：第一，语言是一种符号，是整个符号系统中的一个极为重要的子系统；第二，语言交际是人的活动，是人与人之间的话语行为。由此可见，系统功能语言学重视语言的社会性。用 Halliday 自己的话来说，系统功能语言学是一种研究机体之间(inter-organism)关系的语言学(Halliday 2001: 12)。

与其他语言学派相比，系统功能语言学有许多独特的特点，但它的整体性、功能性和适用性是最突出的特征。系统功能语言学的整体性在于它把语言的语境、意义、词汇语法、音系学等都作为研究对象，它们之间通过体现关系联系

---

① 承蒙 Randy LaPolla (罗仁地)教授的指教，本处翻译在校稿过程中有所修改，特此致谢。

起来，语境包括作为整个语言的语境的文化语境，和作为某个交际事件的语境的情景语境，并在此基础上发展了语类理论和语域理论。语类理论把语言的使用与交际目的联系起来，语域理论则把语境和意义联系起来。意义、词汇语法和音系学是语言的三个层次。意义表现为意义潜势，是一种符号的意义资源，包括一系列可供选择的系统网络。意义潜势由三大元功能（意义成分）组成：概念功能，即语言表达人类的经验和逻辑关系的功能；人际功能，即语言表达交际者之间的交流关系和角色关系以及社会地位的功能；语篇功能，即语言表达语篇和语境的关系，以及语篇内部的组织的功能。意义的三个组成部分主要由相应的三个语法系统体现：概念功能由及物性结构体现，人际功能由语气和情态系统体现，语篇功能由主位系统体现（张德禄 2011）。

简言之，从系统功能语言学的视角看，语言并不是一套"建构完美"的系统，而是由各种意义子系统构成的大系统；语言不能等同于所有合乎语法的句子的集合，而是一种"做事的方式"，即人类根据语言交际的需要对意义系统所作的选择（朱永生 2002；张德禄 2004）。

### 1.2.5 认知语言学

如前所述，符号任意性原则使 Saussure 语言观面临语言学诸理论流派的审视和清理，在这一过程中多个新的语言学理论流派孕育而生。于 20 世纪 80 年代迅速发展起来、由认知科学与语言学结合形成的新学科——认知语言学正是其中之一。认知语言学是一门研究语言的普遍原则和人的认知规律之间关系的语言学流派（李福印 2008: 3），其形成及发展可分为三个阶段，每个阶段大致十年，各有其标志（Geeraerts 2006: 20-24）。

第一个十年：孕育及萌芽阶段（1975—1985）。

1975 年，加州大学伯克利分校语言学系举办了语言学夏令营活动，该夏令营包括如下一系列演讲：Paul Kay 关于色彩词的演讲；Eleanor Rosch 关于范畴理论的演讲；Leonard Talmy 关于英语中空间关系的演讲；Charles Fillmore 关于框架语义学的演讲（高远、李福印 2007a: 25—42）。这些都为认知语言学日后的发展打下了基础，因此被公认为认知语言学的萌芽。更为重要的是，Langacker 在 1976 年开始他的认知语法的研究，其研究成果结集为后来为认知语法打下坚实基础的两卷本巨著 *Foundations of Cognitive Grammar*（Langacker 1987a，1991a）。Lakoff 的论文 *Linguistic Gestalts*（Lakoff 1977）和 Talmy 的论文 *Figure and Ground in Complex Sentences*（Talmy 1975a）也都在此期间问世。也许当时 Langacker, Lakoff 和 Talmy 都不曾想到,他们会成为日后公认的三位认知语言学创始人。在这十年间, Lakoff 和 Johnson 的合著 *Metaphors We Live By*（Lakoff & Johnson 1980/2003）对推动认知语言学的发展起到了不可低估的作用。在认知语言学领域风靡至今的隐喻研究大多都源于这部著作。因此,这十年是认知语言学打基础的萌芽和孕育时期。

第二个十年:认知语言学确立时期(1986—1995)。

认知语言学作为一种语言研究范式和独立学派的地位在这一阶段正式确立,主要标志为认知语言学领域基石性著作的出版。这些著作包括 Lakoff（1987）、Langacker（1987a,1991a）、Johnson（1987）、Fauconnier（1985）、Taylor（1989）以及 Goldberg（1995）等。1989 年德国学者 René Dirven 邀请 Lakoff, Langacker 等学者到德国的杜伊斯堡(Duisburg)参加认知语言学专题研讨会(Symposium on Cognitive Linguistics)。日后这次会议被认定为第一届国际认知语言学大会(ICLC1)。正是在这次会议上,学者们建立了国际认知语言学学会(ICLA),并计划出版刊物。次年, *Cognitive Linguistics* 正式创刊,正如认知语言学创始人之一 Langacker 所言:“A symposium organized by René Dirven and held in Duisburg in the spring of 1989 marked the birth of cognitive linguistics as a broadly grounded, self-conscious intellectual movement.”（Langacker 1991b: xv）1989 年春季,由 René Dirven 组织的研讨会在杜伊斯堡召开标志着认知语言学作为一个具有广泛认识基础和自我觉醒的学术运动开始了。

以上这些重要事件标志着认知语言学学派的国际地位正式确立。在这十年期间,作为认知语言学两大重要组成部分的认知语义学和认知语法都得到了长足发展。在认知语义学领域,学者们对下列重要概念或理论进行了更为细致和全面的阐释:原型范畴、意象图式、概念隐喻(Lakoff 1993)、概念整合、一词多义、象似性、心理空间等。Langacker 的语法理论更是为认知语法打下了坚实的基础。正如 Dirven 所言,20 年来 Lakoff 的理论境遇不佳, Chomsky 时不时要对自己的理论修修补补,而 Langacker 的认知语法理论却几乎没有受到任何挑战。以下是 Dirven 的评论原文:

> There is the highly conspicuous fact of the difference between Langacker's Cognitive Grammar and Lakoff's Cognitive Semantics. Langacker has never had to make major changes or revisions to his theoretical framework and in this respect his scientific quest differs

considerably from that of Chomsky with its many redefinitions of Generative Grammar. Furthermore, Langacker's Cognitive Grammar proposals for the theory and description of language have elicited almost no negative responses from other researchers working in the field of Cognitive Linguistics, neither from those outside it. In comparison with this relative stability, it is striking that Lakoff's proposals have met with far more internal and external critiques concerning a number of his basic insights, tenets, and tools, with the result that certain changes of orientation and alliances have followed.

(Dirven 2005: 50-51)

Langacker 的认知语法理论与 Lakoff 的认知语义学理论之间存在一个十分显著的区别:Langacker 从来不需要对他的理论框架做大的修订或改变。在这一点上,他的科学性探索与 Chomsky 有很大不同。Chomsky 对生成语法有过多次重新定义。再进一步讲,Langacker 提出的描述语言的认知语法理论,几乎既没有遭受到来自认知语言学领域研究者的质疑,也没有遭受来自认知语言学领域以外的学者的发难。与这一理论的相对稳定性相比,Lakoff 的理论却遇到来自该领域内外相当多的批评;这些批评涉及理论的本质、原则及方法。其结果则是对理论视角的修正,以及与其他理论的结合。

概而言之,没有以上基石性著作的问世,没有这些标志性事件,也就没有今天的认知语言学。在第二个十年期间,认知语言学作为一个独立研究范式的地位在国际上得以确立。

第三个十年:认知语言学的成熟发展时期(1996—2006)。

这一阶段见证了认知语言学研究在世界各地的迅速发展,尤其是世界各地认知语言学研究会(或学会)的建立。最早是西班牙(1998),其后是英国、日本、德国、法国、俄罗斯、中国等。在中国,以北京航空航天大学为首的六所知名高校(其他五所为清华大学、北京大学、北京师范大学、北京外国语大学和北京语言大学)于 2004 年开始举办"中国认知语言学国际论坛"(China International Forum on Cognitive Linguistics,参见 http://cifcl.buaa.edu.cn/Intro.htm),邀请认知语言学创始人和国际知名学者来北京做系列讲座(高远、李福印 2007a,2007b,2007c 等)。截至 2021 年 12 月,共举办论坛 21 届,已邀请 George Lakoff, Ronald Langacker, Leonard Talmy, William Croft, John Taylor, Gilles Fauconnier, Arie

Verhagen, Stefan Th. Gries, Francisco José Ruiz de Mendoza Ibáñez, Martin Hilpert, Elizabeth C. Traugott, Dagmar Divjak, Petar Milin, Michael Barlow, Robert D. Rupert 等国际知名学者来京或在线上讲学,共讲授 30 个系列。这些学者就自己多年的研究话题展开了深度的系列演讲。

这十年间出版的著作具有一个特点,即大部分综述性质较强,适合作为教科书使用,例如 Ungerer & Schmid(1996), Dirven & Verspoor(1998), Taylor(2002), Croft & Cruse(2004), Evans & Green(2006), Geeraerts(2006), Kristiansen *et al.*(2006)等,这是认知语言学走向成熟的一个重要标志。与此同时,认知语言学迅速向相邻学科扩展。例如认知社会语言学、认知诗学、应用认知语言学、认知意识形态研究、认知语篇研究,等等。我们认为,这一阶段最重要的原创性著作当属 Leonard Talmy 的两卷本巨著 *Toward a Cognitive Semantics*(Talmy 2000a,2000b)。尽管书中内容曾以论文形式发表,但成书之际, Talmy 对内容进行了全面修订和完善。两卷巨著的出版使认知语义学理论得以系统化。

纵观这三个十年,关于认知语言学这一学科的研究话题十分广泛,人们很难用单一理论框架来概括。但是,以下三个哲学假设普遍为认知语言学研究者所认同:

(1)语言不是人类大脑中独立的认知机制(Language is not an autonomous cognitive faculty);

(2)语法是概念化(Grammar is conceptualization);

(3)语言知识来自语言的使用(Knowledge of language emerges from language use)。

(Croft & Cruse 2004: 1)

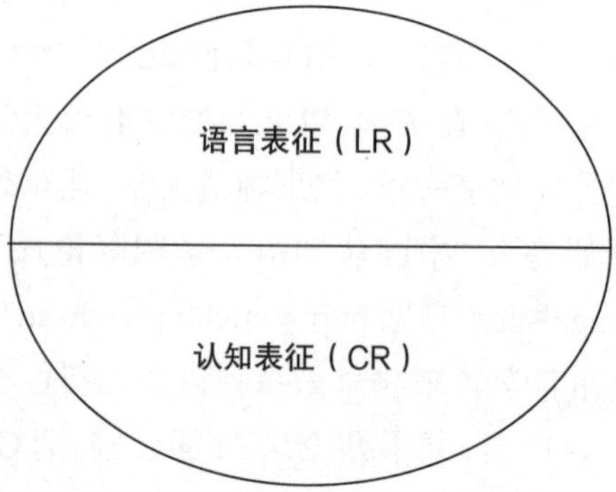

语言表征(LR)

认知表征(CR)

图 1.1 语言表征与认知表征

这些假设构成认知语言学的哲学基础,可以在认知语言学的许多核心著作中见到,例如 Taylor(2002: 8), Langacker(1991b: 1), Dirven(2005: 17-68)等。作为最新确立的语言学学科之一,认知语言学的创立首先是一批学者对以 Chomsky 为代表的生成语言学的不满而进行的一场反叛运动。因此,以上假设和 Chomsky 在生成语言学中的假设是针锋相对的。根据假设(1),我们可以得出一个结论:既然语言不是一个独立自治的认知机制,那么语言知识的表征和其他概念结构的表征本质上应该是相同的。语言的认知机制和语言领域之外的其他认知机制也就没有本质区别。因此,坚持假设(1)意味着我们必须借助认知科学研究认知机制。根据假设(2),我们可知语法是概念化的结果,因此语言就不是一个先天存在、可以无限生成句子的自治系统。根据假设(3),我们获悉语言知识的习得来自语言实践(李福印 2008: 8—10)。下一节我们将详细比对这三个假设,并据此阐述 Talmy 的认知语义学观点。

### 1.2.6 认知语义学: Talmy

对于"语言是什么"这一问题, Talmy(2000a: 21)认为语言有两种表征形式:内在的表征和外在的表征,前者可以称为认知表征(Cognitive Representation,简称 CR),后者可以称为语言表征(Linguistic Representation,简称 LR)。我们可以这样理解:语言系统有两种物理性载体,一种是内在的,一种是外在的,两者缺一不可(如图 1.1 所示)。内在的是大脑中的神经网络及认知加工,外在的就是音义结合体。

另一方面,语言又可以看作是形式和意义的配对(pairing),即音义结合体,或我们听到的语言。这样一来,我们又可以用图 1.2 表示"语言"这一概念。

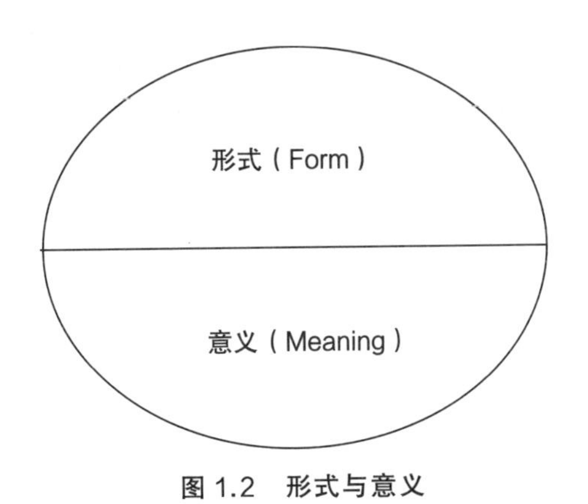


图 1.2 形式与意义

图 1.1 是从语言系统整体来讲的，是宏观上的。图 1.2 是从具体的语言表达来界定的，是微观上的。我们认为两张图的上半部分和下半部分是分别对应的。换言之，语言形式就是语言的外在表征，语言的意义就是语言的认知表征。

Talmy 于 2000 年出版的两卷著作《认知语义学》(*Toward a Cognitive Semantics*)源于他在 1972 年完成的博士论文，题目为：*Semantic Structures in English and Atsugewi*（《英语及阿楚格维语中的语义结构》）。此后，他以博士论文为基础逐步拓展研究范围、深化研究内容。在 MIT 出版的这两卷巨著中，Talmy 的核心观点是概念构建系统。Talmy 在两卷书的副标题中均使用了 structuring 一词，表示概念结构并不是一个静态的系统，而是通过不同的认知过程构建而成。卷 I 有四个部分，卷 II 有三个部分，均包括 8 章内容。为方便读者理解，本书后文在谈及这两卷著作时将沿用 Talmy 原著中的体例，如 I-1 表示卷 I 第 1 章，II-1 表示卷 II 第 1 章，以此类推。

在认知语言学领域，Talmy 与 Langacker 和 Lakoff 并列，是公认的认知语言学创始人。Langacker 认为"语言的本质是象征性的"(Language is symbolic in nature)(Langacker 1987a: 11)，主张语言的形态和句法结构都具有象征性。因此 Langacker 的定义涉及的是语言形式和语义之间的关系，并未涉及语言的认知表征。Talmy 则自始至终关注心智(mind)在语言表征中的作用。

纵观 Talmy 的认知语义学著作，他从未强烈支持或者反对认知语言学的哲学基础的提法。他也并非像认知语言学的其他支持者那样，认为认知语言学和 Chomsky 的理论针锋相对。正相反，他认为认知语言学的研究，尤其是他自己的理论，和 Chomsky 的理论并不冲突，其实是呈现互补态势。Talmy (2000a，2000b)在两本著作中所谈及的深层结构和表层结构的思想就受到 Chomsky 转换生成语言学的影响，这一点在 I-8 章中达到极致。在这一章中，Talmy 通过表层表达派生出因果关系的深层语义结构。Talmy 自己更倾向于说自己的语言哲学思想介于认知语言学和 Chomsky 的主流思想之间。关于 Talmy 的语言哲学思想这一话题以及他本人对以上三个哲学假设的看法，本书第一作者专门与 Talmy 进行了详细讨论，以下是笔者归纳的 Talmy 关于以上三个哲学假设的观点。

假设 1：语言不是人类大脑中独立的认知机制。

Talmy 认为，一方面，在人的认知中，没有什么是自足的，或者说是独立的。因此，Talmy 把不同的认知功能称为系统，而不是模块，并发展了他自己的认知组织的系统交叉模型(overlapping systems model of cognitive organization)(参见 Talmy 2015)。在这一理论模型中,Talmy 认为每一种系统都有组织元素(organizing factors)。有些组织元素可以作用于几个认知系统,有些组织元素作用于所有认知系统。

另一方面,有些语言学家认为我们对语言的认知完全基于普遍的认知能力,没有任何认知能力是专为语言而进化来的。Talmy 不同意这种观点,原因有二:

(1)认知的某些方面是否为语言进化而来,这完全是一个需要通过实证才能确定的问题。这需要大量的心理语言学研究、神经科学成像研究、DNA 比对研究,以及意识形态领域的对比研究;

(2)Talmy 认为,仅靠语言学家具有的关于语言结构的知识根本无法回答这个问题。

假设 2: 语法是概念化。

Talmy 在卷 I 第 1 章中讨论了语法的意义,他支持语法本身具有语义且与概念紧密相关这一观点;反对任何关于语法是形式的观点。另一方面,Talmy 反对以 Langacker 为代表的一些语言学家的观点:他们认为语法仅是概念上的,仅是语言中语义的一部分。尽管目前有一种趋势,认为语言的功能是单一连续统上的不同的梯度,但是 Talmy 认为他 I-1 中的论述仍然是有效的。例如,封闭类中的形式(单复数)和名词搭配可以表示名词所指的数量,但是无法表示名词所指的颜色。这说明,存在一种相对独立的子系统。这样一来,下一个问题就是:这个子系统是纯粹语义的还是具有形式特征?如果是后者,那么这种具有形式特征的子系统是否为语言进化而来?

假设 3: 语言知识来自语言的使用。

认知语言学关于基于用法的模型具有广泛的含义。第一,从微观视角看,语言中没有任何语言表达的实例可以单独存在,它们都是基于语境的。第二,从认知视角看,我们的认知对于频率相当敏感,我们根据自己听到的语言输入形成模式,这种模式进而构成语法。第三,我们的语言输出反映频率模式,并非依赖于抽象图式的概括。第四,对于语言的任何方面,我们的认知具有一系列的认知变量,这些变量是根植于语言的基础之中的,所以语言的历时演变是语言结构的本质,而不是语言的一个缺点。第五,语言并非基于专为语言而进化的系统之上,而是仅仅基于普遍的模式认知系统(general pattern-cognition systems)。

关于以上这些观点，Talmy最认可第一点（语境说）和第四点（认知变量说）。另外，他认为，关于第二点，我们的认知对频率敏感进而构成模式的过程中，几乎不可能不构建抽象图式。因此，对于是否具有专为语言进化的系统，这完全是个实证问题，仅靠语言学家是无法回答的。

关于认知语言学是否与生成语言学完全对立，本书第一作者也曾经采访过Chomsky本人。他本人认为两个学派研究的话题有相同的和不同的部分，并未谈及对立，详见以下转写文本。

**Li**: I was wondering if you would briefly comment on the current development of Cognitive Linguistics as opposed to Generative Grammar.

**Chomsky**: To the extent that I understand, Cognitive Linguistics is not opposed to Generative Grammar. It's just about different topics. I don't see any conflict. It happens to be talking about different topics, like you talk about metaphor, for example. Nothing is wrong with talking about metaphor.

**Li**: But their philosophical assumptions are just opposed to those of Generative Linguistics.

**Chomsky**: That's what they claim. But I don't know what's the opposition. Maybe you could explain it to me. What's the opposition?

**Li**: So you claim that language is a separate faculty of the brain.

**Chomsky**: Language is a faculty of the brain. It is every same person that believes it is not a property of the leg. Of course, it is a property of the brain. That's not even arguable.

**Li**: OK, you claim that **language is a module** in the brain. Is it a module?

**Chomsky**: If it is not a module, then it is a miracle that a child learns language. If it is not a module, then a cat would learn language. I mean other animals have similar cognitive capacities.

**Li**: But Cognitive Linguistics claims that the cognition of language is integrated with the overall cognition of the brain.

**Chomsky**: Everyone agrees with that. Of course, it is integrated with other systems.

**Li**: What's your comment on "Language is not an autonomous cognitive faculty"?

**Chomsky**: Certainly many aspects of language derive from independent cognitive faculties. That has never been at issue, at least within Generative Grammar. For example, in my first (unpublished) book, *Logical Structure of Linguistic Theory*, I took for granted that segmentation of a text into words relies on estimation of transitional probabilities, surely not specific to language. That is only the most trivial example. It's not clear to me what the issue is supposed to be...

**Li**: Then what would you say about *Grammar is conceptualization*?

**Chomsky**: Broadly speaking, that could hardly be false. But a more serious response would require a clearer specification of what you mean by the term.

**Li**: Thank you, professor Chomsky! Could you say a few words on this hypothesis, that is, *Knowledge of language emerges from language use*?

**Chomsky**: That seems self-evident, doesn't it? If a language is not used, how can it be acquired? However clarification is necessary. There are well-studied cases of languages invented by children not exposed to linguistic data, Susan Goldin-Meadow's study of child signers, for example. Does that count as knowledge emerging from use?

(Li 2013a: 2-3)

综上，Talmy 对于认知语言学中普遍接受的三个哲学假设，既有坚持，又有保留。Talmy 的理论备受学界推崇，他的理论自成体系。仔细分析整个理论体系，我们会发现他的《认知语义学》两卷本自始至终贯穿着作者深刻的语言哲学思想，其中之一便是 Talmy 把语言看作是一种认知系统。

## 1.3 语言是一种认知系统

Talmy 认为语言这种认知系统和其他认知系统既有联系又有交叉。其他主要的认知系统包括感知系统、推理系统、情感系统、注意系统、文化系统、运动控制系统等(Talmy 2015)。根据进化的时间顺序，Talmy (2015)将这些系统分为三类，如图 1.3 所示：

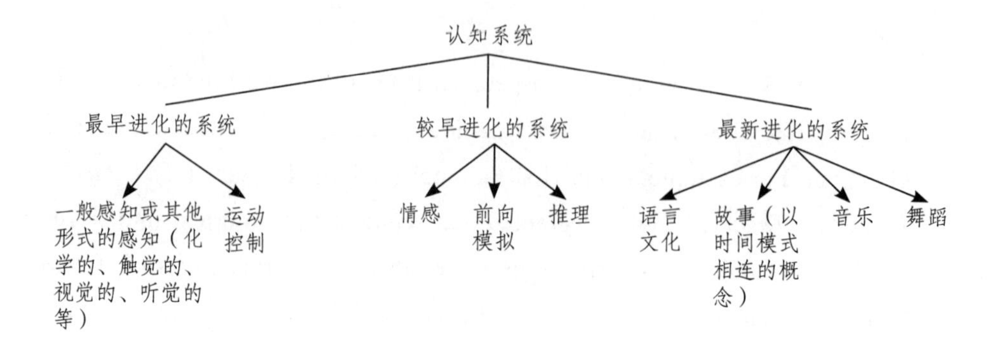


**图 1.3 不同进化阶段的认知系统**

Talmy 基于这些系统之间的相互交叉，进一步提出了系统交叉模型。语言认知系统和其他认知系统的交叉，使得语言具有其本身独特的图式系统。因此，在语言这个认知系统内部，Talmy 又提出了一些子系统，即“图式系统”（schematic systems），见图 1.4：

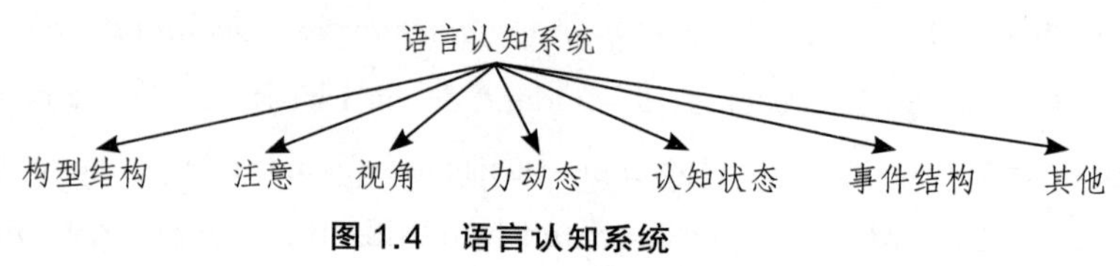


**图 1.4 语言认知系统**

图 1.3 和图 1.4 融合之后，我们得到图 1.5。图 1.5 中最下层的部分，就是认知语义学的研究内容。

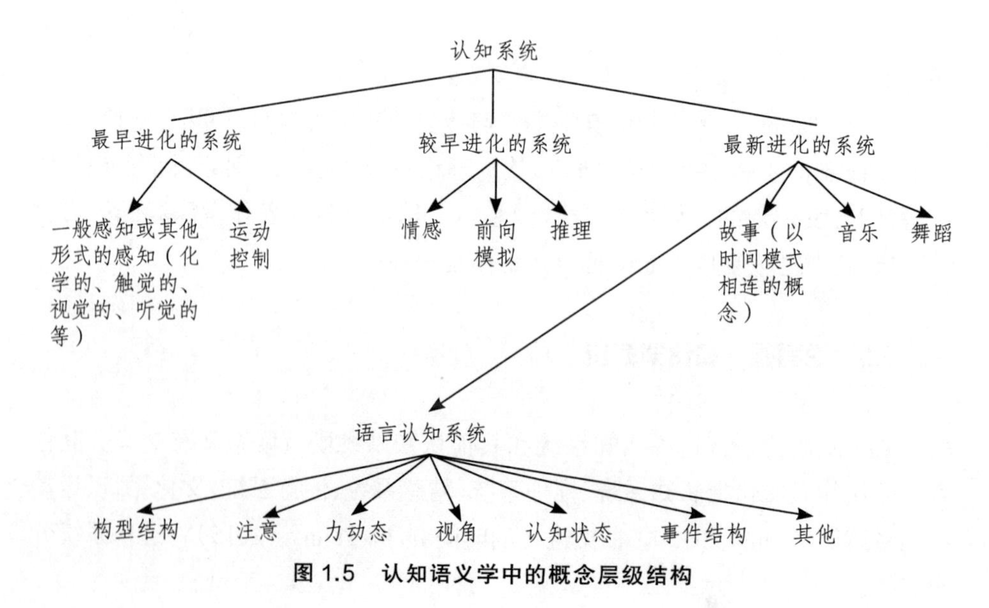


**图 1.5 认知语义学中的概念层级结构**

如前所述，Talmy关于认知语义学的核心内容正是构筑于这些图式系统之上，表1.1是Talmy（2000a，2000b）两卷书的具体内容及其与构成语言这一认知系统的图式系统的对应关系。

**表1.1 图式系统与Talmy（2000a，2000b）的对应关系**

<table>
<tr><th rowspan="20">语言认知系统（Language Cognitive System）</th><th>图式系统</th><th>章节及内容</th></tr>
<tr><td>语言中概念构建的基础<br>（Foundations of Conceptual Structuring in Language）</td><td>I-1：语法与认知</td></tr>
<tr><td rowspan="2">构型结构图式系统（Ma 2014）<br>（The Schematic System of Configurational Structure）</td><td>I-2：语言和“感思”中的虚构运动</td></tr>
<tr><td>I-3：语言如何构建空间</td></tr>
<tr><td rowspan="3">注意图式系统（Lampert 2013）<br>（The Schematic System of Attention）</td><td>I-4：语言中的注意视窗开启</td></tr>
<tr><td>I-5：语言中的焦点与背景</td></tr>
<tr><td>I-6：连接事件的结构</td></tr>
<tr><td rowspan="2">力动态图式系统（Huumo 2014）<br>（The Schematic System of Force Dynamics）</td><td>I-7：语言与认知中的力动态</td></tr>
<tr><td>I-8：因果关系语义学</td></tr>
<tr><td rowspan="4">事件结构框架（Li 2013b）<br>（The Framework for Event Structure）</td><td>II-1：词汇化模式</td></tr>
<tr><td>II-2：词汇化模式概览</td></tr>
<tr><td>II-3：事件融合的类型</td></tr>
<tr><td>II-4：语义空间的借用：历时混合</td></tr>
<tr><td rowspan="2">概念加工<br>（Conceptual Processing）</td><td>II-5：语义冲突与解决</td></tr>
<tr><td>II-6：交际目的和手段：二者的认知互动</td></tr>
<tr><td>视角图式系统（Batoréo 2014）<br>（The Schematic System of Perspective）</td><td>主要在I-1中</td></tr>
<tr><td>认知状态图式系统（Lampert 2013）<br>（The Schematic System of Cognitive State）</td><td>主要在I-2中</td></tr>
</table>

续表

| | 图式系统 | 章节及内容 |
|---|---|---|
| 非语言认知系统（Non-language Cognitive System） | 文化认知系统（Bennardo 2002）（The Cognitive Culture System） | II-7: 文化认知系统 |
| | 模式形成认知系统（The Pattern-forming Cognitive System） | II-8: 叙事结构的认知框架 |
| | 其他认知系统（包括感知、推理、情感、注意、记忆及运动控制等）（Other Cognitive Systems（including perception, reasoning, affect, attention, memory, and motor control）） | 与语言认知系统的交叉体现在语言的各个图式系统中 |

## 1.4 图式系统

在图 1.3—1.5 以及表 1.1 中，我们较理想化地把 Talmy 的整个认知语义学系统完全置于语言认知系统之中。在语言认知系统之下的图式系统中，有些是 Talmy 明确提及并详细讨论过的，包括：构型结构图式系统、注意图式系统、力动态图式系统以及视角图式系统。有些虽然被认定为图式系统，但尚未详细讨论，包括认知状态图式系统和模式形成图式系统。有些内容虽然有详细且深入的研究，但它们的图式特征尚未被论及，这主要包括事件结构。在本研究中，我们把语言系统中的子系统全部置于图式系统中。在以下四个小节中，我们将简单介绍 Talmy 明确讨论过的四个图式系统的构成。需要说明的是，图式系统的下层概念为范畴，范畴之下是具体的语言表达式。

### 1.4.1 构型结构图式系统

构型结构图式系统包括可以由封闭语类形式表达的空间、时间以及其他定性域内的图式结构或几何轮廓。封闭类形式可以把这种结构归于整个所指场景，并由此把场景切分为若干具有特定关系的实体，也可以把该结构归于各个实体本身，或归于当实体间关系随时间发生变化时这些实体所勾勒的路径。关于封闭类形式，构型系统包括由时间或空间附置词、从属连词、指示词、体态/时态标志、数的标志等所表达的图式的大部分内容。这一图式系统中的八个图式范畴是：量级、界态、离散性、量的配置、延展程度、分布模式、轴线性和场景分割（参见图 1.6）。其中量的配置是前三个范畴和其他范畴相加后形成的特征复合体（伦纳德 · 泰尔米著，李福印等译 2017: 27—47）。

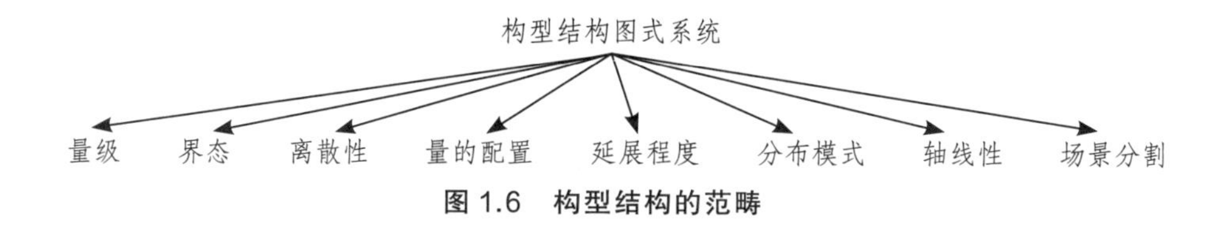

图 1.6 构型结构的范畴

### 1.4.2 视角图式系统

对于第一个图式系统——构型结构——封闭语类形式可以指代所指实体。第二个图式系统则是用来观察这一实体的“视角”,也由封闭语类形式表达,Talmy 称之为“视角图式系统”。这一系统涵盖的图式范畴包括:视角点在较大框架中的空间和时间位置、视角点与所指对象的距离、视角点在时间推移和路径变化中的位置改变与否以及从视角点到被关注实体的观察方向(伦纳德·泰尔米著,李福印等译 2017:47—55)。

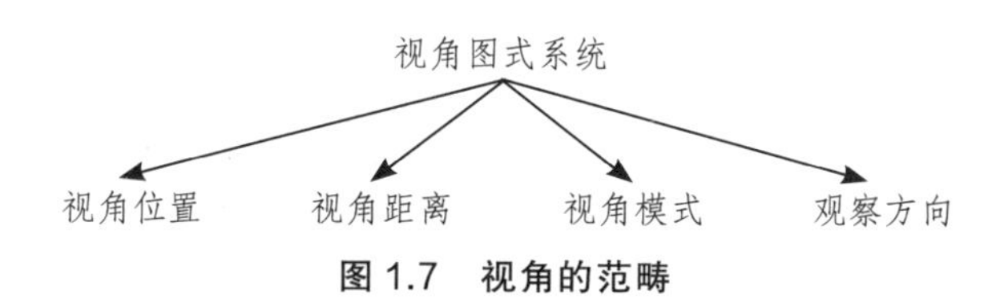

图 1.7 视角的范畴

通过视角图式系统所确立的概念视角点,我们开始“认知”实体。

### 1.4.3 注意图式系统

前两个图式系统建立了所指对象的构型结构以及可以认知该对象的视角点,当前的图式系统则把注意分布从既定的视角点引导至既定的结构。因此,作为第三个图式系统,注意分布由分配在所指对象或场景上的不同强度的注意模式组成。同样,这些模式由封闭语类形式表达(伦纳德·泰尔米著,李福印等译 2017:55—64)。

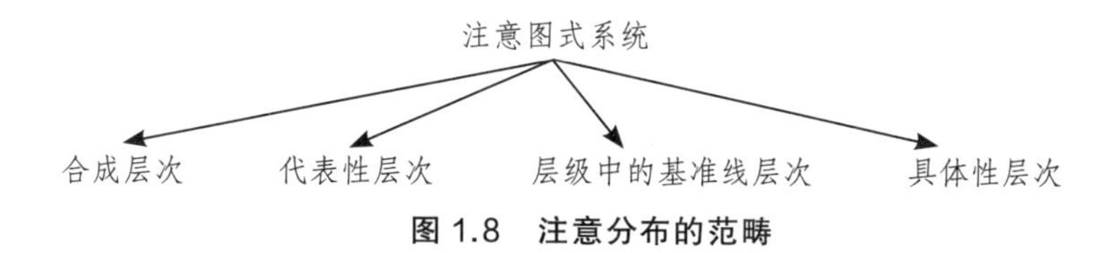

图 1.8 注意分布的范畴

在这一系统中，决定所指场景的注意分布情况的三个因素是：（1）注意强度；（2）注意模式；（3）注意映射。

### 1.4.4 力动态图式系统

力动态是一种基本的概念系统，通常以力互动的方式在语言学领域内构建概念和表征语言。这些领域包括：物理的、心理的、社会的、推理的、语篇的以及概念和意义的心智模式。这一图式系统不仅对语言结构具有十分重要的意义，还在诸多语言层面发挥构建作用，比如：力动态具有直接的语法表征；力动态可以描述语法中的整个情态范畴；力动态模式可以合并至词汇这一开放语类中；力动态原则可以在语篇中起作用等(伦纳德 · 泰尔米著，李福印等译 2017: 375—377)。力动态所包含的范畴如图 1.9 所示：

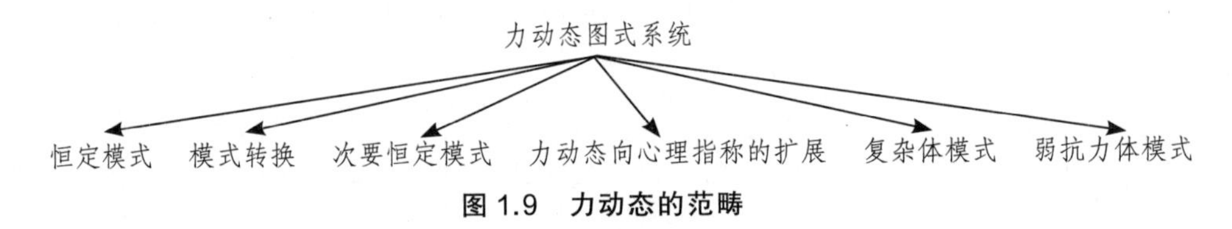


图 1.9 力动态的范畴

同样地，对于力动态的各个范畴，语言使用一些基本的概念范畴来构建和组织意义，同时排除其他概念范畴发挥同样的作用。这些发挥作用的范畴在诸多语言中最明显地表现为封闭语类形式，即语法形式，比如：屈折变化、小品词、语法范畴、相互关系、构式等。

## 1.5 图式系统的组织原则

上文谈及的四个图式系统，实际上是封闭类系统组织语法概念的系统。这些系统遵循一些组织原则，其中最重要的就是时空原则和嵌套原则。

### 1.5.1 时空域

Talmy 给予时空非常重要的认知地位，独立于图式系统之外，又对图式系统起到组织构建作用。他把时空称为域，即认知域，主要包括两个范畴成员：时间和空间。时空域在所有的图式系统中均起作用。

### 1.5.2　嵌套

事实上，在多数情况下，由语法形式表达的概念都能嵌套在另一个概念中，嵌套形成的整体可再嵌入第三个概念中，以此类推。正如 Talmy（2000a: 84）所言，嵌套是一种链式嵌套，一个由语法形式所唤起的认知加工的输出，可作为另一个加工的输入，而该操作的输出又可作为第三个操作的输入（伦纳德·泰尔米著，李福印等译 2017: 64）。图 1.4 中的前三个图式系统均存在链式嵌套现象，即构型结构嵌套、视角嵌套和注意嵌套。

## 1.6　认知机制

研究语言表达式背后的认知机制是认知语言学研究的总体目标之一。在认知语言学文献中，范畴化、隐喻、转喻等都是公认的、被普遍探讨的认知机制。在认知语义学相关文献中，虽然有些研究者没有明确使用认知机制（cognitive mechanism）一词，但是所指是一样的。Talmy 认为语言是认知系统，这一系统有两个组成成分：认知表征和语言表征。在认知表征层面，语言认知系统含有不同的认知机制。认知机制是具体的语言表征的理据。

因此，对认知机制的探讨遍布 Talmy 的认知语义学理论体系。比如，有的名词由单数形式变成复数需要加‘s’，这涉及复元化认知操作，我们认为这也是认知机制。

## 1.7　哲学视角下的认知系统

Talmy 关于语言是一种认知系统的语言观将语言研究引入十分广阔的领域，使语言研究与认知科学接轨。在认知科学诸学科中，和认知语言学关系最密切的当属认知心理学和心智哲学。事实上，Talmy 认知语义学理论体系的许多概念，本就源自心理学。

Talmy 的语言认知系统和心理学以及心智哲学中的认知系统可以无缝衔接。美国哲学家 Rupert（2019）在哲学领域对认知系统的研究支持了 Talmy 的语言认知系统观，他认为 Talmy（2015）提出的认知组织的系统交叉模型加深了我们对认知系统的不同子系统间整合方式的理解，以及对每个子系统所具有的不同特征的理解。此外，Rupert 在论述认知系统的同时也强调了认知机制所扮演的重要角色，具体说来，“认知系统是一系列机制的集合。在相互交叠的子集中，这些机制共同形成人类个体行为的多种形式”。（A cognitive system is a collection of mechanisms that contribute, in overlapping subsets, to a wide variety of forms of intelligent behavior.）（Rupert 2019: 175）

心理学领域对语言认知系统的研究多借助医学实验的结果，比如，邓晓青等（2014）通过采用传统方法和计算机辅助的方法，观察语言认知康复系统对颅脑损伤患者的语言康复效果，结果发现，计算机辅助下的语言认知康复系统在改善颅脑损伤患者的定向能力、记忆力、注意与计算能力上表现更佳。

由此观之，结合哲学、心理学、医学等学科的语言研究有利于拓宽研究视野，加深对语言作为人类共有的认知系统的理解。这种具有验证效力的跨学科式研究也将成为语言研究的热点。

## 1.8 结 语

人类的认知包括多种认知系统，语言认知研究是语言的系统和系统操作的研究（程琪龙 2002: 46）。语言作为一种认知系统，由多种图式系统共同组成。图式系统的下位概念为图式范畴，语言中的具体表达式构筑图式范畴。人类的认知机制连接语言的认知表征和语言表征。

# 2 形式与意义[①]

## 2.1 引 言

在认知语义学领域,我们必须区分形式与意义,这两个是不同层面的概念。Talmy 提出的形式与意义两个层面的元语言是他进行认知语义学研究的方法论基础。他提出的非常著名的语言类型两分法理论就是建立在对动词和卫星语素(satellite)的形式与意义的映射规律之上。Talmy 提出并讨论了 35 个语义范畴。基于这些语义范畴和形式范畴的映射,他提出 67 条具有普遍性的类型学原则。在研究中我们发现,生成语言学对题元角色的研究与认知语义学中对意义的研究,在术语上有相通之处。形式与意义的映射关系是语言学研究的永恒话题。

## 2.2 形式与意义的定义

我们首先看《牛津简明语言学词典》(*The Concise Oxford Dictionary of Linguistics*)对形式(form)和意义(meaning)的定义。

> Form: (1) A realization of a unit or combination of units in a language: e.g. *Come away* is as a whole a form, which includes a form *away*, which in turn includes a form *a*-. (2) A structure of relations among linguistic units,

---

① 本章 2.4—2.6 节内容在整理时主要参照《认知语义学(卷 II):概念构建的类型和过程》(伦纳德·泰尔米著,李福印等译 2019)第 2 章中的部分内容。

considered in abstractions, as especially in the account of *Hjelmslev, from any corresponding *substance.

(Matthews 2014: 144)

形式:(1)形式是一个单元或多个单元的组合在语言中的一种体现,比如 *come away* 是一个完整的形式,包含在其中的 *away* 也是一个形式,*away* 中的 *a-* 仍是一个形式;(2)表明语言单元之间关系的一种结构,是相对于某一对应实体抽象而成的概念,比如提及叶姆斯列夫这一实体时的抽象概念。

Meaning: Traditionally of something said to be 'expressed by' a sentence. E.g. *I hate parsnips* would express the thought, judgement, or proposition 'I hate parsnips'. Forms that express something are meaningful, ones that do not are meaningless. Thence also of the words, constructions, etc. that make up a sentence: e.g. *parsnip* means 'parsnip'.

Modern theories are often elaborations of this. Thus, in one view widespread in linguistics: (*a*) There is a distinction between the meaning of a *sentence, independent of any context, and the meaning that it will have as an *utterance on a particular occasion. (*b*) Sentence meanings belong to the *language systems, and form a *level of *semantic representation independent of other levels. (*c*) Representations at that level are derivable from representations at the level of *syntax, given a *lexicon which specifies the meanings of words and a set of semantic *rules associated with constructions. (*d*) The meanings of utterances, as intended by the speaker or as understood by a hearer, follow from separate principles that are in the domain of *pragmatics. In the extreme case, this leads to a division in which pragmatics is concerned with everything that does not fall under a system of *formal semantics.

Other theories may, for a start, reject (*a*). Therefore the meanings of sentences are not part of a language system, though, for some, the meanings of words and individual syntactic constructions are. Others may reject that also: hence, in particular, an account of word meaning based on the uses of words in specific *contexts, both within an utterance and in terms of a *context of situation. In what is again the extreme view, neither words nor sentences can be assigned meanings independent of situations in which they are uttered.

(Matthews 2014: 238-239)

意义:"意义"一词的传统解读是用一句话"表达"的事物。比如,句子 *I hate parsnips* 传达的"我讨厌欧洲萝卜"的想法、判断或命题。具有表达力的形式是有意义的,不具有表达力的形式没有意义。对于组成一个句子的单词、结构等也是如此,比如 *parsnip* 的意义是"欧洲萝卜"。

现代理论通常对此进行阐释。因此,在语言学中普遍存在的一个观点是:(*a*)句子独立于任何上下文时的意义与它在特定场合中作为话语的意义是有区别的。(*b*)句子的意义归属于语言系统,并构成独立于其他层级的语义表征层级。(*c*)给定指明词语意义的词库和一系列与结构相关的语义规则时,在(*b*)这一层级的表征可由句法层级的表征派生而来。(*d*)说话人意图表达的或听者意图理解的话语的意义,遵循语用学领域提出的不同原则。在极端情况下这将形成一种划分,其中的语用学与形式语义系统之外的内容相关。

其他理论可能会首先推翻(*a*)。对于一些人来说,单词和个别句法结构的意义是语言系统的一部分,但句子的意义不是语言系统的一部分。同样地,另一些人可能也会反对这一观点。具体说来,他们认为要根据词语在特定语境中的用法解释词语的意义,既包括在话语中的使用义,也包括在情景语境中的使用义。另一个同样极端的观点则认为,单词或句子离开其所使用的语境时都不具有意义。

对于语言学研究中形式和意义的范畴化,张德禄、刘世铸(2006)较早从四个角度进行了区分和说明:(1)形式范畴化,并把形式范畴化作为唯一的研究目标。例如,"布龙菲尔德特别强调说,'形式类,与其他语言现象一样'只能由语言(词汇和语法)特点来'定义'"(De Beaugrande 1991: 72)。(2)形式范畴化,并把形式范畴化作为其他范畴化的基础。例如,Dik 在其功能语法中区分范畴和功能,并认为范畴用以"说明成分的内部特征"(Dik 1978: 13),但对范畴的描述则是用以阐明语言的功能特征,包括意义、句法和语用三个层次的特征。(3)意义范畴化,并把意义范畴化和形式范畴化的一致性作为研究的目标,Halliday 的系统功能语言学属于这一类。例如,根据系统功能语言学理论,"范畴化是一个创造过程,它把我们的经历转化为意义,这意味着给现实的事物强加上次序,而不是给已有的次序加上名称”(Halliday & Matthiessen 2004: 68)。(4)意义范畴化,并把意义范畴的系统化本身作为主要的研究目标,认知语言学和 Martin 的评价理论应该都属于这一类。

概括说来,形式范畴化在形式上整洁、系统、模式化、自足,但单纯的形式范畴化难以与语义范畴联系起来。意义范畴化在表达整个语义范围上是理想的,但经常在形式范畴化上有缺陷和漏洞(张德禄、刘世铸 2006)。因此,更好的方法是将两者相结合。

认知语言学既注重区别形式与意义,也强调两者的结合形成的形义对在语言系统中的基本地位。具体说来,一方面,语言可被概念化为由形义对组成,或是概念化为由一个网络内的“构式”组成(Croft 2001: 18; Goldberg 1995: 97, 2006; Langacker 2008: 226; Traugott & Trousdale 2013: 50-58);另一方面,形式具体指句法、形态以及音系特征,意义具体指语义、语用以及语篇–功能特征(Croft 2001: 18)。因此,语法的基本单位是构式,即规约性的形义结合体。Traugott & Trousdale (2013: 8)将其表示为:[ F ]↔[ M ]。其中,F 和 M 分别指代“Form”和“Meaning”,双向箭头指两者间的关联(Booij 2010: 33),方括号表明这一形义结合体是规约性的单位(conventionalized unit)。两者间的区别与联系如图 2.1 所示。

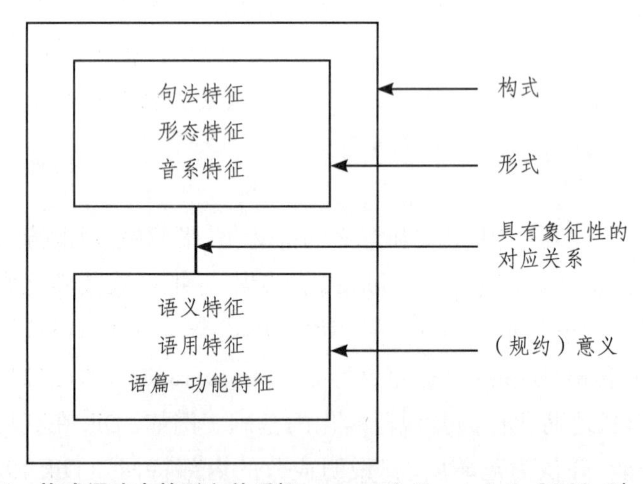


**图 2.1 构式语法中的形义关系(Traugott & Trousdale 2013: 6)**

基于以上形义关系,Croft (2007)提出认知语法所遵循的两大原则:

(a)复杂结构与意义的组配(a pairing of complex structure and meaning);

(b)这些配对在一个网络中相互关联(association of these pairings in a

network)。

因此，认知语言学领域的研究首先为形式和意义划定了清晰的界限，在此基础上，以两者及其之间的象征性对应关系为一个整体，对语言现象进行分析。

## 2.3 方法论

Talmy 明确指出他的研究讨论的是"语言中语义与表层表达之间的系统关系"（伦纳德·泰尔米著，李福印等译 2017: 3)，并说明他所用的"表层"一词仅指明确的语言表达，即"形式"，与任何转换生成理论无关。Talmy 把研究形式和语义的对应作为研究词汇化模式的方法论。词汇化模式是他的类型学基础。

在进行分析之前，他先将语义域和表层表达域的元素单独分离出来。诸如运动(Motion)、路径(Path)、焦点(Figure)、背景(Ground)、方式(Manner)、使因(Cause)等都是语义元素，而动词、附置词、从句以及卫星语素等都是表层元素。

Talmy 关于形式与语义的研究遵循了以下六个步骤：

（"实体"（entities)= 元素、关系和结构：包括它们的具体实例以及范畴）

a. 确定某种语言中各种不同的语义实体；

b. 确定该语言中各种不同的表层实体；

c. 观察 a 中的哪些实体是由 b 中的哪些实体、通过何种组合方式以及以什么关系来表达，并关注所有模式；

d. 比较 c-类型模式的跨语言差异，关注所有元模式；

e. 比较 c-类型模式在一种语言发展的不同阶段的差异，尤其相对于 d-类型元模式的转换或非转换现象；

f. 探究导致 a 到 e 这些现象的认知过程与结构。

## 2.4 形式与意义普遍范畴

遵循以上步骤，Talmy 提出了八大语义实体、35 个语义范畴。Talmy 研究了这 35 个语义范畴和 3 个形式范畴(动词词根、卫星语素和屈折形式)的对应关系，详见表 2.1。

表 2.1 动词复合体成分与其所表达的语义范畴对应表

| 语义范畴 | 通过以下动词复合体成分表达 | | |
|---|---|---|---|
| | 动词词根 | 卫星语素 | 屈折形式 |
| A. 主事件 | | | |
| 1. 主要行动/状态 | + | [+/−] | − |
| B. 副事件 | | | |
| 2. 原因 | +(M) | + | [+] |
| 3. 方式 | +(M) | + | − |
| 4. 先发关系，使能关系…… | +(M) | (+) | − |
| 5. 结果 | − | [−/+] | − |
| C. 运动事件成分 | | | |
| 6. 焦点 | +(M) | + | [−] |
| 7. 路径 | +(M) | + | − |
| 8. 背景 | (+) | + | [−] |
| 7+8. 路径+背景 | +(M) | + | − |
| D. 事件及其参与者的本质特征 | | | |
| 9. * 模糊限制语 | − | [−] | − |
| 10. × 实现程度 | [−] | (+) | − |
| 11. 极性 | + | + | + |
| 12. 相位 | + | + | [+] |
| 13. 体 | + | + | + |
| 14. × 速度 | [−] | [+] | − |
| 15. 致使性 | + | + | + |
| 16. 角色构成 | + | + | [+] |
| 17. 行为者的数目 | + | [+] | + |
| 18. 行为者的分布 | + | + | [−] |
| 19. * 行为者的对称 / * 颜色…… | − | − | − |
| E. 事件或其参与者的伴随特征 | | | |
| 20. * 与类似事件的关系 | − | − | − |
| 21. × 场所（定性空间场景） | − | (+) | − |
| 22. × 周期（定性时间场景） | [+] | (+) | − |
| 23. × 行为者的地位 | (+) | − | − |
| 24. 行为者的性别/类别 | [−] | + | + |
| F. 指称事件或其参与者与言语事件或其参与者的联系 | | | |
| 25. 路径指示语（指示空间方向） | +(M) | + | − |

续表

| 语义范畴 | | 通过以下动词复合体成分表达 | | |
|---|---|---|---|---|
| | | 动词词根 | 卫星语素 | 屈折形式 |
| | 26. *地点指示语(指示空间位置) | [−] | [−] | [−] |
| | 27. 时态(指示时间位置) | − | [−] | + |
| | 28. 人称<br>—与说话者的认知状态的关系(即与说话者的-) | − | [+] | + |
| | 29. 配价/语态(-注意) | + | + | + |
| | 30. 事实性/传信性(-知识) | (+)/+ | + | + |
| | 31. 态度(-态度) | + | + | − |
| | 32. 语气(-意图)<br>—与说话者-听话者交互作用的关系 | − | + | + |
| | 33. 言语行为类型 | (+) | + | + |
| G. 言语事件的性质 | | | | |
| | 34. 会话者的地位 | [+] | + | + |
| H. 与指称事件和言语事件无关的因素 | | | | |
| | 35. *说话者的思想状态<br>*昨天的天气，…… | − | − | − |

表中符号说明：

+　　此语义范畴在这一表层成分中出现，该表层成分要么出现在多种语言中，要么至少在一些语言中得到了很详尽的阐释。

(+)　　此范畴在这一表层成分中出现，这一表层成分仅仅出现在一些语言中，且阐释不详尽。

−　　此范畴在任何本作者所知的语言中都不出现在这一表层成分中，且很可能在所有语言中都不出现。

+/−　　此范畴只在某一特定语义中或取某一特定理解时出现在这一表层成分中(换一种语义或理解便不出现)，如其后注释所提及的。

[ ]　　对于在此是给予“+”或“−”还存有疑问，如其后注释所提及的。

×　　此范畴在 Talmy (2000b)所讨论的动词复合体成分中仅有少许的表达。

* 此范畴或许从不用 Talmy（2000b）所讨论的动词复合体成分表达。

（M） 此范畴能够与动词词根中的‘运动事实’（fact-of-Motion）范畴单独结合，从而形成一个能够表达运动事件的详细的体系。（在其他情况下，此范畴也可能在动词词根中出现）

## 2.5 三十五个语义范畴

在以下的注释中，a、b、c 分别指该语义范畴出现在动词词根、卫星语素或屈折形式中。

1. **主要行动/状态**（Main Action/State）。

a. 这一语义范畴（包括运动和处所）主要由动词词根确立。这一语义范畴有（a）栏中其他带“+”号范畴的参与。因此，对于 *kill*（杀死）来讲，施事致使性（第 15 个范畴）参与‘死亡’（dying）这一主要行动；对于 lie（躺）来讲，方式概念（第 3 个范畴）‘水平支撑姿势’则参与‘方位’这一主要状态。

b. 然而，以上的叙述也可能有例外。对于此处经常使用的印欧语和汉语的结果构式来说，卫星语素将结果事件表征为主要行动或状态，而动词词根通常表达原因，并将其表征为从属事件。因此，我们认为英语中的 *melt/rust/rot away* 最好解释为‘由于融化、生锈、腐烂而消失[＝← away]’。德语 *sich er-kämpfen/-streiken* 最好解释为‘通过战争或者罢工获得[＝← er-]（如领土、薪水）’。另一种解释将考虑此种情况：卫星语素将结果表征为从属事件，而将动词的原因表征为主事件，于是，对于‘锈掉’（*rust away*）的解读便是：锈了，结果是消失了。

c. 此范畴不由屈折形式表达。

在此，我们认为，主要行动这一语义范畴，在英语中由动词词根表达，在汉语中可以由卫星语素表达。

（1）a. *I **entered** the room.*

b. 我吃**饱**了。

比如,在英文句子(1a)中,动词词根 *enter* 表达主要行动。但在汉语句子(1b)中,动词"吃"仅指方式,是从属事件;补语"饱"表示结果,是最终状态。此时主要行动由"饱"这一卫星语素表达。

2. **原因**(Cause)。

此范畴指的是不同性质的各种原因事件,比如能由英语 from-从句或 by-从句表达的事件。它与致使性(第 15 个范畴)不同,后者与"NP CAUSES S"这一类上位从句相对应。

a. 在大多数印欧语中,原因通常被词化编入表达运动或其他行为的动词词根。由此,在英语中,*The napkin blew off the table*(纸巾被吹下桌子)中 *blow*(吹)的意思是'由于(因)气流吹到[它]而移动'。

b. 阿楚格维语中用来表达原因的前缀卫星语素有大约 20 个。如 *ca-*'由于风吹到[它]'。

c. 原因事件通常不由屈折形式表达。然而,有分析认为,在某些语言(如日语)中不同的施事性和诱使性屈折形式确实表达了不同类型的原因事件,如:'[施事]通过身体行为来[引发 S]'与'通过诱导另一施事(做出身体行为)来……'。

3. **方式**(Manner)。

方式指的是受事伴随其主要行动或状态而出现的辅助行动或状态。

a. 在印欧语中,它通常词化编入运动(或其他行为类型的)动词,如英语 *The balloon floated into the church*(气球飘浮到教堂里)中的 *float*(飘浮),其意思是'移动,在此过程中飘浮着'。

b. 内兹佩尔塞语有 20 多个表达方式的前缀卫星语素,如:*ʔiyé·*'在此过程中飘浮着'。

c. 方式不由屈折形式表达。

在汉语中,原因和方式语义元素通常词化编入动词,作为主要动词 $V_1$,与动词 $V_2$ 构成动补结构(亦称述补结构,见蒋绍愚 1994: 160,2017: 211),比如:吹灭、踢开等。

4. **先发关系，使能关系……**（Precursion, Enablement...）

除原因及方式关系外，一个关联事件能够与一个主事件形成多种其他关系。本书所讨论的其他关系是：先发关系、使能关系、伴随关系、结果关系以及目的关系。

a. 在英语中，我们以上所讨论的关系所伴随的副事件可以词化并入运动事件中的动词，如句子 *Glass splintered over the food*（玻璃在食物上裂成碎片）中的先发关系；*I grabbed the bottle down off the shelf*（我从架子上拿走了瓶子）中的使能关系；*She wore a green dress to the party*（她穿着一条绿裙子来参加晚会）中的伴随关系；*They locked the prisoner into his cell*（他们将囚犯锁进了他的监房）中的结果关系；*I'll stop down at your office on the way out of the building*（我将在走出这栋大楼时顺便去你的办公室）中的目的关系。这些关系所伴随的事件同样能词化并入非运动事件的动词。因此，目的关系被词化编入 *wash*（洗），表示'加水，以清洁'；编入 *hunt*（猎取）（*I hunted deer*（我猎取了鹿）），表示'搜寻，以捕获'。

b. 目的关系通过'施益'（benefactive）卫星语素表达（如阿楚格维语的后缀-iray），此卫星语素有'以使有益于/把[它]给予[直接宾语名词成分指定的行为者]'之意。

c. 从先发到目的这五种关系似乎都不由屈折形式表达。

5. **结果**（Result）。

原因事件（第 2 个范畴）通常由结果事件伴随，因为两者包含在单个更大的致使交互作用中。

a. 当原因事件与结果事件同时由动词词根表达时（这是可以的），问题在于：其中哪个事件是主事件，哪个是从属事件呢？由此，在句子 *I kicked the ball along the path*（我沿着路踢了球）中，*kick*（踢）应该理解为'因为踢移动'（move by booting）（此处结果是主事件，原因为从属事件）还是应该理解为'踢的结果是移动'（boot with the result of moving）（此处原因是主事件，结果是从属事件）？通常情况下，我们更倾向于前种解释（此处与第 2 个范畴相同）。因此，结果关系可能从不作为从属事件词化编入动词词根，所以在表 2.1 的（a）栏标注了"—"，而只作为主事件词化编入动词词根。

b. 在结果构式中，结果由卫星语素表达（在很多语言中存在众多差异)。然而,根据本书的解释和(1b)中已经进行的讨论,结果不是以从属事件的形式出现,而是以主事件的形式出现。我们的结论是:所有对结果的词化编入,不论是在动词词根中还是在卫星语素中,均以主事件形式出现。

c. 结果不由屈折形式表达。

在汉语中,述补结构的一类典型结构是动结式。动结式是“主要动词加表示结果的形容词或动词”(吕叔湘 1999: 11)构成的黏合式述补结构,因此,“结果”语义在汉语的编码情况与论述 b 相符合。

6. **焦点**(Figure)。

焦点指运动事件中显著移动或静止的物体,其路径或地点是所关注的问题。

a. 在阿楚格维语中,焦点系统地词化编入运动动词词根。比如-*ť*- 指‘较小的平面物体(如鹅卵石、扣子、邮票等)发生运动/处于’。这类例子在英语中较少,包括 *rain*(下雨)(*It rained in through the window*(雨从窗户溅进来)),表示‘雨滴落下’。

b. 有些阿楚格维语前缀与因果关系词重叠,表示焦点。有些喀多语前缀表示受事,这些受事有时与运动事件焦点一致。

c. 屈折形式不以焦点的身份表征焦点,但它们能表示主语和宾语(焦点经常充当的语法角色)的特征。

7. **路径**(Path)。

此范畴指的是焦点物体在运动事件中所沿循的不同的路径或所占据的不同地点。

a. 此范畴是许多语系中运动动词体系的常规组成成分,如:波利尼西亚语、闪族语及罗曼语——例如西班牙语中的 *entrar*‘移入’, *salir*‘移出’, *subir*‘提升’, *bajar*‘降低’, *pasar*‘通过’。

b. 路径是大多数印欧语中(除罗曼语外)用卫星语素表达的主要范畴,如在英语中用 *in*, *out*, *up*, *down*, *past*, *through* 表达。

c. 路径不由屈折形式表达。

从古代汉语到现代汉语，汉语经历了从路径词化并入模式到副事件词化并入模式的类型转换过程（参考 Li 1993）。古代汉语有一整套用作主要动词的路径动词，表达运动事件。通过连动结构的发展，这些路径动词越来越多地跟在词化并入方式/原因的动词之后、作为第二个位置的元素出现（Talmy 2000b: 118；伦纳德·泰尔米著，李福印等译 2019: 119—120）。

8. **背景**（Ground）。

背景指运动事件的参照物体，根据它来定义焦点的路径或地点。

a. 在任何语言最典型的表征运动的动词词根体系中，背景通常不单独与运动（事实）成分出现，而只以特殊形式出现，如英语（*de-/em-*）*plane*，或与附加成分搭配（见下面 7+8 中的分析）。

b. 有些阿楚格维语的前缀（与原因关系中的前缀重叠）表示不同的身体部位背景，比如，当它们与意为'得到一个微小的东西'的动词词根组合时，表示'手指'或'屁股'。有些喀多语前缀表示受事，这些受事通常与运动事件的背景一致。

c. 屈折形式本身不表征背景物体，除非其被用作语法主语或宾语。

7+8. **路径 + 背景**（Path+Ground）。

路径与背景的合并更为常见，多于其他运动事件成分的合并（除了那些与'运动事实'本身合并的情况），且其出现频率比背景单独出现的频率高很多。

a. 许多语言拥有一系列路径 + 背景与运动'MOVE'结合的动词词根，如英语 *berth*（*The ship berthed*（船停泊了））'move into a berth'（移到停泊处），或致使 *box*（*I boxed the apples*（我将苹果装入盒中））'cause-to-move into a box'（导致其移入盒子中）。

b. 阿楚格维语有一个主要后缀卫星语素体系，用以表达大约四十种路径与背景合并的例子，如-*ict*'进入液体'。英语也有一些例子，如 *aloft*'进入空气'，*apart*（*They moved apart*（他们分开了））'分开了'，以及 *home*（*I drove home*（我开车回家））'回到某人的家'。

c. 屈折形式不表达这种合并。

9. **模糊限制语**(Hedging)。

除其他功能外,模糊限制语确定语言成分所指的范畴性。它们通常处于动词周围,由副词或专门表达式表达,如下述句子所示:*He sort of danced / She danced after a fashion* (他有几分会跳舞/她勉强会跳舞)。

a, b, c. 不论模糊限制语在那种形式中多么普遍,它们似乎都不能词化编入动词词根,也不能由卫星语素或屈折形式表达。此处也可能有例外:人们可能希望将指小动词卫星语素(diminutivizing verb satellites)当作模糊限制语,如阿楚格维语中的*-inkiy*,其将'下雨'转为'下毛毛细雨',或是依地语的 *unter-*,它在 *unter-ganvenen* 中将'偷窃'义转为'时不时地小偷小摸'。

10. **实现程度**(Degree of Realization)。

此范畴将指称行动或状态(几乎为语义连续体的任何位置)划分为更为核心的基本方面和边缘的常联想到的方面,并且表明只有其中之一被实现。语言通常通过动词附近的副词或小品词来表示此范畴,如英语的 *almost* (差不多)及(*just*) *barely* (刚刚)。因此,句子 *I almost ate it* 能够表明"将某食物提到嘴边,可能甚至将其塞进嘴里并咀嚼了,但至少排除吞下它"这一基本方面。相反地,句子 *I just barely ate it* 表示将食物吞入食道,但没有经常伴随咀嚼和品尝的那种趣味。

a. 我们并不能确定词语'almost'或'barely'的真正意义是否曾经词化编入动词词根。但是也许较为接近的形式是 *falter* (蹒跚地走)和 *teeter* (蹒跚摇晃地走),如句子 *He teetered on the cliff edge* (他在悬崖边缘颤巍巍地走)表明'几乎要掉下去'(almost falling)。

b. 阿楚格维语有一个这样的后缀卫星语素*-iwt*,用以表明所有习惯意义上的'almost'(几乎)。这是作者所知的唯一的此种形式。

c. 很显然,此范畴不由屈折形式来表示。

11. **极性**(Polarity)。

极性指对事件存在的肯定或否定状态。

a. 动词词根能词化编入两类极性。一类与词根本身所指称的行动或状态有关,如英语中 *hit* (击中)或 *miss* (=not hit) *the target* (错过(=没有击中)目标);另一类与补语从句的行动或状态有关。在后一类中,词化编入的极性与独立的极性成分(如 *not*)有某些相同的句法效应,比如:需使用 *some*(一些)或者 *any*(任何),如下所示:

I managed to/ordered him to/suspect I'll -see someone/* anyone.
(我设法/命令他 /怀疑我将-见某人/* 任何人。)
I failed to/forbade him to/doubt I'll -see anyone/* someone.
(我没有/不准他 /怀疑我将-见任何人/* 某人。)

b. 夏安语在多词缀动词中用前缀 *saa*-表示否定(来自 Talmy 与 Dan Alford 的私人交流)。

c. 有些语言将肯定与否定词化编入两组不同的屈折形式(这些屈折形式通常情况下用来表示时态、语气、人称等)。因此,在其动词词形变化表的某部分,泰米尔语用不同的肯定和否定屈折形式来表达将来中性。

12. **相位**(Phase)。

相位与体(aspect)指称不同的行为。'相位'范畴指的是事件存在状态的变化。对于所有类型的事件,其相位的主要成员概念是:'开始''持续''停止'。有界事件也有'始动'和'完成'的相位概念。我们来举例说明这两个终止概念:"*I stopped reading the book*(我停止阅读这本书)"指的是在读那本书的中途任意时间点从读转换为不读;而"*I finished reading the book*(我读完了这本书)"指的是读完整本书后停止读。

a. 相位概念能词化编入动词的词根或搭配中,如 *strike up*'开始[曲子]的演奏',(根据一种解释)*reach*(e.g., *reach the border*(如,到达边界))'完成前进',*shut up*'停止说话',*halt*'停止移动'。相位概念还能在没有其他语义指称词化编入的情况下以动词的唯一意义出现,如英语中 *start*(开始),*stop*(停止),*finish*(完成)。令人惊讶的是,'停止'这一特殊相位概念只在动词中出现(不论是单独出现还是与其他语义材料一同出现),而不以助动词、卫星语素或是屈折形式出现。

b. 除'停止'外的相位概念能够通过卫星语素来表达,例如:'完成'通过德语的 *fertig*-来表达,如 *fertig-bauen/-essen*'结束建造/吃'(或者,更简单地说,'*build/eat to completion*(建/吃到完成)')。'始动'这一概念通过德语的 *an*-来表达,如 *an-spielen*'开始玩(如纸牌)'或 *an-schneiden*'下刀切'。'开始'在表示'突然发生'这一特定意义时,在依地语中由 *tse*(+*zikh*)表达,如 *tse-lakh zikh*'突然大笑'。

c. 根据不同的解释,相位可以用屈折形式表达,也可以不用屈折形式表达。由此,过去式屈折形式似乎可以与一个无界或有界事件搭配来表示停止或完成,如 *She slept*/*She dressed*(她睡(过)了/她穿好衣服了)。但是它最好被理解成一个时/体标记,'完全发生在此刻之前',仅仅暗示了停止。还有个"起始的"(inchoative)屈折形式,用来表示'进入某种状态',也就是'变成/成为'。然而对于此种形态是否应被归入'开始'一类还存在疑问。

13. **体**(Aspect)。

体指的是行动或状态在时间上的分布模式。

a. 体通常词化编入动词词根中。如英语中 *hit* 表示一个单一的冲击动作,而 *beat* 则表示动作的反复。

b. 体也在卫星语素中频繁出现,如:俄语中标记完成体/未完成体区分的前缀体系。

c. 体也有规律地在屈折形式中出现,如西班牙语指称过去式及未完成体的结合形式。

14. **速度**(Rate)。

速度指的是某一行动或运动是比正常情况发生得快还是发生得慢。

a. 虽然有些动词词根很明显地指称不同的速率,比如:英语中从慢速到中速再到快速这一范围可以通过下面这些动词来表示:*trudge*(跋涉),*walk*(散步),*run*(奔跑);*nibble*(细咬),*eat*(吃),*bolt*(囫囵吞下)(某人的食物)。然而,语言似乎只是随意地包含它们,并与其他不同语义相搭配,而不是基于一个有规律的系统仅就速度进行词汇区分。

b. 卫星语素似乎通常不表示速度,但有些潜在的例外,如阿楚格维语的后缀-*iskur*——它与独立动词'to hurry'(赶快)有相同的形式,且与动词词根的组合总被解释为'hurry up and V'(赶快 V)——可能实际上或是附加地表示'V quickly'(赶快 V)。迪尔巴尔语(Dixon 1972)有这样的后缀-*nbal*/-*galiy*,用来表达'很快地',但仅仅作为一系列语义范围的一部分,这一语义范围也包含'重复地''开始''再做一点'。我们听说,雅拿语可能有词缀可以精确地表达'很快地'和'很慢地'的意思。

c. 速度不由屈折形式表示。

15. **致使性**(Causativity)。

根据这一范畴的概念,事件被认为要么是自己发生的,要么是由另一事件引发的,后者可以是由施事引发的,也可以不是,此处施事可以是故意引发的,也可以不是。

a. 致使概念通常有规律地词化编入动词词根。因此,英语中 *die* 仅仅表示死亡这一概念本身,而 *murder* 则表示某一施事有目的地引发这一行动,而且此行动导致死亡事件的发生。

b. 我们此处引用卫星语素的一个例子:依地语前缀 *far-* 可以在一个动词结构中与一个形容词比较级搭配,一起表达 'to cause to become (more) [Adj]' (导致……变得(更)[形容词])。如从 *beser* 'better' 到 *farbesern* '提高(及物的)'。如果反身代词 *zikh* 被认为是卫星语素,那么它也能在此做一个例子,因为它将一个致使形式转换成了一个非致使形式:*farbesern zikh* '提高(不及物的)'。

c. 在日语中,不同的屈折形式表示施事因果关系、诱使因果关系及因果关系的消除(decausitivization)。

16. **角色构成**(Personation)。

角色构成指的是与某行动相关的参与者的构成类型。

a. 不同语言中的动词词根通常词化编入不同的角色构成类型。因此,法语中典型的便是:表示 '梳头' 的词 *peign-* 本质指某人对另一人实施的行动(二元型)。相对应的阿楚格维语动词 *cu-sp'al'* 指某人自己对自己实施这一行动(一元型)。

b. 卫星语素能颠倒词根的角色构成类型。阿楚格维语的施益后缀使动词 '梳头' 具有二元型(dyadic);而法语反身代词(这里我们将其看作卫星语素)将动词转为一元型(monadic)。

c. 其他涉及致使性的屈折形式也可以用于转换角色类别。

17. **行为者的数目**(Number in an Actor)。

行为者的数目是指事件参与者的数目(从一个到多个)来充当事件的任何单一论元。该数目列在范畴"D"下面,它是事件的一个核心方面,因为这种数目影响事件的表达。

a. 很多美洲印第安语用不同的词根来表达由不同数量的受事所实施

的行动。因此，西南霍次语动词词根*-w*/*-ʔda*/*-pʰil* 分别表达：'for one/two or three/several together...to go'（一个/两个或三个/多个一起……走）。很可能这是一个普遍规律：受事是动词词根中唯一由数目来表达的语义角色。

b. 我们还不确定卫星语素是否可以表示数目。作者所知的一个最接近的例子是：阿楚格维语中的双重动词附着语素（dual verb clitic）*-hiy*。

c. 很多语言中的屈折形式表示主语名词性词的数目，有时也表示直接宾语名词性词的数目。有趣的是，屈折形式表示的数目似乎总是与特殊的句法角色相关，如主语或宾语；而动词词根中表示的数目通常与受事这一语义角色相关。

18. **行为者的分布**（Distribution of an Actor）。

行为者的分布指的是多个受事的排列，看它们在空间和/或时间中是呈聚拢状还是线状分布（在时间中的分布与体有关）。

a. 不同的分布在某些特定的西南霍次语词根中系统地词化编入，如：*-pʰil*/*-hayom* 'for several together/separately to go'（多个一起/分别走），*-hsa*/*-ʔkoy* 'act on objects as a group/one after another'（以集体形式作用于物体上/相继作用于物体上）。

b. 阿楚格维语的后缀*-ayw* 指多个受事，意为 'one after another'（相继）。英语的卫星语素 *off* 虽然在用法上受限，但也能表示同样的行为：*read off*/*check off*（阅读/核对（单子上列举的东西）），*die off*（（动物）相继死去）。

c. 我们还不确定阿楚格维语中的词缀如*-ayw* 是否最好不被认为是屈折形式。虽然除此之外屈折形式似乎不表示分布。

19. **行为者的对称/颜色**（Symmetry/Color of an Actor）。

从先验的视角看，虽然事件参与者的许多特征似乎与那些标记出的特征同样合理，但它们在动词复合体中是无标记的。因此，虽然某论元的数目及分布可以有标记，但它的颜色或它是否有对称排列没有标记（即使这些特征在其他认知系统中非常重要，如视觉感知）。

20. **与类似事件的关系**（Relation to Comparable Events）。

很多副词或小品词形式表示某行动或状态是否单独发生，或是附加于某类似事件，或是取代一个类似范畴中的某事件。如英语中的句子：*He only danced/also danced/even danced/danced instead*（他只跳舞/还跳舞/甚至跳舞/反而跳舞）。然而，这些概念似乎永不作为卫星语素或是屈折形式来表达，也不词化编入动词词根。

21. **场所**（Locale）（定性空间场景）。

此范畴属于事件发生的区域类别或物理场景。

a. 此范畴并不明显地与动词词根词化并入。为了说明它，语言需要有不同的动词词根含有以下意义：‘在室内吃’‘在室外吃’或‘毁灭于海上’‘毁灭于陆地上’。

b. 夸扣特尔语（Kwakiutl）有少数动词后缀含有这样的意义：‘在室内’及‘在海滩上’。还有一个例子是克拉马斯语的方位后缀（虽然它似乎真正是用来表示背景而非处所的），即表示的更像是 *She hit him in the nose*（Ground）（她打在他鼻子（背景）上）这种类型，而不是 *She hit him in the kitchen*（Locale）（她在厨房（场所）打了他）这一类型。英语中的这几个卫星语素如 *eat in/eat out*（在室内吃/室外吃）（由 Martin Schwartz 提供）也可能是数量有限的真实的例子。

c. 场所不由屈折形式表达。

22. **周期**（Period）（定性时间场景）。

此范畴将事件置于某一特定的时间段，尤其是循环时间段。

a. 关于时间场景，可能有些小范围的动词词根体系从原则上对此做出区分。因此，英语中 *to breakfast*, *brunch*, *lunch*, *sup/dine* 可译为‘早上/上午/中午/晚上吃东西’。

b. 扬德鲁万达语的动词选择性地搭配后缀卫星语素-*thalka*‘在早上’，-*nhina*‘在白天’或-*yukarra*‘在夜间（参见 Bernard Comrie 的讲座）’。很可能这里只有天的循环得以表征，而不是月或年的循环。

c. 屈折形式似乎不能表示此范畴。

23. **行为者的地位**（Status of the Actors）。

此范畴指的是某指称事件中有生命的参与者的绝对或相对社会特征（与言语事件的会话者无关，后者我们将在下文中讨论）。

a. 日语中的给予动词根据给予者和接受者的相对社会等级不同而不同,因此词化编入了社会地位。

b, c. 行为者的社会地位似乎不在卫星语素或屈折形式中出现。

24. **行为者的性别/类别**(Gender/Class of an Actor)。

行为者的性别/类别指的是基于性别或其他特征的范畴成员资格,这与事件行为者本身或是指代事件行为者的那些名词相关。

a. 似乎没有动词词根专门词汇化,以与特殊语法性别或类别的名词一起使用。因此,比如西班牙语不能有两个表达 'to fall'(掉下)的动词:一个与表达阴性的名词主语搭配,另一个与表达阳性的名词主语搭配。然而,与特殊语义性别(或多种其他特质)的名词相关的动词词根的确是存在的,比如表达怀孕的词根,这种关联与其说是一个涉及选择性特征的系统的范畴区别,还不如说是一个个体的语用适用性问题。因此,如果真有个男人要怀孕了,人们可以简单地说 '这个男人怀孕了'。

b. 在班图语中,主语的语法类别(有时候直接宾语名词的语法类别也是如此)通过词缀卫星语素来标记。

c. 在希伯来语的所有的时态以及在俄语的过去时态形式中,主语的语法性别是通过屈折形式来表示的,如:*Pes layal*/*Sabaka layala* '猎犬吠了/狗吠了'。

25. **路径指示语**(Path Deixis)(指示空间方向)。

它指运动事件中焦点是否朝说话者移动或朝其他方向移动。

a. 路径指示语词化编入动词词根,如英语中的 *come*/*go*(过来/过去)以及 *bring*/*take*(带来/拿去)。

b. 路径指示语通常用卫星语素标记,如阿楚格维语中的-*ik·*/-*im* 和汉语中的趋向补语"来""去"等。

c. 路径指示语没有屈折标记。

26. **地点指示语**(Site Deixis)(指示空间位置)。

此范畴可以描述相对于谈话者或听众的事件发生的场所的特征(比如:接近或远离某人,在视野范围之内/外)。它通常通过副词或小品词来表示,如英语中的 *here* 和 *there*。但是它似乎不在动词复合体中出现。但也有可能的例外,我们听说,有些西北岸的美洲印第安语有不同的动词词根来表达‘在这里’和‘在那里’,而且在温图语及其他语言中,用以表达相对于其他感官的视觉信息的传信卫星语素或屈折形式,也可能被用作推测空间指示语。

27. **时态**(Tense)(指示时间位置)。

此范畴与上一范畴类似,区别在于这里是刻画时间而非空间,即某事件相对于说话者-听话者的互动时刻的时间位置。

a. 根据我们的解释,时态不词化编入动词词根。我们不认为英语中的 *went* 是语义的‘go’(去)与‘past’(过去)的词化并入形式,而是语素 *go* 和-*ed* 的替补形式。原因是 *went* 只能在其他动词词根加-*ed* 的环境下出现。而且如果 *went* 真的词化编入了一个过去意义,我们便可以看到如下表达:用 **I am wenting* 来表达‘*I was going*’(我(当时)将要去了),或用 **I will went* 来表达‘*I will have gone*’(我将去过)。

b, c. 在许多语言中,时态通常由词缀及小品词(也包括助动词)来标记。我们还不确定这些成分(词缀、小品词及助动词)是否能被看作是卫星语素,其中的词缀通常被认为是屈折形式。

28. **人称**(Person)。

人称指的是指称事件的行为者与言语事件的参与者(即说话者或听话者)之间的关系。因此,在英语中如果行为者与说话人是同一个个体,我们就用 *I*;如果行为者与听话人是同一个个体,我们就用 *you*;如果两者都不是,我们就用 *he*/*she*/*it* 或完整的名词成分。

a. 似乎没有动词词根能专门表达某一特定人称。不同的形式(如英语中的 *am*/*is*)会引发与上面所提到的 *went* 相同的质疑。日语中的给予动词(有时表明词化编入人称)似乎能表示相关地位,而相关地位反过来与人称安排有某种联系。(这里值得注意的是:有些名词词根确实词化编入人称,如,基库尤语用不同的名词来表示‘我的父亲’‘你的父亲’及‘他的父亲’。)

b. 如果附着成分(如西班牙语中的 *me*/*te*)能作为卫星语素,这种词类就在人称上画个 + 号。

c. 人称通常由屈折形式表示。

29. **配价/语态**(Valence/Voice)。

当这一因素与指称行为者的名词之间的语法关系相关时,它指的是说话者对事件中不同行为者的注意及视角点的具体分配。这一范畴的两个传统术语的区别仅在于:'语态' 指的是由屈折形式或助动词标记的分配,而 '配价' 则不是。

a. 此范畴通常与动词词根词化编入,如英语中的 *sell* 和 *buy*,对于同一事件,主要视角点分别放在给予者和接受者身上。

b. 德语的卫星语素 *ver-* 在交换中将主要视角点重新定位于给予者,如 *ver-kaufen* '卖'(相对于 *kaufen* '买')。

c. 此范畴通常由屈折形式表示,如拉丁语中的 *emere* '买'(to buy)及 *emi* '被买'(to be bought)。

30. **事实性/传信性**(Factivity/Evidentiality)。

这一范畴区别说话者已确信或者是尚不知一个事件的真实性。事实性与传信性,这两个传统术语的区别仅在于这个范畴是由词根本身还是由词根外的内容所表示。

a. 动词词根在极个别情况下可以表示说话者对所指事件的了解情况。例如英语句子 *She was/seemed sad*(她很/看起来伤心)中的系动词 *be* 就表示了说话者对系动词属性(copular attribution)的确定性,而 *seem* 则表示了不确定性。但是有些动词却可以表示对补充事件的了解情况。例如句子 *Jan* (*i*)*realized*/(*ii*)*concluded that she'd won*(简意识到/认为她会赢)中,(i)说话者相信赢这件事是真实的,(ii)说话者没有就此事的真实性表态。

b. 温图语里有一系列的 '传信性' 后缀,或许可以称之为卫星语素,它们表示说话者是否确信或者推断出某一件事,同时还表示说话者在确信或猜想时所依据的证据(Schlichter 1986)。

c. 阿楚格维语用两组各异的屈折变化形式来表达 '事实性' 和 '推测性'。

31. **态度**(Attitude)。

这一范畴是指说话者对所指事件的态度。

a. 态度词化编入动词词根中。例如,在句子 *They raided/marauded*

*the village*（他们袭击/洗劫了村庄）中，动词虽然指大致相同的事件，但是*maraud*（洗劫）额外表达出说话者对此事件的不满。与 *walk*（走）相比，*traipse*（闲荡）所包含的否定的态度，在辩护律师所说的"*Did you confirm that Ms. Burnett was traipsing around the restaurant*（你确信伯内特女士是在饭馆周围闲荡吗）"这句话中是很明显的。

b. 阿楚格维语中的后缀卫星语素-*inkiy* 表示说话者认为此事是'讨人喜爱的'(cute)。例如，在动词词根 'flap'（轻拍）上添加该词缀，即可表示"小鸭子扑棱着翅膀走来走去"。

c. 态度似乎不由屈折变化形式表达。

32. **语气**(Mood)。

语气是指说话者对于某事件的实现所持有的感觉或意向。它包括中立的心态、心愿(对于不能实现的事)、希望(对于可以实现的事)、渴望(来实现某事)以及尝试(实现某事)。

a. 似乎没有动词词根本身就含有语气。也许一开始有人会认为在句子 *She wants to go*（她想要去）中的 *want*（想）是愿望性的动词，可是它仅指行为者的渴望，而非说话者的渴望，因为说话者的语气在这里是中立的。

b，c. 许多语言中都有词缀——无论是把它们看作卫星语素还是屈折变化形式——都表示出了诸如陈述(indicative)、虚拟(subjunctive)、祈愿(optative)、愿望(desiderative)、意动(conative)的语气。

33. **言语行为类型**(Speech-Act Type)。

这一范畴表示说话人在所指事件中相对于听话人的意向。

a. 绝大部分动词词根与言语行为这一类型无关，但有一部分动词确实词化编入某一特殊类型——例如，哈尔魁梅林语里用来表达 'to be where'（在哪里）和 'to go whither'（去何处）的词根仅是疑问性的。又如英语中，词化并入祈使义的动词形式主要有动词 *beware*、动词搭配 *be advised* 以及一些类似于 *whoa*（噢）、*giddiyap*（喔）、*scat*（嘘）的形式。其中，*be advised* 仅与具有祈使义的情态动词搭配使用，如：*You should/*can be advised that ...*。

b，c. 这一范畴通常用卫星语素和屈折变化形式来标记。例如，阿楚格维语用它所特有的屈折词形变化表来表达言语行为类型：陈述(我告诉你……)

(declarative (I tell you that...)),疑问(我问你是否……)(interrogative (I ask you whether...)),祈使(我指示你……)(imperative (I direct you to...)),劝告(我警告你以防……)(admonitive (I caution you lest...))。

34. **会话者的地位**(Status of the Interlocutors)。

这里的地位与第23条中的地位同义,但此处指的是一个言语事件的参与者而不是一个所指事件的行为者。

a. 日语给予动词在此并不适合,它们基本上表示了行为者的地位,偶然情况是,行为者反过来又是言语事件的参与者。然而,萨摩亚语中有些区分不同地位层的动词(例如用来表达吃的动词)可能正好有些用法仅对说话人和听话人比较敏感。

b. 许多语言使用卫星语素和附着形式(clitics)来表示会话者的绝对或相对性别(男性和女性的言语)以及地位。

c. 许多欧洲语言中第二人称的屈折变化形式区分了部分基于相对地位的正式程度。

35. **说话者的思想状态**(Speaker's State of Mind)。

似乎不存在与当前所指事件或言语事件不相关的标记或词化编入形式。如果存在这样的形式,人们或许会将 *broke-ka* 的意义解读为"椅子破了,我现在很无聊"或"椅子破了,昨天下雨了"。

英语中的表达 *The plant died on me*(盆栽植物死了,我很难受)似乎可以表达说话者的感受。但是这种表达并不系统。

## 2.6 六十七条类型学普遍原则

Talmy (2000b) 在 Greenberg (1961) 的研究基础上对不同种类的类型和共性进行分类,并对这些原则以及用以表示它们的符号作了如下说明:

**A**=分析原则。

**T**=一种类型,涉及能将语言相区分的任何因素。

+**T**=跨语言的正向普遍因素,即多数语言(而非所有语言)所共有的因素。

－T=跨语言的普遍缺失因素，即仅为少数语言所共有（而非某种语言独有）的一个因素。

＋U=肯定共性，涉及每一种语言中都明显出现或者一律出现的一个因素。

－U=否定共性（排除共性），涉及每一种语言中都不明显出现或者根本不出现的一个因素。

U'=普遍语法的一个整体特征——即通常是所有语言的——在各种类型的语言基础上总结而来的，涉及可能出现（不排除会出现）在任何语言中的一个因素。

U'类型和T类型的陈述是可以互相转换的，两者的下列形式是等同的：

U'："语言表现出特征P"（即表明这种特征虽然不会出现在所有语言中，但至少会在部分语言中出现）；

⇔T："有些语言有特征P，但有些却没有。"

>=相关原则，涉及仅与一组语言相关的一个因素，该组语言已经拥有一个特定的其他因素。因此：

>U=内涵共性

>T=次类型

/ =涉及不同"共性"类型的两个因素的原则。

**类型学和共性原则具体包括：**

**语言组织的特征**

1. ＋U：语言区分了意义和表层形式这两个层面。既有与每个层面单独相关的特征，又有与它们的相互关系相关的特征（包括词汇化的一些特征）。
2. A：在一种语言中，如果一个特征或一个模式具有口语性、常见性和普遍性，那么它就是"典型的"（characteristic）。
3. A/U，T：多个词素的"用法"或者"用法范围"——它们语义和句法特征的一种特定子集，完全排除它们的核心意义——虽然没有共同的核心意义，但却使它们在同一种语言和跨语言的一些系统模式中相互关联。
4. ＋U：对一种语言中被词化编入词项中的"语法"-类意义的任何一

个语义范畴(比如“体”“致使性”)而言,一般会出现两类词项:一类只词化编入此范畴的单一值(single value),另一类可以表达此范畴某一范围的诸多值。

### 语义组织的特征

5. **U' / +U**:语言区分了以下语义范畴(正如此研究证明的那样):运动事件、运动(事实)、焦点、背景、路径;矢量、构形、指示语(以及相和方向);副事件;先发关系、使能关系、原因、方式、伴随关系、后发关系(结果或目的);致使性、施事、意向、意志、诱因、受事;角色构成、(关于配价的)主要/次要焦点以及体,还有在表 2.1 中所列的其他范畴(除去第 19 条和第 35 条)。在这些范畴中,许多范畴在每种语言中都有着系统的实现。
6. **+U**:方位状态像位移运动事件一样可以被感知和进一步分成组成成分(在这里“运动事件”用于两者)。
7. **+U**:运动事件具有四种成分:焦点、运动、路径和背景。
8. **+U**:与一个运动事件规律性地相关的是一个概念上可以相分离的副事件。副事件与运动事件之间有语义关系,不仅有最常见的方式或原因关系,而且还包括先发关系、使能关系、伴随关系和后发关系。
9. **+U**:语言区分了位移与自足(self-contained)运动,后者包括振动、旋转、膨胀(扩大/收缩)、摆动、原地的徘徊和停止。语言一般把一个复杂的运动分析成这两种类型的结合。
10. **+U**:大约有十个看似普遍的“运动-体”(motion-aspect)公式构成了所有运动事件的语义核心。
11. **U'**:致使性的语义范畴比通常公认的致使关系/非致使关系(causative/noncausative)的对立包含更多且更细微的区别。在致使关系中至少包含结果事件、使因事件、工具、行为者、施事者、自我施事者和诱使这些种类。在非致使关系中的是自发和受事者两种类型。
12. **+U**:涉及不同因果关系类型的语义特征包含以下内容:
    a. 一个事件可以被概念化为独立于任何致使关系(自发类型)。
    b. 一个施事者的意向可以超越一个因果序列的不同长度(行为者

类型 vs. 施事者类型)。

c. 施事性涉及一个意向事件、一个意志事件和在物理域的身体(部分)的运动事件。

d. 身体运动可能是施事性的最终目的(自我施事型)。

e. 施事性本身可能是由外部致使的(诱使型)。

f. 工具是一个派生的概念:一个使因事件的焦点是整个因果序列中的工具。

g. 自我施事型有被概念化为自发型的趋势,同时,诱使型有被概念化为简单施事型的趋势。

13. −**T**: 普通体包括一次行动的时间分配,它直接与背景时间流相关。另外,有几种语言有次要体类似现象的系统标记:一次行动的时间分配被认为与独立发生的运动事件相关(由同一个行为者执行)。

**表层形式的特征**

14. **U'**: 语言在表层上区分两个有待确认的语法范畴:动词"卫星语素"和"动词复合体"。动词词根加上所有出现的卫星语素构成动词复合体。

15. **T**: 有些语言有完整的卫星语素系统,而有些语言则几乎没有卫星语素。

16. **U'**: 语言具有反复呈现"卫星语素构形"(satellite formation)的趋势。通过这一过程,某些语素或语素类别——尤其是那些更多地附带语法类意义的语素——与动词建立了卫星语素关系。也许是为了更合逻辑,它们离开了在这些句子中的原有位置(在这些位置上它们与句子中的其他成分相结合)。量词的移动就是一个例子。多式综合(Polysynthesis)将该趋势进行最大程度的实现。

17. +**U**: 在运动事件的句子中,如果背景名词是一个复指或指示代词,它通常可以省略掉,任何与这个代词搭配的表示路径的附置词也要省略掉,但任何指示路径的卫星语素必须保留。

18. >−**T**: 既有卫星语素又有附置词的语言通常对二者保持形式上的区分。英语和汉语看起来都有另外一个罕见的词类——"卫星语素介词”——来联合这两种形式。

### 语义和表层之间关系的特征

19. **＋U/A:** 语言语义的和表层的成分无须一一对应。词汇化理论描述了以下语义和表层关系的类型(即词汇化类型),它们是根据所涉及的成分数量来划分的。

| **语义层面** | **表层层面** |
|---|---|
| a. 无语义内容 | 1. 无表层成分 |
| b. 一个语义成分 | 2. 一个语素 |
| c. 语义成分组合 | 3. 语素组合 |

| **语义和表层的对应类型** | **在表层产生** |
|---|---|
| a-1 | |
| a-2/a-3 | 一个“假位”成分/表达 |
| b-1/c-1 | 一个“零”形式或一个被删除的深层形式 |
| b-2 | 一个单一的语素(原型形式) |
| b-3 | 成语或搭配(或不连贯的形式) |
| c-2 | 词化并入(或混合词) |
| c-3 | 通过搭配产生的词化并入 |

[在最后一种情况中,(c)的成分不允许与(3)的成分一一对应。]

20. **A:** 除去以上的词汇化类型,还有另外两种方法可以解释一个语义成分在表层(除句法-结构意义外)的存在。
    a. 它由与语境和常识相一致的语义/语用解释产生。
    b. 一旦所指情景以另一视角——也就是“语义重新切分”(semantic resegmentation)过程——来观察的话,它并非真正存在。
21. **＋U:** 零形式(zero form)可以与普通语素一样表现出它自己的精确意义(或意义范围)和句法特征。
22. **＋U:** 一些语言拥有封闭类成分(closed-class element)的“转换器”类型。当与这样一个词——该词编入了一个特定语义范畴(例如体、因果关系或配价)中的概念A——一起使用时,它可以在同一范畴中把概念A转换成概念B。
23. **＞U/＋T:** 一种语言如果拥有能使概念A转向概念B的能产性转换器,那么这种语言就相对缺乏词化编入概念B的词汇形式。

24. **A:** 动词词根作为单一词素,是与跨语言的词汇化模式对比相关的一种表层形式,而完整的动词却不是,因为它可以包含数目不同的词缀。
25. **+U:** 一个运动事件的'运动事实'成分总是出现在动词词根中。
26. **T:** 在一个运动事件的最典型的表达中,一种语言往往把焦点、路径、副事件这三个语义成分中的一个与'运动事实'一并词化并入动词词根中。
27. **−U:** 在一个运动事件的最典型的表达中,没有语言会在动词词根中词化并入背景成分与'运动事实',但这种词化并入形式可以作为一个次要类型出现。
28. **−U:** 在一个运动事件的最典型的表达中,没有语言会组合焦点、路径、背景和副事件中的两个成分与'运动事实'一起在动词词根中词化并入。但这种词化并入形式可以作为一个次要类型出现。
29. **−U:** 在一个运动事件的最典型的表达中,没有语言不将焦点、路径、背景和副事件中的任何一个成分同'运动事实'一并词化并入动词词根中——也就是说,'运动事实'在动词词根中不会单独出现。然而这种非词化并入形式可能作为一个次要系统或者作为一个分裂系统的分支出现(这里主要是指在方位事件的表达中)。
30. **−T:** 在一个运动事件的最典型的表达中,一种语言可以接近"零词化并入"模式(zero-conflation pattern)——尽管它确实词化编入了'运动事实'以及三个与运动相关的主要成分中的一个——它只是区分了那一个成分的大约两三个义项,而不是典型情况中所发现的几十个义项。
31. **T:** 在一个运动事件的最典型的表达中,一种语言可以将三个与运动相关的主要成分中的一个与'运动事实'一起词化并入动词词根中,从而成为运动事件的一个范畴。再词化并入此类的另一个成分,从而形成运动事件的另一个范畴。语言甚至会词化并入第三个这样的成分以形成运动事件的另一个范畴。这就是"分裂的"或者"互补的"词化并入系统。
32. **−T:** 在运动事件的最典型的表达中,一种语言可以把三个和运动相关的主要成分中的一个与'运动事实'词化并入一系列动词词根中,接着把另一个这样的成分同'运动事实'词化并入另一组动词词根中，这两组动词词根同等口语化，而且与运动事件的相同范畴相关。这就是“平行的”（parallel）词化并入系统。

33. －**U?**：可能任何一种语言都有一种表达运动事件的最典型的模式，只是在它不同的动词词根中以不同的方式并入了三个关于运动的主要成分及‘运动事实’，这就是“混合的”（intermixed）词化并入系统。

34. ＞＋**U**/＞**T**：焦点或者副事件词化并入类型的语言把它们的词化并入模式应用于运动和处所两类表达；有些路径词化并入类型的语言也明显如此。但是多数路径词化并入类型的语言将它们的词化并入模式仅用于运动情景。

35. ＞＋**U**：副事件词化并入类型的语言中有一个多义动词系统——词汇双式词（lexical doublets）——其中一种用法只表达副事件，而另一种用法所表达的副事件中词化并入了运动。通常也会出现下述情形，有些动词只有其中一种或另一种用法以及一些用法互补的互补对。这种类型中再词化并入另外一个运动从句可以产生词汇三式结构（lexical triplets），等等。

36. ＞**T**：路径词化并入型的语言可以把路径的指示成分和构形成分划分在一起，或者可以把两个成分在结构上作出区分，并对其中一个有所偏重。

37. ＞**T**：当一种特定的运动成分典型地词化并入动词词根中时，语言基于余下那些可以出现在卫星语素中的成分这一事实形成子类型。

38. －**U**：没有哪一种语言的动词词根可以系统地明显区分因果关系中的“自发型因果关系”和“结果事件因果关系”，尽管偶尔是可以加以区分的。

39. －**U**：没有哪种语言的动词词根可以区分“使因事件因果关系”和“工具型因果关系”。

40. ＞＋**U**：若语言中存在这些类型的话，表达“使因事件因果关系”或者“工具型因果关系”的动词词根通常就可以表达“行为者因果关系”和“施事者因果关系”这两种类型。

41. **T**：既与某一特定的语义范畴相关又与跨语义的范畴相关，语言所倾向的词汇化类型在扩展性上表现出差异（例如，涉及因果关系、体-因果关系或者配价的词汇化)。

42. **T:** 在表达某些语义域的动词词根中典型地词化并入了各种体，语言并入的体的种类不同。

43. **T:** 大体上讲，一种语言会在一个动词词根中典型地将一种'状态'概念与三种体致使类型中的一种——静态(stative)、起始(inchoative)或者施事(agentive)——词化并入。但是在有些语言中，同一个动词词根典型地涉及了这些类型中的具体表达的一对。在有些语言中，同一个动词词根能涉及所有的这三种类型的表达。但是这是否曾经是典型的模式还是一直只是次要的形式还有待考察。最后，根据一种解释，在一些语言中词根仅表达'状态'，并不词化编入这三种体致使类型中的任何一种，而是由伴随的语素提供这些类型的意义。然而，根据另一种解释，这种动词词根——事实上是所有的动词词根——词化并入了一个体致使成分(或者是一系列的)，并且不会使它们的核心所指从时间分布的或因果性的特征中被抽象出来。

44. **+U/>T:** 在前述各种情形下，没有被词根表达出的(那些)体致使类型由伴随的语素表达。在'仅表状态'(state-alone)的一些词根中，这些额外的语素或者自己独立地表示三种体致使类型的每一个，或者它们使用一种形式来表示其中一对类型，用另一种形式来表示其余的那一种类型。

45. **>T:** 一些语言在它们的'状态'动词词根中，作为一种典型情形，词化编入了三种体致使类型中的某一种特定类型，这些语言在类型学上有相似性，通过区别它们派生剩余的体致使类型的模式，可以形成一个子类型。

46. **−U:** 如果是同一个动词词根——或者非词根的语素——表达三个主要的体致使类型中的一对，那么这一对可以是静态+起始型或者起始+施事型，但不会是静态+施事型。

47. **−U:** 对于可以同时指称处于某一状态(state location)和进入某一状态(state entry)的动词词根而言，它不可以同指处于某一状态和离开某一状态(state departure)，或同指进入某一状态和离开某一状态，或同指处于、进入及离开某一状态。可能的情况是，没有动词词根曾词汇化"离开某一状态"这一概念。(因此，动词"die"

（死亡）的正确解读是"进入死亡状态"，而不是"离开存活状态"。在所有语言中，该动词可以与前者的名词形式同源，但不与后者的名词形式同源。）

48. **－U：** 在任一语言的一些形式和用法的数量上，表示'进入某一状态'的语法成分和派生模式总体上超过表示'离开某一状态'的语法成分和派生模式，或者可能与后者相当，但是绝不会少于它们。也就是说，'进入某一状态'跟'离开某一状态'相比，是非标记性的。
49. **T：** 在每一种语言中，涉及人的一些行动在动词词根中被典型地词汇化成单元型角色构成类型，或者二元型角色构成类型，或者一种包含这两种类型的形式。
50. **＋U：** 与心理事件一起在动词词根中被词汇化的配价可能普遍地与一种特有的认知-语言原则相关：当它是主语时，体验者（Experiencer）被概念化成心理事件的发起成分，当它不是主语时，体验者就被概念化为此事件的反应成分。
51. **T：** 下面两种情况可以将各种语言相区别：在心理事件的配价的词汇化中，主导地位是给予做主语的还是非主语的体验者，相应地，占主导地位的体验者概念是作为发起的成分还是作为反应的成分。
52. **＋T：** 大部分情况下，表达心理事件的某些子类型的动词——其中包括'想要'（wanting）和'珍视'（valuing）——把配价进行了词汇化，因此体验者就成为句法的主语，充当了发起者的角色。
53. **＋U：** 从普遍性上讲，在语义角色等级中，焦点比背景要高。它的一个影响是，在每种语言中，基本的"优先"（precedence）模式就是在语法关系的等级——主语、宾语、间接格——中表达焦点的名词要高于表达背景的名词。
54. **U'：** 基本的或者是倒装的焦点-背景优先模式可以由特定的词汇项或者特定的语义概念的要求决定。对语义类型的要求可以贯穿整个语言、整个语系或者在某些情况下也可能是共性的。
55. **U'：** 通常，在同一种语言内或者是跨语言之间，同样的语义成分可以在表层由不同程度的突显度来表征——即，语义成分被更加前景化或背景化。

56. **+U:** 在其他情况一样的条件下，一个语义成分的显著性在该语义成分由主要动词词根或者任何封闭类成分（包含卫星语素——因此，在动词复合体的任何地方）表达时被背景化，当该语义成分由其他成分表达时则被前景化。
57. **T:** 根据在一个背景化了的显著层面上可以表达的语义成分的数量和种类，不同语言得以区分。
58. **+U / T:** 一个句子中的一个概念的前景化表达方式，与其背景化相比需要付出更大的"代价"，因为它在空间、注意和文体的规范上有更多的要求。因此，一种语言经常倾向于省略一个要求前景化的表达方式的概念，如果可以的话，让它从上下文中被推测出来。因而，一种有着更多的背景化供应的语言所提供的信息通常比背景化供应少的语言所提供的信息更清晰。
59. **+U:** 根据一种解释，结果的所有词化编入，不管是在动词词根还是在卫星语素中，都是做主事件而不是做从属事件。
60. **−U:** 与其他相位（Phase）概念相比，'停止'（stopping）的概念并不出现在封闭类成分中（如助动词、卫星语素或者屈折变化形式）。（参照 47—48 条关于'离开某一状态'（state-departure）的那些限制。）
61. **>+U /−U:** 当'数'表征在动词屈折变化形式上时，指语法上的主语或者宾语；然而当它编入动词词根，指的是语义受事者（semantic Patient）——很明显并不指其他的语义角色（semantic roles）。
62. **−U:** 只有一个有限的以及相当小的语义范畴集合可以出现在动词复合体中来限定所指事件的参与者——主要是指'人称''数''分布''地位''性别/类别'。其他的语义范畴，诸如'颜色'被排除在外。
63. **U'** : 对于我们提出的三个动词复合体成分——动词词根、卫星语素和一些屈折变化形式——在这所有三个范畴中一般可以清晰表征的语义范畴是：'极性''相位''体''致使性''角色构成''数''配价/语态''事实/传信''言语行为类型'和'会话者的地位'。
64. **−U:** 从动词词根而不从屈折变化形式中排除的语义范畴是'行

为者的性别/类别’‘时态’‘人称’和‘语气’。

65. —U: 从动词屈折变化形式而不从词根中排除的语义范畴是主要的行动或者状态(包含‘结果’)、运动事件成分和副事件(表2.1, 1—8条),以及‘(多元)行为者的分布’‘行为者的地位’‘(指示的)方向’‘说话者的态度’。

66. U’: 尽管许多语义范畴可以在动词词根或者动词屈折变化中出现,但是不会在两者中同时出现,这些范畴中的绝大部分能够出现在卫星语素中。

67. —U: 虽然经常可以出现在动词复合体中的其他位置——如小品词——但是‘模糊限制语’‘速度’‘与类似事件的关系’‘空间场景’以及‘(指示)空间位置’这些语义范畴充其量也只是边缘性地在动词词根、卫星语素或动词屈折变化形式中得以表达。另外,表示‘实现程度’‘行为者的地位’和‘时间场景’的范畴只在极少数情况下在这些地方表达。

## 2.7 生成语言学中的题元角色

题元角色(thematic roles)关涉句子参与者的语义角色(认知语言学文献称为semantic roles),是Chomsky在管辖约束理论(Government and Binding Theory)中使用的术语。题元角色在英语中也指theta roles,或书写为$\theta$-roles。其中theta($\theta$)来源于thematic,而thematic派生于theme。theme是J. S. Gruber在20世纪60年代开始使用的术语。theme本身作为一个题元角色,是在20世纪70年代由Chomsky及其阵营的人开始使用的[参见Matthews (2014)中对theme, theta roles, theta theory等词条的解释]。本节介绍题元角色的主要分类及其定义、题元角色与传统语法中句子成分的联系,主要参考Saeed (2003: 148-174)和李福印(2006)第15章中的内容。

### 2.7.1 传统的句子成分在意义分析上的不足

先看例(2)中的句子。

| （2） | | |
|---|---|---|
| a. | David<br>（戴维 | cooked the rashers.<br>做了煎咸肉。） |
| b. | The fox<br>（那只狐狸 | jumped out of the ditch.<br>从水沟里跳了出来。） |
| c. | Kevin<br>（凯文 | felt ill.<br>生病了。） |
| d. | Mary<br>（玛丽 | saw the smoke.<br>看见了烟。） |
| e. | The book<br>（那本书 | is in the library.<br>在图书馆里。） |
| | 主语 | |

按照传统语法，我们可以把上面的句子分成若干个句子成分。我们只需要观察这些句子的主语部分，就可以看出一些问题。从句子成分的角度看，这些主语是毫无区别的，地位是等同的。但是行为者的"意志"却有很大区别。只有 a、b 两句的主语是行为的执行者。c 句不可能是一种主动的行为，因为没有人喜欢得病。d 句也可能是不自觉的行为，"抬头看到烟"。e 句的主语和以上四句都不一样，*the book* 只是一个物体，它没有任何意志。由于传统语法强调句子结构，它们在分析句子意义上显示出不足。语义学家们提出了另一套分析方法，这就是题元角色。Saeed（2003: 148-164）共区分出如下九类题元角色：施事（AGENT）、受事（PATIENT）、主位（THEME）、经验体（EXPERIENCER）、受益体（BENEFICIARY）、工具（INSTRUMENT）、处所（LOCATION）、目标（GOAL）和来源（SOURCE）。下面详细分析这些题元角色的含义。

### 2.7.2 题元角色

以下是一些主要的题元角色的定义和例句。

AGENT: The initiator of some action, capable of acting with volition（施事：动作的发出者，有能力按照自己的意志行动）。如例（3）所示。

（3）

| | | |
|---|---|---|
| a. | Mary<br>（玛丽 | opened the window.<br>打开了窗户。） |
| b. | Tom<br>（汤姆 | drove a black car.<br>曾经开过一辆黑色的小轿车。） |
| c. | David<br>（戴维 | cooked the rashers.<br>做了煎咸肉。） |
| d. | The fox<br>（那只狐狸 | jumped out of the ditch.<br>从水沟里跳了出来。） |
| e. | The ants<br>（蚂蚁 | climbed all over the dinner table.<br>爬满了餐桌。） |
| | 施事 | |

在（3a）到（3e）五个句子中，传统语法中的主语都能按照自己的意志行动。它们是动作的发出者、行为的执行者，即实施者。我们在题元角色中称为施事。施事和主语不总是一一对应的关系。

PATIENT: The entity undergoing the effect of some action, often undergoing some change in state（受事：受某行为影响的个体，该个体经常经历状态的变化）。详见例（4）。

（4）a. Mr. Green mowed **the grass.**
（格林先生修剪了**草坪**。）
b. Enda cut back **these bushes.**
（恩达修剪了**灌木丛**。）
c. The sun melted **the ice.**
（太阳融化了**冰**。）

例（4）句子a、b、c中加粗的部分是行为的直接对象，是承受行为影响的，是传统语法中的宾语，在题元角色的分析中是受事。需要注意的是，受事和宾语也不是一一对应的。

THEME: The entity which is moved by an action, or whose location is described（主位：被行为所移动的个体，或被描述其位置的个体）。见例（5）。

(5) a. The father took **the crying boy** away.
(男孩的父亲把哭着的男孩带走了。)
b. Robert passed **the ball** wide.
(罗伯特把球传偏了。)
c. **The book** is in the library.
(那本书在图书馆里。)

以上句子中,the crying boy, the ball, the book 分别是三个句子的主位。但有的做宾语,有的做主语。

EXPERIENCER: The entity which is aware of the action or state described by the predicate but which is not in control of the action or state(经验体:意识到谓语所描述的行为或状态,但是无法控制该行为或状态的个体)。详见例(6)。

(6) a. **Kevin** felt ill.
(凯文生病了。)
b. **Mary** saw the smoke.
(玛丽看见了烟。)
c. **Loran** heard the door shut.
(劳兰听见门关上了。)

Kevin, Mary, Loran 是各自句子中行为的体验者。他们被称为经验体。在以上例子中,他们是句子的主语。

BENEFICIARY: The entity for whose benefit the action was performed(受益体:接受某行为利益的个体)。详见例(7)。

(7) a. Robert filled in the form for **his grandmother.**
(罗伯特替他祖母填写了表格。)
b. They baked **me** a cake.
(他们给我烤了个蛋糕。)
c. The painter drew **the lady** a picture.
(画家为那位夫人画了一幅像。)

以上例子中，his grandmother，me，the lady 是各自句子中的受益体。他们所属的句子成分不同。his grandmother 是介词宾语，me 和 the lady 是直接宾语。

INSTRUMENT：The means by which an action is performed or something comes about（工具：实施某行为的凭借）。详见例（8）。

（8）a. She cleaned the wound with **an antiseptic wipe.**
（她用消毒巾清理了伤口。）
b. They signed the treaty with **the same pen**.
（他们用同一支笔签订了合约。）
c. Elizabeth tasted the soup with **a silver spoon**.
（伊丽莎白用一把银勺子尝了尝汤。）

以上句子中的题元角色是介词短语的宾语。

LOCATION：The place in which something is situated or takes place（处所：某事物发生或存在的地点）。详见例（9）。

（9）a. Those monkeys are playing **in the trees.**
（那些猴子们正在树丛中玩耍。）
b. The monster was hiding **under the bed.**
（那个怪物躲在床下面。）
c. The band played **in a marquee.**
（那支乐队在大幕帐后面演出。）

其中，in the trees，under the bed，in a marquee 是句子中行为发生的地点。它们充当地点状语。

GOAL：The entity towards which something moves，either literally as in（10a）or metaphorically as in（10b）（目标：某事物运动所朝向的个体，可以是（10a）中的实际运动，也可以是（10b）中的隐喻性运动）。

（10）a. Sheila handed her licence **to the policeman.**
（希拉将驾照交给了警察。）
b. Pat told the joke **to his friends.**
（帕特向他的朋友们讲了这个笑话。）
c. He is running **towards the sea.**
（他向大海跑去。）

其中，to the policeman，to his friends，towards the sea 是各自句子中行为的目标，做目的状语。

SOURCE：The entity from which something moves，either literally as in（11a）or metaphorically as in（11b）（来源：即某事物运动开始的实体，可以是（11a）中的实际运动，也可以是（11b）中的隐喻性运动）。

（11）a. The plane came back **from Paris.**
（飞机从巴黎返航。）
b. We got the idea **from a French magazine.**
（我们从一本法国杂志上得到了这个主意。）
c. The dew was blown **off the flowers.**
（露珠被从花朵上吹落。）

以上句子中，from Paris，from a French magazine，off the flowers 分别是某个体离开的地方。它们在以上句子中是介词短语，做状语。

题元角色和传统语法中的句子成分有联系，也有区别。以下是鉴别题元角色的方法介绍。

### 2.7.3 题元角色的鉴别方法

下面的一些表达可以放在句子后，用来鉴别施事，它们是 *deliberately*，*on purpose*，*in order to* 等。如果加上这些表达后，句子仍然能接受，句子的主语往往是施事，见例（12）。

(12) a. John cooked that fish.
(约翰烧了那条鱼。)
b. John cooked that fish deliberately.
(约翰有意地烧了那条鱼。)

c. Mary saw the cat.
(玛丽看见了那只猫。)
d. ? Mary saw the cat deliberately.
(?玛丽有意地看见了那只猫。)

e. The boy kicked the ball off.
(那个男孩将球踢开了。)
f. The boy kicked the ball off on purpose.
(那个男孩故意将球踢开了。)

g. Mary has caught a cold.
(玛丽感冒了。)
h. ? Mary has caught a cold on purpose.
(?玛丽故意感冒了。)

以上例子中,只有 c 和 g 的主语不是施事,其他都是。

在鉴别受事时,我们可以看句子是否可以放入"What X did to Y was..."句式中。如果可以,那么 Y 往往是受事。

(13) a. Enda cut back **these bushes.**
(恩达修剪了灌木丛。)
b. What Enda did to these bushes was to cut them back.
(恩达对那些灌木丛施加的行为是他修剪了它们。)

c. Mr. Green mowed **the grass**.
(格林先生修剪了草坪。)
d. What Mr. Green did to the grass was to mow it.
(格林先生对那块草坪施加的行为是他修剪了它。)

以上句子中的 these bushes 和 the grass 都是受事。

在实际操作中，对题元角色的鉴别并不是那么简单。更多细节可以参阅 Saeed（2003），Jackendoff（1972，1990），Chomsky（1988），Haegeman（1994），等等。

### 2.7.4 题元角色和句子成分的关系

题元角色强调的是句子的参与成分在句子中的意义角色，传统语法中的句子成分强调句子的组成部分在句子结构中的作用。那么这两套分析方法有无对应关系呢？其实以上很多分析都是不言自明的。例如，工具、处所、目标、来源等大多都由介词短语构成，充当状语。比较复杂的是主语，因为几个题元角色都可以做主语，请看例子(14)。

（14）a. **This cottage** sleeps five adults.
（这个小屋能睡五个人。）
b. **The table** seats eights.
（这张桌子能坐八个人。）

在例(14)a、b 两句中，this cottage 和 the table 是题元角色中的位置，在句子中充当主语。因此我们说：LOCATION = subject。

（15）a. **The thief** stole the wallet.
（小偷偷走了钱包。）
b. **Fred** jumped out of the plane.
（弗莱德跳出了飞机。）

在例(15)a、b 两句中，the thief 和 Fred 分别是动作的发出者和行为的执行者，他们有意志控制自己的行为，是施事，因此我们说：AGENT = subject。

（16）a. **The bowl** cracked.
（那个碗碎了。）
b. **Una** died.
（乌娜死了。）

在例(16)a、b 两句中,the bowl 和 Una 实际上是行为的承受者,是受事,在上面的句子中也充当了主语。我们可以得出结论:PATIENT = subject。但是 the bowl 和 Una 并不是典型的受事,因为句子中没有另一个参与者及其所施加的动作。

(17) a. **She** received a demand for unpaid tax.
(她收到了一张票据,要她把未付的税款付清。)
b. **The building** suffered a direct hit.
(那栋楼遭受了直接的打击。)

在此,我们认为:RECIPIENT(笔者认为前文提到的 BENEFICIARY 是 RECIPIENT 的一种)= subject。

(18) a. **Joan** fell off the yacht.
(琼从游艇上摔了下来。)
b. **The arrow** flew through the air.
(箭从空中飞过。)

Joan 和 the arrow 是主体,因此,THEME = subject。

(19) a. **The key** opened the lock.
(这把钥匙打开了那道锁。)
b. **The scalpel** made a very clean cut.
(这把手术刀留下的切口很干净。)

上面的例句中,the key 虽然处于传统语法中主语的位置,但是 the key 自己不能开锁,是施事把它当成工具来完成开锁行为的。因此,我们可以把 a 句转换成 Tom opened the lock with the key。在此,the key 的题元角色是工具。b 句中的 the scalpel 也是工具。因此,INSTRUMENT = subject。

学者对于哪些题元角色可以充当主语进行了排序,他们认为这个顺序结构具有普遍意义,并称之为主语普遍层次结构(universal subject hierarchy):AGENT > RECIPIENT/BENEFICIARY > THEME/PATIENT > INSTRUMENT >

LOCATION（Saeed 2003: 155; Fillmore 1968, 1971; Givón 1984）。笔者认为，EXPERIENCER 也是可以充当主语的，可以放在与 RECIPIENT / BENEFICIARY 相并列的位置。学者们认为这个结构在不同语言中具有普遍意义。

#### 2.7.5 小 结

本节介绍了题元角色的相关问题。那么，语言学家们为什么要划分题元角色？

首先，我们可以用题元角色描述动词的意义。动词的意义体系包括动词对其论元数目的要求，英语中有的动词只需一个论元与之相配，它们是一价动词，有的要求带两个或三个论元，因此被称为二价动词和三价动词。生成语法把动词要求的题元角色形式化，用题元栅（thematic role grid, theta grid）来描述。如（20）所示。

（20）**put V: ＜AGENT, THEME, LOCATION＞**

John（AGENT）put the book（THEME）on the shelf（LOCATION）.

题元栅在一定程度上反映了题元角色与语法范畴、语法结构的对应关系，具有预测性（吴一安 2000: F31，导读）。题元栅使我们按照动词意义给它们进行分类成为可能，也使我们能够预测动词的论元个数变化。

其次，我们可以用题元角色来描述参与者角色和语法关系之间的联系，以探索句法和语义界面的很多问题。因此，它是连接语义和语法的桥梁。

### 2.8 原型题元角色

在实际操作中，界定题元角色时会遇到边界不清的问题。例如，受事的定义为：受某行为影响的个体，该个体经常经历状态的变化。但由于个体承受的状态变化有较大差异，我们很难断定它们是否都属于受事，见（21）中的例子。

（21）a. John touched **the lamp** with his toe.

（约翰用脚趾碰了碰那盏灯。）

b. The captain rubbed **the cricket ball** with dirt.

（上尉用泥土擦了板球。）

c. Henry squeezed **the rubber duck** in his hands.
(亨利压了压手中的橡皮鸭子。)

d. Alison smashed **the ice cube** with her knee.
(艾丽森用膝盖压碎了冰制的立方体。)

e. The sun melted **the ice.**
(太阳融化了冰。)

从句子 a 到 e,受事受到的影响各不相同。a 句中的受事 the lamp 没有经历多大变化,相比之下,e 句中的 the ice 已经消失。它们是否都是受事?另一个问题是怎样更具体地定义或描述题元角色的特点?对于这一问题,Dowty (1991)指出题元角色不是界限清楚的范畴,而是属于原型范畴。他认为至少有两个原型,原型施事(Proto-Agent)和原型受事(Proto-Patient)。每一个原型施事和原型受事都含有一系列的蕴含(entailment)成分。也就是说,题元角色是由一系列的蕴含关系组成的。以下是原型施事和原型受事各自具有的特点:

**Properties of Proto-Agent(原型施事的特征)**

a. volitional involvement in the event or state
(对事件或状态的有意参与)

b. sentience (and/or perception)
(感觉(和/或感知))

c. causing an event or change of state in another participant
(导致事件的发生或另一参与者的状态变化)

d. movement (relative to the position of another participant)
(运动(相对于另一参与者的位置))

**Properties of Proto-Patient(原型受事的特征)**

a. undergoes change of state
(经历状态变化)

b. incremental theme
(渐进型受事)

c. causally affected by another participant
(受到另一参与者行为结果的影响)

d. stationary relative to movement of another participant

（相对于另一参与者的运动来说是静止的）

（Dowty 1991: 572; Saeed 2003: 160）

其中，incremental theme 是 Dowty（1991）提出的题元角色的一种。Dowty（1991）的 THEME 有的相当于本文中的 PATIENT。incremental theme 主要出现在一些表示实现和完成(achievement and accomplishment)的动词后，例如 mow the lawn, eat an egg, build a house, demolish a building。这些动词所表示的行为和相关的 THEME/PATIENT 的状态之间的关系是渐进直至完成。

在句子 *John cleaned the house* 中，*John* 包括以上所有四类蕴涵：意志(volition)、感知能力(sentience)、因果关系(causation)及运动(movement)。在句子 *John fainted and dropped the vase* 中 *John* 就没有意志的参与。在句子 *The storm destroyed the house* 中，施事既没有意志也没有感知能力。这种描述题元角色的方法使题元角色的定义具有灵活性。其他题元角色大都可以是以上几类的边缘成员，请看例(22)。

(22) a. **Maggie** pruned **the roses.**
（玛吉修剪了玫瑰丛。）
b. **Joan** felt the heat as the aircraft door opened.
（当航天器的门打开时，琼感到了一阵热浪。）
c. **The knife** cut through the bag.
（刀割透了口袋。）
d. Robert watched **the game.**
（罗伯特观看了比赛。）

在例(22)a 句中，*Maggie* 包括上文提到的所有四项蕴涵关系：意志、感知能力、因果关系以及运动。因此，*Maggie* 是典型的 AGENT。b 句中的 *Joan* 属于 EXPERIENCER，可以认为是 AGENT 的边缘成分，具有感知能力，但是不涉及主观意志和因果关系。c 句中的 *the knife* 属于 INSTRUMENT，它仅仅蕴涵因果关系和运动，不涉及意志和感知。在 a 句中，*the roses* 属于典型的 PATIENT，蕴涵上文列出的典型受事的所有四个特点。d 句中的 *the game* 既没有经历状态的变化，又没有受因果关系的影响。因此，*the game* 属于边缘的 PATIENT。

## 2.9 结 语

在本书中,我们遵循 Talmy 关于形式与意义间映射原则的主张,即:语义元素与表层元素之间大都不是一一对应的。几个语义元素的组合可由单个表层元素来表达,单个语义元素也可由几个表层元素的组合来表达。或者,不同类型的语义元素可通过相同类型的表层元素来表达,相同类型的语义元素也可由不同类型的表层元素来表达(Talmy 2000b: 21; 伦纳德 · 泰尔米著,李福印等译 2019: 3)。简言之,形式与意义之间呈现多重交叉对应(见图 2.2),我们称为形式与意义的多重交叉映射原则(Principle of Multiple Cross-mapping between Form and Meaning)。

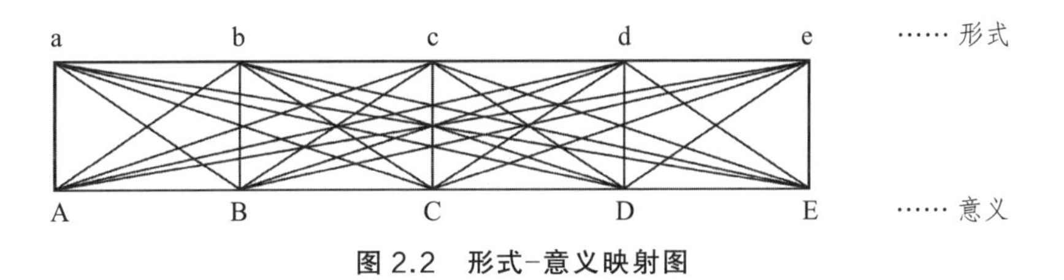


图 2.2 形式–意义映射图

# 3 开放类与封闭类①

## 3.1 引 言

词类研究是语言研究的基本话题之一(吕叔湘 1979; 吕叔湘、朱德熙 2013; 朱德熙 1991; 邢福义 1991; 马庆株 1991)。在传统汉语语法中,词可以分为实词(content words)和虚词(function words)。实词是开放类,虚词是封闭类。所谓开放类,指的是难以在语法书里一一列举其成员的大类。所谓封闭类,是指可以穷尽地列举其成员的不很大的类(朱德熙 1982: 39—40, 1999a: 49; Haspelmath 2004)。具体而言,有的封闭类成分仅起语法作用,本身没有具体意义,比如汉语中的"的、把、被、所、呢、吗";有的仅表示逻辑概念,比如"因为、而且、和、或"等。相对应地,开放类成分(或实词)可表示事物、动作、行为、变化、性质、状态、处所、时间等,在功能上能够充当主语、谓语或宾语。除此以外,朱德熙(1999b: 279)还指出,汉语的实词和虚词还存在如下两点区别:(1)实词绝大部分是自由的(即能单独成句),虚词绝大部分是黏着的(不能单独成句)。(2)绝大部分实词在句法结构里的位置是不固定的,可以前置,也可以后置。例如"有",可以组成"我有""都有""屋里有",也可以组成"有人""有进步""有吗"。绝大部分虚词在句法结构里的位置是固定的,例如"吗""的"总是后置的(好吗、新的),"也""被"总是前置的(也去、被发现)。这一划分词类的依据是词的语法功能,不仅对于汉语适用,同样适用

① 本章内容在整理编写时主要参照《认知语义学(卷 I):概念构建系统》(伦纳德·泰尔米著,李福印等译 2017)第 1 章中的部分内容。

于其他语言，如印欧语等。

与汉语相同，西方传统的结构主义语言学家也将词的分类及定义作为语言描写的重要任务之一（参见 Bloomfield 1933）。以 Chomsky 为首的生成语言学派认为，词类特征而非词类本身才是语法分析的最小元素（Chomsky 1981）。其中有三项特征被认定为初始基元特征：[+/-N（名词性）]、[+/-V（动词性）]和[+/-F（功能性）]。在分析实践上，生成语法以上述三个初始的基元特征为基础，采用二元赋值的常规方式，对八种主要词类进行跨类特征描述，如表 3.1 所示：

**表 3.1 生成语法框架下的词类组成（徐杰 2007：22）**

| 词类 | [+/-N]（名词性） | [+/-V]（动词性） | [+/-F]（功能性） | 语类 |
|---|---|---|---|---|
| 名词 | + | − | − | 词汇语类 |
| 动词 | − | + | − | |
| 形容词 | + | + | − | |
| 介词 | − | − | − | |
| 代词 | + | − | + | 功能语类 |
| 限定词 | + | + | + | |
| 助动词 | − | + | + | |
| 附着词 | − | − | + | |

在此分析框架下，各个具体词类就可以被描述和定义为一组区别性词性特征的组合。比如名词不再是一个基本的语法实体，而是[+N、-V、-F]这三个词性特征的组合体。用简洁有限的三个基本特征对词类进行定义和描述，不仅可以揭示这些词类的本质内涵，还可以清晰呈现不同词类之间的异同（徐杰 2007）。此外，生成语法还指出，英语的词类划分（尤其是名词、动词、形容词和介词这四个主要范畴）可应用于其他语言。

20 世纪末，越来越多的语言学家开始关注词类研究。针对名词和形容词间的区别（比如名词将所指物归为某一个种类，形容词则通过命名某一特征进行描述），Wierzbicka（1986）提出了一个较为复杂的语义特征描述框架。Langacker（1987a）也在认知语法框架内对名词和动词的语义进行了界定：名词是一些认知域中的某个区域（a region in some domain），动词是一系列顺序扫描过程（a sequentially scanned process）。还有一些语言学家关注跨语言的词类规则，如 Dixon（1977）、Bhat（1994）以及 Wetzer（1996）对形容词的研究，Walter（1981）和 Sasse（1993）对名词和动词区别的探讨。对词类及其特征最为全面的论述当属 Croft（1991）。Croft 注意到在所有跨语言的多样性中，我们可在标记性的语言模式中找到共性。通常，表示物体的词作为指称论元时是非标记性的，表示特征的词作为名词性修饰语时是非标记性的，表示动作的词作为谓语时同样是非标记性的。单独通过语义和 / 或形式标准将名词、动词和形容词的概念进行跨语言的应用似乎是不可行的，但是，我们或许可以说，名词、动词和形容词是普遍的标记性模式。Haspelmath（2001）对词类研究进行了详细的回顾，从语言共性入手，将词分为实词和虚词，其特征汇总为下表：

表 3.2　实词和虚词的特征对比

| 特征 | 实词 | 虚词 |
| --- | --- | --- |
| 成员 | 名词、动词、形容词及副词 | 介词、连词、冠词、助动词等 |
| 类别 | 开放类 | 封闭类 |
| 数量 | 多 | 少 |
| 意义 | 具体 | 抽象 |
| 出现的相对频率 | 低 | 高 |

由此可见，实词和虚词的词类二分法为中外学界普遍所接受。从历时角度讲，开放类成分可以转化为封闭类成分，这一过程其实就是语法化。典型的语法化现象是语言中意义实在的词语或结构式变成无实在意义、仅表语法功能的语法成分，或者一个不太虚的语法成分变成更虚的语法成分（吴福祥 2004）。语法化过程具有单向性、不可逆性（Givón 1979; Haspelmath 1999a，1999b，2004; Heine & Kuteva 2002; Hopper & Traugott 1993/2003; Traugott 2001）。因此，开放类成分可以转化为封闭类成分，但封闭类成分不可以转化为开放类成分。

## 3.2　开放类与封闭类

Talmy 基于“语言是一个认知系统”这一事实对语言系统进行进一步细分。他指出，“语言的一个基本结构特征是它具有两个子系统，可分别称为语法子系统和词汇子系统。”（伦纳德・泰尔米著，李福印等译 2017: 3）语法成分决定概念框架，词汇成分填充概念内容。前者在表达概念内容方面受到诸多限制，后者则可以自由表达概念内容，不受限制。两者在语言形式上分别构成封闭类集合和开放类集合。

Talmy（2000a: 22）认为，语言系统中的语素从形式上也可以分为两类：“开放类”（open-class）和“封闭类”（closed-class）。具体说来，如果一类语素数量庞大且相对于其他类别的语素来说其成员易于增加，那么我们称其为开放类（A class of morphemes is considered open if it is quite large and readily augmentable relative to other classes）；如果一类语素数量较少且成员相对固定，那么我们称其为封闭类（A class is considered closed if it is relatively small and fixed in membership）（伦纳德·泰尔米著，李福印等译 2017: 4）。由此观之，Talmy 对语言认知子系统的区分和界定与中外学界对词类的研究一脉相承。

（1）a. This is a book.（这是一本书。）
b. These are books.（这些是书。）
c. That is an apple.（那是一个苹果。）
d. They are apples.（它们是苹果。）
e. It is a desk.（它是一张书桌。）
f. They are desks.（它们是书桌。）

比如，在以上英语例子中，人称代词和不定冠词数量有限，均属于封闭类，名词词根、动词词根和副词词根属于开放类。开放类词汇和封闭类词汇在认知加工中有较大的差异，下文将对此进行论述。

## 3.3 封闭类语义限制

由语法形式表达的概念在两方面受限：范畴及其成员。

一方面，范畴本身的限制是指，在许多语言中，都存在与名词结合的封闭类形式来表示名词所指对象的"数"的概念。例如，用来表示名词所指对象单/复数的名词屈折形式，如英语中的 Ø 或-*s*。与此相对，没有哪种语言中存在表明名词所指事物"颜色"的屈折形式，如'红色''蓝色'等。当然，"颜色"范畴可以由属于开放语类的形式描述，如英语的'*red*'和'*blue*'。

另一方面，范畴成员的限制是指即使是在语法形式可以表达的概念范畴内，对具体范畴成员的表述也存在很大的限制。因此，由黏着封闭语类形式表达的"数"这个概念范畴也只包括诸如'单数'（'singular'）、'双数'（'double'）、'三数'（'trial'）、'复数'（'plural'）、'几个'（'paucal'）和'单数成分'（'singulative'）。自由封闭语类形式能够表达其他几个概念，如英语中的'无'（'no'）、'一些'（'some'）、'很多'（'many'）、'大多数'（'most'）以及'全部'

（‘all’）。但是，显然封闭语类的形式无法表示“数”范畴中的‘偶’（‘even’）、‘奇’（‘odd’）、‘一打’（‘dozen’）或者‘许多’（‘numerable’）等概念。相比之下，这些概念能够由开放语类的形式表达，以上几个例词已经表明了这一点。

### 3.4 封闭类概念的特征

语法表达的所指对象一般具有拓扑性（topological），而不具备“欧几里得”几何学的性质。研究这些拓扑性质，不妨从英语的指示代词如 *This*/*That chair is broken*（这/那把椅子坏了）中的 *this*（这）和 *that*（那）入手。这种类型的封闭类形式表示所指事物的位置是处于空间概念切分中（或者时间，或者其他定性语域）说话人这一边还是非说话人那一边。上文这个整体性的说明可以分析为下文（2）中单引号内的概念组成部分。

（2）（a, b） 把空间分割成‘区域’/‘侧面’的‘切分’
（c—e） ‘点’（或可被理想化成点的物体），在区域‘内部’的‘位置’（一种具体的关系）
（f, g） 与……‘相同’或‘相异’（的一侧）
（h, i） ‘当下所指’的对象和‘当下交流’的实体

初看也许认为这类指示代词能够区分其他如距离、大小等概念，但是下面例（3）的两个句子证实不可以。

（3）a. This speck is smaller than that speck.（这个污点比那个小。）
b. This planet is smaller than that planet.（这颗行星比那颗小。）

（3a）和（3b）所指的情景区别很大，一个是相距几毫米的微小的物体，另一个是相距数光年的巨大天体。然而，两句只有词汇差异，并无语法区别。所以，尺寸之大小、距离之长短等方面的场景差别一定产生于开放类成分，不能归因于句中的指示代词（或者其他封闭类成分）。也就是说，*this* 或者 *that* 表达的概念与物体大小的细节无关，在这一意义上完全是拓扑性的。它们对于概念切分的图式表征是固定的，但是切分的距离可以无限“延伸”（stretched），并不与指示代词的语义限制相冲突，这在拓扑学上可以描述为“橡胶板几何形状”的特

征。因此，这些指示代词，也就具有与**量值无关（magnitude neutral）**的拓扑几何特征。

另一个在空间上表现出这种拓扑特征的封闭类形式是英语介词 *across*。这个词可以指任何一段长度的路径，不论是几英寸（如 *The ant crawled across my palm*（蚂蚁爬过我的手掌））还是几千英里（如 *The bus drove across the country*（汽车穿越这个国家））。这个封闭类形式表示的是一个图式，该图式可以被理想化为一个点在两条平行线之间作垂直运动的轨迹，该轨迹与图式的量值无关。此外，同样的拓扑性质也可表现在指代时间的封闭类形式上。因此，英语的过去时标志-*ed*，用在 *Alexander died, with dignity*（亚历山大体面地离世了）中，既可以指去年一个熟人辞世，也可以指两千多年前亚历山大大帝逝世。如前文所述，-*ed* 这个封闭类形式指的是时间上的一个具体的图式性排列，即以理想化的形式描述了一个位于延续到此刻为止的时间轴上的一个点，这个点与时间的长短无关。上文关于两个指示代词、一个介词以及时态标志的讨论让我们思考，是不是任何语法形式都具有量值无关性。在继续研究了英语以及其他一些语言中更多的封闭类形式以后，我们发现，虽然语言中有一些可以表达相对大小的语法形式，但是很可能语言中没有可以表达绝对大小或者量化范围的语法形式，无论是大小、距离、时间间隔，还是其他参数。因此，我们可以暂下结论：封闭类形式所表达的对象总体上具有与量值无关的拓扑几何特征。

另一种拓扑性由一类附置词呈现。对于移动的物体来说，这类词表达路径以及参照点或参照框架的特征。例如，*I walked through the woods*（我穿过树林）中的 *through*，在这种用法中，*through* 大致表示"在某种媒介中沿一条直线所作的运动"。这里包含下面几个组成概念，如（4）所示。

（4）（a） '运动'
（b—e） 可以看作是'空间'中的'邻近'点和'时间'中邻近点之间'一对一的对应关系'
（f） 轨迹为'直线'（即'直线范围'）的运动
（g） 直线在'媒介'中的位置
（h，i） 媒介，即三维空间内某一区域范围，由其中具有某种'分布模式'的'物质'划分而成，该物质的性质及变化范围待定我们可以从例(5)中的两个句子看到，*through* 一词描述的概念不受物体运动路径的轮廓或者形状的影响。这一点在这里表现得很明显，因为两句话只有词汇上的区别，没有语法差异，即它们都使用 *through*，但是描述的路线各不相同。另一项对封闭类的跨语言研究表明，封闭类成分几乎都具有与**形状无关**(**shape neutral**)的拓扑性质。

(5) a. I zigzagged through the woods.
(我沿着 Z 字形路线穿过树林。)
b. I circled through the woods.
(我沿着环状路线穿过树林。)

前文已经展示，英语介词 *across* 的用法与量值无关。现在可以看到，*across* 的用法与形状也没有关系，因为它可以用在 *I swam across the lake*（我游过这个湖）这样的句子中。此句中湖岸的边界和"我"游泳的轨迹都非常不规则，它与前文描述的 *across* 的理想化图式相比，现在两条平行线变得弯曲并相交，组成一个不规则的环，而它们之间的垂直路径本身也变得倾斜弯曲。

为了探讨这些语法概念的共同特征，我们将前面详细讨论过的概念都放在(6)中。为了便于直观理解，我们暂且将这些概念按照它们与拓扑学的关系分为两类。(a)组包括属于特定数学拓扑系统的概念以及那些直觉上与其有可比性且可能属于语言拓扑系统的概念。语言拓扑系统可能成为一种构建新的类拓扑数学系统的模型。(b)组里的概念不带有任何常规的拓扑性概念。(a)组里有十四个概念，(b)组里有六个概念，这说明语法类成分具有表达准拓扑概念(quasi-topological notion)的强烈倾向。如果考虑到(b)组里的几个概念(即最下面的三个)主要涉及的是数值之间的相对关系而非绝对的固定数值，因而可以被当作是类似拓扑性的概念，那么朝拓扑性方向发展的语类所占的比例就进一步增加了。

**(6) 由语法元素表达的概念**

| **a. 拓扑性或类拓扑性** | | **b. 非拓扑性** |
|---|---|---|
| 点 | 单数 | 物质 |
| 线形范围 | 复数 | 空间 |
| 位置关系 | 相同 | 时间 |

| | | |
|---|---|---|
| 在……内 | 相异 | 运动 |
| 区域 | 点的“相邻近性” | 媒介 |
| 侧面 | 一一对应 | 当下表达或交流的实体 |
| 分界 | 分布模式 | |

作为互补,我们在(7)中列出了上述不由语法概念表达的概念范畴,以便确定语法范畴所排除的特征。这些概念既不是拓扑性的,也不是准拓扑的,也不是相对的,它们涉及“欧几里得”几何学的概念,例如固定的距离、大小、轮廓、角度,以及可以量化的度量值和度量值的特征。总之,这些概念表达的都是固定的或者绝对的性质。

(7)**一些从不或者很少由语法概念表达的范畴**

绝对的或量化的量值(如距离、尺寸等)

线段的轮廓/形状

颜色

从这些发现中,我们可以暂且得出结论:如果语法特征大致和(语言)认知结构相对应,那么认知结构的本质在很大程度上是相对的、拓扑性的、定性的、近似的,而不是绝对的、“欧几里得”几何学的、定量的或者精确的。

## 3.5 封闭类和开放类在结构和内容上的差异

前面我们提出,作为语言表达式的结构特点,语言有两个功能互补的子系统。一个是开放类,也叫词汇子系统,表达概念内容;另一个是封闭类,或称语法子系统,表达概念结构。现在我们进一步探讨这两种互补功能在以下两种场合中出现的情况:在任何一段具体语篇中,如句子;在普遍的语言系统中或某一具体语言中。

我们先来看第一种场合,即在部分语篇中。为了对比这种场合封闭类形式和开放类形式的功能,我们考察在一个完整句子中这两种要素类型充分互补的情况,如从例(8)中选择出来的成分。

(8)A rustler lassoed the steers.

(一个偷牲畜的贼套走了几头犍牛。)

我们首先列出这句话里出现的封闭类形式及它们的含义,见(9)。

| (9) | |
|---|---|
| a. -ed | ‘发生于当前交流之前某一个时间点’ |
| b. the | ‘说者认为听者可以辨认所指对象’ |
| c. a | ‘说者认为听者不能辨认所指对象’ |
| d. -s | ‘多个具体物体’ |
| e. a...Ø | ‘单个具体物体’ |
| f. -er | ‘特定行为的执行者’ |
| g. 语法范畴,*lasso*(用套索套捕)为“动词” | ‘事件性’ |
| h. 语法范畴,*rustler*(贼)/*steer*(犍牛)为“名词” | ‘物体性(一种可能)’ |
| i. 语法关系,*rustler*(贼)/*steer*(犍牛)为“主语”/“宾语” | ‘施事者/受事者(多种可能之一)’ |
| j. 主动语态 | ‘站在施事者视角’ |
| k. 语调、词序、助动词特征 | ‘说者知道该情况为真,并告知听者’ |

对句中开放类形式的特征描述见(10)。

| (10) | |
|---|---|
| a. rustle(偷牲畜) | 财产所有权、非法性、偷窃、家畜<br>特定行为模式 |
| b. lasso(套走) | 末端抓在手里,前端系成圆圈的绳索<br>绳圈旋转抛出,套于牲畜颈项,收紧,用力<br>伴随产生的认知现象为意图、指向与监控 |
| c. steer(犍牛) | 具有特定外观、物质结构等的实体等<br>与动物界的关系<br>阉割<br>为人类消费而存在的饲养习俗 |

从这两个列表我们可以发现如下差异:语法成分数量更多,其特征相对较少、形式更简洁、功能上更偏重结构性。综合起来,这些特征似乎构建了场景结构以及该句子所激发的认知表征的交际背景。词汇成分在数量上相对较少,但

是它们的特征相对较多,且更复杂。它们在功能上更偏重于内容而不是结构。与语法成分相比,词汇成分:(1)具有更多的总体信息;(2)其信息量级别更高;(3)总体信息多样性更强。整体看,词汇成分构成了这句话所引发的认知表征场景的大部分概念内容。

通过保持一种成分不变,逐一改变另一种成分会使这种语法词汇的差异变得更为显著。如果只改变(8)中的封闭成分,如(11)所示,那么所指事件的场景结构和话语特征都发生了变化,但基本内容未变:我们依然在西部牛仔领地上,参与者和他们进行的活动不变。

(11) Will the lassoers rustle a steer?
(套索者要偷走犍牛吗?)

相反,如果只改变(8)中的开放成分,如(12)所示,那么呈现在我们面前的将是一幅全新的场景,也许是个现代写字楼,而场景的基本解析和交际背景保持不变。

(12) A machine stamped the envelopes.
(机器给信封盖上邮戳。)

提及词汇子系统和语法子系统在一段语篇里的功能差异,我们注意到,开放类形式和封闭类形式能够相互涵盖对方所指类型,但是在此过程中它们常常会把这些所指对象同化为本系统的类型。首先,为了更清楚地表明这两种表述的差异,让我们想象这样一种情况:同一个概念既可以用封闭类形式表征,也可以用开放类形式来表征。如(13a)所示,英语时态的典型表现形式是在限定从句的动词上附加封闭类形式,用-*ed* 表示过去,用-*s* 或 *will* 表示将来。但是介词短语里的名词却不能以这种方式表示时态。如果需要表达相关时间,就需要求助于开放类形式,例如(13b)中,用形容词 *previous*(先前的)表示过去,*upcoming*(即将来临的)表示将来。

(13) a. i. When he *arrived*, ...
(当他到达时,……)
ii. When he arrives/*will* arrive, ...

（当他要到达/将要到达时，……）

b. i. On his *previous* arrival, ...

（在他上一次到达时，……）

ii. On his *upcoming* arrival, ...

（在他下一次到达时，……）

这里的认知倾向是：当‘过去’和‘将来’的概念由封闭类形式表征时，如（13a），它们的功能是概念构建；而当由开放类形式表征时，如（13b），它们是在概念内容的基础上附加信息。

下面让我们考虑这样的例子，即某个含有通常是由封闭类形式来表达的结构类型语义要素的开放类。开放类形容词 *pregnant*，除了具有语义要素‘怀孕状态’以外，还包含一个‘非此即彼’的要素，表示这种状态在现实中，要么全是要么全不是，用传统术语来说，*pregnant*（怀孕）是“不可分级”的形容词。然而，在 *She is somewhat pregnant*（她似乎怀孕了）这句话中，这个形容词可以与封闭类形式 *somewhat*（似乎）放在一起，而 *somewhat* 指的是‘某个梯度上的中间环节’。这样一来，*pregnant* 的‘非此即彼’语义和 *somewhat* 的‘梯级’语义之间就产生了语义冲突。对于这个冲突，听者可能采用的一种认知过程是主动将不相容的概念保持在平等的地位，这个过程在 Talmy 卷 II-5 中被称作“并置”（juxtaposition）。这种过程会产生像幽默这种“不协调效应”（incongruity effect）。听者也可能采用另一种认知过程，这种认知过程会把一个成分里面引起冲突的语义因素转移出去，从而使其与另一成分达成和谐。我们将这种冲突解决的过程称为“转移”（shift），在这种解决过程中大多数情况下是开放类形式对封闭类形式做出让步。例如，在上面这个例子中，开放类形容词 *pregnant* 的‘非此即彼’要素就服从于‘梯级’意义，从而产生了 *pregnant* 的一个新的含义：“在怀孕过程中的某阶段”。但是封闭类形式 *somewhat* 就一定不会让步于形容词而产生‘完全’之类的含义。由此我们可以看出，在大多数语义冲突中，最终决定概念结构的是封闭类形式。但这可能正是因为封闭子系统的语言功能就是建立概念结构。与此相似，在其他场合下，具有结构特性的开放类形式很可能事实上更侧重于认知内容。

最后，考虑一种相反情况，某个封闭类形式含有内容型的语义要素，这个语义要素在其他情况下一般是由开放类形式来表示的。此处我们可以比较一下（14a）和（14b），这两个句子从形式上看只有介词不同。然而从语义角度看，

(14b)与(14a)的不同不仅在于其所呈现的路径图式不一样,还在于(14b)包含一个更具内容型的概念,那就是‘攻击’。所以我们通常认为(14b)里的 *them*(他们)指的是某类敌人。

(14) a. We marched/rode/sailed/advanced ...toward/past them.
(我们行进/骑马/航行/前进……朝他们走去/走过他们。)
b. We marched/rode/sailed/advanced ...upon them.
(我们行进/骑马/航行/前进……攻击他们。)
c. We attacked them.
(我们攻击了他们。)

由于唯一的不同点是介词 *upon*,因此它一定是造成‘攻击’概念出现的主要原因。但是这个概念在这句话里的表现与其在由开放类形式表述时的典型表现不一样。首先,英语使用者虽然能够明确辨认(14b)中‘攻击’概念的出现,但是他们一般不会认为这是 *upon* 造成的,他们通常会把该概念的出现联系到动词的选择上,比如 *march*(行军),尽管这些动词与其他介词搭配时不会出现‘攻击’的意思。其次,与用开放类形式表达相比,‘攻击’概念在这句话里(如直接使用 *attack*,见(14c))似乎被有意背景化。再次,人们也许会认为,用 *upon* 表达的‘攻击’概念失去了它原本的内容上的特点,而与 *upon* 原先前景化的路径概念发生同化,就仿佛是让这里的‘攻击’概念在某种程度上被“空间化”了。因此,一个原本属于内容型的概念,当用封闭类形式表达时,会变得模糊、背景化及结构化。总之,一个概念的表达形式,即它是由开放类形式表达还是由封闭类形式表达,决定了它所体现的功能是内容上的还是结构上的。

## 3.6 封闭类范畴的结构特征

下面我们讨论具有普遍特征及其限制条件的语言认知系统。开头部分提到的那些发现使我们得出这样一个假设:所有语言中存在的封闭类形式,或可能存在于所有的语言中的封闭类形式,在语义上都是一个特殊集合,仅限于表征特定的概念范畴,而且只表征这些范畴里的特定概念。换句话说,所有语言共有一个普遍的、概念成员有限的以及可用语法表征的概念范畴**清单**(**inventory**)。当然,这个清单的成员以及界限不是完全固定的。在语言或认知的每个结构和内容方面，似乎没有什么事物是绝对的。相反，几乎任何事物在某种程度上都是模糊的、灵活的。尽管如此，我们还是要假定存在这样一个可以由语法形式表征的清单，即便它有些含糊不定；而表达相应概念的词汇清单并不存在，因为开放类形式在多数情况下可以指代整个意识范围内的任何潜在内容。

目前，不存在解释语法清单中成员特征的普遍原则。我们能观察到的只有几个因素，每个因素只含有一种已知的限制类型，这种限制只能解释清单中包含某些成员以及不包含某些成员的原因。我们已经讨论过其中的一个因素：即封闭类形式具有类似拓扑学的无关性，而没有"欧几里得"几何特性。

我们目前还不清楚所提出的这种清单的根源，很有可能至少部分是内在固有的。在所有主要的认知系统中，语言系统和文化系统是最晚形成的。在形成的过程中，它们可能会复制其他早已存在的主要认知系统，如视觉、运动控制、推理等系统，或者与这些机制建立联系。如果是这样的话，那么语言系统可能包含一些已经存在的构建机制。但是它不会把其他认知系统的机制全部整合进来，它选择的整合可能既不是整体系统上的，也不是整体功能上的(即基于功能主义观点)。这种可能性可以解释为什么没有一个总的原则可以囊括我们提出的清单中的所有因素。

我们提出的这个普遍清单还具有**级差性**(**graduated**)。其下属概念和范畴依据它们在各种语言中的表征程度而构成一个渐变群。所以，处于这个渐变群顶端的部分项目很可能是各语言中普遍存在的。占据这个顶端位置的成员有可能包括"极性"这个范畴，它含有'肯定'和'否定'两个下属概念；还可能包括"说者—至—听者立场"(speaker-to-hearer stance)范畴，该范畴含有'判断'和'疑问'两个下属概念。清单的其他一些成员可能分布很广但不是普遍存在的，比如"数"这个范畴。还有一些成员可能数量很少但也不是完全不存在。例如，只有几种语言有"速度"这个范畴的封闭类表达，包含'快''慢'等下属概念。最后，还有些概念范畴或具体概念完全处在清单之外。就像我们开头讨论的那样，"颜色"范畴很可能就是其中之一。即便"颜色"包含在其中，"体操"这一范畴肯定不在封闭类表征及清单中。

在其他方面，层级清单对于语法化理论具有很多启示意义。这些语法化的各种理论通常把重点放在语法化的起点上，即放在语义不断削弱的一些词汇形式的最初的实际例子和它们的类型上。但是这些理论普遍缺乏对这种过程结束点的描述，换句话说，缺乏对于那些语义削弱后语法语义类型和实例的描述。

我们提出的这个语法概念的普遍清单就能填补这些理论空白。简言之,实义词经削弱后会成为清单成员。

以英语规则动词 *keep*（保持）和 *hate*（憎恶）为例,如 *I keep skiing*（我一直在滑雪）和 *I hate skiing*（我讨厌滑雪）。大家一般认为:如果这两个动词中有一个会发生语法化（如变为助动词）并同时保留其核心意义,那么这个动词应该是 *keep* 而不是 *hate*。现在我们可以这样来解释这种现象:*keep* 的核心意义是针对时间结构,具体讲,是重复性。这一点符合"体"的范畴要求以及其下属概念'习惯性'的要求。"体"范畴在我们的层级中占据较高的位置。相比之下,*hate* 符合的范畴是"情感"（affect）,它在层级清单中的地位较低。可能没有任何一种语言会用一套封闭类形式将"情感"进行细分,如同英语介词对"依参照物而进行的路径"这一范畴进行系统地细分,或英语情态动词对"力动态"这一范畴进行细分一样。相反,各种语言中表示"情感"范畴的语法标志仅有零散的几例。它们之中使用最广泛的可能是表示'喜爱'之情的指小屈折变化（diminutive inflection）和表示'厌恶'之情的轻蔑语屈折变化（pejorative inflection）。其他情况包括表示'盼望'（wish）的祈求语气、表示'希望'（hope）的祈愿语气、表示'不快'的受事者构式（如英语 *My plants all died <u>on me</u>*（我的植物死了,<u>我很难受</u>））以及如表示'关心'（concern）的英语连词 *lest*（唯恐）等。此外,在这个本来就不丰富的"情感"范畴中,'憎恨'（hate）这一具体概念几乎或根本不用语法形式表达。因此,英语动词 *hate* 不大可能会语法化成一个表示'憎恨'的助动词。所以,似乎是这里提出的这个普遍语法清单,即一个具有特定内容和等级的由语法概念构成的清单,在控制语义削弱及语法化过程。

我们总体上讨论了结构子系统和内容子系统在语言系统中的角色,下面我们讨论二者在具体语言中的角色。我们提出的那个语法范畴和语法概念清单是对各种语言都普遍适用的,但是并不是都能普遍实现。因为每一种语言所具有的封闭类形式只是从该清单中选取的一个子集。我们前面说过,在整个语言系统中,由封闭类形式表达的概念清单是语言的概念结构子系统,这与开放型子系统提供概念内容的功能是相对的。与此类似,在每种语言内,词汇中的封闭类组成该语言的概念结构子系统,而词汇中的开放类则组成概念内容子系统。关于是否有一些原则可以限定某一特定语言如何从整个清单中选取一部分,目前仍有待研究。这些原则中应该有一些是关于所选取成员的数量及代表性的。

总而言之,语言作为认知系统有两套子系统,其功能互补:一个提供概念内容,一个确定概念结构。结构子系统是一个由概念范畴及下属概念构成的大致封闭的有级差的清单。在每种语言中的词项中,都有一部分是封闭类形式,用以表达从普遍清单中选取的概念,而其余则是概念上不受限制的开放类形式。在每种语言的任何一段语篇中,封闭类形式在很大程度上决定了该语篇表达的概念复合体的结构,而开放类形式则决定了该语篇的大部分内容。鉴于封闭类形式在语篇、具体语言和语言系统中所起的这种作用,我们认为封闭子系统是语言中基本的概念结构系统。

## 3.7 封闭类范畴与图式系统

通过前面对语法成分的初步探讨,我们得到一组概念,这组概念有助于发现普遍语义特征。但是,这些概念数量较小,且没有组织结构。经过更广泛系统的考察,这些概念的组织结构得以显现。语法概念在特定的概念范畴内形成模式。这些概念范畴可被称为**图式范畴**(schematic categories)。进而,图式范畴在更为广泛、完整的概念结构系统中类聚,这些系统叫作**图式系统**(schematic systems)(之前称为"意象系统"(imaging systems))。

这些图式系统在内容上相对独立,每一个都在其他的基础上附加一个新的概念维度,但是它们的作用有时会由单独的语法类形式协调联系起来。图式系统具体包括构型结构、视角、注意分布、力动态(其中包括因果关系)及认知状态等。

在图式范畴和图式系统内出现的概念模式呈现出一定的组织原则。我们将详细介绍以下这些原则。第一个原则是关于空间和时间表征的广泛对应关系。这里要介绍的第一个图式范畴是**域**(domain),它包含时空区别,并在很大程度上贯穿后面介绍的那些范畴。这些范畴的大部分都兼及时间和空间,每个域的相应示例将会放在一起进行对比。

另一个组织原则是:在一种语言中的任何图式范畴里,往往每一个下属概念至少会被整合到某些实义词里。相应地,语言中常常会包括一些语法形式,这些形式与每一种词汇化(lexicalization)类型相互作用,从而产生范畴内的另一概念。这种相互作用可以被看作是一种认知加工,它将一个概念的表征转化成同一范畴内另一概念的表征。这个原则可以称为**范畴内转换**(intracategorical conversion)。

由此必然推出另外一个原则：如果一种语言中存在将概念 A 向概念 B 转化的语法形式，那么这种语言往往也具有向相反方向转化的语法形式，也就是说，它同样可以引发相反的认知加工。这个原则叫作**逆向可转换性**(reverse convertibility)。多数情况下，一种语言会偏重某一方向的转化。比如，如果从概念 A 到概念 B 具有较多的词汇化过程和简单语法手段，而倒过来从概念 B 到概念 A，就会有较少的词汇化过程和复杂的语法形式。

语言中的一些语法形式专门负责具体的转换运作，另外一些形式则负责当与相邻词汇发生语义冲突时从结构上提供语义。后者，如前文所述，其基本模式是语法形式的含义优先，并在词汇的所指对象上引发 “转移” 操作，使之与语法含义相协调。这种转移实际上是一系列 “调和过程” 的一种。这种调和过程还包括合并、并置、图式竞争、阻碍等。引发这种调和过程的起因是具有互不兼容的结构特点的语法成分和词汇成分被联系到一起。在非转移过程里，语法含义并不优先于词汇含义，而是与其地位平等。

## 3.8 结 语

Talmy 在认知语义学框架下讨论了开放类和封闭类。开放类和封闭类的提出与汉语中的实词和虚词有异曲同工之妙。Talmy 把开放类和封闭类的研究上升到语言认知的高度，认为这两个大的分类为语言中的子系统。这两个子系统在认知上各司其职，形成互补，共同完成语义构建。

# 4 语言中的焦点-背景[①]

## 4.1 引 言

焦点-背景[②] (Figure-Ground)理论是认知语言学中以突显原则(prominence)为基础的一种理论,也属于 Talmy 注意系统(attention system)中的研究内容。焦点-背景分离原则(Figure-Ground segregation)不仅体现了人类空间组织的一种基本认知能力(Langacker 1987a: 120),还可以运用到语言信息组织之中,具有重要的理论意义和解释力。

本章首先回顾焦点-背景理论的心理学理论渊源并追寻其发展路径(4.2);继而通过焦点和背景的定义及特征来向读者展示该理论的基本观点和内容(4.3);随后着重介绍该理论如何解释句法中的三个常见现象:单句的主语和宾语选择(4.4),复句中主句和从句选择(4.5)以及英语中的倒装句(4.6);在此基础上,我们关注这一话题的最新研究动向,着重探讨其实证价值(4.7)。在结语部分,我们对焦点和背景的本质进行探讨,并进行简单评述,希望借此使读者对其形成一个客观认识(4.8)。

---

① 本章由《认知语言学概论》(李福印 2008)一书中的第 24 章修改扩充而成。

② 我国心理学界和语言学界对 Figure 和 Ground 这对术语有多种不同的译法,如"图形/背景"(车文博 1998: 426; 赵艳芳 2001: 148),"图/衬"以及"目标/背景"和"形/基"等。使用较多的是"图形/背景"的译法。但是,我们认为"图形"只是对 Figure 的简单直译,容易引起歧义。认知语言学的基本观点是,Figure 既可以指实体(如视觉场中突显的物体和听觉场中突显的声音),也可以指时间关系或因果关系中的某个事件,所以,"图形"的译法过于狭窄。我们在本书中统一把 Figure 译为"焦点",为意译。

## 4.2 焦点-背景理论的渊源

### 4.2.1 理论渊源：完形心理学（格式塔心理学）

讲到“焦点-背景”理论的渊源，我们不得不提到丹麦心理学家Rubin著名的脸与花瓶幻觉图（face/vase illusion）。Rubin用该图来描述人类在进行视觉感知和大脑加工时形成的不同图景（Rubin 1958: 201; Ungerer & Schmid 1996: 157）。我们在观察图4.1的时候，会产生两种观察结果：白色背景上的两张脸或者黑色背景上的一只花瓶。但是，我们不可能同时看到这两种图像，这是因为大脑对视觉信息的组织遵循焦点与背景分离原则。

图4.1 脸与花瓶幻觉图（Rubin 1958: 201）

Figure和Ground这一对术语最早由Rubin于1915年提出，后来德国的Koffka等完形心理学家将该概念运用到知觉组织（perceptual organization）的研究之中（Koffka 1935）。完形心理学认为每一种心理现象都是一个完形[①]，都是一个被分离的整体，部分相加不等于整体，整体不等于部分的总和，整体决定着部分的性质和意义。知觉是完形心理学派研究的起点和重点，揭示了知觉的组织法则。如：焦点与背景法则（principle of figure and ground）、临近法则（principle of proximity）、相似法则（principle of similarity）、闭合法则（principle of closure）以及连续法则（principle of continuity）（车文博 1998: 426—427）。

这里我们只阐释其中的焦点与背景法则，其余法则读者如果感兴趣可以参

① “完形”翻译自德语gestalt，音译为“格式塔”，表示最高的形式、完美的形状，其英译为“configuration”。

阅 Koffka 在 1935 年出版的专著。完形心理学虽然重视整体，但是也承认分离性的存在。知觉主体(perceiver)的知觉场(perceptual field，包括视觉和听觉)始终被分成焦点与背景两部分。焦点是一个格式塔，是突出的实体，是我们感知到的事物；“背景”则是尚未分化的、衬托焦点的东西(Koffka 1935; Ungerer & Schmid 1996)。焦点和背景是可互换的，如图 4.1 所示。又如：当一个学生在听讲座时，演讲者所讲的内容是焦点，周围人的议论是背景；而当这位学生与身旁的同学讲话时，他们之间的谈话成为焦点，演讲者所讲的内容则成为背景。

### 4.2.2 理论发展：认知语言学

最早把完形心理学的思想引入语言学研究并系统地加以应用的是认知语言学家 Talmy (1975a, 2000a, 2000b)。Talmy 运用完形心理学中的知觉场焦点-背景分离概念、注意视窗概念等解释语言现象。他把语法子系统(或称为概念结构系统(conceptual structuring system))分为四个图式系统：构型结构系统、注意系统、视角系统和力动态系统。焦点-背景模式就是注意系统的重要内容之一。

为了与完形心理学中的焦点与背景相区别，Talmy 把“焦点”和“背景”对应的两个概念的英文单词的首字母大写。他指出，焦点和背景是语言中同时存在的两种基本认知概念，前者需要被定位(anchored)，后者可以作为参照点(reference point)(Talmy 2000a: 311)。他首先用焦点-背景关系来解释自然语言里的空间关系，包括方位关系和位移关系。请看例(1)。

(1) a. The pen [ F ] lay on the table [ G ]. (方位关系)
(钢笔在桌子上。)
b. The pen [ F ] fell off the table [ G ]. (位移关系)
(钢笔掉下桌子。)

在以上两例中，钢笔和桌子之间的空间关系通过 on 和 off 体现出来，也就是说，空间介词的意义可以被理解为一种焦点-背景关系。

空间关系是焦点-背景理论最先着眼的领域，在此之后，Talmy 把研究深入到对复杂句(complex sentence)的分析中(Talmy 1978)。这些成果又带动了认知语言学界其他学者的相关研究，如 Langacker (1987b, 1991a), Ungerer & Schmid (1996), Chen (2003), Croft & Cruse (2004)等相继对这一理论进行了更加深入和广泛的研究,把焦点-背景理论的运用扩展到句法、语篇和言语事件(speech event)等语言范畴的研究中。我们将在后文中进行介绍。

## 4.3 焦点-背景理论

### 4.3.1 定义

Talmy 对焦点和背景的研究是在概念结构系统的"注意"框架内进行的,他在两卷本专著《认知语义学》(Talmy 2000a,2000b)中总结了以往的研究成果,把焦点和背景定义如下:

> The **Figure** is a moving or conceptually movable entity whose path, site, or orientation is conceived as a variable, the particular value of which is the relevant issue.
>
> The **Ground** is a reference entity, one that has a stationary setting relative to a reference frame, with respect to which the Figure's path, site, or orientation is characterized.
>
> (Talmy 2000a: 312)
>
> **焦点**是移动的或概念上可移动的实体。它的路径、位置或方向是变量,该变量的具体值是所关注的问题。
>
> **背景**是参照实体,相对于某一参照框架,这个实体处于静止状态。焦点的位置、路径或方向可通过这个实体确定。
>
> (伦纳德·泰尔米著,李福印等译 2017: 273)

这一定义是 Talmy 对于一般情况下,单句中描述空间关系的焦点和背景所作的定义,他在《认知语义学》中对主从复合句中的焦点和背景作了进一步的分析,我们将在下文中予以介绍。

Langacker 把焦点和背景归为人类认知建构活动,把它们放在"视角"这个大的理论框架内进行研究,对焦点和背景作出如下定义:

> Impressionistically, the **figure** within a scene is a substructure perceived as "standing out" from the remainder (the **ground**) and accorded special prominence as the pivotal entity around which the scene is organized and for

which it provides a setting.

(Langacker 1987a: 120)

主观上来讲,一个情景中的**焦点**是一个次结构,在被感知时,它相对于情景的其余部分(**背景**)更突出,被给予特殊的显著性,成为中心实体,情景围绕焦点组织起来,并为它提供一个环境。

可见,Talmy 和 Langacker 对焦点和背景所下的定义在本质上是一致的。有两点需要提醒读者注意:首先,不要望文生义,认为焦点和背景是部分与整体的关系,实际上两者相互独立、分离,处于共同的参照框架中;其次,语言中的焦点、背景与视觉和听觉中的焦点、背景不一样,后者指具体的实体,前者既可以指空间中的运动事件或方位事件中两个彼此相关的实体,也可以是在时间上、因果关系上或其他情况中彼此相关的两个事件。读者可以在后文中找到解释。

### 4.3.2 焦点和背景的定义特征和联想特征

在人类的认知活动中,是什么支配人们对焦点和背景的选择呢?除了以上的基本定义之外,有没有外在的、具体的特征可以帮助我们更方便地确定焦点和背景呢?我们借助图 4.2 来分析:

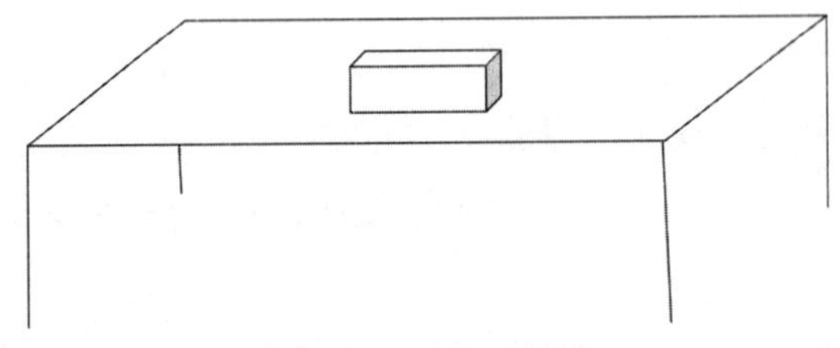

**图 4.2 桌子和盒子**

完形心理学家曾提出"普雷格朗茨原则"(Principle of Prägnanz)来确定视觉感知场中的焦点,即具有"闭合、连续、体积相对较小、颜色相对较深、比例均衡且易于运动"的特征(Ungerer & Schmid 1996: 34,158)。图 4.2 中,盒子和桌子相比,盒子更符合上述特征。因此,我们更倾向于用"The box is on the table"来描述该图,而不是"The table is under the box"。

在"普氏原则"基础上, Talmy 把空间域内焦点和背景的特征(包括定义特征和关联特征)一一列举了出来,如表 4.1 所示。关联特征可以从不同角度进行描写,如空间大小、动态性、依赖性、复杂性、熟悉性等。

**表 4.1 焦点与背景的定义特征和关联特征(Talmy 2000a: 315-316)**

| 特征 | 焦点 | 背景 |
|---|---|---|
| 定义特征 | 空间(或时间)特征未知、不确定 | 可以作为参照点,用自己的已知特征描述焦点的未知特征 |
| 关联特征 | 较易移动 | 位置较固定 |
| | 较小 | 较大 |
| | 几何图形较简单(通常像个点) | 几何图形较复杂 |
| | 新信息,不易预料 | 较熟悉,更易预料 |
| | 相关性较高 | 相关性较低 |
| | 不易立刻被感知 | 较易立刻被感知 |
| | 突显程度高 | 突显程度低 |
| | 更具依赖性 | 较独立 |

根据表 4.1 中的特征,我们能很容易地指出例(2)四句话中的焦点[F]和背景[G]。

(2) a. Rocks [F] filled the box [G].
(石头填满了盒子。)
b. The river [F] flowed alongside the mountain range [G].
(河水沿着山脉流淌。)
c. 观众[F]走进剧场[G]。
d. 这位先生[F]就是比尔·盖茨[G]。

当然,在确定焦点和背景时起决定作用的仍然是定义特征,而关联特征只起辅助作用,表示一种倾向性。当两者不一致时,关联特征应服从于定义特征,在这种情况下的语言表达通常是非常规性的,或者说是标记性(marked)的。请看下面的例句:

(3) a. *I want the house [F] to be behind Susan [G].
(*我想让房子在苏珊后面。)
b. *爸爸[F]长得像我[G]。

在特定的语境中,(3a)和(3b)都是合理的。(3a)的讲话者可能正在画一幅画儿,他先画好了人物 Susan,现在准备画一幢房子,他正安排房子的位置;(3b)的讲话者可能在向大家开一个玩笑。还需要指出的是,以上所讨论的都是在焦点和背景的区别较大的情况下的语言现象。当两者区别较小的时候,焦点和背景互换更加自由,不涉及标记性的问题。请看下面的例句:

(4) a. John [ F ] is near Mary [ G ].
(约翰在玛丽附近。)
b. Mary [ F ] is near John [ G ].
(玛丽在约翰附近。)

(4a)和(4b)两句话都不需要在特定语境下加以理解,两句话都不具有标记性。不过,即便如此,焦点和背景还是在发挥着作用,两句话在语义上并不完全等值,体现了知觉主体对同一场景不同的认知识解。

前文已经提到,焦点-背景理论在语义研究方面的成果体现在对空间关系中介词词义的理解分析上,但是这只是冰山的一角,它对于单句和复句的句法结构也有很强的应用价值,对此我们将在下文进行阐述。

## 4.4 焦点-背景和单句的主语和宾语

单句的主语和宾语是如何选定的?焦点-背景理论对此提出了合理的解释。

传统语法认为一个单句一般包含三个基本成分:主语、动词(或谓语)、补语(宾语或状语)。为了便于读者理解,我们暂不考虑补语这一成分,把单句的范围缩小一些,从简单及物句着手分析。

认知语言学家认为,简单及物句的主谓宾结构是焦点-背景这一认知理论在句法层面上的一种体现。人们在一般情况下把概念上突显的事物(焦点)作为主语,而把不那么突显的事物(背景)作为宾语,焦点和背景之间的关系则通过动词体现出来。见例(5)。

(5) a. Susan broke the glass (with a hammer).
(苏珊打破了玻璃杯(用一个锤子)。)

b. The hammer broke the glass.

（锤子打破了玻璃杯。）

c. The glass broke.

（玻璃杯碎了。）

例(5)中的三句话实际上描述的是同一个场景，但是主语选择却不同。Langacker (1991a: 285)在研究单句结构时引入了角色原型(role archetype)这一概念，旨在基于语义给句子的非动词成分作出分类。最常见的四种角色原型是施事、受事、工具和经验体。例(5)描述的场景中，Susan是施事，glass是受事，hammer是工具。(5a)、(5b)以及(5c)分别以施事、工具、受事作为主语，(5a)和(5b)均以受事作为宾语。

事实上，(5a)是对该场景的原型表达，因为人们在描述这一类场景时都倾向于把施事看作焦点，置于句子主语的位置。那么为什么会有这种倾向性？这需要运用Langacker (1991a: 283)的运动链观点(action chain)来解释。运动链中蕴含着能量的传递。运动链的起始部分是能量的源头，末端部分是能量吸收或消耗的地方，源头和末端之间可以加入中间环节。因为施事是能量传递的起点，所以是一个场景中最突显的成分，通常被视为焦点，置于主语的位置，而受事通常被当作背景、做宾语，工具做状语，这是运动链的原型表达，正如(5a)所示。

为什么工具和受事也可以被视为焦点、做主语？这是因为对同一个运动链可以通过不同的视角进行识解。请看图4.3：

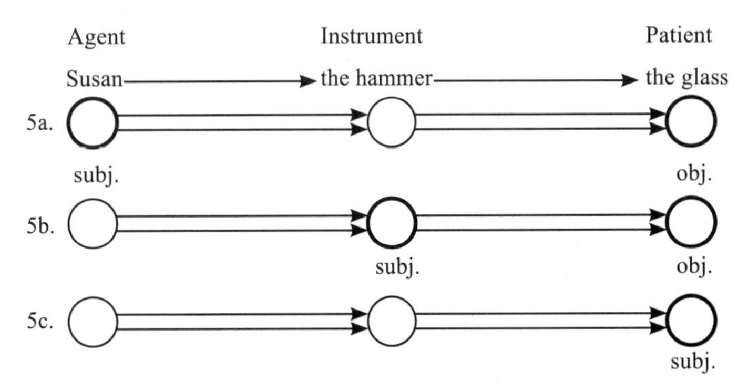


图4.3 运动链在语言层面的实现(Ungerer & Schmid 1996: 176)

(5a)是对运动链的全方位描述，(5b)和(5c)只是对运动链的部分描述。(5b)中工具和受事在视角内，施事这个主语的首选成分在语言层面没有得到实现，因此在能量传递中位置相对靠前的成分 Instrument（hammer）代替 Agent 充当主语；（5c）中只有 Patient（glass）处于释解范围内，理所当然地充当了主语。进一步分析，（5c）中的 glass 是 Patient，是能量传递的末端，本应是宾语的首选成分，却做了主语，表明该句强调了 Patient 状态的改变以及变化的自发性，不存在物体的接触，因而也就不存在能量的传递。所以，（5c）是从及物句衍生出来的非及物句（Langacker 1991a: 286-291; Ungerer & Schmid 1996: 177）。

以上我们分析的是存在物体接触的简单及物句的主语和宾语的选择规律，另外还存在的一种常见的表达心理活动的及物句（e.g. *Susan loves bananas*）是否也遵循类似的规律？感兴趣的读者可以参阅 Ungerer & Schmid（1996）的《认知语言学入门》（*An Introduction to Cognitive Linguistics*）第 177 至 181 页。

在这里我们想补充一点：Langacker 在分析句子的主语、宾语选择规律时，在焦点与背景概念的基础上引入了"射体-界标"（Trajector-Landmark）概念。他把射体和界标分别定义为突显关系中的"主要焦点"（primary figure）和次要焦点（secondary figure）（Langacker 1991a: 308, 323; 1999: 47）。前者表示关系结构中最突显的部分，在单句中倾向于充当主语，后者表示次突显的部分，倾向于充当补语（包括宾语）。在例（5a）中，主语 Susan 是射体、主要焦点，glass 是界标、次要焦点，Susan 和 glass 共同所在的场景（room）为背景（在句中未体现）。事实上，Langacker 的"射体-界标"是"焦点-背景"理论的具体运用，在本质上是一致的。

在语言使用中，主语和宾语的选择千变万化，某一个原则不可能提供面面俱到的解释。不过，对于一般情况下的原型表达仍然可以做出一个图式性概括。根据 Langacker（1991a）第 7 章的分析，我们对单句的原型主语和原型宾语的特征归纳如表 4.2 所示：

**表 4.2 单句的原型主语和原型宾语的认知特征**

| 特征 | 原型主语 | 原型宾语 |
|---|---|---|
| 原型角色 | 施事 | 受事 |
| 运动链位置 | 位于运动链首位，是能量传递的源头 | 位于运动链末端，是能量传递的结束 |
| 参与成分 | 主观上具有主动性的参与者 | 不具有主观性的参与者 |
| 突显性 | 单句的主要焦点 | 单句的次要焦点（背景） |

在具体的语言现象中,有很多与以上特征不符的实例,如被动句、倒装句等,这些都属于标记性表达,主语和宾语的选择从根本上要由讲话者/感知者对焦点和背景的主观选择决定。读者如果想了解标记性句子的认知结构,请参阅Langacker(1991a)第8章"标记性小句的结构"以及Chen(2003)。

## 4.5 焦点-背景和复句中的主句和从句

焦点-背景关系不仅可以在单句中体现一种空间、位置关系,而且能扩展到其他抽象领域,如时间,体现事件之间的关系,这可以通过复句中的主句和从句的特定形式表达出来,这与人类从具体到抽象的认知顺序是一致的。认知语言学家认为,在概念化过程中,从句中的事件往往是主句事件的起因或前提,即基点(参照点),所以从句对应的是背景,主句对应焦点。

让我们先来看例(6):

(6)a. The window was broken after the wind blew on it.
(一阵风吹过后,窗户碎了。)
b. *The wind blew on it before the window was broken.
(*窗户碎之前,吹过一阵风。)

在(6a)中,从句 *the wind blew on it* (*window*)这一事件充当了背景,因为它是先发生的、确定的、已知的参照性事件。主句 *The window was broken* 这一事件则充当了焦点,它在时间轴上的位置通过从句的事件得到确定。再来看(6b),它把(6a)中的主从句进行了颠倒,连词用了 *after* 的反义词 *before*。虽然(6a)、(6b)两句描述的是同一个场景,但是,通过仔细品读我们会发现,两句话在语义上并不完全等值。(6a)较符合人们常规的表达方式,(6b)很可能是某人在调查窗户因何而碎时说的。窗户已碎此时是已知事件,安排在从句中,其起因经推测是风吹,而不是有人用石头砸或窗户本身质量不好。

(7)a. I dreamt while I slept.
(我睡觉的时候做梦了。)
b. *I slept while I dreamt.
(*我做梦的时候睡觉了。)

再看例(7),*I dreamt* 和 *I slept* 虽然是同时发生,但是主从位置不能互换。因为 *dreaming* 是依赖于 *sleeping* 而存在的,所以 *sleeping* 这一事件作为背景通常在从句中表达,因此(7a)更容易接受,而(7b)极少用到,除非用于特殊语境中的标记性表达。

至此,焦点和背景的定义可以在 4.3 节的定义基础上进行如下扩展:

> The Figure is an event whose location in time is conceived as a variable the particular value of which is the relevant issue. The Ground is a reference event, one that has a stationary setting relative to a reference frame (generally, the one-dimensional timeline), with respect to which the Figure's temporal location is characterized.
>
> (Talmy 2000a: 320)
>
> 焦点指在时间中所处位置为变量的事件,其值是所关注对象。背景是参照事件,相对于参照框架(一般为一维的时间轴)有固定的位置,焦点在时间中的位置借助背景而定。
>
> (伦纳德·泰尔米著,李福印等译 2017: 281)

Talmy 把一般情况下时间事件复合句中的焦点与背景定位原则归纳为如下五条:顺序原则、因果原则、包含原则、决定原则和替代原则(Talmy 2000a: 325-326),我们将其归纳描述如表 4.3,辅以相应的例句:

**表 4.3 时间事件中焦点与背景定位原则**

| 原则 | 焦点(主句) | 背景(从句) | 例句 |
|---|---|---|---|
| 顺序原则 | 后发生的事件 | 先发生的事件 | The class began after the bell rang.(铃响后上课了。) |
| 因果原则 | 结果事件 | 原因事件 | She slept until he arrived.(她一直睡到他来。) |
| 包含原则 | 时间范围小的,被包含的事件 | 时间范围大的,具有包含性的事件 | He had two affairs while he was married.(他在婚姻生活期间有两次外遇。) |
| 决定原则 | 具有依赖性的事件 | 对另一个事件具有决定性的事件 | He dreamt while he slept.(他睡觉的时候做梦了。) |
| 替代原则 | 不可预料但事实上发生的事件 | 可预料但事实上并未发生的事件 | He is playing rather than working.(他在玩儿,而不是在工作。) |

根据这些原则,我们可以判断很多复合句的标记性(markedness)。符合上

述原则的句子属于非标记性句子,即这些句子在我们日常语言中出现的频率最高,是原型性表达。违背上述原则的句子要么不存在(如 *He arrived *immediately-before-the-end-of* her sleeping),要么属于标记性句子,用于特殊语境以满足特殊的语用需要。如:

(8) a. When Jerry was chair of the department, everything was all right.
(当 Jerry 是部门经理的时候,一切都很顺利。)
b. *When everything was all right, Jerry was chair of the department.
(* 当一切都很顺利的时候,Jerry 是部门经理。)

(8b)违反了因果原则,比起(8a)来是非原型性表达,它想传递的信息可能是 Jerry 很会利用时局为自己的仕途开路。

## 4.6 焦点-背景和倒装句

作为一种变式句,倒装句是国内外语言学界经常探讨的话题之一。在既往研究中,学者们多从句法、功能、信息分布和语用等视角切入,进行探讨。Rong Chen 于 2003 年在 Mouton de Gruyter 出版了《英语倒装句:背景前置于焦点的表达示例》一书,从焦点-背景理论入手,对英语倒装句展开了认知解读,为研究倒装句提供了全新的理论视角。

正如该书标题所示,Chen (2003: 1-48)开篇即指出:倒装句中前置的成分是背景,后置的成分是焦点。他认为,背景前置于焦点的表达具有认知上的高效性。具体来说,通过倒置的线性结构,倒装句首先引起听话者/读者对背景的注意,从而使听话者/读者通过前文或语篇上下文建立起界标,界标发挥"指示牌"作用,引导听话者/读者继续寻找这一背景的焦点所在。当焦点最终出现时,即被听话者/读者置于注意的中心。如例(9)所示:

(9) a. *On my left was not Lopez.
b. *Through the revolving door pushed Tom Lopez Mary Davis.
c. On my left has been Lopez. (*ibid*: 3)

此外, Chen (2003: 1)还指出,作为一种认知模式, GbF (Ground-before-

Figure)能为倒装句提供语义、音系、句法以及语用上的全面解读。比如，GbF可以揭示倒装句的一系列语音模式以及这一结构的多种句法特征，如倒装句既不允许对句中的动词进行否定，也不允许使用时态为一般现在时的及物动词。在语用上，GbF 模型可以揭示倒装句在不同类型的语篇中功能不同的原因。

此前对倒装句最为系统全面的研究当属 Dorgeloh（1997）。Chen（2003: 25-32）专辟章节对这一研究进行了回顾。Dorgeloh（1997）认为倒装句是一种标记结构(marked structure)，因此它必然含有“额外意义”（extra meaning）。这一观点与 Grice（1975）所提出的“量的准则”（maxim of quantity）有异曲同工之妙，即如果说话者/作者选择使用更具有标记性的词序模式，则听话者/读者可以推断出说话者/作者想要表达除正常语序表达的意义之外的意义。Dorgeloh（1997: 25-26）认为这一“言外之意”是人际意义，因此倒装句是感触性和主观性的载体(inversion is a carrier of emotivity and subjectivity)。

对于倒装句表征的认知过程，Chen（2003）解读如下：依据焦点-背景理论，通过主语和补语位置移动使常规句式中的焦点(主语)成为有标记的焦点(marked Figure)，这一过程赋予常规句式标记性，从而引起听话者/读者对标记焦点的注意。常规句式和标记句式(倒装句)的句法表征分别如下：

**常规句式：**

焦点$_1$ ← 中间环节 → 背景$_1$

主语$_1$ + 谓词 + 补语$_1$

**标记句式(倒装句)：**

背景$_1$ ← 中间环节 → 焦点$_1$

补语$_1$ + 谓词 + 主语$_1$

（参傅勇林、陈丕 2003）

Dorgeloh（1997）还认为，英语作为一种线性结构语言，其语序和语序变化均遵循以下原则：(1)说话者/作者在同一个时间点只能说出或写出一个词，进而形成一个句子和篇章；(2)在语用上，开始的言语部分总会影响到对后续部分的理解。当说话者把常规句式“主语$_1$+ 谓词 + 补语$_1$”转变为标记句式“补语$_1$+ 谓词 + 主语$_1$”时，位于句首的补语$_1$必然会对主语$_1$的语用理解产生影响，听话者/读者的解读不再是“焦点$_1$←中间环节→背景$_1$”，而是“背景$_1$←中间环节→焦点$_1$”。基于信息的分布，Dorgeloh（*ibid.*）指出，由于倒装句是标准词序的反面,因此必然带有说话者/作者的主观意思,而这种主观意思必然会被听话者/读者所重视。倒装句是个人信息的携带器,能提供新的语篇信息。

同样是基于这一理论,徐盛桓(1995)在对大量语料进行分析后得出英语倒装句中的信息分布状态为:主位或前置部分信息不应新于述位或后置部分信息。这一结论与英语中的末位焦点(end-focus)原则相一致。在言语交际和语篇建构中,说话人/作者为了突出句子的焦点,常常将其移至句末,而其他成分则作为背景被移至句首,对焦点起烘托作用。

## 4.7 焦点-背景理论的实证研究

早期对焦点-背景理论的应用研究多是基于对单一语言现象的分析,比如:在对非洲豪萨语(Hausa)第二类动词的分析中, Abdoulaye (1996)指出这类动词除了可以选定施事者/主语外,还可以选定一个名词性短语作为补语,且补语既可以做焦点论元,也可以做背景论元。Fischer-Seidel (1997)以著名作家萨缪尔·贝克特的小说为研究对象,基于焦点-背景理论和隐喻理论,对其早期散文和晚期戏剧中的语言展开特征分析,并提出“所有生活都是由焦点和背景组成”。运用这一理论对语言现象或文学作品的分析还可见 Heusel (1982), Pettinari (1999), Tucker (2001), De Vega *et al.* (2007), Wu (2011)等。

近年来,基于这一理论的实证研究不断增加,代表性研究有 Klymenko & Weisstein (1989a, 1989b), Barenholtz & Feldman (2006), Peterson & Salvagio (2009), Wagemans *et al.* (2012a, 2012b)以及 Li (2018)等。其中, Klymenko & Weisstein (1989a, 1989b)对焦点-背景结构中的歧义二分模式展开分析,认为通过改变二分模式中的对时间、频数以及速度的感知可以消除歧义。Peterson & Salvagio (2009)对焦点-背景感知中的注意分布和竞争现象进行了探讨。Wagemans *et al.* (2012a, 2012b)则是借助格式塔心理学创立100周年的契机,与一众学者一道对视觉感知中的感知群聚和焦点-背景构造研究进行了回顾和综述。Barenholtz & Feldman (2006)从认知角度入手,通过设置四个实验探讨了受试在动态变化图形中对视觉焦点和背景进行确定的问题。焦点-背景分配问题,即确定视觉图像的哪一部分是前景、哪一部分是背景,是早期视觉分析的关键步骤。此前对焦点-背景对立分布情况中两者的分配研究几乎只涉及静态几何因素,如凹凸、对称和大小。在此, Barenholtz & Feldman (*ibid.*)创新性地提出了一种基于动态变形轮廓的运动确定焦点分配的方法。其主要实验步骤是：受试观看一个动态的、变形的形状，确定其焦点和背景所在，由此与其曲率极值相关联，比如“折叶”顶点具有负（凹）轮廓曲率。在动画的每一帧中，当所有已知的焦点/背景的静态提示都不存在或中立时，这种“连接–凹度偏差”就会出现。甚至，当一些已知的静态提示与运动提示相反时，这种偏差似乎会覆盖这些静态提示。Barenholtz & Feldman 由此提出这一现象反映了视觉系统对形状变形方式的内在期望——具体来说，变形往往包括在孔洞处起连接作用的刚性部分。

以上研究多偏向心理学领域，在语言学研究中，Li（2018）对 Talmy（2000b）最具影响力的宏事件语义类型学进行扩展，运用汉语历时语料验证了事件融合与语法化之间的对应关系。Li（2018: 589）指出，Talmy 赖以建立事件语义分析的基础就是他所提出的焦点–背景理论。此外，Talmy 对这一理论的探讨促进了对题元角色（Dowty 1991）这一话题的理解。单就这两个术语而言，“焦点”“背景”的提出，为形义映射的分析奠定了基础。“焦点”“背景”“运动”“方式”“路径”等语义元素的确立代表了 Talmy 对语义元语言研究的贡献。

## 4.8 结　语

本小节首先在前文基础上对语言中焦点和背景的本质作出归纳，随后介绍焦点–背景理论在语用、外语教学等领域的应用，最后指出该理论存在的不足。

焦点和背景的本质可归纳为以下四点：

### 4.8.1 焦点和背景的共存性

不论是描述方位事件、运动事件，还是时间事件，在认知层面上，焦点和背景必定同时存在，二者相互依存。不过，在语言层面，背景有时可以隐去。如，我们可以把（6a）改为‘*The window was broken*’，原因事件被省略。

### 4.8.2 背景的复合性

焦点和背景并不一定是一对一的关系，同一个焦点可以对应若干个背景，见例（10）：

（10）The pen [ F ] rolled off the table [ $G_1$ ] onto the floor [ $G_2$ ].

（钢笔[ F ]滚下桌子[ $G_1$ ]，滚到了地板上[ $G_2$ ]。）

### 4.8.3 焦点和背景语法范畴的多样性

焦点和背景并非只以名词性短语或从句的形式编码,其他语法范畴中也有它们的踪影。例如,英语中有一些特殊动词包含焦点概念,如: *pit*, *skin*, *shave*, *tag*(e.g. *I tagged the suitcase*),也有一些动词包含背景概念,如: *shelve*, *box*, *quarry*(e.g. *I shelved the books*);在阿楚格维语中,动词的词根是焦点,词缀表示动作的路径,是背景。关于阿楚格维语中的这种动词组合, Talmy 在《认知语义学(卷 I):概念构建系统》第 3 章 “语言如何构建空间” 中有详细介绍。

### 4.8.4 焦点和背景的内嵌性

在复杂句中,一对焦点背景组合会嵌在另一对焦点背景组合中,在这种情况下,同一个名词短语同时拥有 “焦点” 和 “背景” 双重身份。如例(11):

(11) The lion [ F ] chased the gazelle [ G/F ] through the forest [ G ].

(狮子[ F ]追逐那只穿越树林[ G ]的羚羊[ G/F ]。)

在本例中, *lion* 和 *gazelle* 是一对焦点和背景组合,两者相对于 *forest* 而言又都是焦点,后者是背景。这里的 *gazelle* 就具有双重身份。

认知语言学对焦点-背景原则的运用并没有停留在语义和句法分析上,而是把其扩展到了语用方面的研究,增强了该理论的解释力。引领这方面研究的是 Langacker(1987a, 1991b, 1999)。他指出,焦点-背景关系对言语事件中情景的 “背景设置(grounding)” 过程起着重要作用。言语事件(包括讲话者、听话者、言语行为以及言语行为的时间)是背景,而用来交流的语言表达是焦点。时间关系情景的背景设置通过时态系统实现,参照关系情景的背景设置通过限定系统实现。由于篇幅所限,在此我们不赘述,请感兴趣的读者参阅 Langacker(1991b)第 12 章第二节 “Grounding”。

也有学者把焦点-背景理论运用到外语教学当中,例如 Grundy(2004)尝试回答了如下三个问题:(1)如何根据语言范畴的突显程度确定某一教学内容的讲授顺序?(2)如何根据焦点-背景理论选择恰当的教学材料?(3)在传统的句子替换练习中,被重复的部分应当是焦点还是背景?

另外,焦点-背景在复合句理解过程中的心理现实性也得到了认知语言学家的关注。有实验表明,受试在理解复合句时,主从复合句在他们的瞬时记忆(short-term memory)中保存的时间比并列复合句要长很多(Nwokah 1981)。

我国学者也凭借焦点-背景理论对各种语法范畴加以探讨,如关系分句

(余玲丽 2005)、中动结构(杜鹃 2006)、存现句(张克定 2006)和歇后语(谢艳红 2006)等。

总体说来,焦点-背景理论的相关研究仍然为数不多,而且国外认知语言学界对于焦点-背景理论的研究数量比国内还少。我们查阅了 Elsevier ScienceDirect 数据库和 ProQuest 美国博士论文数据库,搜索字段输入 "figure/ground" 和 "linguistics",搜索结果只有寥寥数篇(如 Chu 2004; Kawachi 2007)。有很大一部分关于焦点-背景的研究论文是在心理学方面的。这说明焦点-背景理论的研究和应用还处于起步阶段,还有待更多学者的参与,使其不断发展成熟。

从本章的介绍可知,焦点与背景理论从突显观的角度分析单句主宾语选择、复句主从句选择以及英语倒装句,具有相当的解释力。但是,句法结构是复杂的,有很多如非运动、非处所关系的单句,祈使句,英语中的形式主语句等都无法用这一理论完全解释清楚。即便是分析运动和处所关系的单句,仅仅通过焦点和背景的二元分析是远远不够的,就连 Talmy 本人在对运动/处所事件进行概括时也引入了 "运动" 和 "路径" 这两个新的概念成分作为补充(Talmy 2000b: 341)。我们认为,只有综合运用焦点-背景理论和其他理论,坚持语言理论的多元化,才能对语言现象作出较为全面的解释。

# 5 时空类比[①]

## 5.1 引 言

Talmy 利用概括和类比提出了一系列语言学理论,包括动词框架语言和卫星语框架语言这一语言两分法理论。人类对时空的认知更是遵循类比原则。本章由此提出:概括和类比是一种元认知层面的方法,这种方法在科学研究中更为基本,与其他研究方法并行不悖。此外,类比还是一种重要的认知机制。

## 5.2 概括与类比

我们先看《牛津英语词典》(*The Oxford English Dictionary*)对"generalization"和"analogy"这两个术语的定义。

> **Generalization**: The action or process of generalizing, i.e. of forming, and expressing in words, general notions or propositions obtained from the observation and comparison of individual facts or appearance. (Simpson & Weiner 1989b, Volume VI: 433)
>
> 概括:根据观察和对比具体事实或现象,形成普遍概念或命题并用语

① 本章由《事件语义类型学》(李福印等 2019)中的第 4 章以及《认知语义学(卷Ⅰ):概念构建系统》(伦纳德·泰尔米著,李福印等译 2017)中的第 1 章部分内容修改扩展而成。

言表述的行为或过程。

**Analogy**: The process of reasoning from parallel cases; presumptive reasoning based upon the assumption that if things have some similar attributes, their other attributes will be similar. (Simpson & Weiner 1989a, Volume I: 432)

类比:对相似案例进行推理的过程;如果事物具有一些相似特征,那么它们的其他特征也会相似,基于这种假设而进行的假定性推理。

两个术语的定义均含有"过程"(process)一词,说明二者都是一种推理过程,因此也是一种思维过程。

在构建认知语义学理论体系的过程中,Talmy 遵循了概括和类比这一方法论。阅读他的两卷著作(Talmy 2000a,2000b)会发现,概括和类比几乎贯穿他每一个理论的构建过程和每一个概念的阐释过程中。表 5.1 从不同的理论视角及层面列举了 Talmy 所提出的理论、所解释的语言现象以及类比源。

**表 5.1 概括和类比与 Talmy 的认知语义学体系**

| 理论框架 | 所解释的语言现象 | 类比源及学科 |
|---|---|---|
| 构型结构<br>(Talmy 2000a: 97-309) | 语言对空间的切分 | 物理学中的"时空" |
| 焦点与背景<br>(Talmy 2000a: 311-344) | 语言中普遍存在的把一个概念确立为另一个概念的参照点或为另一个概念定位的系统 | 心理学中的"焦点与背景" |
| 力动态<br>(Talmy 2000a: 409-470) | 情态系统;词汇语义学 | 物理学中的"力" |
| 注意视窗开启<br>(Talmy 2000a: 257-309) | 事件框架的语义结构 | 心理学中的"注意" |
| 运动事件的语义结构<br>(Talmy 2000b: 21-288) | 运动事件的词汇化 | 心理学中的"焦点与背景" |
| 宏事件<br>(Talmy 2000b: 213-288) | 语言中的词汇化模式 | 由运动事件类比阐释其他四种事件 |
| 语言两分法理论<br>(Talmy 2000b: 221) | 事件语义结构的普遍类型 | 基于"核心图式"的概括 |

本章 5.3 节首先阐释类比方法在 Talmy 提出焦点-背景理论过程中所起的

作用。5.4 节讨论 Talmy 如何通过概括方法提出运动事件的语义结构理论。5.5 节论述 Talmy 将运动事件的语义结构类比到宏事件中的其他四种事件的过程，以及这五种事件如何经过概括和类比上升到宏事件的理论高度。5.6 节介绍 Talmy 经概括和类比后提出的语言类型两分法理论。5.7 节探讨时空类比。5.8 节介绍贯穿时空概念的语言封闭类形式所表征的构型结构。最后一节为结语。

## 5.3 类比和焦点-背景理论

本书第四章已详细介绍焦点-背景理论的来源和应用，在此我们仅简单介绍类比对焦点-背景理论的形成所起的作用。

认知主体始终把认知情景分成焦点与背景两部分。Talmy（2000a: 311）认为焦点和背景是语言中普遍存在的一种系统，语言通过该系统把一个概念确立为另一个概念的参照点或定位体。焦点认知功能由需要定位的概念来行使，背景认知功能由执行定位的概念来行使。

语言表征中的焦点背景和视觉表征中的焦点背景有很强的类比关系。在视觉中，焦点背景是分离的，我们无法同时看到二者。在语言表征中，主语和谓语分离，我们用谓语来描述主语的动作或状态。从信息结构角度看，主位和述位分离，前者是已知信息，后者是新信息。这种视觉感知和语言表征的类比关系，有时候呈现出一致性。观看“球从桌子上滚过”这一场景，其语言表征和视觉感知的顺序是一致的。语言表征具有线性特征。

基于对空间中焦点-背景的论述，Talmy（1975a，1978）进一步阐释了时间中不同事件之间的关系。通过运用焦点-背景理论描写复杂句，提出了事件的语义结构。

## 5.4 概括与运动事件的语义结构

在 Talmy 提出了焦点-背景理论之后，他开始用这一理论研究运动事件。Talmy 所描述的运动事件包括空间中持续静止的情景以及空间中产生位移的情景。Talmy 根据对具体运动事件表征的概括，提出运动事件含有四种语义元素：除了焦点和背景外，还包括路径和运动本身。这些语义要素的提出均基于他对语言实例的概括和抽象。请看表 5.2 中的例句。

表 5.2 运动事件的语义结构

| 类 型 | 方 式 | 使 因 |
|---|---|---|
| 运动 | The pencil rolled off the table.<br>(铅笔滚离桌子。) | The pencil blew off the table.<br>(铅笔被吹离桌子。) |
| 处所 | The pencil lay on the table.<br>(铅笔放在桌子上。) | The pencil stuck on the table (after I glued it).<br>(铅笔粘在桌子上(在我用胶粘它之后)。) |

在表 5.2 的两组句子中，*pencil* 是焦点，*table* 是背景。动词 *roll*, *blow*, *lie* 和 *stick* 是运动事件的第三个语义要素，即运动。四句中的 *off* 和 *on* 为路径信息。除了这四个语义要素之外，方式和使因是另外两个语义要素，因为它们是动词核心语义的附属成分，因此被称为副事件。Talmy 把这些语义要素称为语义概念，句子中的词语表达为表层表达。词汇化模式就是研究这种语义要素和形式表达之间的匹配关系模式，也称为义形匹配(pairing of meaning and form)。

Talmy 首先以动词作为恒量，研究其语义构成，结果发现动词词根具有如下三种词汇化模式。

动词的第一种词汇化模式：动词词根 =[运动]+[副事件]。

运动事件中动词词根这一形式元素，可以由运动和副事件两个语义元素构成。副事件与运动事件有多种语义关系，见图 5.1。这是运动事件中动词词根的第一种词汇化类型。

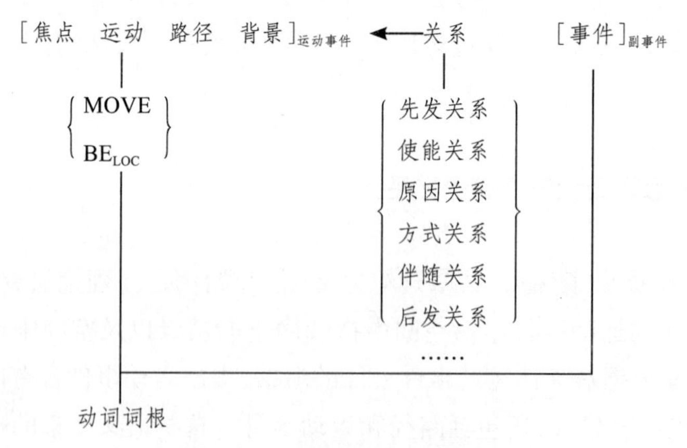


图 5.1 运动动词的语义结构

（1）The stone rolled down the hill.

（石头滚下山坡。）

在例（1）中，我们可以把动词 roll 的语义分解为：roll=[ Move ]+[ Manner ]（move in the manner of rolling）。因此，动词词根 roll 表示[运动]以及伴随发生的“滚动”这一[方式]，这里我们称为副事件。这一分析模式同样适用于汉语“石头滚下山坡”这一句子的动词“滚”。

动词的第二种词汇化模式：动词词根 =[运动]+[路径]。

运动事件中动词词根的第二种词汇化类型是运动事件中动词的语义可以由[运动]和[路径]两个语义元素构成，见图 5.2。

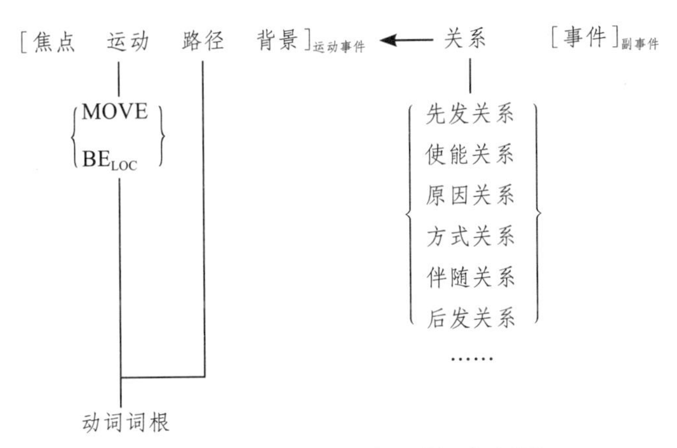


**图 5.2 动词表示[运动]及[路径]**

（2）The students entered the classroom.

（学生们进入了教室。）

动词 enter=[ Move ]+[ Path ]

（从教室外进入教室内的运动及路径）

动词的第三种词汇化模式：动词词根 =[运动]+[焦点]。

运动事件中动词的语义也可以由[运动]和[焦点]两部分构成。这是运动表达中动词的第三种类型模式。也就是说，动词同时表达[运动]事实和与之相关的进行运动的[焦点]。具有这种特点的语言有一系列的动词，这类动词能够表达各种运动或处所中的物体，见图 5.3。

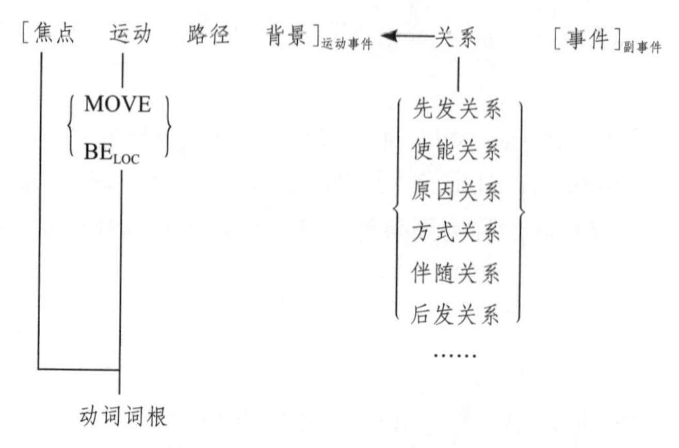


图 5.3 动词表示[运动]及[焦点]

(3) a. It rained in through the bedroom window.
(雨从卧室窗户潲进来。)非施事性
动词 rain=[运动](下雨)+[焦点](雨滴)

b. I spat into the cuspidor.
(我朝痰盂里吐了口痰。)施事性
动词 spit=[运动](吐)+[焦点](痰)

Talmy 在以上研究中采用的语料基本都是英语,他基于以上发现做出了更具概括性的普遍的理论假设。他认为语言可以根据运动事件的动词语义编码情况分为三类,分别对应上述三类动词。在运动事件的研究中, Talmy 认为路径要素具有重要的类型学意义,并提出了卫星语素这一术语,下文将有论述。

## 5.5 类比与五类宏事件

Talmy 在研究了运动事件的语义结构之后,经过类比和概括,提出了宏事件的概念。Talmy 认为宏事件是一个复杂事件,但是可以用一个单句来表征。请看例(4)。

(4) a. Something blew on the candle; it went out.
(某物吹向蜡烛,蜡烛灭了。)

b. The candle blew out.
(蜡烛吹灭了。)

句子(4a)是一个复杂句,(4b)是一个简单句。但是,两个句子表达的语义完全相同。Talmy 将这种既可以用复杂句表征又可以用简单句表征的语义情景,称为宏事件。Talmy 认为宏事件是人类语言中普遍存在的概念组织形式之一。运动事件是宏事件中的一个类典型。通过类比,Talmy 将宏事件的下属成员扩展至五个,分别为:运动事件、体相事件、状态变化事件、行动关联事件以及实现事件。为了使运动事件的语义结构更具概括性,以便能用来描述整个宏事件的下属事件,Talmy 首先将运动事件的语义元素逐一做了概括和抽象(Talmy 2000b: 221),详见表 5.3。

**表 5.3　从运动事件的语义结构向宏事件语义结构的概括和抽象**

| 运动事件的语义结构 | 宏事件的语义结构 |
| --- | --- |
| 焦点 | 焦点实体(Figural entity) |
| 背景 | 背景实体(Ground entity) |
| 运动 | 激活过程(Activating process) |
| 路径 | 关联功能(Association function) |

有了这些更具概括性的术语作为工具,Talmy 通过类比,将宏事件的下属成员事件扩展至五类,并且使用这些更具概括性的语义元素来研究这五类事件的语义结构。下面通过几个表格逐一说明。因为运动事件这一原型事件的语义结构已经在上文讨论过,下面我们讨论宏事件的第二种,即体相事件,见表 5.4。

**表 5.4　从运动事件到体相事件的类比**

| 体相事件 | 语义结构 |
| --- | --- |
| They talked on.（他们持续交谈着。） | 焦点实体:“talk” 这个行为本身 |
| | 背景实体:“时间” 是 “talk” 这个行为行进的背景 |
| | 激活过程:动词 “talk” |
| | 关联功能:“on” 表示 “talk” 这个行为在时间背景上展开的情形 |

从运动事件的语义结构到体相事件的语义结构主要基于时间结构和空间中的运动两个概念之间的类比:“谈话”(焦点)这个行为在 “时间”(背景)轴上持续 “运动”(MOVE)。这种运动伴随的方式就是“谈话” 本身。因此 *They talked on* 这一简单句的语义在概念上可以表征为复杂句,符合宏事件的特征。Talmy 将这一复杂句的语义结构表征为(5)。

(5) [ they “MOVED” CONTINUOUSLY THROUGH TIME (-->on)]
WITH-THE-SUBSTRATE-OF [ they talked ]

体相事件被归为宏事件的第二个下属类型。再看表 5.5 中的状态变化事件。

**表 5.5 从运动事件到状态变化事件的类比**

| 状态变化事件 | 语义结构 |
|---|---|
| The candle blew out.<br>（蜡烛吹灭了。） | 焦点实体：“蜡烛” |
| | 背景实体：蜡烛的“特征”，即“点亮的状态” |
| | 激活过程：“吹”（blow） |
| | 关联功能：状态的变化，即“灭”（out） |

把状态变化归于宏事件也是基于状态变化和运动的类比。以表 5.5 中的句子为例，焦点实体是变化了的“特征”，或者受影响的事物，在本句中，为受影响的“事物”，即“蜡烛”。激活过程就是引起这一实体状态变化的动词，这里是 *blow*。关联功能为状态的变化，即蜡烛的“点燃”特征从有到无的过程。因此，状态变化和空间中的运动事件有类比关系。Talmy 将状态变化的语义结构分解为(6)。

(6) [ the candle “MOVED” TO EXTINGUISHMENT (--> out)] WITH-THE-CAUSE-OF [ SOMETHING blew on the candle ]

状态变化事件是宏事件的第三个下属类型。再看表 5.6，宏事件的第四个类型——行动关联事件。

**表 5.6 从运动事件到行动关联事件的类比**

| 行动关联事件 | 语义结构 |
|---|---|
| I sang along with her.<br>（我随着她一起唱。） | 焦点实体：施事“I”的“歌唱”这个行为 |
| | 背景实体：另一个行为者“她”（her）的“歌唱”行为 |
| | 激活过程：动词“sing” |
| | 关联功能：施事的行为以另一个行为者的行为作为参照，即“along” |

行动关联事件涉及一个独立的语义范畴，Talmy 称为共同行动（coactivity）。学界很少有关于这类事件语义结构的研究。这类事件表征往往涉及两个行动者，第一个为施事，由名词短语来充当，在句子中一般做主语。第二个行动者往往是直接宾语或者介词的宾语。例如，*I sang along with her* 以及 *I outplayed him*。这类事件主要包括如下几类语义范畴：共同行动、伴随行动、模仿行动、超越行动以及示范行动。在这类事件中，施事在进行的行动和另外一个行动者在进行的行动相关联。而这种行动的关联和空间中的运动

有类比关系。具体讲，一个行动和另一个行动的关联类比为一个事物的焦点相对于其路径的关系。例如，*I sang along with her*（我随着她一起唱）中，施事的“歌唱”这个行为以另一个行动者的“歌唱”为背景参照。Talmy 将行动关联的语义结构分解为(7)。

(7) [she "MOVED" IN ACCOMPANIMENT (-- > along) WITH SOMETHING] WITH-THE-SUBSTRATE-OF [she sang]

下面我们来看第五种事件类型，即实现事件。

**表 5.7 从运动事件到实现事件的类比**

| 实现事件 | 语义结构 |
| --- | --- |
| The police hunted the fugitive down.（警察抓到了逃犯。） | 焦点实体："fugitive" |
| | 背景实体："时间"（在句中隐现） |
| | 激活过程：未然动词 "hunt" |
| | 关联功能："down" 表示动作的完成 |

根据动词的语义，Talmy 将实现事件分为四个类型，见(8)中的 a 至 d。

(8) a. 固有完成义动词

I *kicked* the hubcap flat.（我踢平了轮毂盖。）

b. 未然完成义动词

The police *hunted* the fugitive for/*in three days (but they didn't catch him).

（警察追捕逃犯追了三天/*在三天内(但是没有抓到他)。）

The police *hunted* the fugitive down in/*for three days (*but they didn't catch him).

（警察在三天内/*用三天抓捕到了逃犯(*但是没有抓到他)。）

c. 隐含完成义动词

I *washed* the shirt.（我洗了那件衬衫。）

d. 完全完成义动词

I *drowned* him.（我把他淹死了。）

本章仅以第二类(8b)中的未然完成义动词为例，说明这类事件的语义结构。在(8b)中,不及物动词 *hunt* 本身可以表示施事的一种有意识的行为。当没有卫星语素搭配的时候,这个行为结果属于未然,仅仅有'捕猎'义。此时动词的体是无界的(atelic),可以和表示无界的时间短语 *for three days* 搭配,不能和表示有界的时间短语 *in three days* 搭配使用。当句子中有了表示结果的卫星语素 *down* 的时候,表示施事的意愿已经完成。事件复合体表示有界(telic),此时不可以和表示无界的时间短语 *for three days* 搭配,只能和表示有界的时间短语 *in three days* 搭配使用。该句的语义结构可以分解为(9)。

(9) [the police "MOVED" TO THE REALIZATION OF THEIR INTENTION] WITH-THE-SUBSTRATE-OF [they hunted the fugitive]

根据对以上五类事件的概括,Talmy 提出了宏事件的语义结构,见图 5.4。

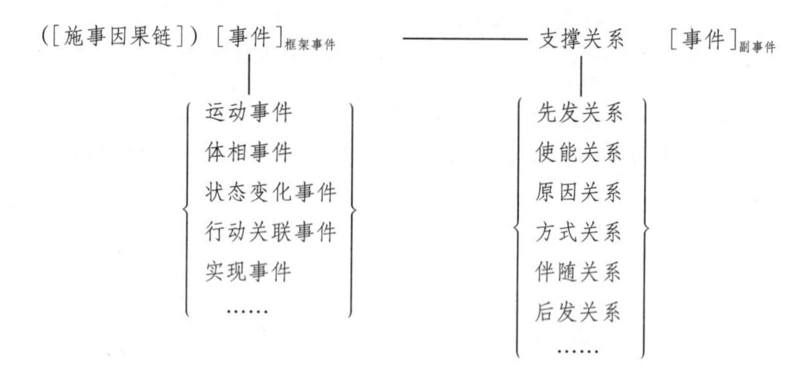


**图 5.4 宏事件的语义结构**

由运动事件中的路径概括抽象出来的关联功能在运动事件中表示路径,在体相事件中表示行为的时间结构,在状态变化事件中表示状态的变化,在行动关联事件中表示某行为的关联性,在实现事件中表示某行为的实现。Talmy 认为,包含动词核心语义在内的这四种语义要素是事件的核心,是主事件,对事件的性质起到决定作用,因此也可称为框架事件。关联功能本身,或者关联功能和背景实体一起,在事件中起核心作用,因此是核心图式。这样一来,图 5.4 中框架事件的语义结构可以简化为图 5.5。

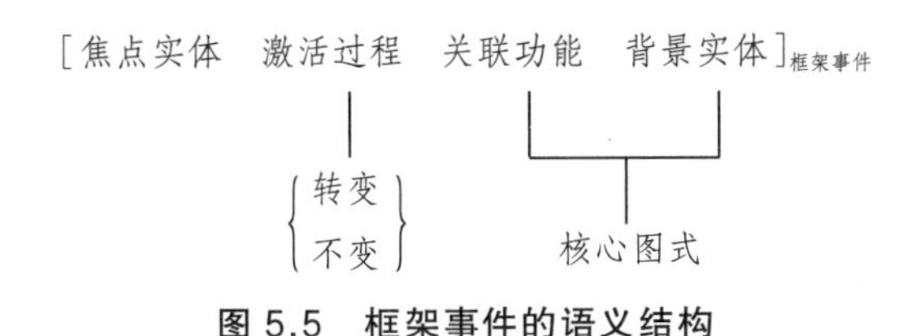


图 5.5 框架事件的语义结构

至此，Talmy 已经准备好了提出语言类型两分法理论的所有材料。

## 5.6 类比与卫星语素

Talmy 根据心理学中的焦点-背景理论及通过类比，提出了语言表征中的焦点与背景；利用焦点-背景理论，他提出了运动事件的语义结构；通过类比，他将运动事件扩展到五类平行事件，总称宏事件。宏事件的核心图式具有类型学价值，以核心图式这个语义元素在句子表达中出现的位置的不同，Talmy 提出了最著名的语言类型两分法理论，原文如下：

> **Verb-framed languages**: Languages that characteristically map the core schema into the verb will be said to have a framing verb and to be verb-framed languages.
>
> **Satellite-framed languages**: ...languages that characteristically map the core schema onto the satellite will be said to have a framing satellite and to be satellite-framed languages.
>
> （Talmy 2000b: 222）
>
> 动词框架语言：通常把核心图式映射到动词上的语言（其动词为框架），称为动词框架语言。
>
> 卫星语框架语言：通常把核心图式映射到卫星语素上的语言（其卫星语素为框架），称为卫星语框架语言。
>
> （伦纳德·泰尔米著，李福印等译 2019: 223）

在该理论的表述中，有一个术语，即 Satellite。该术语的提出极大地体现了 Talmy 的独创性。这个术语仍是基于类比。简言之，这个核心图式或者出现在动词词根上，或者不出现在动词词根上。如果不出现在动词词根上，那么核心图式出现的位置有如下选项：动词前缀、动词后缀、动词后面的小品词、介词、处所名词（如汉语），等等。那么，什么术语能涵盖这些概念呢？因为这些语素均在动词词根之外，且以动词词根为中心，Talmy 就创造了“Satellite”这一术语。鉴于这一术语既包含语素，也可以是单独的词，因此准确地讲，我们应该把它译为“卫星语素”。但是，在汉语中，核心图式出现的位置全是独立的词，因此也可以译为“卫星词”。在 Talmy 的两卷书中，他一律使用“morpheme”来涵盖“语素”和独立的“词”。我们可以说，没有概括和类比，就没有“Satellite”这一术语的产生，也就没有 Talmy 的两分法理论。

## 5.7 时空类比

时间和空间在语言构建上的同源性（homology）很有可能是因为我们利用空间概念来认知时间。尤其是，我们把认知空间的模式以类比的方式用来认知时间。

空间和时间是 Talmy（2000a: 42）所讨论的域的两个重要成员。空间中存在的量（quantity），一般称为物质（matter），连续的量为物量（mass），分离的量为物体（object）。与此对应，时间中存在的量为行动（action），连续的量为活动（activity），分离的量为行为（act），它们之间的关系见（10）。

（10）

| 域 | 连续 | 分离 |
|---|---|---|
| 空间： | 物量 | 物体 |
| 时间： | 活动 | 行为 |

动词词根把时间中的量词汇化为行为或者活动。动词词根又和一些语法形式相关，通过这种语法形式来表示某种认知操作。例如名词化的语法形式，就可以表示具体化（reification）认知操作。通过这种认知操作，我们可以完成空间和时间概念的相互转换。具体见（11）。

（11）**时间概念转为空间概念**

| **一个行为** | **具体化为一个物体** |
|---|---|
| John called me. | John gave me a call. |
| （约翰打电话给我。） | （约翰给我打了个电话。） |

| | |
|---|---|
| I was called by John.<br>（我接了约翰打来的一个电话。） | I got a call from John.<br>（我接到约翰的一个电话。） |
| **活动** | **具体化为物量** |
| John helped me.<br>（约翰帮了我。） | John gave me some help.<br>（约翰给了我一些帮助。） |
| I was helped by John.<br>（我得到约翰的帮助。） | I got some help from John.<br>（我从约翰那里得到一些帮助。） |

与具体化相反，表示物体或者物量的名词，可以通过与动词相关的语法形式把名词行动化（actionalizing）为动词。行动化这种认知加工把名词所指对象的大部分具体特征背景化，突显这种行动的发生过程，从而把空间概念转换为时间概念，见例（12）。

（12）**空间概念转为时间概念**

| **物体/物量** | **行动化** |
|---|---|
| a. Hail（stones）came in through the window.（冰雹从窗户砸进来。） | It hailed in through the window.（窗户里砸进了冰雹。） |
| b. Ice is forming over the windshield.（冰结在了挡风玻璃上。） | It is icing up over the windshield.（挡风玻璃上结了冰。） |
| c. I removed the pit from the cherry.（我把樱桃核去掉。） | I pitted the cherry.（我把樱桃去核。） |
| d. He has blood coming from his nose.（血从他的鼻子里流出来。） | He is bleeding from his nose.（他的鼻子正在流血。） |
| e. She ejected spit into the cuspidor.（她把痰吐在痰盂里。） | She spat into the cuspidor.（她吐痰在痰盂里。） |
| f. Crowds of people went to the fair.（成群的人去集市。） | People thronged to the fair.（人们成群结队地去集市。） |

以上对域范畴中时间和空间成员及其互相转换的分析引出一个可能存在的类型学话题。倾向于使用名词的语言，是事物主导型语言（object-dominant language），大多数语言属于这一类型；倾向于使用动词的语言是行动主导型语

言(action-dominant language)。

时空概念贯穿于整个语言的封闭类系统中,其中之一是构型结构。

## 5.8 构型结构

作为一个图式系统,构型结构包括可以由封闭类形式表达的空间、时间、其他定性域内的时间结构或几何轮廓。语言的封闭类形式可以把这种结构归于整个所指场景,并由此把场景切分为若干个具有特定关系的实体,也可以把该结构归于各个实体本身,或归于当实体间关系随时间发生变化时这些实体所勾勒的路径。这些封闭类形式包括时间/空间附置词、从属连词、指示词、体态/时态标志和数的标志等。本节将对构型系统内的七个图式范畴进行逐一介绍。

### (一)量级(plexity)

"量级"范畴表示一个整体的量按照其自然状态分为若干个相等的组成部分时所处的状态。当只有一个组成部分时,量为"单元体"(uniplex);有多个组成部分时,量为"复元体"(multiplex)。当量为物质时,量级就等同于传统语言学中的"数",包括"单数"和"复数"等下位概念。这些概念可将传统上仅限于物质的"数"扩展至"行动"。

词汇和语法元素都可以确定量级的语义,当两者都出现时,彼此会相互影响。如下例所示:

(13)

| | 物质 | 行动 |
|---|---|---|
| a. **单元体** | *A* bird flew in.<br>(一只鸟飞进来了。) | He sighed (*once*).<br>(他叹了一口气。) |
| b. **复元体** | Bird*s* flew in.<br>(鸟儿飞进来了。) | He *kept* sigh*ing*.<br>(他不停地叹气。) |

英语单词 *bird*(鸟)和(*to*)*sigh*(叹气)可分别表示物质和行动所指的单元量。它们既可以和语法成分同时出现以表达单元状态(如例(13a)斜体部分 *A* 和 *once* 所示),也可以和语法成分相结合表达复元量(如例(13b)中的斜体部分-*s* 和 *kept -ing* 所示)。由 a 至 b 的认知加工即为"复元化"(multiplexing)。通过这种操作,原本单一的所指对象被复制到事件或空间的若干点上。

与复元化相反的认知加工模式为“单元抽取”（unit excerpting），也可以在语言中找到实例。具体而言，有一些词项自身表达复元量，如英语中指称物质的furniture（家具）和指称行动的breathe（呼吸），通过与复元化相反的操作，可以从复元所指（如（14a）所示）中抽出单一个体并置于注意前景中（如（14b）所示）。

| （14） | 物质 | 行动 |
| --- | --- | --- |
| a. **复元体** | Furniture overturned in the earthquake.<br>（家具在地震中翻倒了。） | She breathed with full concentration.<br>（她全神贯注地呼吸。） |
| b. **单元体** | A *piece of* furniture overturned in the earthquake.<br>（一件家具在地震中翻倒了。） | She *took a* breath/breathed *in* with full concentration.<br>（她全神贯注地做了一次深呼吸。） |

（二）界态（state of boundedness）

构型结构系统内的第二个范畴是“界态”，包括“无界”（unboundedness）和“有界”（boundedness）两个下位概念。无界是连续的，不定的，没有内在的限定特征；有界是一个独立的单元实体。“边界”（boundary）概念蕴含在界态范畴中，但在概念上与后者相分离。在典型的概念化过程中，边界构成一个有界量的最外围部分。

界态在名词上的应用主要与传统语言学中“可数”（count）和“不可数”（mass）的划分相对应；用于动词上则与“完成式”（perfective）和“未完成式”（imperfective）相对应。与量级一样，界态旨在寻求空间域和时间域的共同点，并对两域各自的特点进行归纳概括。

在英语词汇中，*water*（水）和（*to*）*sleep*（睡觉）基本表示无界量，而*sea*（海）和（*to*）*dress*（穿衣）基本上是有界量。语法复合体“*in*+NP$_{时间段}$”自身界定了有界性，因此我们可以通过观察一个词能否放在这一语法复合体中来判定它是有界量还是无界量，如下例所示：

| （15） | 物质 | 行动 |
| --- | --- | --- |
| a. **无界** | *We flew over water in one hour.<br>（*我们用了一个小时飞过水域。） | *She slept in eight hours.<br>（*她在八小时内睡觉。） |

b. **有界** We flew over a sea in one hour. She dressed in eight minutes.
（我们用了一个小时飞过大海。）（她在八分钟内穿好衣服。）

与量级一样，将特定语法成分与词汇搭配可以改变其界态。在无界类的词汇上进行上述加工会激活有界化（bounding）或部分抽取（portion excerpting）操作。通过这些操作，部分特定的无界量被分离出来并置于注意前景中。如下例所示，英语中的语法形式 *some*（一些）可以用来表示时空中实体的部分抽取。

（16）a. **物质**

[$\text{N}_{\text{有界量}}$ of + [ _ ] $\text{N}_{\text{无界}}$]

例如，*water*（水）：*body of water*（水域）

另一形式：*some water*（一些水）

b. **行动**

[[ _ ] $\text{V}_{\text{无界}}$ + for $\text{N}_{\text{时间段}}$] $\text{V}_{\text{有界}}$

例如，*sleep*（睡觉）：*sleep for an hour*（睡一个小时）

其他形式：*sleep from 3: 00 a.m. to 4: 00 a.m.*（从凌晨3点睡到4点）

*sleep for a while / sleep some*（小睡一会儿/睡一阵儿）

与有界化相反的操作同样可以在语言中找到实例。英语名词 *shrub*（灌木丛）和 *panel*（镶板）本身指有界实体，分别加上 *-ery* 和 *-ing* 两个语法成分后，形成两个指代无界量的形式：*shrubbery*（灌木丛）和 *paneling*（（总称）嵌板；镶板）。事实上，语法成分的添加激发了无界化的认知加工，使得有界量在认知过程中被无限延伸。

**（三）离散性**（state of dividedness）

"离散性"范畴指量的内部分割。在概念化过程中，如果一个量的组合过程有中断或暂停，那么这个量是复合的（composite）或（内部）离散的（discrete），比如前文中的 *breathe*（呼吸）。否则，这个量是（内部）连续的，如 *water*（水）和 *sleep*（睡觉）。

在具体化过程中，词汇成分和语法成分都对这一范畴进行了区分，但似乎没有语法成分仅表示量的离散性或连续性，也没有语法成分能改变一个量在词汇上所表现的离散性。如果存在后一种语法形式,则会激发离散化(discretizing)操作,使原本连续的所指对象被概念化为分散成分的集合体。与此相反的操作可称为"认知合并"(melding),可使所指对象的分散成分被概念化为一个融合的连续体。尽管语言中似乎没有这两种语法形式,但与其功能类似的间接或隐性机制确实存在。例如,当名词 *water*(水)与复合形式 *particles of* 连用时,*water* 所具有的内部连续性会被再概念化为内部离散性,比如 *Water/Particles of water filled the vessel*(水/水的粒子充满了容器)。与此相反的操作过程可通过添加 *a mass of/masses of*(一团/一团团的)实现,这一操作可以直接激活一个原先合成的指称对象的再概念化,将其由内部离散变为内部连续,比如 *a mass of/masses of leaves*(一团/一团团的树叶)。

在词汇层面上,似乎存在这样一种普遍概念倾向:复合型词根的所指对象会自发地进行某种程度上的合并,这种合并不需要添加任何显性的语法形式。比如,具有内部离散性的单数形式的集合名词 *foliage*(树叶)、*timber*(木材)和 *furniture*(家具)通常在其所指对象的概念化中将其组成成分进行了融合和模糊处理,因此与 *leaves*(树叶)、*trees*(树)和 *pieces of furniture*(多件家具)等复数形式的单数名词形成对比,后者保持了其组成成分的独立性。事实上,概念合并的程度可形成一个梯度,从完全保留各个成分的独立性到完全融合。这两种不同程度的合并可以看作是梯度上的两点。靠近独立性的结构会表述合成体的各个组成成分,例如 *This tree and that tree and that tree are mature*(这棵树、那棵树,还有那棵树已经成材了)。一般的复数形式可以将各组成成分合并得更为紧密,例如 *Those trees are mature*(那些树已经成材了)。在语法上要求单复数一致的名词形式的合并程度更强,例如 *Those cattle are mature*(那些牛已经长大)。最后,合并程度最强的结构要属语法上要求单数而其本身又是单数形式的名词,如 *That timber is mature*(这片林子成材了)。

动词的所指对象也存在自发合并现象。比如,如果用动词 *walk*(走)表示一步一步重复组成的过程,用动词 *step*(迈步)表示过程中的一步,那么 *walk* 就比 *keep stepping*(不断地迈步)的合并程度更高,原因在于后者明显地表征了每一步的重复。

**(四)量的配置:范畴之间的交集**

以上四个范畴(域、量级、界态以及离散性)的特性可同时应用于一个量。这些特征加在一起构成一个特征复合体,可被称为"量的配置"(disposition)。

这些范畴的交集形成一个排列，可用下图表示：

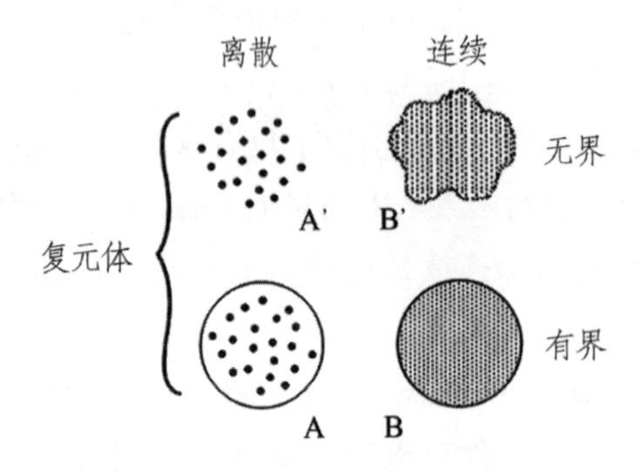


单元体 • a

+ 上图所有各项均包含**物质**和**行动**的区别

**图 5.6 量的配置图式**

图 5.6 中出现的每个特征交集都可以用不同的词汇来表达(表示行动有界的复元体在英语中例子较少)，如例(17)所示：

| (17) | A′: | timber/furniture（木材/家具）<br>(to) breathe（呼吸） | B′: | water（水）<br>(to) sleep（睡觉） |
|---|---|---|---|---|
| | A: | (a) grove/family（树林/家庭）<br>(to) molt（脱毛）<br>(The bird molted.)（这只鸟脱毛了。） | B: | (a) sea/panel（海洋/镶板）<br>(to) empty（倒空）<br>(The tank emptied.)（油箱空了。） |
| | a: | (a) tree/bird（树/鸟）<br>(to) sigh（叹气） | | |

如果我们选择一个词项来表达一个所指对象的内容，而该词项本质上具有一些我们不需要的结构语义，一般来讲，语言中的语法手段可将这些不需要的结构语义转换为需要的语义。这些语法手段包括从直接说明相关认知加工到一系列迂回认知加工(如嵌套)，例(18)列出了这些转换的起点和终点以及完成转换的手段。

| | | | |
|---|---|---|---|
| (18) A′→A: | a stand of/some timber<br>(一排木材/一些木材)<br>breathe for a while/some<br>(呼吸了一会儿/呼吸几口) | B′→B: | a body of/some water<br>(一片水域/一些水)<br>sleep for a while/some<br>(睡了一小会儿/睡了一会儿觉) |
| A′→a: | a piece of furniture<br>(一件家具)<br>take a breath/breathe in<br>(吸口气/吸气) | — | |
| A′→B′: | ? masses of leaves<br>(?一团团的叶子) | B′→A′: | particles of water<br>(水粒子) |
| A→a: | a member of a family<br>(家庭中的一员)<br>? molt a single feather<br>(?脱了一根羽毛) | — | |
| A→A′: | members of a family<br>(家庭成员)<br>(A→a→A′)<br>molt and molt<br>(脱落了一根又一根) | B→B′: | paneling<br>(镶板(总称))<br><br>empty and empty<br>(越流越空) |
| a→A′: | trees<br>树(复数)<br>keep sighing<br>(不停地叹气) | — | |
| a→A: | a stand of trees<br>(一片小树林)<br>(a→A′→A)<br>sigh for a while<br>(叹一会儿气) | — | |

如(18)所示,在英语中,由一种结构性配置转为另一种结构性配置,有时不能直接靠单一封闭类形式完成,而是要靠一系列的嵌套完成。比如,要把单

元体 *tree*（树）转变为一个有界的复元体，首先要将其转变为无界的复元体 *trees*（一些树），然后经部分抽取后转变为目标形式 *a stand of trees*（一片小树林）。最终，目标形式与开放类名词 *grove*（树林）和 *copse*（灌木丛）词汇化的结构相同。

（五）延展程度

从纵向上看，图 5.6 中的图式排列隐含了另一个图式范畴，可称为延展程度(degree of extension)。该范畴有三个主要下属概念：点、有界范围以及无界范围。无论是指代物质还是行动的词项，都包含表明它们所指对象的基本延展程度的要素。延展程度的图式及示例如下图所示：

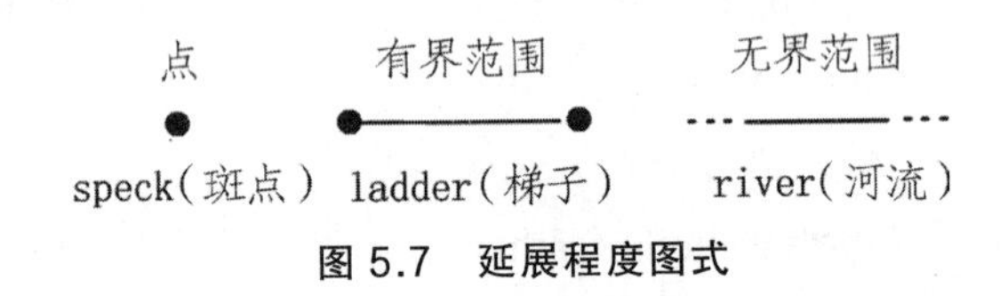


图 5.7 延展程度图式

词汇所指从根本上可看作是某种程度上的延展。经过不同的语法手段引发转换后，该词汇所指能够被再概念化为其他程度的延展。如例(19)所示：

(19) She climbed up the fire ladder in five minutes.
（她五分钟内爬上了消防梯。）

例(19)中的爬梯子事件与语法成分“*in*+$\text{NP}_{时间段}$”相结合，属于时间维度上的有界线性范围。如果这一事件换用一种语法形式，比如“*at*+$\text{NP}_{时间点}$”，则事件对象开始向时间点概念图式转变，如例(20)所示：

(20) Moving along on the training course, she climbed the fire ladder at exactly midday.
（按照训练课程的进度，她在正午时爬上了消防梯。）

这种转变事件范围的认知加工被称为“消减”(reduction)，或是“采用远距离视角”(adoption of a distal perspective)。这种转变也可以向相反方向发展，比如，通过添加“*keep-ing*”“*-er and -er*”以及“*as*+S”等语法形式被概念图式化为无界范围，如下例所示：

(21) She kept climbing higher and higher up the fire ladder as we watched.
(我们注视着她在消防梯上越爬越高。)

这种相反的认知加工被称为“放大”(magnification)，或是“采用近距离视角”(adoption of a proximal perspective)。这种操作建立了一个视角点，从这个视角点看去，任何外边界都落在视野或注意以外，或至多是渐渐观察到。

以上对事件型所指对象的延展图式化也适用于物体型所指对象。例如，*a box*(一个箱子)的所指对象可以被理想化为一个点或一个(体积或区域)有界的范围。例(22)列举了一些具有此类含义的语法成分，以及它们和事件型所指成分之间的同源性。

(22) a. **点** The box is 20 feet away from the wall. (这个箱子离墙有20英尺远。)
I read the book 20 years ago. (20年前我读过这本书。)
b. **有界范围** The box is 2 feet across. (这个箱子两英尺宽。)
I read the book in 2 hours. (我用两个小时读完了这本书。)

### (六) 分布模式

物质在空间中的分布模式或行动在时间中的分布模式是另一种既可以通过语法又可以通过词汇表达的概念范畴。行动在时间中的分布和延展程度范畴一起组成了传统的体范畴。

图5.8表示行动在时间中的几种主要分布模式(图中的点代表互补状态的位置，本应紧紧相连，但本图将它们分开，中间以线相连以表示不同状态接口的交叉)。此外，图中还列举了几个英语非施事格和施事格动词以说明这些分布模式。

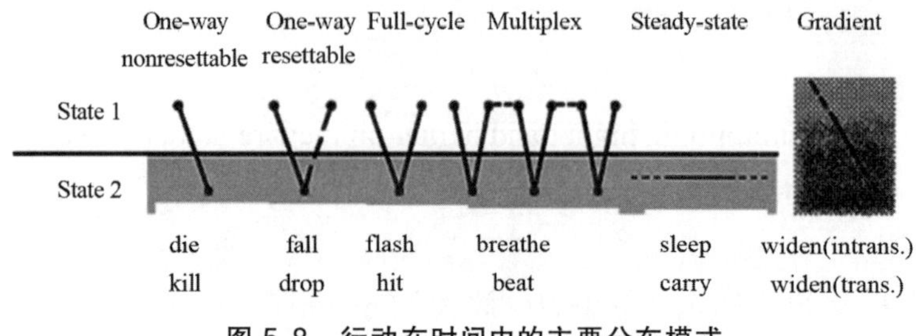


图 5.8 行动在时间中的主要分布模式

通过观察这些动词可以或不可以和哪些语法形式连用,我们可以找出这些动词涵盖的模式。可重复型的单向事件和不可重复型的单向事件的区别在于:前者可以和表示反复的语言表达同时出现。例如,*He fell three times*(他跌倒了三次);而后者却不可以,如 **He died three times*(*他死了三次)。单向型与循环型的不同点在于:前者可以出现在下句中:*He fell and then got up*(他摔倒了然后爬了起来);而后者则不行,**The beacon flashed and then went off*(*灯塔闪光,然后熄灭了)。梯度型可以和表示增长和提高的副词一起使用,如例句 *The river progressively widened*(河流渐渐变宽了)。表示稳定状态的类型却不能与这样的副词同时出现:**She progressively slept*(*她渐渐地睡觉),等等。

同样的,语法成分也可以表示不同模式的时间分布。如图 5.9 所示,封闭类成分 *back*(回去)和 *again*(再次)单独使用或二者搭配使用时可以表示循环一周式、循环一周半式和循环两周式。

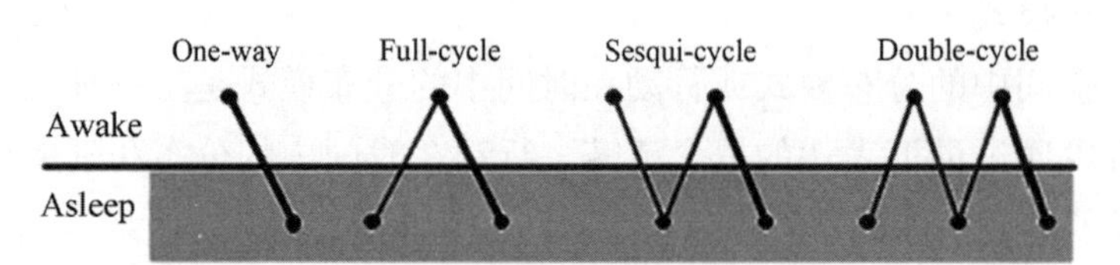


图 5.9 由语法形式表示的时间分布模式

### (七)轴线性

如例(23a)所示,类似 *well/sick*(健康的/生病的)这样一对形容词在与表示程度的语法形式如 *slightly*(轻微地)和 *almost*(几乎)连用时,性质会截然不同。它们在与时间形式"*in*+NP$_{时间段}$"搭配时会选择不同的解读,见(23b)。在这些方面它们与几类空间关系的表达类似,如 *at the border/past the border*(在边境/越过边境)。

(23) a. i. He's slightly { sick/past the border.
(生病了/越过了边境。)
*well/*at the border.
(* 健康/在边境。) }

ii. He's almost { well/at the border.
(痊愈了/在边境。)
? sick/? past the border.
(? 病了/? 越过边境了。) }

b. i. He got well/to the border in five days. (i.e., in the course of five days)
(他五天就痊愈了/他用了五天来到边境。)(即在五天内)

ii. He got sick/past the border in five days. (i.e., after five days had elapsed)
(五天后他病了/五天后他越过了边境。)(即五天之后)

当我们认为此类形容词用来表达更为普遍的概念参数(如'健康状态')时,它们并不是"反义词",而是预设了一个具有特定结构和方向的图式轴。每一个形容词都代表了轴上的一部分,并预设了一条一端是有界的射线: *well*(健康的)指代射线的端点, *sick*(生病的)指代射线的其他部分,离端点的距离越远,代表病的程度越深。词汇与特定认知轴的具体关系以及与所指对象在同一条轴上的其他词汇的具体关系就是词汇的轴线特征(axial properties),也称轴线性(axiality)。轴线性的词汇化使形容词可以与空间关系相匹配。

**(八)场景分割**

构型结构系统不仅可以对个别量(如物体、行动或性质)进行如前所述的图式描述,还可以对完整的场景进行图式描述。这里的系统涉及对场景分割(scene partitioning)的概念化,也就是说,将一个所指场景主要划分为组成部分和参与者。

一个词项能够表达所指事项的具体场景分割。换言之,词项本身能包含或词汇化它所指事件的场景分割。例如，英语动词 *serve*（服务）的所指对象将其适用的整个情景划分为四个主要部分：行动、服务的项目以及由‘主人’和‘客人’两个角色组成的社会二元体。场景划分构成参与者结构的部分，一般为具有感知的参与主体，可被单独命名为角色构成(personation)类型，这正是动词为之词汇化的对象。角色构成图式范畴包括两个主要下属概念，即只涉及一个参与者的一元型(monadic)和涉及两个相互影响的参与者的二元型(dyadic)。因此，虽然 serve 具有一个四部分的场景分割和一个三部分的题元结构，这个词的角色构成类型属于二元型。

封闭类形式也可以包含场景分割或角色构成类型。因此，由一个单数主语和一个反身宾语组成的语法复合体含有‘参与者只有一个’的语义内容。当这种语法形式和一个表示两人关系的动词(如 *serve*)共同出现时，该语法形式唤起一元构建(monad formation)的认知加工，这个动词的所指对象因此由二元型转换为一元型，如(24a)至(24b)所示。经过这种转换，它的所指对象就与本质上是一元体的所指对象相同，如(24c)所示。

(24) a. The host served me some dessert from the kitchen.
(主人从厨房里为我拿来一些甜点。)
b. I served myself some dessert from the kitchen.
(我从厨房里给自己拿了一些甜点。)
c. I went and got some dessert from the kitchen.
(我去厨房拿了一些甜点。)

需要注意的是，虽然(24b)中的语法复合体在确定角色数量为一元体的过程中起决定性作用，但是这个动词还保留了一些二元体类型的痕迹。在(24b)唤起的认知表征中，二元体的引申义和一元体的指称义融合在了一起，好像‘主人’和‘客人’一起出现在单数人称“我”当中。这种结构表明“自己”包含了两个有互补作用的组成部分，其中一部分表现出主人的特点，例如有责任感以及对另一个组成部分的迁就和宽容，而另一部分表现出客人的特点，例如担任接受者的角色以及被第一部分照顾的感觉。

隐喻过程在这里起关键作用，该隐喻过程将二元的源域投射到一元的目标域上。这种认知加工过程可以称作内投射(introjection)。正是由于这种由二元体到一元体的隐喻性内投射，(24b)和(24c)在语义上并不等同(除了因词项不同而造成的所指对象不同以外)。虽然(24c)也指代一个一元体,但是这种指代却没有任何二元体的隐喻印记。

作为伴随一元构建的认知加工,内投射在各种语言中都有广泛体现。但是内投射的相反操作过程(也就是一种假定存在的二元构建(dyad formation)的可称为外投射(extrajection)的认知加工)则极少出现。外投射隐含这样的内容:一元型的动词被用于具有二元意义的语法语境,该动词的一元体特征被隐喻投射到二元体上。(25b)可以展现这种认知加工的某些特征。

(25)a. One twin sang.

(双胞胎中的一个唱了歌。)

b. Both twins sang together (/? jointly).

(两个双胞胎一起唱了歌/? 共同地。)

## 5.9 结 语

类比作为普遍的元认知层面的逻辑推理方法,其科学性还有待进一步验证。Talmy 通过内省和类比提出了一系列的语言学理论,也为实证研究提供了一系列研究话题。如果这些理论经得住实证方法的验证,这也许会从另一个角度证实概括和类比的科学性。本章通过分析人类在语言中利用时空类比来形成语法概念,进而建立构型结构的过程,说明我们应在未来研究中把类比和概括提升到认知机制的高度,并进行验证。

# 6 空间图式与封闭类[①]

## 6.1 引 言

由于时间和空间是人类认知的基本范畴,决定大脑的经历方式和对世界的认知,是一种"内在直觉形式"(Klein 2009: 8),因此,人们对时间的经历和对时间概念的识解及其表征都具有较强的主观性(肖燕 2015)。根据 Talmy (2000a)关于空间关系表征的焦点-背景理论可知,空间中两个相关物体的空间关系是"参照"关系,位置相对固定的物体为背景,另一物体位置不固定,需要依据背景进行定位,为焦点。在此基础上确立的参照框架体系(Levinson 1996, 2008; Levinson & Wilkins 2006)是表征空间关系的依据。此外,我们认为空间和时间在封闭语类的形成中起到至关重要的作用。

## 6.2 语言对空间的基本切分

语言对空间结构的概念化有两个子系统。一个是矩阵(matrix)子系统,另一个是物质(material)子系统。矩阵子系统亦称框架子系统。矩阵子系统的作用就是包含(contain)和定位(localize)。它的静态概念包含区域(region)和位置(location),其动态概念包含路径(path)和放置(placement)。物质子系统由在第一个子系统内占据一定空间的物质之间的相互关系和构型组成。物质子

① 本章内容在整理编写时主要参照《认知语义学(卷I):概念构建系统》(伦纳德·泰尔米著,李福印等译 2017)一书第3章中的部分内容。

系统主要是空间中的内容，包括物体和物量。两个子系统之间具有静态和动态关系。静态关系指物质可以占据一定区域，或被放置于某位置。动态关系指物质可以穿越一个区域或者沿着某路径移动到另一个位置。

语言对空间的切分主要是通过一个物体描述另一个物体的位置来实现的。请看以下例句：

（1）a. The bike stood near the house.
（自行车放在屋子附近。）
b. The bike stood in the house.
（自行车放在屋子里。）
c. The bike stood across the driveway.
（自行车放在车道的另一侧。）
d. The bike rolled along the walkway.
（自行车沿着人行道骑了过去。）
e. 故宫在北京。
f. 球滚到了湖边。

例（1a）通过 *near* 描述了自行车和屋子之间的距离，从而表达自行车的位置。例（1b）和（1c）表达自行车相对于屋子和车道的不同位置。例（1d）表达了自行车相对于人行道的运动路径。（1e）表达故宫相对于北京的位置。（1f）表达球相对于湖运动的方向。

以上例句再次解释了语言中焦点与背景的不同分布和功能。关于焦点和背景的更多信息，可以参考本书第四章的内容。

## 6.3 焦点几何图式

语言中的封闭类成分赋予焦点和背景物体以特定的空间图式，这些图式可以具体称为“几何图式”（geometrics），其基本类型和区别性特征可以看作是语言中的一幅空间差异图。这幅“地图”的一个主要特点是，封闭类空间成分对于焦点几何图式的描绘通常要比对于背景几何图式的描绘简单得多。

通过观察连接完整焦点几何图式和背景几何图式的语言成分，我们发现，对一系列焦点几何图式的表征，要远比对一个点的表征复杂得多。其中一种类型的表征似乎具有普遍性：语言允许一个词语使用运动点状焦点描绘线状路径，并表示沿着同一路径同轴运动的线状焦点，有时还可以表示与此路径占有同样空间位置的静止线状焦点。请看下面的英语例句。

(2)(i) **点状焦点的运动**

(ii) **线状焦点的同轴运动**

(iii) **线状焦点的同轴位置**

a. (i) The ball rolled... (ii) The trickle flowed... (iii) The snake lay...
*across* the railway bed.
((i)球滚过铁路路基。(ii)水流过铁路路基。(iii)蛇横卧在铁路路基上。)

b. (i) The ball rolled... (ii) The trickle flowed... (iii) The snake lay...
*along* the ledge.
((i)球沿着房檐滚动。(ii)水沿着房檐流动。(iii)蛇顺着房檐躺着。)

c. (i) The ball rolled... (ii) The trickle flowed... (iii) The snake lay...
*around* the tree trunk.
((i)球围绕着树干滚动。(ii)水围绕着树干流动。(iii)蛇围绕着树干躺着。)

d. (i) The ball rolled... (ii) The trickle flowed... (iii) *The snake lay....
*past* the rock.
((i)球从岩石旁滚过。(ii)水在岩石旁流过。(iii)*蛇躺在岩石上。)

e. (i) The ball rolled... (ii) The trickle flowed... (iii) *The snake lay...
*through* the tube.
((i)球在管子里滚。(ii)水在管子里流。(iii)*蛇躺在管子里。)

f. (i) The car drove... (ii) The stream flowed... (iii) *The road lay...
*from* Burney to Redding.
((i)车从伯尼开往雷丁。(ii)小河从伯尼流到雷丁。(iii)*公路从伯尼延伸到雷丁。)

尽管(2d)至(2f)中静态线状焦点无法由某些空间词来指称，但如例(3)所示，如果它能被概念化为虚拟运动的前端，或我们的注意能够沿着它的长度扫描(此时一般通过 *lie* 以外的动词来表示运动)，那么我们就可以使用这些空间词，来描述这个静态线状焦点物体。

（3）This road runs past the factory/extends through the tunnel/goes from Burney to Redding.
（这条公路经过工厂/延伸穿过隧道/从伯尼一直延伸到雷丁。）

指代一个动态的点（也可以是一根动态的轴线），可能要比指代一个静态的线更为基本。这一命题的依据是：（2）中仅指两种类型中的其中一种，而不是两种，即（2d）至（2f），它们所用的语言形式都适用于运动类型，而不适合方位类型。

此外，通过进一步观察可以发现，至少有一些此类介词可以表明非点状的焦点物体几何图式。例如，介词 *over* 的一种用法是把焦点物体描绘为平面物体，且进一步指定它与平面背景物体共存，并能接触平面背景物体的各个地方（或背景物体的显著平面部分），如例（4）。

（4）The tablecloth lay over the table./The tapestry hung over the east wall of the living room.
（桌布铺在桌子上。/挂毯挂在起居室的东墙上。）

另一组介词把焦点描述成一种分布的量：或是连续的物量，或是合成的复合体。这些表达进一步将焦点区分成一维、二维和三维，从而与背景物体的维度保持一致，例如（5）。

（5）

| | | **背景是：** |
|---|---|---|
| {There was oil / There were droplets of oil} | *all along* the ledge. | 线状的 |
| | *all over* the table. | 平面的 |
| | *throughout* the aquarium. | 立体的 |

（窗台上都是油（点）。）
（桌子上都是油（点）。）
（鱼缸里到处都是油（点）。）
（注意在这里 *over* 和 *all over* 表达的意思不同，不能互换。）

## 6.4 背景几何图式

语言的封闭类成分通常把焦点物体看作点或点的简单延伸，但却对背景的几何图式作了详细划分，这与我们对空间的认知模式相一致。本节主要考察以下三个类型。

### 6.4.1 分割程度

在这种类型中，背景物体的"分割"是用从统一体到分割体的程度递增来标记的。(6)展示了一系列此类英语介词。

**(6)表示对背景逐渐作更细划分的介词**

*near* 把背景图式化为一个点：

a. The bike stood *near* the boulder.

(自行车放在石头旁。)

*between* 把背景图式化为两个点：

b. The bike stood *between* the boulders (i.e., two of them).

(自行车放在石头中间(即两块石头)。)

*among* 把背景图式化为一组点，多于两个，但通常不是很多：

c. The bike stood *among* the boulders.

(自行车放在一堆石头里。)

*amidst* 把背景图式化为一个复合体，即一组数量众多的点，相对于它们的大小而言，在空间上挨得很近，接近于或被概念化为一个连续的整体：

d. The bike stood *amidst* the cornstalks.

(自行车放在玉米秆堆里。)

*through* 体现了这个系列的一种限制情况，它在表达运动的用法中把背景描绘成一个从复合体发展为连续体的过程，这个背景可以统称为媒介(*medium*)形式：

e. The tuna swam *through* the minnows/the seaweed/the polluted water.

(金枪鱼穿过米诺鱼群/海草/污水。)

### 6.4.2 定性几何构型

另一组介词通常指运动，把背景描述成各种合成的几何构型，如（7）所示。

**（7）表示不同的几何构型背景的介词**

*across* 把背景图式化成一个有界平面：

a. The bike sped *across* the field.

（自行车疾速穿越田野。）

*through* 把背景处理为一个线性封闭体，即一种圆柱体（*through* 的另一种用法）：

b. The bike sped *through* the tunnel.

（自行车疾速穿过隧道。）

*into* 把背景处理为一个能够弯曲的平面以界定成一个单一容积：

c. The bike sped *into* the sports hall.

（自行车疾速冲进运动场。）

英语之外的其他语言经常用另外不同的几何差异标记背景。对我们而言，这些差异是超乎寻常的。这些语言中表示空间的类别不总是放在表示背景名词前后的介词或后置词上。比如，Talmy 曾研究过的一种加州印第安语（阿楚格维语）有一套用在动词上的后缀，可能有 50 多种不同的几何图式以及与之相关的不同路径来标记背景物体。10 多种这样的后缀能够将英语介词 *into* 所描绘的特性进行细分，而 *into* 不能独自反映这种细微的区分。（下面的“+”表示此形式后必须带着一个表示‘这里’或‘因此’含义的后缀；带有上标的元音代表此语言一个特殊的音位成分。）

（8）-iċt　‘into a liquid’
（进入液体里）

-cis　‘into a fire’
（进入火里）

-isp -u· ＋　‘into an aggregate’（e.g., bushes, a crowd, a ribcage）
（进入复合体里（如：灌木丛，人群，胸腔））

-wam 'down into a gravitic container'(e.g., a basket, a cupped hand, a pocket, a lake basin)
(进入承重容器(如:篮子,握成杯形的手,口袋,湖泊盆地))

-wamm 'into an areal enclosure'(e.g., a corral, a field, the area occupied by a pool of water)
(进入广大的封闭体(如:畜栏,牧场,一池水))

-ipsn$^{u}$＋ '(horizontally) into a volume enclosure'(e.g., a house, an oven, a crevice, a deer's stomach)
((水平)进入一个立体的封闭体里(如:房子,炉子,墙壁的裂缝,一头鹿的胃))

-tip -u·＋ 'down into a (large) volume enclosure in the ground'(e.g., a cellar, a deer-trapping pit)
(进入地下一个(大)立体的封闭体里(如:地窖,诱鹿坑))

-ikn ＋ 'over-the-rim into a volume enclosure'(e.g., a gopher hole, a mouth)
(越过边缘进入一个立体的封闭体里(如:鼠洞式孔,嘴))

-ik's$^{u}$＋ 'into a corner'(e.g., a room corner, the wall-floor-edge)
(进入一个角落(如:房间的角落,墙与地板的相交处))

-mik· 'into the face/eye (or onto the head) of someone'
((掉)到某人的脸上(或头上)/进入某人眼里)

-miċ 'down into (or onto) the ground'
(进入地里(或(掉)到地面上))

-cis$^{u}$＋ 'down into (or onto) an object above the ground'(e.g., the top of a tree stump)
(进入地面上方的一个物体里(或掉到该物体上面)(如:树桩顶部))

-ik̓s 'horizontally into (or onto) an object above the ground'(e.g., the side of a tree trunk)
(水平地进入地面上方的一个物体里(或掉到该物体上面)(如:一个树干侧面))

尽管阿楚格维语形式对 *in* 的语义细分超出了说英语者对'内部'（in-ness）的含义的理解，但是这些形式仍没有达到语义基元（semantic primitives）层次。相反，Talmy 发现阿楚格维语形式的所指对象描述了由更细致的成分组成的容易辨别的复合体。因此，指一个容器的-*wam*，指一个围场（尤其是一种立体的封闭体）的-*ipsn*$^{u}$+，各自都包含一组因素，并且二者根据这些因素互相区别开来。表示容器的语言形式表明，典型的焦点物体向下移动，进入背景物体，填满背景物体所界定的大部分空的体积，同时被重力挤压到背景物体的边界（因此除了空间构型，还包括力动态），并且如果背景物体没有边沿的话，焦点物体会呈放射状溢到背景物体的外面。这种用法的例子，包括橡树果进入篮子里的运动、物品进入口袋的运动、水注入湖泊盆地的运动。相比之下，封闭体的语言形式表示典型的焦点水平移动进入背景，独自在背景的底部，周围是背景所界定的空的体积，不挤压背景物体的边界，如果背景没有边沿的话，焦点仍保持在原地。此种用法的例子包括狗进入房间的运动、蛋糕放进烤箱的运动、笤帚放入冰箱和墙之间空间的运动、石头进入鹿的胃的运动。对于处在这两组特征因素之间的情况，说阿楚格维语的人常常选择其中一个完整图式复合体，将之施加在位于中间的空间所指对象上。

当我们为阿楚格维语中眼花缭乱的语义分割感到眩晕时，不应该忽视英语也可以标记其他差异。不过，不是采用不同的形式，而是利用对形式的不同组合和限制来进行标记。例如，在指称一个封闭体的出口时，*in* 或 *into* 都适用，如(9a)（在此处和下文的定义中，大括号里的成分是介词宾语所指称的物体类型）。

(9) a. *in* (*to*)：'进入'{封闭体}

I ran in the house/into the house.

（我跑进房子里。）

但是也有不同的用法，当表述经过封闭体墙上的开口时，只能用 *in*，不能用 *into*，见(9b)。（同样的结构，对 *out* 和 *out of* 也适用。如 *I ran out the back door.* / **out of the back door.*（我从后门跑出/＊从后门跑出来。））

b. *in*: ‘通过{开口}进到封闭体里’

I crawled in the window / *into the window.

(我爬进窗户/* 窗户里面。)

还有第三种用法,表示与一个固体物体的碰撞,只能用 *into*。

c. *into*: ‘与{物体}发生冲撞’

I ran into the wall/ *in the wall.

(我撞到墙上/* 墙里面。)

而且,英语不仅有 *in*/*into* 等包含多种几何图式的形式,从在液体中浸泡的几何图式到被曲面包围的几何图式,除此之外,还包括描述更细微差别的形式,这些形式更接近于阿楚格维语中的形式。例如, *inside* 就与 *in*/*into* 不同,它只能说明封闭体,但不能描写液体,如(10)所示。因此,英语中的封闭语类形式如同阿楚格维语中的形式,把‘液体浸泡’看作一个特殊的概念。但英语似乎只能借助语义消减(semantic subtraction),因为这一概念仅是暗含在 *inside* 的较小语义范围和 *in*/*into* 的较大语义范围的差别中。

(10) a. The ball {is in / fell into} the water.

(球在水中。)

(球掉进水里。)

*The ball {is inside / fell inside} the water.

(* 球在水里边。)

(* 球掉进水里边。)

b.The ball {is in / fell into} the box.

(球在盒子里。)

(球掉进盒子里。)

The ball {is inside / fell inside} the box.

(球在盒子里面。)

(球掉进盒子里面。)

最后，英语将常用介词的标准构式搭配进行扩展，使它们可以描述其他不同的复杂几何图式。我们已经在(9b)中见过这种扩展的一个特殊结构。这种结构可以描述一小部分复杂几何图式。通过此种结构，与几何复合体中的物体 A 相关的介词，转而用于与物体 A 有特定联系的物体 B 上。

(11) a. *in/out*: '通过 {开口} 进/出封闭体'
I crawled in/out the window.
(我从窗户爬进来/爬出去。)
(如同 I crawled through the window into/out of the house (我通过窗户爬进/爬出房子))
b. *across*: '沿着/越过 {有界限的线状范围} 穿过有界的平面/空间'
I walked across the bridge.
(我走过大桥。)
(如同 I walked along/over the bridge across the canyon (我沿着横跨峡谷的大桥走/我走过横跨峡谷的大桥))
c. *around*: '沿着有界平面的 {线状范围}'
I ran around the track.
(我沿着跑道跑。)
(如同 I ran along the track around the field (我沿着跑道在运动场周围跑))

### 6.4.3 与框架的联系

表示空间的语言形式如介词，不仅能表示实际存在于背景物体里的几何特点，如上文提到的背景物体的分割或构型，而且还能表示在想象中与背景物体联系的虚构框架的几何特点。特别是，在几何学上被理想化为点的背景物体可以被概念化为位于一个由直线组成的框架里，即笛卡尔坐标系的 $x$ 轴与 $y$ 轴的交叉点处；或者，它可以概念化为位于一个放射的或同心的框架中，即坐落在极坐标系的原点。因此，在英语中，*away from* 和 *out from*，如(12)所示，都可以表示被图式化为点的焦点物体沿着一条路径运动，离图式化为点的背景物体的距离越来越远。但是 *away from* 表示这样一种概念化：背景在一条线上，焦点的路径自背景开始，以垂直于背景所在线的方向向前延伸，如(13a)所示。另一方面，*out from* 表示的概念化则是背景在一系列同心圆的中心，焦点的路径从背景物体的点开始，放射性地延伸穿过那些圆，如(13b)所示。

(12) The boat drifted further and further away/out from the island.
(小船漂得离岛越来越远。)
The sloth crawled 10 feet away/out from the tree trunk along a branch.
(树懒从树干沿着一根树枝爬了/爬出了 10 英尺远。)

(13)

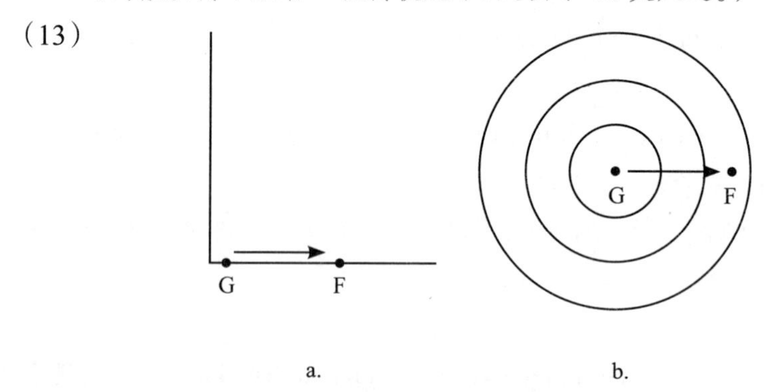


## 6.5 背景几何图式的非对称性

前文谈到的背景几何图式从某种意义上说都是常规性的，因为它们具有一致的组成部分或某些方面是一致的、不加区分的。但是，有很大一部分描述空间特征的语言形式，它们表示的背景物体在结构上具有非对称(asymmetry)形式或偏好(biasing)。这些背景物体或者具有结构上不同的组成部分，其本身可以相互区分开来，可以作为空间辨别的基础；或者具有某种单向性，这种单向性可以是静态的单一方向性，也可以是动态的实际运动路径上的单一方向性。"非对称性"在这里作为一个术语，并不是指所有的非对称形式，而是特指某些非对称形式，具体如下文所述。

### 6.5.1 组成部分的非对称性

6.4 节中提及的介词不适用于具有不同组成部分且各部分具有明显不同特性的背景物体。比如，在用介词 *across* 表示穿过一片田野时，没有特别说明这片土地的一边就是起始点，另一边是终止点。又如，在用介词 *through* 表示穿过一个隧道时，隧道的两端也是一样的。但是，在其他一些情况下，各组成部分的可区别性是一个重要的因素，这可以被称为组成部分的非对称性

（asymmetry of parts）。尤其是，这些组成部分通常是以一对相反形式出现的。只有一对相反事物的物体有，例如，有前部和后部的车灯，或有顶冠和根部的树木。电视机、人或者建筑物是具有两对可区分的组成部分以及派生出的第三对事物，因为这些事物都有前后、上下，以及由它们派生的左右，而最后这对事物通常在形状和特征上相同。蜥蜴这种物体代表另一种不同的三向模式，它具有头部（前部）和尾部（后部），上部（背部）和下部（腹部），以及派生的左侧和右侧。许多类型的物体具有不同的组成部分，且分布类型不同，从上面提到的整体形式的事物到成队列的人这样的复合事物，再到游乐场或者地球平面这样表示地理分布的事物。

对于具有上述非对称性的几何图式，我们可以将其特点概括为：该事物的（至少）一个组成部分无需外界的指示物也可以被辨别出来，要么因为这个组成部分有其独特的特点，要么因为它与整个事物的结构有不同的关系。

6.5.1.1 与非对称组成部分接触

有些表达借参照物的组成部分来确定焦点物体的位置，这类表达可按照参照物组成部分与焦点物体间的距离分成三类。第一类是，焦点跟参照物被划分出来的部分相接触，在物体内部或者只是在表面接触。在英语中，这样的组成部分按照规则名词处理，并且因为它在名词短语中的功能，通常出现在定冠词 *the* 之后。

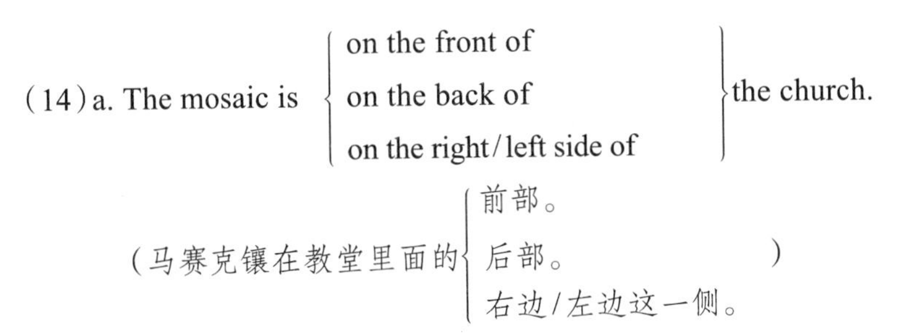
(14) a. The mosaic is {on the front of / on the back of / on the right/left side of} the church.

（马赛克镶在教堂里面的{前部。/ 后部。/ 右边/左边这一侧。}）

b. The boy is in the front of the line.

（这个男孩排在队伍的前面。）

c. The carousel is in the front of the fairground.

（这个旋转木马在游乐场的前部。）

#### 6.5.1.2 与非对称组成部分相邻

第二类表达用参照物的组成部分来表示直接与之相邻的空间范围或部分地域，并将焦点物体在这个区域定位。在这样的英语表达中，*front*（前面）和 *back*（后面）前面没有定冠词 *the*。

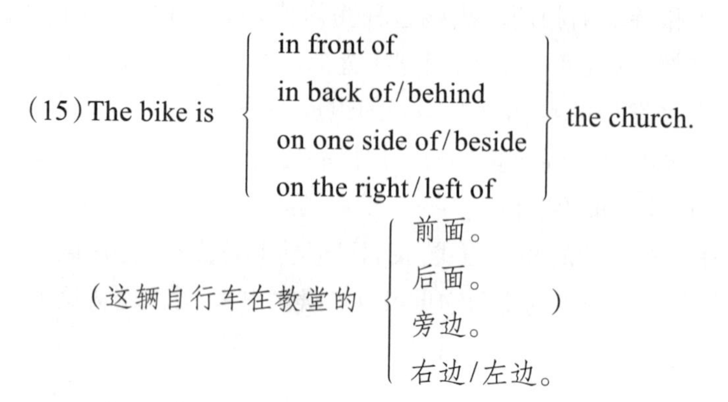


The police officer is in front of the line.

（警官在队伍前面。）

The parking lot is in front of the fairground.

（停车场在游乐场前面。）

这些表达不能用来表示距离更远的焦点的位置，这说明了这些表达中的焦点与参照物是相邻的。例如，如果自行车在教堂的正前方，但是距离教堂有三个街区，我们就不能说自行车在教堂的"前面"。

值得注意的是，虽然人体被假设为其他非对称几何图式的原型，但是许多语言，包括英语，并没有在语言结构上对人体加以特殊对待。所以，在上面的例子里，我们完全可以用 *me*（我）替代 *church*（教堂），这种替代不会影响空间的指示含义或这种表达的语法（除了 *on my right/left* 可能比 *on the right/left of me* 更加通顺）。

#### 6.5.1.3 与非对称组成部分有一定距离

第三类表达跟第二类相似，但是没有相邻。在第三类中，焦点位于以参照物的某个组成部分为参照的扇形范围内，但离参照物有一定距离。然而，英语中这类表达比较贫乏，可能只有 *to the right/left of*（在……右边/左边）可以真正归为这类。具有这种属性的英语结构通常含有介词 *to*（而不是介词 *on*），如 *The bike is to the right of the church*（自行车在教堂的右方）（自行车可以离教堂三英尺或者三个街区)。*rearward of*(在……后方)可能适用于朝后的方向,例如 *The bike is rearward of the church*(自行车在教堂的后方),但是 *forward of*(在……前方)却肯定不能用来表示此类情况下的前方。总的来说,这些概念需要较长的表达,这些表达与距离相关,但不表示相邻,例如 *The bike is a ways off from the front of the church*(自行车离教堂前方很远)。

#### 6.5.2 指向性的非对称性

单向性作为一种非对称形式,可以出现在作为背景的物体或者作为背景的其他空间排列的轴线上。这种情况可以被称为指向性的非对称性(asymmetry in directedness)。我们在这里首先考虑第一种类型。在这种类型中,单向性可以是静态的,是在物体或者排列里隐含的一种单一方向性。因为这种静态指向性,我们可以仅在这个物体或排列里面指出焦点物体沿轴的方向或者沿相反方向运动的路径的特点。在某些情况下,这样的指向轴可以被概念化为具有一个端点,并且与物体或者排列的某一非对称组成成分相连,或者可以被概念化为具有两个端点,跟两个不同的非对称组成成分相连,并且从其中一个组成部分延伸到另外一个组成部分。在这些情况下,焦点路径方向的特点可以由这两个非对称系统(即以组成部分为基础的系统和以方向为基础的系统)中的任意一个决定。下列几种类型的构型都有这些属性。

一种类型是队列,比如一队列的人都朝向同一个方向。这样的队列有一种非对称指向性指向人们面对的方向。可以用英语的 *ahead*(向前)或者 *forward*(朝前)等形式描述朝这一方向的运动,或者用 *backward*(往后)或者(16a)里的 *back down*(往回)描述其相反方向的运动,还可以用(16b)中的 *to the front*(往前)以及 *to the rear*(往后)等表达来表示往队列的非对称组成成分方向运动。

(16)(The people who were queued up at the box office assisted the man in the wheelchair.)

(在售票处排队的人帮助了那个坐轮椅的人。)

a. They passed his $20 bill ahead in the line, and passed his ticket back down the line.

(他们将他的 20 美元钞票往队伍前面传,然后又把他的票往队伍的后面传。)

b. They passed his $20 bill to the front of the line, and passed his ticket back to the rear of the line.
(他们将他的 20 美元钞票传到队伍前面,然后又把他的票传到队伍的后面。)

另外一种非对称指向性,体现在生物体的内部结构中。如英语 *ventrally*(朝腹部)这个表达指的是定向轴从背部指向身体的腹部,焦点物体沿着这个方向运动,如(17a)所示。这种类型同样也允许如(17b)中的 *toward the ventral*(朝腹部)这类从非对称组成成分角度进行的识解。

(17) In an affected fish, the parasites hatch along the spine
(在一条被感染的鱼体内,寄生虫沿着它的脊骨产卵)
a. and move ventrally/dorsally through the tissue.
(并且通过该组织朝腹部/背部移动。)
b. and move through the tissue toward the ventral/dorsal edge of the fish.
(并且通过该组织朝鱼的腹部/背部移动。)

还有一种非对称指向性以梯度的形式呈现。某要素的数量会沿着某个方向渐变,焦点因此可以描述为向数量递增或递减的方向运动。英语的 *along*(沿着……)可以表达这样的梯度式运动。这并没有在本质上说明是递增还是递减。但是一旦这种特征在特定情景下成立了,像 *against*(与……相反)这样的词就可以用来描述与其方向相反的运动,如(18)所示。这种梯度式的指向性不易从非对称组成成分角度进行对应的识解。

(18) The growing axon moves along/against the interstitial chemical gradient to encounter its target.
(这个正在生长的轴突沿着/逆着间质化学物的梯度移动,以便跟它的目标相遇。)

许多语言,如萨摩亚语(Samoan),还能表达第四种非对称指向性,这对形式可以大概表达为'离心'(seaward)和'向心'(inland)。'离心'一词可以指从岛的中心做离心的运动,或者从岛到海方向的运动,或者从离岛较近的海域到离岛较远的海域的运动。与之相反的词‘向心’,指的是从离岛较远的海域到离岛较近的海域的运动,或者从海到岛的运动,或者从岛上任何位置到岛中心的运动。这些词的所指对象在原则上可以很简单地用‘*away from*/*toward the center of the island*’(离开/朝向岛的中心)来表达。这里方向是基于组成成分非对称性的一种形式,因为方向是根据空间排列的特定组成部分确定的。但是,由这些词唤起的识解通常具有充斥到整个排列中的非对称指向性,而岛中心的概念被大大地背景化。同样,地球的中心在原则上也可以被用来描述英语 *up*(往上)和 *down*(往下)的语义特征。但是,这里‘*upward*’(往上)和‘*downward*’(往下)的语义沿竖轴扩散,以地球中心为端点的任何概念都在我们的主要关注范围之外。关于这个问题,地球实际上是第五种非对称定向轴的例子,我们将在 6.6 节专门探讨。

### 6.5.3 运动的非对称性

在前一节,与背景物体或排列相关的单向性是一种静态的类型,我们称之为“指向性”(directedness)。但是这种单向性,也可以是动态的,由一条实际运动路径组成,路径可以是背景物体整体,也可以是其组成部分。这样的背景运动,形成了一种非对称的形式,我们可以称之为运动的非对称性,而且焦点物体的运动路径特点可以根据这种非对称性来描述。当运动的背景是一个延伸的线状物体,且焦点坐落在背景内部时,英语的 *with*(跟……一起)基本上表示焦点的路径与背景的路径平行,且朝同一方向运动,而 *against*(与……相对)则表示焦点与背景运动方向相反,如例(19)所示。这些词表达的情景,也可能包含一种焦点与背景之间互动的力动态语义。

(19) a. Jane swam with/against the current.
(简顺着/逆着水游泳。)
b. Jane sailed with/against the wind.
(简顺着/逆着风航行。)
c. Jane biked with/against the (flow of) traffic.
(简顺着/逆着车流骑车。)

此外,英语还有一些描述某些具体运动背景的表达法,如(20)所示。可以看到,这里 *upstream*/*downstream*(顺流/逆流)可以允许焦点物体沿着运动的背景物体运动,而不仅仅是在背景物体里面。而且,需要注意的是,任何从非对称组成部分的角度进行的识解,如,参照水流的终端,即源头或者入海口,来识解焦点的运动,在语义上似乎都是不现实的。

(20) a. Jane swam/drove her car upstream/downstream.
(简顺水/逆水/车流游泳/驾驶。)
b. Jane ran upwind/downwind.
(简迎风/顺风跑步。)

## 6.6 地球作为非对称几何图式背景

在语言系统中,地球经常被用作背景物体来构建空间。因此,跟人体一样,地球是非对称几何图式的一个最重要的例子。地球一般包含三组相反的方向,如英语中的 *up*(上)和 *down*(下),*north*(北)和 *south*(南)以及 *east*(东)和 *west*(西)。

原则上,我们可以认为这些相反方向上的非对称性是建立在具有区别性特征的组成部分或者指向性情况之上。根据前面的解释,我们可以划分出地球的某所指部分为南极和北极,或者"东"方和"西"方,即东/西向的水平线、海岸、大陆块等。比如 *The balloon floated north (ward) / east (ward)*(这个气球往北/往东飘去),可以指向北或者向东的运动。同样,如果要表达物体的垂直运动,可能也要借助朝向或者远离地球的某特定部分作为参照。所以,表示物体在空气中的上下运动可以借助朝向或者远离地球表面这个概念,如 *The balloon floated up/down*(气球往上/往下飘)。要表达物体在地里面的运动,就要把地球中心当作参照点,如 *The oil drill tip moved up/down*(石油钻头往上/往下钻)。

然而,一般来说,我们日常使用的基于地球的几何图式,似乎更多地借助于某些隐含在与地球有关的空间中的指向性形式,或者借助于熟悉的视觉背景作为这些指向性形式的参照物。我们可以举出证据,说明指向性的非对称说更具优越性。如果问一个说英语的人,他可能会认为以下两句没有质上的区别:*The plane flew north*(那架飞机往北飞)和 *The plane flew east*(那架飞机往东飞)。它们的区别只在于飞机的飞行方向。但是,我们需要指出,如果飞机一直往北飞的话,到了北极后会变成往南飞,然而飞机可以一直不停地往东飞。也就是说,往北的指向性有终点这一事实,在注意中被极大地背景化了。根据人们的一般经验,往北的飞行完全是指向性的,而不是一个有目的地(Goal-targeted)的过程。如果再问人们以下这两句 *The balloon floated up*(气球往上飘)和 *The balloon floated down*(气球往下飘)是否有质的区别时,我们可能会得到同样的答案。往上的运动路径是无限的,而与之相反的运动路径却会因到达地球表面或者到达地球中心而终止,这些事实可能处于普通人注意中的背景位置。

很有可能,甚至当一个空间表达指出了参照点后,人们还是普遍地偏爱方向性。所以人们不会认为,*Sue drove north*(苏往北驶去)和 *Sue drove toward the north*(苏朝北边驶去)这两句在纯粹的方向性上来说是有区别的。

地球也可以作为一个背景物体,用来表述的不是焦点物体的位置或者路径,而是具有更加复杂的几何图式(尤其是线状)的焦点物体的运动方向。当由地球提供参照几何图式时,语言通常使用特别的表达方法来表示方向,而这些表达不会明确提及地球或其几何图式。因此,我们发现语言中存在诸如(21b)的特殊表达形式,而不是诸如(21a)的表达形式。

(21) The beam is

(光束是

a. ? parallel to/crosswise to the earth's up-down direction.

与地球的上下方向平行/交叉。)

b. vertical/horizontal.

垂直的/水平的。)

## 6.7 用一个以上的参照物描述位置

我们目前讨论的空间表达,只涉及将所指场景在初级复杂程度的层面上分割。它们在描述焦点的空间分布时,仅以一个背景物体作为基础。因为无论背景物体的内部结构特点是非对称的还是与对称性无关,这些空间表达都足够了,如(22)所示。

(22) The bike is near/in/behind the church.

(自行车在教堂附近/里面/后面。)

但是语言可以用简单的所指来表征更为复杂的空间场景分割。一般情况下，这包括对主要参照物（primary Reference Object）和次要参照物（secondary Reference Object）进行区分。主要参照物与到目前为止讨论的单一参照物处在相同的句法位置，且有相同的语义角色；而次要参照物，在许多情况下没有明确的命名，只是通过某个空间词间接表达出来。本章另外将这些参照物分成两类：第一类"包围"了主要参照物，第二类完全在它之外。我们对另外这些参照物的讨论仅限于它们表述焦点位置的能力；至于它们描述焦点物体的运动路径或方向的功能，则来自它们定位能力的延伸。

### 6.7.1 包围型次要参照物

有一种次要参照物，通常具有基于指向性的非对称几何图式，它包含了主要参照物。也就是说，它的指向性形式渗透到或者说分布在主要参照物的周围。我们可以将这种参照物称为包围型次要参照物（encompassive secondary Reference Object）。在6.5.2节，我们看到具有某种非对称指向性的背景物体和排列，本身就可以用来描述焦点物体的运动路径。这里，我们将看到这些类型也可以充当次要参照物，与其包含的主要参照物一起描述焦点的位置。

因此，在之前讨论过的队列的例子中，队列只是一个方向从后到前的背景排列。但是，其实这个队列也可以作为一个将主要参照物包含在内的次要参照物，如（23）：

（23）John is ahead of Mary (in the line).
（（在队列中）约翰排在玛丽前面。）

为了确定焦点的位置，也就是约翰的位置，我们不仅需要知道主要参照物玛丽的位置，还需要知道与主要参照物不同的第二个物体的方向性。在这个例子里，这个次要参照物，即队列，包含了主要参照物。介词短语 *ahead of*（排在……前面）隐含这样一个外在队列的存在。而且，不管"玛丽"面朝哪个方向，这个表达都是合适的。与之相比，如果没有队列，尽管玛丽是唯一的参照物，更加合适的空间表述应为 *in front of*（在……前面），而且玛丽实际上必须面对约翰。

与之类似，在此前的讨论中，具有指向性的有机体的内部仅仅充当背景物体，其实也可以作为次要参照物，请看以下例子。

（24）In this fish species, the swim bladder is ventral to the spine.

（这种鱼类，鳔在脊骨的腹部方向。）

这里，*swim bladder*（鱼鳔）是焦点物体，*spine*（脊骨）是主要参照物，*ventral to*（朝腹部方向）包括了对次要参照物的指向。

最常见的包围型次要参照物是由地球构建的指向空间。这个空间可以用来确定焦点物体的位置，无论焦点物体与参照物的距离是先前讨论过的三种中的哪一种，如例（25）所示。

（25）a. The mosaic is on the east wall of the church.

（马赛克镶在教堂东墙上。）

[与主要参照物的一部分有直接接触]

b. The bike is on the east side of the church.

（自行车在教堂的东面。）

[处在与主要参照物毗邻的区域]

c. The bike is east (ward) of the church.

（自行车朝向教堂的东面。）

[处在与主要参照物距离未指明的位置]

如同 *ahead of*（排在……前面）与 *in front of*（在……前方）的区别一样，像 *on the east side of*（在……东面）这样的表达方式暗指次要参照物的存在、其相关性以及特征。然而，像 *on the left side of*（在……左边）这样的表达方式虽然与前一种在结构上是一样的，但是却没有像前者那样的暗指。在这一表达形式中，"左边" 这个表达（如在 *The bike is on the left side of the church*（自行车在教堂的左边）中）没有借助任何主要参照物之外的事物，而只是依据主要参照物的一个组成成分来缩小焦点物体位置的范围。但是，"东面" 这个表达（如在 *The bike is on the east side of the church*（自行车在教堂的东面）中）需要我们借助地球的方位由主要参照物向外看，以便同样缩小焦点物体位置的范围。在这个过程中，地球的存在没有明确指出，就像用 *ahead of*（排在……前面）时没提及队列一样，而且地球的轴也没有像主要参照物那样用独立的名词短语明确表征。

地球的竖轴作为次要参照物，在英语表达中具有类似的背景化功能，如

(26)所示。这些表达与6.4节中的表达一起共同构成了另外一个系列。这个系列里的主要参照物随着参数的变化而变化。这些表达从左到右表明主要参照物与焦点位置的其他特性(即同垂直无关的特性)的关联性依次减弱。

| (26) | (a) | (b) | (c) | (d) | (e) |
|---|---|---|---|---|---|
| **朝上** | on the top of | on top of | over | above | higher than |
| **朝下** | on the bottom of | underneath | under | below | lower than |

在(26)中,每一栏里的两个表达形式在语义上是相反的,表现为以下几个方面。第一,(26a)中的形式严格上讲不属于目前讨论的范式,因为它们没有直接借助于以地球为基准的垂直性作为次要参照物。它们参照的是主要参照物内部的组成成分,不管物体目前的方向如何(虽然这些组成成分是以地球为参照,以传统意义上的方向而命名的)。因此,如果一只苍蝇在电视顶上(“*on the top of*”),而恰好电视是侧躺着的时候,苍蝇其实是在电视的侧面,而不是在电视的顶上。如果用(26b)中没有定冠词 *the* 的表达,苍蝇在电视的最上面(“*on top of*”),那就可以表达为苍蝇在电视的上面,也就是在电视侧面的外板上。

(26b)的表达形式表示焦点与主要参照物之间有物理接触,尤其是接触最外端的部分,无论该部分是在以地球为基准的竖轴的哪个方向上,如 *The seagull is on top of the round boulder*(海鸥在圆石的上面),这句表明海鸥与石头的最顶端接触。(26b)、(26c)和(26d)中的形式都表明焦点跟参照物垂直对齐,也就是我们可以画一条由上到下穿过这两个物体的直线。但是(26b)强调的是物理接触,而(26c)、(26d)则没有。

(26c)与(26d)的不同在于,(26c)似乎暗示了与参照物较近的位置,而且该位置在一定程度上与参照物联系得更紧密,或者在参照物的“范围之内”。此外,该位置与参照物在同一条视线上,它们之间没有阻挡物。所以,*The seagull is over the boulder*(海鸥在石头上面)似乎隐含了海鸥将会跟石头以某种方式发生联系(例如,海鸥可能停在石头上面或者从石头那里取食),或者比在同一句话中使用 *above*(在……上方)时海鸥距离石头更近。如果要表达的意思是海鸥冲出了雾层,并与雾层脱离了关系,在句子里使用 *above*,如 *The seagull is above the fog bank*(海鸥在雾层的上方)所示,比使用 *over*(在……上面)更合适。在 *The sixth floor is above the first floor*(六层在一层的上方)中使用 *above* 则是强制性的,因为中间存在阻挡物。

(26e)中的表达形式跟之前三组的不同点在于,(26e)中的形式未必表示垂直对齐。因此，*The seagull is higher than the top of the tree*（海鸥比树顶高）无须海鸥在树的正上方。这四组表达形式越往右越有一种“松散”的倾向。例如，*underneath*（在……下面）表示有物理接触，它也可能像 *under*（在……下）那样使用。还有，*above* 经常可以像 *higher than*（比……高）那样，可以用来表示不在垂直方向的直线上。

就像作所有的语义分析那样，这里我们必须注意，不能将一个词的不同义项混淆。句子 *Hang the calendar over the hole in the wall*（将日历挂在墙壁的洞上）中的 *over* 含有‘覆盖表面’的意思，如果换成 *above*，这个意思就会消失。但是，介词 *over* 的这个义项我们在 6.3 节里讨论过，它是一个独立的义项，我们不应该将其与表示垂直方向的义项混淆。在特定情景中，当覆盖表面这个意思不可能实现时，表示垂直方向的语义会再出现，如 *Hang the microphone over*（=*above*）*the large hole in the wall*（将麦克风挂在墙上的大洞上方）。

此外，空间表达如英语中由单个词组成的介词 *in*（在……里）和 *over*（在……上面），它们在表面上非常相似，但是却属于完全不同的语义类型。一种是根据单独物体的几何图式确定位置，如 *in the box*（在盒子里）只涉及盒子所营造的一个内部空间。另外一种是用两个物体确定位置，如 *over the box*（在盒子上面）不仅涉及了我们对盒子的认识——此例中，是盒子的位置，而不是几何图式——还涉及我们对以地球为基准的向上方向的认识，虽然后者不是很明显。

许多空间表达包含了次要参照物角色来表示以地球为基准的方向，但是这种包含是非常隐性的，尤其是垂直维度或附属成分，即水平平面，如(27)所示。某些表达，例如(27d)，对次要参照物的暗示令人难以察觉，以致人们知道次要参照物所扮演的角色后会感到非常惊讶。我们之前简单地讨论过一些表达，如 *in*（在……里）和 *across*（过）等，当时没有考虑主要参照物之外的因素。但是由于其他隐性参照物的存在，我们现在应该认识到这些空间表达实际上是更加复杂的。

(27) a. *across*（过）：主要背景物体的平面可以是任何方向，但焦点的运动路径必须是水平的。

The fly walked across the tabletop /across the blackboard from right to left /*across the blackboard from bottom to top.

（苍蝇爬过桌面 /从右边到左边爬过黑板 /* 从下到上爬过黑板。）

b. *past*（从……侧面过）：焦点的路径必须与主要背景物体的一侧保持水平，而不是在它的上方与之平行（与意大利语的 *passare* 不同，*passare* 没有区分水平和垂直）。

The bullet flew past my head, grazing my temple. /*grazing my pate.

（子弹从我头的一侧飞过，从我的太阳穴擦过。/* 从我的头顶擦过。）

c. *around*（围绕）：焦点的路径在水平方向上偏离垂直线的水平运动，与 *over*（在……上方）/*under*（在……下方）所表示的偏离垂直方向的运动形成互补。

I went around the fence. vs. I went over/under the fence.

（我绕过栅栏。对比：我越过/从下面钻过栅栏。）

d. *in*（在……里）：主要背景物体不能仅仅是包围焦点，而是必须在其规范的垂直方向上，从而通常包含或围绕焦点物体。

**碗口向上/帐篷开口往下：**

The pear is in the bowl. /He's standing in the tent.

（梨放在碗里。/他站在帐篷里。）

**碗口向下/帐篷开口向上：**

The pear is under/*in the bowl. /He's standing on/*in the tent.（帐篷的例子来自 Shingo Imai）

（梨在碗下面/* 里面。/他站在帐篷上/* 里。）

### 6.7.2 外在型次要参照物

另一种次要参照物完全在主要参照物之外，通常呈现出一系列对称的几何图式，而且一般通过独立名词性词表达，因而其呈现出的显著性在一定程度上与主要参照物类似。这种类型的外在型次要参照物（external secondary Reference Object）就像一个几何点，将离它最近的或者最远的主要参照物中的那部分挑选出来。被挑选出来的这部分，接着被用来描述与之毗邻的焦点物体的位置，如（28）所示。因此，这种定位焦点物体的策略通过"对背景物体部分的外部描述"来实现。

（28）a. The bike is on the side of the church toward the cemetery.

= The bike is on the cemetery side of the church.

（自行车在教堂面朝墓地的一侧。）=（自行车在教堂的墓地那一侧。）

b. The bike is on the side of the church away from the cemetery.
(自行车在教堂远离墓地的一侧。)

说话者身体的当时位置也可以当作这种外部次要参照物。下面是英语(许多其他语言也有)使用这种特殊表达方式的情景。

(29) a. The bike is on this side of the church.
(i.e., *on the side of the church toward me*)
(自行车在教堂的这一侧。)(即在教堂面向我的这一侧)
b. The bike is on the other side of the church.
(i.e., *on the side of the church away from me*)
(自行车在教堂的另一侧。)(即在教堂远离我的那一侧)

当说话者或者其他类似的实体,如在语篇中使用的最后视角点,被融入某个介词语义里面时,它们也可以用作外部次要参照物,如(30)中 *beyond* (在……之外)。

(30) The travelers are now beyond the continental divide.
(旅行者现在处于大陆分界线之外。)

在这里,旅行者(焦点)的位置被理解为在大陆分界线(主要参照物)远离说话者或者视角点(外在型次要参照物)的那一侧。

另外一种通过外在型次要参照物定位焦点的策略,借助虚构的接近焦点路径(Figure-encountering Path)来实现。在这种策略中,外在的点状物体可以用作引导、建立接近焦点物体的路径,如(31)所示。这种表达方法说明,焦点物体位于从主要参照物到次要参照物的直线上的某个位置。

(31) a. The bike is toward the cemetery from the church.
(自行车在从教堂朝向墓地的地方。)
b. The bike is this way (i.e., toward me) from the church.
(自行车在从教堂往这边(即朝向我)的路上。)

我们可以发现,同样的策略适用于包围型次要参照物。因此,在如 *John is*

*ahead of*/ *east of*/ *over Mary*（约翰在玛丽前面/东面/前方）这类表达中，焦点物体（"约翰"）位置的确定（在概念上、感知上或者在物理运动上）是根据主要参照物（"玛丽"），即将其作为起始点，然后，沿着由包围型次要参照物的指向性形式决定的路径前进（"*ahead in a queue*"（排在队列前）/ "*toward the east*"（向东）/ "*upward*"（向前）），直到与焦点物体相遇为止。

虽然这两个参照物都是外在型次要参照物，但是我们仍然可以根据它们与包围型次要参照物的句法结构相似性，将参照物区分为"主要的"和"次要的"，这种区分是清晰的。

（32）a. **包围型** X is east of Y［Y= 主要参照物］
（X 在 Y 东面）
b. **外在型** X is toward Z from Y［Y= 主要参照物］
（X 处于 Y 朝向 Z 的地方）

但是在外在型中，它们之间的区别开始模糊，因为两个参照物都是利用显性的名词性词组明确表达的，因此同等重要。而且，外部物体以及由其决定的接近焦点物体路径，在几何图式上可以比一个点以及通往该点的直线更加复杂。在英语中，所有可用术语描述的背景和路径几何图式，实际上都可以用作外在型次要参照物。

（33）The bike is across the street/down the alley/around the corner from the church.
（自行车在教堂对面街道上/小巷里/拐角处。）

而且，这样的几何图式表达可以连在一起组成一个较为复杂的接近焦点物体路径。

（34）The bike is across the street, down the alley, and around the corner from the church.
（自行车位于相对于教堂街道对面小巷里的拐角处。）

（33）和（34）这两种类型的表达暗示了焦点物体处于某一特定运动路径的

终点。要抵消这种暗示就必须加上 *somewhere*（某处）这类特殊表达，如 *somewhere*（*along the way*）（（在路上的）某一处）。如果碰到这样的表达，我们可能不再需要讨论"主要"或"次要"参照物，而是讨论起点和多方决定的路径，它们一起作为一个参照复合体（Reference Complex）来确定焦点物体的位置。

### 6.7.3 次要参照物所投射的参照框架

我们再次考虑作为外在型次要参照物的点状物。在该物体具有非对称几何图式时，会出现一种特殊情况。该非对称几何图式可以被概念化为呈往外辐射状，辐射范围超过物体本身，因而构成一个参照框架。通常情况下，物体是可移动的，而参照框架对于物体当时的位置和方向是相对的。这类参照物中最常见的是人，尤其是言语事件的参与者。针对上述情况最显著的例子是：当没有来自主要参照物的几何干扰时，即主要参照物本身在相关维度上没有非对称性，如在本质上没有前后左右之分的粮仓或树，如在下面的句子中：

（35）The bike is to the left of the silo.
（自行车在粮仓的左边。）

说话者或听话者本身的前/后/左/右的延伸形成了一个框架，这个框架确定了焦点物体相对于主要参照物（粮仓）的位置。

值得注意的是，一旦参照框架由外部次要参照物投射出来，就表现得像包围型次要参照物，尤其是，在它允许使用接近焦点物体路径策略这方面上。因此，就像包围型次要参照物那样，句子 *The bike is west of the silo*（自行车在粮仓西面）使用了以地球为基准的由东到西的方向，勾勒出一条从粮仓到自行车的虚构路径。同样，句子 *The bike is left of the silo*（自行车在粮仓左边）也是借助由说话者作为外在点状物体投射出来的、方向为从左到右的参照框架，勾勒出一条从粮仓到自行车的虚构路径。

在前一节，当说话者作为一个外部次要参照物时，听话者把说话者在几何上仅仅看作是一个零维度的点状物，我们所需要的是这个点状物的位置，不需要内部几何图式。但是在本节，听话者是基于说话者的非对称几何图式投射出来的参照域，对说话者进行判断。

#### 6.7.4 由次要参照物决定的主要参照物的非对称性

我们刚刚看到,外部事物形成的参照框架,即说话者或听话者,可将其左右(水平)方向特征应用于主要参照物,例如下列句子中的 *a silo*(粮仓):*The bike is to the right / left of the silo*(自行车在粮仓的右/左边)。那么前/后方向的情况又是怎样的呢?如果与左/右的延伸模式情况完全一致,那么(36a)中的介词复合体 *in front of*(在……前方)应该是把自行车摆放在从说话者/听话者的角度来讲的粮仓的另一面;而(36b)中的介词 *behind*(在……后方)则是把自行车摆放在说话者/听话者以及粮仓之间。我们之所以认为这样的情况与左/右的情况完全一致,是因为此时粮仓的非对称性分配和站立的人的非对称性分配保持一致,即按照顺时针排序,分别为前、右、后、左。

(36) a. The bike is in front of the silo.
(自行车在粮仓前面。)
b. The bike is behind the silo.
(自行车在粮仓后面。)

的确,有些语言,例如豪萨语(Hausa),使用与上述完全一致的生成参照框架。然而,英语中涉及的空间现象,与到目前为止所讨论过的截然不同。主要参照物不是单纯地位于外部投射的方向框架之中,而是被赋予了一种非对称性几何图式,且该几何图式源于次要参照物的反转镜像(说话人/听话人)。它实际上获得了自身的正面和背面,同时它的正面现在面对的是施体(donor object)的正面。有了这个额外因素,句子 *The bike is in front of the silo*(自行车在粮仓前面)此时就表示自行车在粮仓和说话者/听话者之间,而句子 *The bike is behind the silo*(自行车在粮仓后面)表示自行车在从说话者/听话者角度来讲的粮仓的对面。我们会注意到这个现象仅发生在前/后轴方向上,而并非如前文所述也发生在水平轴上。因此,对于英语而言,粮仓的顺时针排序应为前、左、后、右。

Hill(1975)做了有关"*in front of*"/"*in back of*"(在……前面/后面)的参照物概念化异同的跨文化研究,区分主要参照物是与说话者/听话者"相对"或是"同向"。他使用了情景测试法。例如把一只手套、一只球和一只球拍在受试面前由近及远一字排开,然后问"球前面是什么"。他发现三分之二的美国学童和百分之九十的美国大学生认为主要参照物和他们相对。然而百分之九十的豪萨人认为主要参照物和他们相背,即和他们成直线排列。

### 6.7.5 参照物定位焦点物体的不同方式

总体而言，参照物定位焦点物体的方法有几个主要类型。最简单的类型仅涉及单个参照物，只借助背景物体的几何图式来定位焦点物体，这些已经在6.4至6.6节讨论过。此类型的定位方法可以说是基于背景的(Ground-based)，如例句：*The bike is near/behind the church*（自行车在教堂附近/后面）。

其余各类型都涉及次要参照物。如6.7.1中所述，该次要参照物内包含了主要参照物，此类定位可以概括为基于参照物场(field-based)。我们将在下文进一步阐述，基于参照物场的类型会涉及多种不同的个别参照物。例如队列，如*John is ahead of Mary in line*（在队伍中约翰在玛丽的前面）；或者地球，如*The bike is east of the church*（自行车在教堂东侧）。

如6.7.2节所述，外在型次要参照物也可以用来定位焦点物体。我们首先来讨论外部物体为非投射的(nonprojective)情况，即它缺少一个非对称性的几何图式，或者即使有，它的投射也不起定位作用。此外部物体，多数为具有精确几何形状的实体，其位置用于引导定位焦点物体，如*The bike is on the side of the church toward the cemetery*（自行车在教堂朝向墓地的一侧）；或者"绘制"能够到达焦点物体的路径，如*The bike is toward the cemetery from the church*（自行车在教堂朝向墓地的方向）。在某种情况下，外在型次要参照物是一个几何复合体，可提供顺序性引导来绘制接近焦点物体的路径，如*The bike is across the street, down the alley, and around the corner from the church*（自行车位于教堂街道对面小巷里的拐角处）。说话者同样可以起到外部空间点物体的作用，通常是该情景下的特殊用法，如*The bike is on this side of church*（自行车在教堂这边）。这种非投射性外部物体定位焦点物体的类型可以说是基于路标的(guidepost-based)。

最后，如6.7.3所述，外在型次要参照物可以具有由非对称性几何图式从其自身投射出来的参照框架。这种采用参照框架定位焦点物体的做法可以说是基于射体的(projector-based)。说话者或是一些先前建立的视角点经常作为投射源，例如*The bike is left of the silo*（自行车在粮仓左侧）（相对于我站立的位置/从我刚才提及的位置来说）。

Levinson (1996)使用的术语与本文术语是相互关联的。总体而言，他的"intrinsic"（内在的）和本书的"Ground-based"（基于背景的）相对应，他的"absolute"（绝对的）和本书的"field-based"（基于参照物场的）相对应，他的

"relative"（相对的）和本书的"projector-based"（基于射体的）相对应。下面的图示表明了这种对应关系。然而他的术语系统有一些不足，既没有区分，也不包含本书给焦点定位的"guidepost-based"（基于路标的）系统。我们这里用于定位的"field-based"（基于参照物场的）系统似乎涵盖了 Levinson 的"absolute"（绝对的）概念中所缺少的概括性。首先，本书的场系统不仅包含了基于地球的定位，还包括另外一种类型，即基于队列的定位，这在 Levinson 的分类法中没有提及。其次，术语"场"（field）避免了 Levinson 的术语"绝对的"在表示同样的定位系统时所遇到的问题，即该系统通常是相对的。例如，当天文学家使用基于地球的罗经点来表示天体方位时，或者说当运动中的航空母舰(尽管它有相对于地球的罗经点移动)被用于定位所在地的方向时，都属于这种情况。

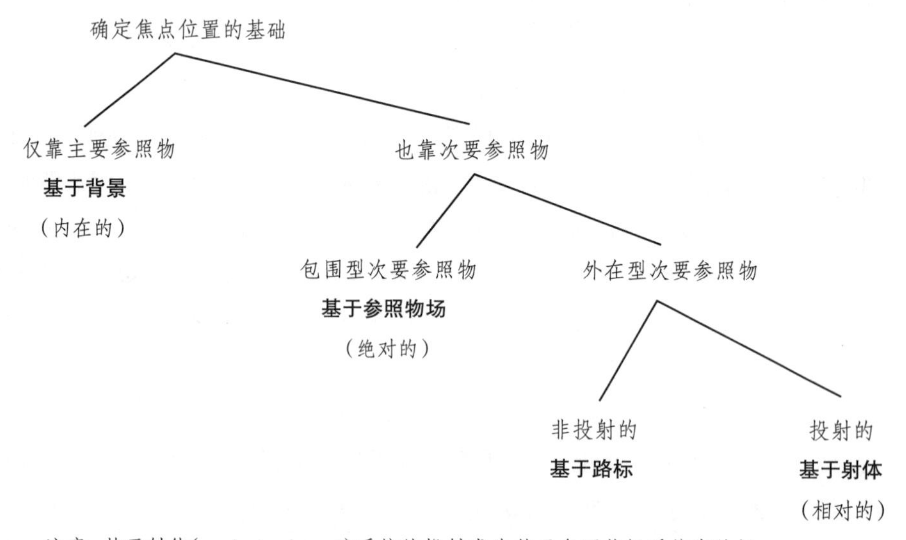


注意：基于射体(projector-based)系统的投射成为基于参照物场系统中的场。

**图 6.1　参照物定位焦点物体的不同方式**

我们可以采用指代具体参照物的一组术语，来涵盖前面讨论过的表示不同所指类型的术语。因此，一个基于地球的系统(earth-based system)可以将地球及与其相关的参照框架当作基于背景物体系统来定位焦点物体，如例句 *I drove east*（我开车向东行驶）；或将其当作参照系统中一种基于参照物场的系统，如例句 *I drove eastward from Chicago*（我从芝加哥向东行驶）。与此类似，一个基于队列的系统(queue-based system)可以作为基于背景物体的系统来定位焦点物体。如例句 *John moved ahead in line*（约翰移动到了队伍前面）；或作为基于参照物场的系统，如例句 *John is ahead of Mary in line*（在队伍中，约翰在玛丽的前面）。同样，基于说话者的系统（speaker-based system）可以把说话者当成基于路标系统中的非投射地标来定位焦点物体，如例句 *The bike is this side of the silo*（自行车在粮仓这边）。或者它可以把说话者当成一个基于射体的参照物系统中的非对称性几何图式物体，如例句 *The bike is left of the silo*（自行车在粮仓左侧）（可以想象我面对着粮仓，并且从我所站立的位置观察）。

当然，任何语言中的空间用语，通常不只具有一种定位系统。因此，在本章，我们确实用空间形式 *behind*（在……后面）只表示基于背景物体（"内在的"）的系统（如例句 *The bike is behind the church*（自行车在教堂后面）），用空间形式 *left of*（在……左边）仅仅来说明基于说话者的投射性（"相对的"）系统（如例句 *The bike is left of the church*（自行车在教堂左侧）（从我所站立的位置出发））。但事实上，这两种形式可以用于其中任意一种定位系统。因此，*behind* 即使是用在上文同样的例句中，也可以被用于基于说话者的投射系统，指从我所站立的位置出发、在教堂另一侧的自行车。*left of* 用在前文同样的例句中，也可以被用于基于背景物体的系统，指位于教堂左侧的自行车。因此，在对任何具体空间例子进行分析时，我们在语义上需要特别注意的是，确定现有的潜在概念图式，而不是赋予一个空间表达唯一的解读，这样做是不恰当的。

## 6.8 空间表征图式化的原则

如在引言中所述，语言的微观结构表征空间的方式有一个基本特性，即它是图式性质的，即语言只在空间场景中的所有成分中选取一部分加以表述，其余部分，则忽略不计。剩余成分性质各异，但不会对语言选择语言成分表达场景造成影响。因此，所有微观结构层面上的空间表达，实际上表征了一组具有某些普遍抽象特征的空间构型类别。

由具体的空间表达式，例如英语的介词，所表征的特定的图式性抽象概念，可以称作图式（schemas），其特征可以从三个层面进行分析。第一个层面，是构成图式整体的组成成分。图式大体上建立在基本的空间成分之上，如点、线（有界和无界）、面（有界和无界）或类似成分。同时这些成分受制于合并（combination）、配合（coordination）以及可取消性（cancelability）等性质。第二个层面，是单个整体图式所体现的性质。第三个层面涉及在更大的图式运用系统中单个图式之间的关系。

### 6.8.1 理想化

任何空间表达方式例如英语中的介词,其真实的、“字面的”所指,都可以看成是以抽象图式形式表现的最基本几何成分的具体集合。然而,这个图式必须在概念上能够应用于一个完整的且充满细节的所指物。理想化(idealization)这个术语,就是指这种“应用”过程,即所指空间实体在概念上按照适用于它的图式被理想化的过程。因此理想化过程就是我们所熟悉的物体依照其大小和物理性,以不同方式被“浓缩”成能够匹配指定图式的过程。这些过程的认知本质,尤其是它们在语言中如何操作,尚待研究确定。但是毫无疑问,它们与一定的感知过程或格式塔的形成过程或者儿童简笔画的那些运用过程相似。

下面是一些语言中理想化过程的典型例子。当一个比其他两个实体大得多的一维物理实体,例如一支铅笔或一个人或一座摩天大楼,都被概念化成一条线时——如与介词 *along* 连用时(*An ant crawled along the pencil*(一只蚂蚁沿着铅笔爬行)/ *The snake slithered down along the performer*(一条蛇绕着表演者身子滑下)/ *The outside elevator rose along the skyscraper*(外景电梯沿着摩天大厦上升)),以上概念化过程就包含理想化。或者当一个有凹面的较大物体,例如一个鸟澡盆或一座火山,被概念化成一个平面封闭体时——如与介词 *in* 连用时(*the water in the birdbath*(鸟澡盆里的水)/*the lava in the volcano*(火山里的岩浆)),这时也产生了理想化。或者是,一个基本上等维的较大物体,如一个石块或一颗行星,被视为单个点,如与介词 *near* 或者 *from* 连用时(*a pelican near/20 feet from the boulder or an asteroid near/10,000 miles from the planet*(一只在巨石附近/距离石块 20 英尺的鹈鹕或一颗在那个行星附近/距离那个行星 10,000 英里的小行星)),也是理想化的过程。

更全面地阐述理想化过程的例子是 *across* 在指运动路径时的图式,用语言表述其特征如下(参见图 6.2 中的图表):

(37)***Across* 图式**

(焦点运动的路程,沿着一整条)水平路径直线,该路径直线垂直穿越由两条平行边沿构成的平面背景,且背景平面“两边不重合”。

上文描述中,最后一句话是关于平面的两轴的相对长度:一轴与平面的边沿平行,另一垂直轴与焦点的路径平行。最后一句话的意思是与两边沿平行的轴和路径轴相比，不能太短，以致它在概念上可以折叠入路径线，使平面变成一维的。因此，与两条平行边平行的轴长可以无限长，像被穿过的河流，如图(6.2a)所示。或者可以与路径平行的轴等长，如图(6.2b)中被穿过的正方形场地。但是不可以相对较短，如图(6.2c)中在较长轴方向上被穿过的码头。这种情形使得所指物更容易被理想化为一条与路径相同方向的直线，与这种构型更适合的图式为 *along*。我们在此必须要考虑在何种情况下与两条平行线平行的轴才会"过"短。也许在基本用法中，在感到与背景两端平行线平行的轴比与路径平行的轴短的时候，*across* 的图式就不再适用。如图(6.2d)中从较长的方向上游过矩形游泳池。但是这种基本用法还是会允许一定程度的"延伸"，从而可以适用于适中的矩形，但绝不可能适用于很长的长码头。此类关于延伸的问题，属于图式变形的一种类型。

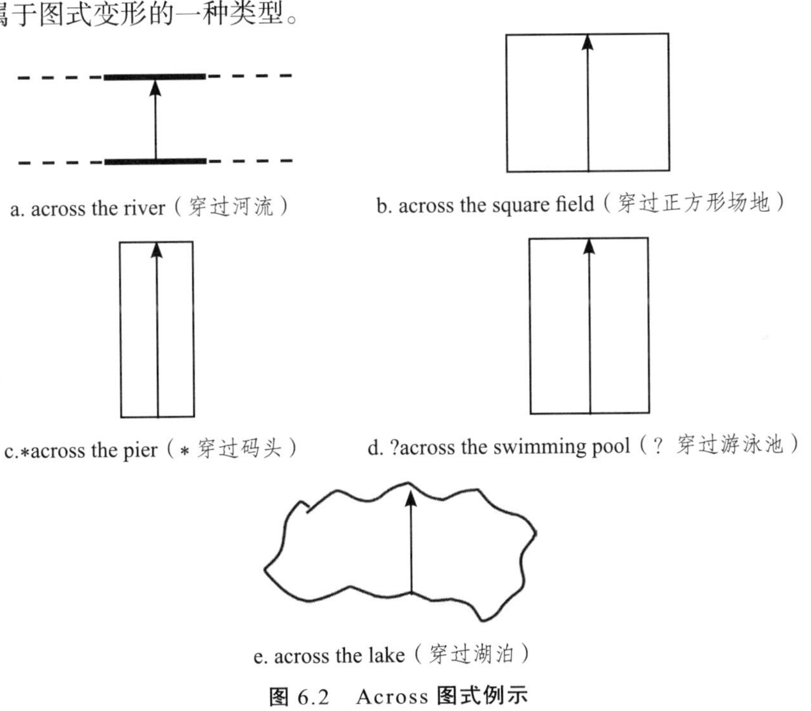


**图 6.2　Across 图式例示**

作为一个抽象整体，相对于有关它的一条路径而言，*across* 图式要求一个物理实体被理想化为具有一定方向和边界条件的平面，平面轴的相对长度也要受到一定制约。这个例子表明，图式就像一个过滤器，只允许某些物理实体通过。也就是说，图式实际上是一系列要素的集合，可用来检测某物体是否可以简化为图式成分的特定复合体。

### 6.8.2 抽象化

“抽象化”（abstractness）是指与理想化互补的一种特性。理想化，是在物质实体中寻找其符合图式特点的性质，而抽象化，则是忽略物体的其余部分。因此，在使用 *across* 时，所指对象完全可以缺少侧面的边界，如图(6.2a)中的河流，或者具有侧面的边界，如图(6.2b)中的方形场地。同样，平面是液体层(河流)还是固体面(球场)也无关紧要。由此，*across* 图式要求大致具有两个边沿的平面，可以适用于一系列的物体。这些物体之间的区别被抽象出去，所以在此特定的范畴化过程中不予考虑。

### 6.8.3 拓扑结构

语言空间图式对实体物理特征的抽象度，比我们目前为止讨论过的要大得多。图式并非仅仅涉及物理实体的几何特点。图式理想化过程中，并非仅有物体中的主体物理成分被理想成点、线、面及其他(其余部分被忽略)。图式还可以从其他特性中抽象出来，如这些点、线和面的形状(曲度)或度量，以及它们在图式内部相互之间的角度或距离等。这种更深层次的抽象，为拓扑(topology)数学领域中定义的空间关系所特有。度量空间(metric space)，如经典欧几里得几何学，对形状、大小、角度和距离进行区分。这种区分，大多借助语言中的实义成分来完成，如 *square*（正方形的），*straight*（直线的），*equal*（相等的），还有数词等。但是在概念组织的微观结构层面上，语言表现得更贴近拓扑结构。(我们可以进一步假定，正是这个层面及其在其他认知系统中的对应层面，引发了人们建立拓扑学的想法)。

## 6.9 运动-体公式

从时间和空间相结合的功能角度考察时间维度，能够产生特殊的概念复合体，即“静止”和“运动”，其中仅有一部分在前文中有所讨论。在对时间和空间相结合的分析中，Talmy 发现了数量有限的基本的运动-体公式(Motion-aspect formulas)，这套公式似乎是一切将静止和运动与语言中的体结构(aspectual structure)联系起来描述复杂特征的基础。这些公式在语言中普遍存在，可用图式表达，如(38)所示。在每个公式中，初始项为基本焦点图式(fundamental Figure schema)(总是为一个点)。用大写字母的深层介词表征矢量(Vector)。

矢量后的项是基本背景图式。

(38)a. 在有界的时间范围,点在($BE_{LOC}$ AT)点上。
(The napkin lay on the bed/in the box for three hours.)
(纸巾在床上/在盒子里放了三个小时。)
b. 点在时间点上移动到(MOVE TO)点。
(The napkin blew onto the bed/into the box at exactly 3:05.)
(在3:05这一刻,纸巾被吹到床上/进盒子里。)
c. 点在时间点上从点移走(MOVE FROM)。
(The napkin blew off the bed/out of the box at exactly 3:05.)
(在3:05这一刻,纸巾从床上/盒子里被吹走。)
d. 点在时间点上通过点(MOVE VIA)。
(The ball rolled across the crack/past the lamp at exactly 3:05.)
(在3:05这一刻,球滚过了裂缝/灯。)
e. 点在有界时间范围内沿着无界范围移动(MOVE ALONG)。
(The ball rolled down the slope/along the ledge/around the tree for 10 seconds.)
(球滚下斜坡/沿着房檐滚/在树周围滚了10秒钟。)
e′. 点在有界时间范围内朝点运动(MOVE TOWARD)。
(The ball rolled toward the lamp for 10 seconds.)
(球向灯滚了10秒钟。)
e″. 点在有界时间范围内离开点(MOVE AWAY-FROM)。
(The ball rolled away from the lamp for 10 seconds.)
(球往远离灯的方向滚了10秒钟。)
f. 点在有界时间范围内移动有界的长度范围(MOVE ALENGTH)。
(The ball rolled across the rug/through the tube in 10 seconds.)
(球滚过地毯/穿过管子滚了10秒钟。)
(The ball rolled 20 feet in 10 seconds.)
(球在10秒钟内滚了20英尺。)
f′. 点在有界时间范围内从点运动到点(MOVE FROM-TO)。
(The ball rolled from the lamp to the door/from one side of the rug to the other in 10 seconds.)

（球 10 秒内从灯滚向门/从地毯的一头滚向另一头。）

g. 点在时间点上/在有界时间范围内运动到终点（MOVE ALONG-TO）。

（The car reached the house at 3:05/in three hours.）

（汽车在 3:05/花了三个小时到了房子那里。）

h. 点从时间点开始/在有界时间范围内从起始点开始运动（MOVE FROM-ALONG）。

（The car has been driving from Chicago since 12:05/for three hours.）

（汽车自 12:05 已经驶出芝加哥/ 驶出芝加哥已经三小时。）

在这些运动-体公式中，焦点物体以及背景物体的几何图式可由它们的最简图式来表征，但是它们并不限于这些图式。

下面我们将（38）中运动-体公式的核心部分以更加符号化的形式展现出来。这些公式使用以下符号来代表主要焦点图式和背景图式。

$\mathrm{POINT}_{S/T}$：表示时间或空间中未延伸的点。

$_{E}\mathrm{POINT}_{S/T}$：表示时间或空间中延伸的点。

$\mathrm{EXTENT}_{S/T}$：表示无界时间或空间。

$_{B}\mathrm{EXTENT}_{S/T}$：表示有界时间或空间。

（39） a. a $\mathrm{POINT}_{S}$ $\mathrm{BE}_{LOC}$ AT a $\mathrm{POINT}_{S}$, FOR an $_{B}\mathrm{EXTENT}_{T}$

b. a $\mathrm{POINT}_{S}$ MOVE TO a $\mathrm{POINT}_{S}$, AT a $\mathrm{POINT}_{T}$

c. a $\mathrm{POINT}_{S}$ MOVE FROM a $\mathrm{POINT}_{S}$, AT a $\mathrm{POINT}_{T}$

d. a $\mathrm{POINT}_{S}$ MOVE VIA a $_{E}\mathrm{POINT}_{S}$, AT a $\mathrm{POINT}_{T}$

e. a $\mathrm{POINT}_{S}$ MOVE ALONG an $\mathrm{EXTENT}_{S}$, FOR an $_{B}\mathrm{EXTENT}_{T}$

f. a $\mathrm{POINT}_{S}$ MOVE ALENGTH an $_{B}\mathrm{EXTENT}_{S}$, IN an $_{B}\mathrm{EXTENT}_{T}$

用以上公式来指一个特定情景，基本背景图式会被进一步阐释。建立于其上的是另一个几何复合体，即构形（conformation），构形将基本背景图式和（表达）完整背景物体的图式联系起来。每种语言都有自己的一套表达这种几何复合体的词汇。例如，（40）是英语中表征内部处所的一个构形例子。在随后的公式中，构形表现为关于基本背景图式中的关系从句，表达它对图式进行阐释的功能。

(40) a $POINT_S$ IS OF the INSIDE OF an ENCLOSURE

在包含运动-体公式和构形的复杂结构中，表示特定完整焦点物体和背景物体的表达分别与最前和最后的几何图式联系起来，如(41)所示：

(41) a $POINT_S$ $BE_{LOC}$ AT a $POINT_S$ that IS OF the INSIDE OF an ENCLOSURE
*the ball*（球） *the box*（盒子）

（它最后生成 *The ball is in the box*（球在盒子中））。只有当特定焦点物体和背景物体可以被理想化为复杂结构中的几何图式时，它们在这一复杂结构中的具体化才是合适的。因此(41)中只有当 '*the ball*'（球）可以被拓扑抽象化为 '空间中的一个点'，'*the box*'（盒子）可以被抽象化为 '一个封闭体' 时，这句话才能表示一个语义完整的情景。

## 6.10 语法化链：空间域往时间域发展的单向性

21 世纪伊始，单向性(unidirectionality)成为语法化研究中争论最热烈的一个话题。这个争论很大程度上是由 Fredrick J. Newmeyer（Newmeyer 1998）引起并由 David Lightfoot（Lightfoot 1999, 2002）以及 Richard Janda（Janda 2001）和 Brian Joseph（Joseph 2001）等学者所推动的(吴福祥 2003)。Newmeyer (1998)的著作中有一章为"解构语法化"（deconstructing grammaticalization)，列举了大量的所谓单向性反例，以否认单向性的存在。不仅如此，Newmeyer 甚至宣称"根本没有语法化这样的东西"。Lightfoot（1999）则指责单向性的研究本质上是 19 世纪历史比较语言学的东山再起。此后，SSCI 期刊《语言科学》(*Language Sciences*）专刊(2001, 23.2-3，由 Lyle Campbell 编辑，收有 Campbell, Joseph, Newmeyer, Norde, Janda 等人的文章)的所有文章几乎毫无例外地致力于否定单向性在理论上的重要性，并就此提出各种理论和经验上的证据。另一方面，Haspelmath（1999a, 1999b, 2004), Traugott（2001), Heine（2002）以及 Heine & Kuteva（2002）等学者则坚持单向性的有效性，对 Newmeyer 等学者的观点和论据进行了有力的反驳。

语法化的单向性究竟是什么呢？事实上，在历时语法化研究中，单向性是一个最重要的假设。这一假设认为语法化的演变过程是以"词汇成分>语法成分"或"较少语法化＞较多语法化"这种特定方向进行的。Hopper & Traugott（1993/2003: 7）提出以下演变序列：

实义词＞语法词＞附着词＞屈折词缀＞（零形式）

因此，如果一个形态-句法演变遵从从左至右的演变方向，我们认为这个演变是单向性的，或是不可逆的。

此外，由于一个典型的语法化过程包括语用-语义、形态-句法和语音-音系三个子过程，所以单向性通常在这三个层面上都有对应的表现（Lehmann 1982/1995; Heine & Reh 1984; Traugott & Heine 1991; Hopper & Traugott 1993/2003; Fischer & Rosenbach 2000）：

**语用-语义**：抽象性逐渐增加：具体义＞较少抽象义＞更多抽象义
主观性逐渐增加：客观性＞较少主观性＞更多主观性
**形态-句法**：黏着性逐渐增加：自由＞较少黏着＞更多黏着
强制性逐渐增加：可选性＞较少强制性＞强制性
范畴特征逐渐减少：多范畴特征＞较少范畴特征＞完全丧失范畴特征
**语音-音系**：音系形式的逐渐减少或弱化：完整的音系形式＞弱化的音系形式

20世纪70年代以后，语法化研究重新受到关注（Givón 1971，1975，1979，1984; Langacker 1977; Lehmann 1982/1995）。就目前所知，Givón是第一个明确提到单向性问题并对此做出解释的学者（吴福祥 2003）。在讨论从连动式（serial verbs）到处置词的演变时，Givón指出：

> 人们可能立刻主张一个跟上述过程相反的过程，即介词在语义上变得丰富、最后转变为动词的过程。至少这在理论上是可能的……但有大量的理由可以说明为什么这样的过程应该是极其罕见的。首先，当一个动词失去大多数语义内容并变成一个格标记时，它就立即失去音系实体，变成一个黏着词缀，并且最终完全被销蚀成零形式。一个话语信息的最主要的组成部分……将由一个弱化的语素来表达。而且，在语言中，一

> 个因损耗而发生的演变过程是一种可预测的演变，但它的反面——丰富或者增加——是不可预测的。这里的证据跟句法中删除转换的单向性是相当对等的。
>
> （Givón 1975：96）

Langacker（1977：104）在讨论各种语法演变时也提到："所有这种演变不仅被有力地证实，而且它们在很大程度上是单向的。"Vincent（1980：50）也注意到"语法化链是单向的或者说是单面的（unilateral），即在最广泛的意义上说，词汇项可以语法化，但语法项不会词汇化"。20 世纪 80 年代以后，单向性基本已被公认为是语法化的一个重要特征。

21 世纪初，国外认知语言学研究出现了两个转向：社会转向和量化转向（牛保义 2018）。以 Geeraerts（2003，2006）为代表的学者提出了"认知社会语言学"，主张认知语言学研究应当包括社会语言学视角和语言变异视角（Marín-Arrese & Geeraerts 2007）。对于量化转向，Janda（2013）指出，认知语言学研究越发依赖基于语料库等方法的量化分析。认知语言学研究从以共时语料分析为主，发展到对历时证据的探索。Traugott & Trousdale（2013）的构式化理论即是从历时构式语法的角度出发，对语言现象的历时演变进行分析和解释。Hilpert & Saavedra（2016）基于实证研究，验证了语法化的单向性问题。具体说来，他们以英语中的 *be going to* 为例，证实受试对 *go*>*be going to* 和 *be going to*>*go* 的认知加工中存在不对称的启动效应（asymmetric priming effect），即受试在阅读材料中预先读到 *go* 时会激发其对 *be going to* 的快速加工，而在预先读到 *be going to* 时不会激发其对 *go* 的快速加工。这一研究对语法化的单向性问题进行了量化呈现，为我们探讨语法化的特征提供了新的研究思路。

## 6.11 形式表征语义的启示

至此，我们讨论了封闭语类成分对基本空间的构建及其特征。这在不同程度上也是对空间结构及其内容这个完整语义域的全面描述。通过描述这个语义域，我们可以讨论作为语言基本特点的语义表征系统。正是通过这个系统，语言弥补了一个一直存在的巨大不足，即一方面是数量有限的微观结构成分，这些成分表征了同样数量有限的离散性图式；另一方面是都可能需用语言来表达的无限多的感知和概念连续体。

## 6.12 语言对时间的切分

作为第二类宏事件，体（相）自身概念化为一种事件，在概念和语言表达中可以被看作是独立的事件或过程。对体相事件概念融合的分析过程反映了语言对时间的切分和表征形式，比如，*It has been raining*（雨一直下）的概念结构可被解析为：

**表 6.1 体相事件的概念结构示例**

| 事件 E | Figure | MOVE | Path | Ground |
| --- | --- | --- | --- | --- |
| $E_1$ | $F_1$= "rain"（雨滴） | MOVE= "rain"（下雨） | | [ $G_1$ ]= "天空" |
| $E_2$ | [ $F_2$ ]= "下雨的展示度" | MOVE= "持续" | $Path_2$= "下雨" | $G_2=t_1-t_2=T_{extent}$ |
| 宏事件 | F= "rain" | MOVE= "雨持续" | Path= "下雨" | $G=T_{extent}$ |
| | It has been raining. | | | |

在这一事件表征中，我们用 T 表示时间，即 T=time，$t_1$ 和 $t_2$ 分别表示两个相邻的时间区域，下雨前和下雨后。时间的持续性用 $T_{extent}$ 表示。

## 6.13 结　语

总之，揭示语言构建空间的方式不仅可以使我们充分认识空间域所具有的基本特点，也反映了语言这个认知系统中概念表征的普遍本质。

# 7 力动态模式[①]

## 7.1 引 言

体验性是认知语言学的哲学基础。力作为物体相互作用的方式，很自然地会参与到语言的构建中。Talmy（1976a）首次提出力动态是一种语义范畴，具体指的是实体之间力的相互作用，包括力的施加、对施加的力的抵抗、对抵抗力的克服以及力的阻碍、这种阻碍的解除等情况。这些力的不同的作用方式系统地反映到语言表征中，使我们能够用不同的力动态模式系统描述不同的语言结构式。

## 7.2 力动态概念系统的范围

我们首先以汉语“树欲静而风不止；子欲养而亲不待”[②] 为例说明力动态概念及其组成成分。古人原本是借助自然现象抒发内心情怀。在此，我们抛开这两句话的引申义，关注它的字面义。“树欲静” 表示树木长在那里，因为有万有引力，它们的内在趋势是静止的。另一自然现象，风，它的本质属性是流动的，因此“风不止”。句子“树欲静而风不止” 可以看成由两个小句构成，表达两个事件，由连词“而” 连接。这两个事件分别为使因事件（“风

---

① 本章由《认知语义学（卷 I）：概念构建系统》（伦纳德 · 泰尔米著，李福印等译 2017）第 7 章中的部分内容扩充修改而成。

② 出自《孔子家语》。

不止”)和受因事件。我们认为“树欲静”隐含了受因事件“树在动”。第二句“子欲养而亲不待”在语义上可由第一句类推而来。树想静止下来,可是风在刮个不停,所以树也一直在动。儿子想要奉养父母,可父母却不在了,儿子的孝心无法实现。这是古人借助自然中的力的相互作用,抒发作者心理上的力的相互作用。例(1)展示了不同语义域中含力动态与不含力动态的语言表达的对比情况。

(1) a. be VPing/keep VPing [物理的]

i. The ball was rolling along the green.
(球沿着草坪滚动。)

ii. The ball kept (on) rolling along the green.
(球沿着草坪持续滚动。)

b. not VP/can not VP [物理的/心理的]

i. John doesn't go out of the house.
(约翰不出门。)

ii. John can't go out of the house.
(约翰不能出门。)

c. not VP/refrain from VPing [内心的]

i. He didn't close the door.
(他没关门。)

ii. He refrained from closing the door.
(他忍住没有关门。)

d. polite/civil [内心的/词汇化的]

i. She's polite to him.
(她礼貌地对待他。)

ii. She's civil to him.
(她文明地对待他。)

e. have (got) to VP/get to VP [社会心理的]

i. She's got to go to the park.
(她必须去公园。)

ii. She gets to go to the park.
(她计划去公园。)

例(1ai)描述了一个纯物理领域的事件，与力动态无关。与之相对，(1aii)中使用的 *keep* 可以做两种力动态模式解读：(1)球有趋于静止的趋势，但由于外力的驱使，比如风，球未能静止；(2)球此刻有运动的趋势，但是事实上这一运动正在克服外在的阻力，比如硬草。

例(1b)中除了客观世界中均存在的物理领域的力，还存在心理层面的力。例(1bi)与力动态无关，只是描述了对"约翰没有出门"这件事的客观观察。但在(1bii)里，除了有相同的观察外，还阐明存在完整的力动态复合体(force-dynamic complex)：约翰想出去(可理解为有一种像力一样的、去实践这一行为的趋势)，但有某种力或阻碍在阻挠这种趋势，后者比前者强，于是便产生了一个没有明显动作的最终结果。

例(1c)表明语言完全可以从心理层面描述力的对抗，事实上这种对抗可以发生在个体的心智中。例(1ci)和(1cii)均可以表示所观察到的"施事没有行动"的情况，但(1cii)还另外表达了这种情形是心理冲突的结果，更确切地说，这种冲突发生于施事趋于行动的冲动和该施事对行动更强烈的抑制之间。

例(1d)展示了与例(1c)相同类型的力动态对比，但还说明这种力动态可以被词汇化。例(1di)的有礼貌通过'*polite*'一词表达，是中性的；例(1dii)中'*civil*'一词的使用表明主语的基本倾向是不想礼貌，但她成功地抑制了这种倾向。

例(1e)表明语言还可以把力动态的概念扩展至社会交往中。这两个表达都展示了力动态模式，但类型不同。产生这些类型的原因不同，但显性的结果是相同的。例(1ei)中，主语的愿望(力的趋势)并非是去公园，但这被一个不希望她这么做的外在权威反对，而且成功压制。例(1eii)里主语的愿望是去公园，而足以阻止她这么做的外在环境正在消失或是没有实现，因此主语的愿望得以实现。

## 7.3 力动态的语义构成

力动态的核心语义要素包括主力体和抗力体。Talmy 成功地从认知心理学中引入了术语焦点和背景。在力动态的描述中，他又从生理学领域引入了 Agonist (主力体)和 Antagonist (抗力体)(在生理学中，这对术语表示肌肉中相互对抗的两部分)。在力动态语义描写中，我们分别译为主力体和抗力体。

力动态的各种趋势和符号表征如下。

(2) **力实体** **力的内在趋势**

主力体(Ago):○ 趋于运动:>

抗力体(Ant):] 趋于静止:●

a. b.

**力量平衡** **力互动的结果**

强实体:+ 运动:——>——

弱实体:- 静止:——●——

c. d.

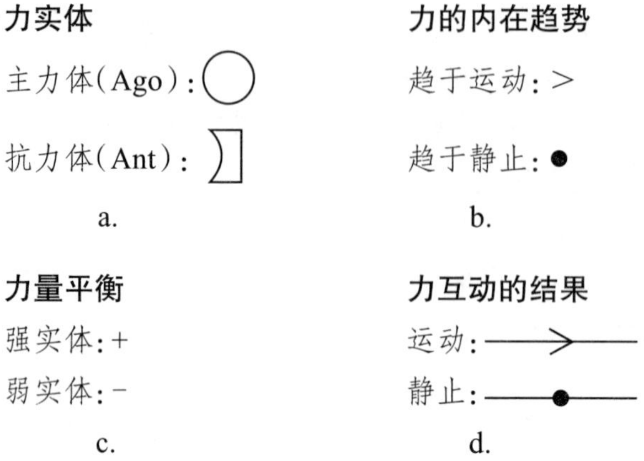

注:左右方向不影响力动态模式,镜像图表表征相同的力动态模式

语言对主力体和抗力体做了重要的角色区分。其中一个施加力的实体被凸显出来,成为注意焦点,即在相互作用过程中突出的议题是:这个实体是否有能力展示其力的趋势,或是不能展示,即力的趋势被克服。与之相关的第二个力实体,则考虑它对第一个实体的作用,是否有效地克服第一个实体的力的趋势。

此外,一个实体具有展示力的内在趋势,它才会施加力,这种力可以是持续的,也可以是暂时的,但无论如何都不是外在的。在一个实体具有的力的趋势中,语言再次做了一个双向区分:这种趋势要么趋于运动,要么趋于静止。或者更概括地说,趋向"行动"或"不行动"。在图示中,趋于行动的主力体用箭头表示,趋于静止的则用大的黑点表示,置于主力体的大圆圈内,如例(2b)所示。除非必要,在抗力体的符号里不会有任何趋势的标示,因为在这里它是主力体的抗力体。

与这对相对的力相关的另一个概念是它们之间的相对强度。在语言中,尽管有对方的对抗,却仍能展现其趋势的实体为更强的实体。在图示中,更强的实体前有个加号(如有需要,在弱的实体前加上负号),如例(2c)所示。最后,相互作用的实体根据它们的相对强度会产生一个结果,即一个显性变化。正如语言对这种关系的图式化,这个结果要么有行动,要么没有行动。这仅仅是从主力体角度来评判的,因为主力体的状况是要讨论的焦点。最终状态将用主力体下的线表示，该线要么有一个表示行动的箭头，要么有一个表示无行动的大黑点，如(2d)所示。

## 7.4 恒定力动态模式

在所有的力动态模式中，有四种最基本的力动态模式，这些模式涉及恒定对抗(steady-state opposition)，Talmy 称之为恒定力动态模式。四种力动态模式的图示及例子如下。

(3)基本恒定力动态模式

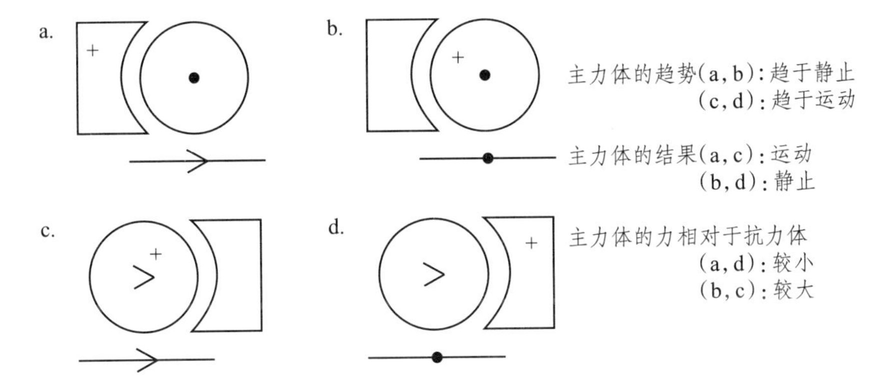


a. The ball kept rolling because of the wind blowing on it.
(因为风在吹向球，球一直在滚动。)

b. The shed kept standing despite the gale wind blowing against it.
(尽管大风一直吹向小茅屋，它依然挺立在那里。)

c. The ball kept rolling despite the stiff grass.
(尽管草地粗糙，球却一直在滚动。)

d. The log kept lying on the incline because of the ridge there.
(由于那里有条垄，原木一直停在斜坡上。)

在这四个力动态模式中，每一对都共有一个因素。图(3)的矩阵中所列的图表沿每一条线都有共性。在顶端的一排(a, b)中，主力体最内在的趋向是静止，在下面的一排(c, d)中却是倾向于运动。在左侧的(a, c)一列中，力对抗的结果是主力体表现为运动；而在右列(b, d)中，其结果却表现为静止。更加重要的是，对角线(a, d)中，抗力体更加强大，含有持续因果关系因素。在这种情况下，结果状态就会与主力体的内在趋势相反。而且这种结果是由于抗力体的出现，否则这种情况也不会发生。对角线(b, c)中，主力体较为强大，表达“尽管”因素。事实上，‘虽然/尽管’(despite/although)这两个概念本身可以用这个力动态模式中子集的共性进行描述。在此，结果状态和主力体的倾向一致。尽管出现抗力体，结果仍然会发生。因此，到目前为止，力动态分析了一些基本概念，例如，‘尽管’(despite)和‘因为’(because of)为相对的一组，还有某些具体概念，如‘阻碍’(hindering)和‘阻止’(blocking)。这样使当前分析的优势突显出来：它为我们提供了这样的一个框架，其中通常被认为是互不相关的一系列基本概念可以很自然地被放到一起；同时也揭示了它们潜在的特征和实际上的相关性。

正如例(3)所示，某些力动态概念具有语法表征形式，即封闭类表征形式。当主力体作为主语出现时，较强的抗力体角色可以用连词 *because*（因为）或介词短语 *because of*（因为）（在非英语的语言中，往往作为简单的附置词出现）表达，而较弱的抗力体角色可以用连词 *although*（虽然）或介词 *despite*（尽管）来表述。常见的力动态对抗可以用介词 *against*（反对）来表述，正如(3b)或其他句子所示，诸如 *She braced herself against the wind*（她迎风而立）/ *They drove the ram against the barricade*（他们推着夯锤撞击街垒）。最能显示力动态存在的单一形式可能是 *keep-ing*（保持）。当然，从术语上讲，这个表达在形式上并非封闭类，因为从句法的角度看，它和任何其他规则动词没什么区别，例如 *hate*（恨）加上 *-ing* 的词缀。然而，其频率和基础性表明它还具有“名誉上”的助动词的地位，就如同 *have to*（不得不）能够被当成与真正的情态动词 *must*（必须）相似的名誉助动词一样。而且，在语言变化过程中，*keep* 和 *hate* 相比，更有可能被语法化，因为在其他一些语言中，相当于 *keep* 的词已经被语法化，并且也很像 *used to* 一样，起源于规则动词，现在已经在最大限度内部分地语法化为单一形式。无论 *keep* 是否被看作封闭类，它的力动态作用可以在其他毫无异议的封闭类形式中得以表现，例如副词小品词 *still* 和动词卫星词 *on*，如(4)所示。

（4） a. The ball kept rolling
（球一直在滚动，
b. The ball was still rolling
（球仍然在滚动，
c. The ball rolled on
（球继续滚动，
} despite the stiff grass.
尽管有坚硬的草。）

## 7.5 力动态模式的转换

当我们在恒定力动态模式中添加另一个因素——随时间发生的变化——时，恒定力动态模式会产生一系列关于状态变化的模式。

### 7.5.1 作用状态的转换

在一种变化模式中，抗力体没有持续地作用于主力体，而是进入或退出这种作用状态。下面首先考虑抗力体较强的例子（基于（3a）和（3d）），因为这些例子体现得最明显。如（5）中图表所示，这些变化模式不是由一系列静态瞬像（static snapshot）来表示，而是用常规速记中的箭头来表明抗力体进入或退出作用状态的运动，并用斜线画在表示结果的线上来区分活动状态前后的变化。（5）中用抗力体充当主语的句子为例阐释了这些模式。

（5）

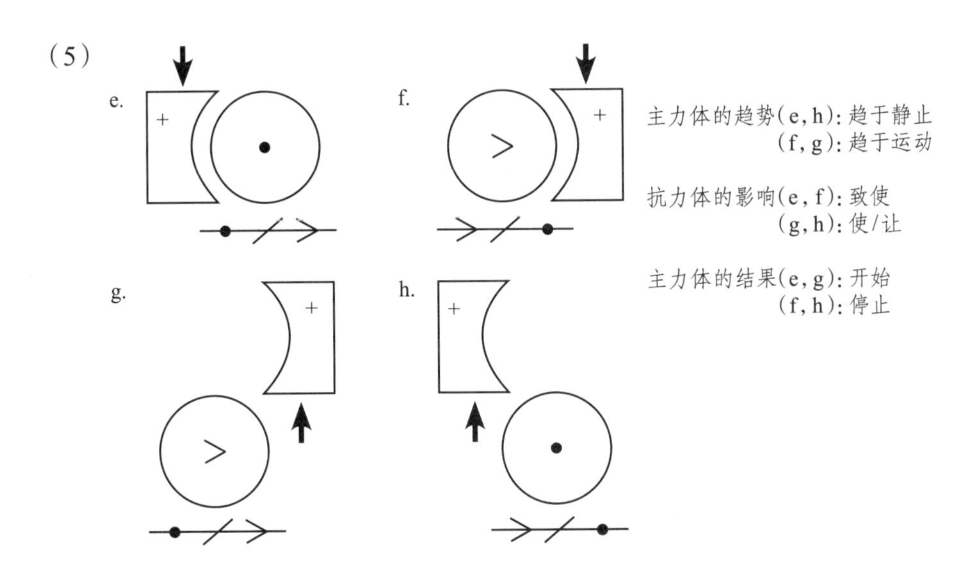

e. The ball's hitting it made the lamp topple from the table.
（球打在灯上，使灯从桌上翻了下来。）

f. The water's dripping on it made the fire die down.
（水扑在火上，使火熄灭了。）

g. The plug's coming loose let the water flow from the tank.
（活塞变松动，让水从水箱里流了出来。）

h. The stirring rod's breaking let the particles settle.
（搅拌棒折断，让小颗粒沉淀下来。）

我们依次考察以上每个句子。在(5e)模式中，较强的抗力体和内在趋于静止的主力体发生对抗，导致主力体由静止状态转入运动状态。这是致使的另一种模式，且为典型模式，这种类型多与因果关系范畴有关。如果(3a,3d)两种恒定致使类型可以归为持续因果关系(extended causation)，当前这种可称为初始因果关系(onset causation)，特别是运动的初始因果关系。与此相关的(5f)模式，属于静止的初始因果关系。其中，较强的抗力体和具有运动趋势的主力体发生作用，导致主力体停止。

因此，构成普遍致使范畴的四种模式(3a,3d; 5e,5f)都具有一个共同特征，这个特征在所有其他力动态模式中都没有。用力动态分析来解释因果关系时，这一特征得以显现。该特征是：主力体的最终活动状态和它本身倾向的活动趋势是相反的。在其他的模式中，这两个值是相同的。力动态的解释是：物体具有力的自然趋势，这个趋势除非被持续的或是初始的更为强大的外力克服，否则该物体将展现这个趋势。这是由一系列情景构成的系统，语言将其归入同一概念范畴中，这一范畴被称为"致使"。

下一个模式(5g)是关于'使/让'(letting)概念的。这一概念进一步展示力动态框架的解释力，它系统解释了此前被忽视的一些概念的相关性。在(5g)中，更强的抗力体一直在阻止有运动倾向的主力体，现在抗力体停止阻止，并使主力体展现自己的趋势。这就是典型的使/让(letting)，属于运动的初始使/让(onset letting of motion)。在(5h)中相应的就是非典型的使/让，属于静止的初始使/让(onset letting of rest)。在这种情况下，抗力体一直强制使倾向于静止的主力体运动，现在它停止了对主力体的作用并使/让其进入静止状态。致使(causing)范畴被看作是作用的开始或持续这样一个概念，而当前的'使/让'模式则涉及作用的终止。

(5)中列出了力动态的转换模式,矩阵中每一行又分离出一个系统因素。在对角线(e,h)中,主力体倾向于静止的趋势是常量。而在相反的对角线(f,g)上,主力体倾向于运动的趋势为常量。顶行(e, f)表征初始因果关系,而末行(g, h)表征初始使/让。左栏(e, g)表征主力体开始运动,而右栏(f, h)表征其运动停止。因此,各栏中所列模式分别表征与力相关的开始和结束范畴。

### 7.5.2 力量强度平衡的转换

本节开始提到过,抗力体开始或终止对主力体的作用只是力动态模式转换中的一种。我们可以大体总结出另一种形式:抗力体和主力体持续进行对抗,但是力的平衡可以在此强彼弱的转换中进行转移。在(5)中每个作用转换模式都有相对应的强度平衡转换模式。我们可以这样理解这种对应性:并不是强抗力体的进入或退出才导致其主导地位开始或结束,而是已经存在的抗力体能变得更强大或更弱小,从而导致相同的结果。拿这类模式中的一个为例,在(6)中,此处箭头表明转移强度相对较大。(当然这并不表明实际上力从一实体转移到另一实体)。词项 *overcome*(战胜)的一种用法就表征了这个模式,如下图所示。

(6)
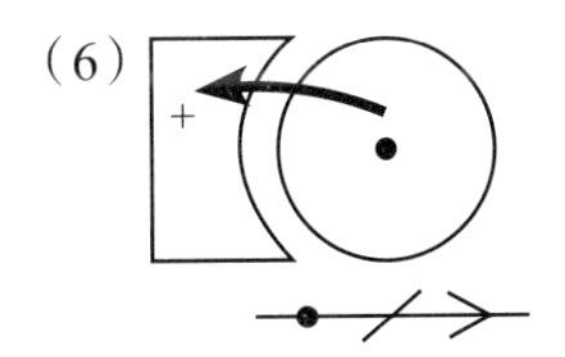


The enemy overcame us as we stood defending the border.

[enemy=Ant, us=Ago]

(在我们守卫国境时,敌人战胜了我们。)

[敌人 = 抗力体,我们 = 主力体]

## 7.6 次要恒定力动态模式

例(5)中抗力体离开主力体的例子表明,在有些例子中,抗力体缺失。实际上,和(3)中每一种恒定模式(抗力体对抗主力体)相对应的是次要恒定模式,其中抗力体逐渐失去作用。当抗力体较强时有两种模式的'持续使/让'。例(7i)表明持续运动使/让,(7j)则是持续静止使/让。它们和(5g,5h)中的'初始使/让'同样构成了普遍'使/让'范畴。由此可知,我们可以根据强抗力体的作用类型对致使/使/让进行分类。致使涉及积极作用：初始因果关系与作用开始相关，持续因果关系与作用持续相关。使/让涉及不发生作用：初始使/让与作用终止相关，持续使/让与不发生作用相关。

(7) i. j.

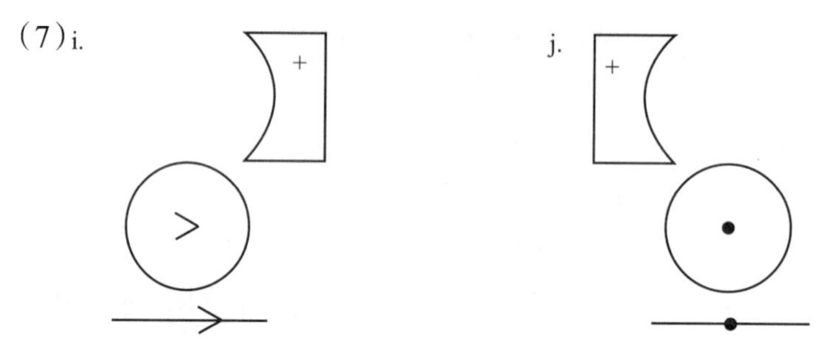

i. The plug's staying loose let the water drain from the tank.
(塞子松了，让水从水箱中流干了。)

j. The fan's being broken let the smoke hang still in the chamber.
(风扇坏了，使屋子里的烟久久不散。)

当前这组模式为"次要恒定模式"，因为从概念上讲，它们是基于对基本恒定模式的否定派生出来的。从本质上看，主力体与抗力体的概念是指处于力对抗中的两个实体，对未处于力对抗的主力体与抗力体而言，它们一定具有对抗的潜能。用 Fillmore（1982）的术语来说，这些不涉及力对抗的例子和涉及力对抗的例子都预设了相同的语义框架。

### 7.7 力动态与施事

在既往研究中，语言学家多使用类似 *I broke the vase*（我打碎了花瓶）的例子来表示致使，Talmy 却使用例（5）和例（7）中含有两个分句且无施事者的句子作为例子。这样做的原因是，Talmy 认为无施事者的形式比有施事者形式的句子更为基本。虽然包含施事者的句子句法结构往往更为简单，但实际上它又额外涉及一个语义复合体。一个施事者如果想让某具体物理事件发生，比如把花瓶弄碎，他必须触发某项因果序列来导致该事件发生。这一系列动作要求施事者在自己意愿支配下，移动他的部分或整个身体。这个动作要么直接使意向事件发生，要么导致另一事件的连锁反应，且无论这一连锁反应会花多长时间，最终都会导致意向事件发生。

为了表征此类事件发生的整个过程，许多语言允许只存在包括施事者和最终事件的表达，如英语中的 *I broke the vase*（我打碎了花瓶）。在此，序列中其余的因素由于具有最大普遍值而被隐含。还有一个可以加入显性表达中的因素就是可以直接导致该最终事件发生的事件，即倒数第二个事件，其他的或者还有（所谓的）工具，如 *I broke the vase*（*by hitting it*）*with a ball*（我用球打碎了花瓶）一句所示。这组被凸显的事件，即倒数第二个事件和最终事件，构成了辨别整个施事序列的核心。实际上，作为一个基本的先行结果序列，倒数第二个事件可以从句子中分离出来，独立成句，如 *The ball's hitting it broke the vase*（球打在花瓶上，致使花瓶碎了）。

这就是我们例句中的基本序列类型。其中，所有的致使和其他力动态因素都能被分离出来，且在一个包含施事的更大的序列事件中出现时仍然说得通。这样，例（5）就立即可以和一个相应的施事句对应起来。如例（8）中就包含了所有相同的力动态特性。

（8）

| 自发性 | 施事性 |
| --- | --- |
| The ball's hitting it made the lamp topple.<br>（球打在灯上，使灯倒了。） | I made the lamp topple by hitting it with the ball.<br>（我通过用球撞灯，使灯倒了。） |
| The plug's coming loose let the water flow out.<br>（活塞变松动，使水流了出来。） | I let the water flow out by pulling the plug loose.<br>（我把活塞松开使水流出来。） |

### 7.8 力动态模式中的前景化

只要力动态模式出现，所有相关因素必须同时出现。但表达力动态模式的句子可以选择不同因素的组合来表达其指称，无须提及其余因素，并在不同的构式中给这些因素分配不同句法角色。一般来讲，明确提及的因素以及在句子中较早或以更高的格等级出现的因素更加前景化，即更容易吸引注意。对施事句来说，那些没有明确表达的因素仍然隐现，但已经被背景化了。

在表征方面，我们可以用力动态图表中的符号系统来表征明确表达的因素及其句法角色。在这个系统中，Talmy 从关系语法（Relational Grammar）中借用符号 1 表示主语，2 表示直接宾语，VP 表示动词构成成分。这一成分的句法特征极富变化，因此 VP 代表抽象的动词词组。未标明的成分通常在构式中没有明确表征。因此有符号标示的完整图表就代表了特定的构式，表示整个句子及所含有的词汇。此外，Talmy 使用了以下惯常标记来表示共性：当两种模式只有一个因素不同时，例如运动趋势相对于静止趋势，且其结构相同，那么它们可以用同一图表来表达，并把两个值都标记出来，例如用箭头和点进行标记。

在前例中，恒定力动态模式(3a,3d)由于句法角色的不同而产生不同的前景化，这种差异可以用合并后的(9)表示。我们从例(3)已经得知，主力体可因其主语的地位而前景化，而抗力体由于被省略或者用作间接成分(oblique constituent)而被背景化，如(9a)包含不及物动词 *keep* 或介词/连词结构 *because* (*of*)的构式所示。或者，在相同的力动态模式中显著性发生逆转，即抗力体作为主语被前景化，而主力体作为直接宾语被背景化，如(9b)含有及物动词 *keep* 或 *make* 的结构所示。

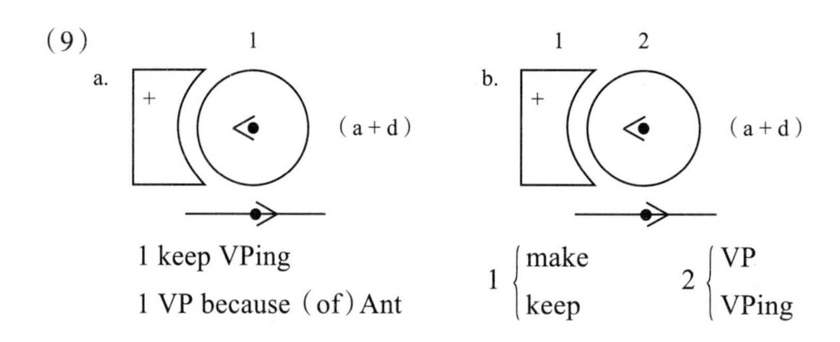


a. The ball kept rolling./The ball is rolling because of the wind.
(球在持续滚动。/因为风吹，球在滚动。)

b. The wind kept the ball rolling./The wind is making the ball roll.
(风使球持续滚动。/风使球滚动。)

另一种主要的前景化形式与力动态模式的行为特性有关。如目前例子所示，主力体的行为结果或者其行为趋势能在一个结构中得以明确表征。当然这种在强调重点上有所不同的形式只能应用于致使模式，因为只在这些模式中才有行为结果和趋势的区分。(10)包含了我们所见过的所有致使和使/让模式，在这里只有抗力体及表征它们的结构被前景化。(10b)和(10d)指致使模式中主力体趋势的新结构。主要的力动态词 *keep* 再次出现，但是和 *from* 一起表示“阻止”含义。有了这些附加说明，力动态模式用一个结构框架把更多语言现象联系起来(见(5)中的(e)和(f)模式的例子)。

(10)

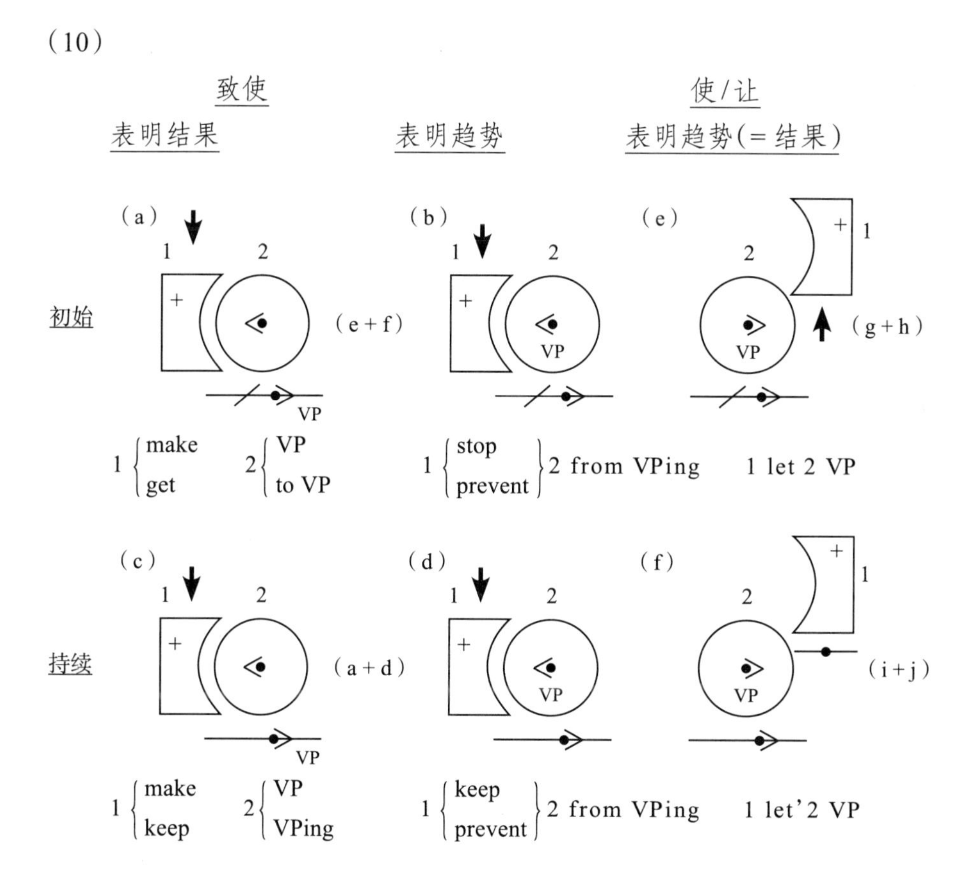


The added soap (a) got the crust to come off. (b) stopped the crust from sticking.

(添加的肥皂(a)使污渍脱落了。(b)阻止污渍黏结。)

The shutting valve (a) made the gas stay inside. (b) stopped the gas from flowing out.

(闭合阀(a)使气体留在里面。(b)阻止气体外溢。)

The fan (c) kept the air moving. (d) kept the air from standing still.

(风扇(c)保持气体运动。(d)阻碍气体静止。)

The brace (c) kept the logs lying there. (d) kept the logs from rolling down.

(托架(c)使原木静止在那儿。(d)防止原木滚下。)

下面我们以英语中的 make（使）和 let（使/让）为例，说明两者在表达中的不对称性。

事实上，在英语中，'making' 比 'letting' 在句法上更灵活。对于 'making'，抗力体要么自己单独出现在句中，要么和相关事件一起出现，而 'letting' 只能和相关事件一起出现，如(11a,11b)所示。当 'making' 和 'letting' 模式嵌入施事矩阵中，这种不对称就会存在(也见 Jackendoff 1976)，如(11c,11d)。正是由于这个原因，在(10e,10f)的 'letting' 图表中，表示主语地位的 1 标记抗力体及其活动。

(11) a. i. The piston's pressing against it made the oil flow from the tank.
(活塞向下压，使油从油箱里流出来。)
ii. The piston made the oil flow from the tank.
(活塞使油从油箱里流出来。)
b. i. The plug's coming loose let the oil flow from the tank.
(塞子松了，让油从油箱里流了出来。)
ii. *The plug let the oil flow from the tank.
(*塞子让油从油箱里流了出来。)
c. i. I made the oil flow from the tank by pressing the piston against it.
(我按了活塞，使油从油箱里面流出来。)
ii. I made the oil flow from the tank with the piston.
(我通过活塞使油从油箱里面流出来。)
d. i. I let the oil flow from the tank by loosening the plug.
(我把塞子松开，让油从油箱里面流出来。)
ii. *I let the oil flow from the tank with (*of/*from) the plug.
(*通过塞子，我让油从油箱里流出来。)

之所以存在这种不对称性，可能因为语言普遍将 '工具' 看作是具有正向作用。证据如下：在谈到把一摞摆好的易拉罐弄翻时，可以用工具格 *with* 短语，如(12)中所示。它既可以指动作的开始(12a)，也可以指动作的延续(12b)，但不能指动作的终止(12c)。没有其他短语可以指代这种反向作用的工具，如(13)所示。

(12) I toppled the display *with a can*—covers:

(我用一个易拉罐把一排易拉罐打翻了,包括:)

a. ...by throwing a can at it.

(朝那排易拉罐扔过去了一个易拉罐。)

b. ...by pressing against it with a can.

(用一个易拉罐去推那排易拉罐。)

c. *...by pulling a can out from the bottom tier.

(*从那排易拉罐的最底层抽出了一个易拉罐。)

(13) *I toppled the display *from* / *of* / ...a can.

(*我把那排易拉罐弄翻了,从/……一个易拉罐。)

## 7.9 力动态中的弱抗力体

从最初研究基本恒定模式开始,所有讨论过的力动态模式都含有较强的抗力体。但当前的框架还含有八个较弱抗力体模式。它们是(3b,3c)中的两个恒定模式,其中抗力体作用于主力体,与此对应:抗力体进入作用的两个模式,抗力体退出作用的两个模式,最后抗力体不与主力体作用的两个模式。和较强的抗力体相比,这些模式起的作用较小,但是它们中的一些模式在英语中得以很好地表征出来。这就是前面所讨论的'尽管/虽然'(despite/although)形式,在这种形式中,主力体作为主语出现。此外,(14)表现了抗力体做主语时的模式,即:(a)抗力体进入对抗(和恒定模式中的(3c)模式一样,现已标记);(b)抗力体撤出对抗;(c)抗力体一直不对抗。这些分别隐含在阻碍(hinder)、助使(help)和任由(leave alone)结构中。

(14)

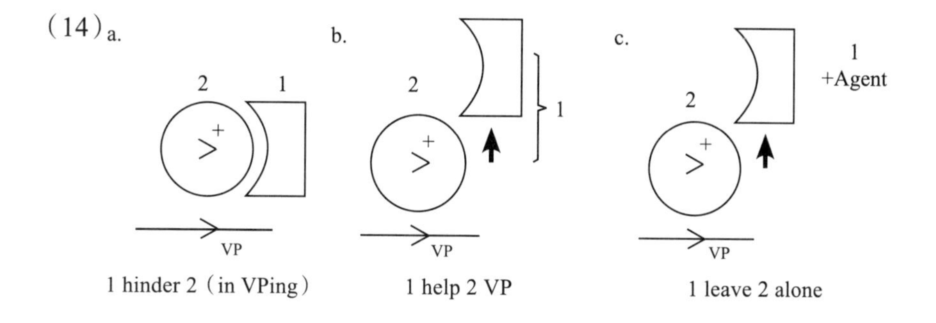

a. Mounds of earth hindered the logs in rolling down the slope./ The benches hindered the marchers in crossing the plaza.
(土堆阻碍了原木向山下滚。/长椅阻碍了游行者穿越广场。)

b. Smoothing the earth helped the logs roll down the slope./ Removing the benches helped the marchers cross the plaza.
(把土堆铲平有助于原木滚下山去。/移开长椅有助于游行的人群穿过广场。)

c. I left the rolling logs alone./ The police left the marchers alone in their exit from the plaza.
(我任由原木滚下去。/警察任由游行的人群退出广场。)

动词 *help*（助使）在力动态的语境中存在，这是很重要的一点。例(15)表明，英语中有四个及物动词可以直接加不带 to 的不定式补语(infinite complement)，这四个动词是 *make*，*let*，*have* 和 *help*（即，同样以*-ing* 形式作为补足成分，但自成一类的非感知动词）。我们已经知道，在基本的力动态模式表达中，*make* 和 *let* 这样的词已包括在其中。*have*（让）也有力动态用法，既可表达没有中间意愿实体的间接因果，如 *I had the logs roll down the south slope*（我让原木从南山坡滚了下去），也可像通常一样有中间实体，如 *I had the boy roll the log along*（我让男孩把原木滚开）。现在我们发现，*help* 这个词也有力动态用法。这一发现的重要性在于句法范畴可以和语义范畴联系起来，使得两者相关，进而支持语言结构整合的观点。这种跨层次的范畴联系将在讨论情态动词时进一步介绍。

(15) I made/let/had/helped the logs roll along the ground.
(我使/让/使/帮原木在地面上滚动。)

### 7.10 力动态模式语义要素具体化

在目前所谈及的每个力动态模式中，成分要素一直都处于最普遍的层面。具有最小必要特征的(该特征是某一要素所需要的)成分或事件能够将该要素具体化，并在表征该模式的结构中得到相应表达。但这个模式系统还可以扩展。有些力动态模式中的具体要素具有特定身份，语言中存在与这些力动态模式相对应的结构。当这一身份包含一个基本概念,即当该模式的 VP 要素具体为 'be' 或者 'move' 时,与之相对应的结构通常也包含某一基本的词项。这样我们就能找到力动态模式中更多的核心词汇和句法。

因此,我们从(16)所示的具体模式中,找到了诸如 *stay/remain*, *leave*, *hold* 以及 *keep* 这些较显著的英语动词词汇。其相应的表达也保留了某些句法特征。因此,在(16a)、(16b)和(16c)三种模式中,将 VP 具体化为 be,通常能和名词、形容词或方位格连用,如 *He was a doctor/rich/in Miami*(他是个医生/很有钱/住在迈阿密)。相应结构中的动词也是如此,如 *He remained a doctor/rich/in Miami*(他保持着医生的职业/富裕的生活/在迈阿密)。在(16d)中,和 'move' 相关的方位词是概括性的。但是如果它也被具体化,比如在其后加上 '*down*' 或 '*out*',那么就会产生更多的构式。因此,除了 *1 keep 2 from moving down/out*(1 阻止 2 下来或出去)之外,不仅仅有 *1 hold 2 up*(1 挡住 2),还有 *1 support 2*(1 支持 2)和 *1 confine 2*(1 束缚 2)。

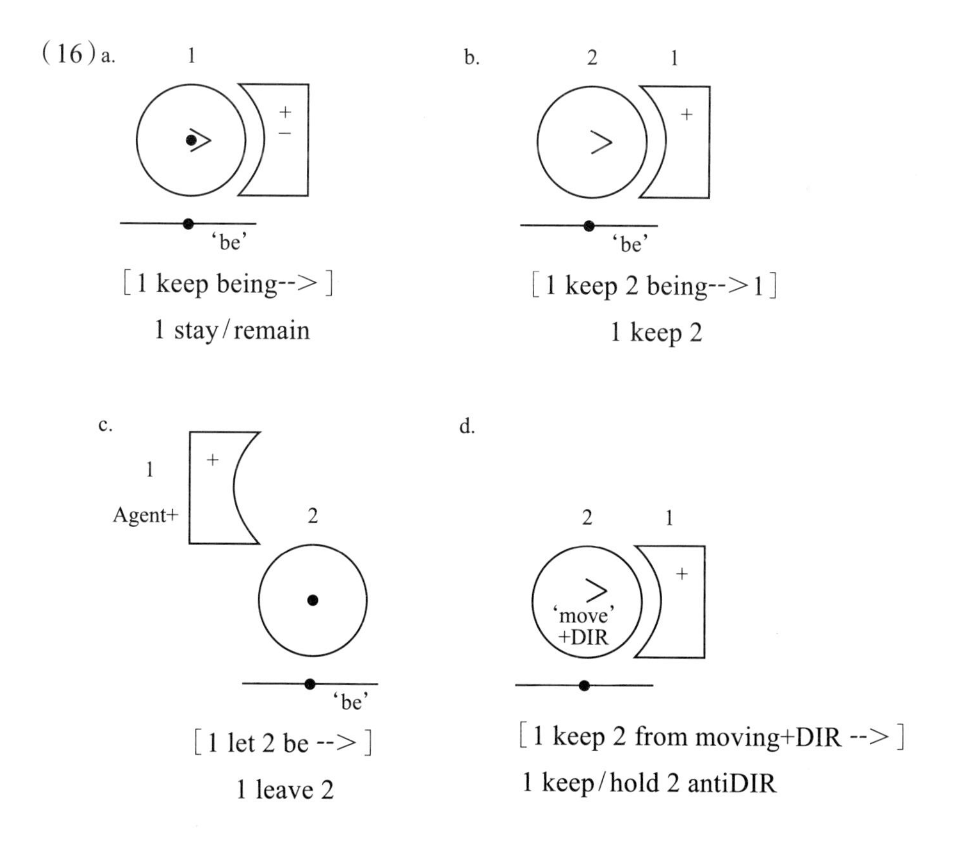

a. [ The log kept being on the incline (because of thc ridge there). →]
([原木一直在斜坡上(因为那里有条垄)。→])
The log stayed on the incline (because of the ridge there).
(原木停在斜坡上(因为那里的一条垄)。)
(tendency: >; Ant: + )
(趋势: >; 抗力体: + )
[ The shed kept being on its foundation (despite the gale wind). →]
([小棚子仍然立在地基上(,尽管风很大)。→])
The shed remained on its foundation (despite the gale wind).
(小棚子仍然立在地基上(,尽管风很大)。)
(tendency: ·; Ant: − )
(趋势: · ;抗力体: − )

b. [ The ridge kept the log being on the incline. →]
([山脊让原木一直停在斜坡上。→])
The ridge kept the log on the incline.
(山脊让原木一直停在斜坡上。)

c. [ Let the cake be (keep being) in the box! →]
([让蛋糕(一直)放在盒子里面! →])
Leave the cake in the box!
(把蛋糕放在盒子里! )

d. [ The ridge kept the log from moving ahead. →]
([山脊阻止原木向前滚动。→])
The ridge held the log back.
(山脊挡住了原木。)

## 7.11 力动态与致使

了解了基本的力动态模式及其语言表达形式后,我们现在就可以把整个系统当作一个统一的框架来考察它的特征。对此框架的一种主要理解就是力动态是对语言学文献中传统"致使"概念的概括。传统看法本身也在不断发展。早期的研究,如 McCawley (1976)曾抽象出一个最基本的、统一的因果关系概念,常常由"CAUSE"表示,并不再支持其他变体。后来的研究,如 Shibatani

(1973/1975)和 Jackendoff(1976),发现了一系列更精细的要素。Talmy(1976b,1985)至少曾对以下概念进行过区分:结果事件因果关系(resulting-event causation)、使因事件因果关系(causing-event causation)、工具因果关系(instrument causation)、行为者因果关系(author causation)、施事者因果关系(agent causation)、自我施事(self-agency)以及诱使因果关系/致使性施事(inductive causation /caused agency)。但是,以上这些分析的深度还远远不够。虽然它们所揭示的要素已经进入到了更加复杂的致使形式中,它们都是建立在同一个没有经过分析的原始因果关系概念的基础上。在力动态框架中,这一缺点不复存在。过去曾被认为是不可再细分的概念现在成了一个由新的基本概念组成的复合体。因为这些更细小的基本概念在一个由不同模式组成的系统中重组,现在因果关系可以被看作一套关联系统中的一个概念。

现在我们对力动态框架进行详细讨论。首先,力动态分析提供了一个框架,该框架在强抗力体模式中,不仅包括'致使',也包括'使/让'。而且,它不仅仅包括这些模式的原型,也包括非原型。这里的原型是指 Lakoff(1987)所定义的概念范畴意义上的原型。因此,力动态分析不但可以包括原型致使,即所有研究都会考虑的'运动的初始致使'(onset causing of action),也包括'静止的初始致使'(onset causing of rest)。我们可以从所使用的术语中清楚地看到既往研究对后一种模式的忽视。Shibatani(1973/1975)所用的术语和当前所用的"初始"最接近的就是"ballistic causation"(投射体因果关系),这一术语显然不包括导致进入静止状态的含义;"初始点因果关系"(beginning-point causation)在这点上更适用。非原型模式的'持续行动致使'(extended causing of action)已经获得了一些认可,如 Shibatani 的"控制性因果关系"(controlled causation)或 Talmy 早期提出的"时间段因果关系"。但是既往研究未曾提及'持续静止致使'(extended causing of rest)模式。至于'使/让'这个概念,除了讨论起因,并不为大多数研究所注意。如果提到,通常都是在讨论它的原型,即'初始行动使/让'(onset letting of action)。尽管 Talmy(1976b)和 Jackendoff(1976)的确涉及了更多模式的分析,但是依然要由目前的力动态分析才能提供包括'初始静止使/让'(onset letting of rest)和'持续行动/静止使/让'(extended letting of action/rest)的合适的矩阵。

力动态框架的另一个主要概括是它将含有强抗力体的致使和使/让例子合为一类,与具有弱抗力体的例子相对。这个更大的框架现在包含了一系列的概念,这些概念通常不和因果关系处于同一个语境中。其中有一般的'尽管'和

'虽然'概念，也有较为特殊的'阻碍''助使''任由'概念，以及我们下面将看到的'试图'(trying)概念。

最后，在交替前景化(alternative foregrounding)概念中，力动态框架不仅能够反映导致结果的致使概念，也能反映阻碍趋势的概念(对情态动词也需注意这一因素，如在"*He must go*(他必须走)/ *He may not stay*(他不可以留下)"的不同用法中)。对不同的前景化，目前的力动态框架不仅可以解释施加影响的实体(抗力体)作为主语的结构，还可以解释受影响的实体(主力体)作为主语或作为唯一被提到的参与者的对应结构，如在使用不及物动词 *keep* 时的情况(同样适用于以下所有情态动词)。

例(17)对力动态框架的一般类型进行了总结。这里要强调的是力动态不仅是简单增加了解释案例，它还取代了先前有局限性的概念，被当作一个基本的、更概括、更系统的概念矩阵。

(17) **力动态所提供的框架**

不仅包含'致使'，而且包含'使/让'

不仅包含原型的'致使/使/让'，而且包含非原型的：

原型致使：'初始行动致使'(5e)

　　很少考虑到的'初始静止致使'(5f)

　　有时考虑到的'持续行动致使'(3a)

　　很少考虑到的'持续静止致使'(3d)

原型使/让：有时考虑到的'初始行动使/让'(5g)

　　很少考虑到的其他三类'使/让'类型(5h)(7i)(7j)

不仅包括较强抗力体类型('致使/使/让')，而且包括较弱抗力体类型('尽管/虽然'，'阻碍/助使/任由''试图……')

不仅包括确定结果的例子，而且包括确定趋势的例子('致使'与'阻止')

不仅包括施加影响的实体(抗力体)作为主语的例子，而且包括受影响的实体(主力体)作为主语(例如，不及物动词 *keep* 及情态动词)的例子

## 7.12 力动态与心理指称

和此前的概念框架相比较,以上概览的主旨在于展示力动态框架具有概括性。但是从其发展方式来看,这个框架的确有其局限性:其基础概念属于物理领域力的互动。然而,力动态显然在语言中有更为普遍的作用。其概念和特征被语言扩展到对心理因素和心理互动的语义加工上。这种语言心理力动态要素使物理上的推进、阻碍和类似的概念普遍化,成为如'想要'(wanting)和'抑制'(refraining)这样的概念框架。

以'想要'为具体例子,在 *He wants to open the window*(他想要打开窗户)一句中,'想要'似乎成了一种心理上的"压力",朝着一些动作或状态的实现"推进"。作为一种隐喻扩展,它可以用力动态图表中主力体内部表示'倾向于动'的箭头来表示。

### 7.12.1 分裂的自我

对于力动态中两个相反的力的概念,如果我们不考虑两个个体之间相互的社会关系,而仍然维持在单一的心理内,我们就会被引到语言中基本的语义构型——分裂自我(divided self)中去。这一概念以如下形式表现出来,*I held myself back from responding*(我不让自己回应),或者词化并入在一个词语形式中,如 *I refrained from responding*(我抑制自己回应)。这些表达的意义是:自我的一部分想要做某种动作,另一部分不想让这一动作发生,而且第二部分更强大,所以阻止了行为的发生。当然,到目前为止,这一解释被直接看成基本的力动态形式,在本例中应用到与力相似的内在心理欲望中。它可以用(18a)和(18b)中的图表表示,这一新特征由虚线框围绕在各因素周围,表示它们是单一心理的组成部分。

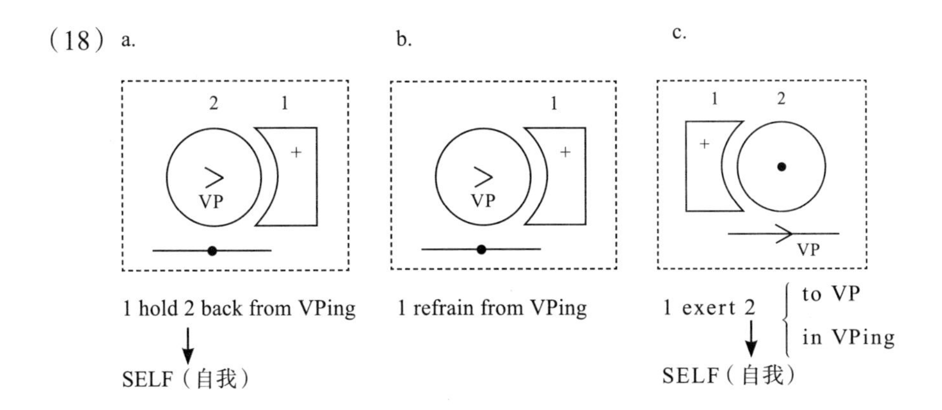

a. He held himself back from responding.
（他不让自己回应。）
b. He refrained from responding.
（他抑制自己回应的冲动。）
c. He exerted himself in pressing against the jammed door.
（他努力顶着堵上的门。）

图（18a）中的构式，*1 hold oneself back from VPing* 是对图（16d）的惯用法扩展的结构，但没有将任何力的倾向具体化。图示中力的要素被分别标注：结构的主语可以等同于心理的阻碍部分，扮演抗力体角色，反身直接宾语（即愿望部分）扮演主力体角色。图（18b）表达相应的 *refrain* 结构。所有要素都与（18a）一样，唯一的差别是这里没有单独区分主力体和抗力体，而是将整个构型作为一个整体，用一个单一的词表示，主语被视为整体心理。这种模式可以支持更多的词汇化。若这一图表中的动词短语被具体化为"*be impolite*（不礼貌）"，那么这一句型就可以成为 *1 refrain from being impolite*（1 抑制自己不礼貌）的表达基础，或者用词化并入形式 *1 be civil*（1 文明）替换一下。后者是力动态表达，曾在 7.2 中与中性的 *1 be polite*（1 礼貌）进行了对比。也就是说，尽管 *civil* 和 *polite* 都表示外在不粗鲁，但是在这层意义之外，*civil* 还包含了愿望受阻的内在心理力动态复合体。

还有另一种力对抗的内部心理模式，那就是图（18b）中 'refrain'（克制）的反义词，即 'exert'（施加）。在这里，心理的一部分被视为主力体，其特点是想采取不积极的态度（意欲休止），但另一部分作为抗力体克服这一阻挠以导致活动的发生。如在图（18c）中，*exert oneself*（努力）结构是建立在对心理不同组成部分的单独标注基础上的，因此表达中带有反身直接宾语。

### 7.12.2 自我的中心和边缘

在图（18）的所有模式中，自我并不是被简单地分割为相对应的部分，而是在一个有组织结构的整体中被分割为扮演不同角色的组成部分。主力体等同于自我愿望，反映内在心理状态。主力体被抗力体克服。抗力体或是扮演阻拦角色——在这种心理环境中，自我有可能受到"压迫"——或者扮演一种激励角色。抗力体代表了一种责任感，或是得体性，体现为外部社会价值的内化。事实上，源于自我和周围环境之间的力动态对抗可能被投射到自我内部各部分之间的对抗上。由此,表达愿望的部分被认为是更加中心化的,而阻拦或激励一方就更加边缘化。这种语义架构在句法中表现为图(18a)和(18c)中的及物结构:自我的边缘部分被表征为主语施事者,它作用于被表征为直接宾语受事者(反身代词)的自我中心部分。

### 7.12.3 有知觉实体中力特征的心理起源

我们已经看到,语言可以将内在力特征赋予没有知觉的物理实体,如风、水坝或滚动的原木。然而,有知觉的实体对力的显性表现通常并不是被看作实体本能所具有的,而是产生于潜在的心理力动态,尤其是来自心理力的'施加'(exertion)构型。例如,请看(19)中两个句子的语义。

(19) a. The new dam resisted the pressure of the water against it.
(新水坝抵住了水的压力。)
b. The man resisted the pressure of the crowd against him.
(那个人抵抗住了人群给他的压力。)

(19a)中无知觉的水坝被认为是由于它坚定稳固的内在物理特征才继续保持矗立在原处。这和(19b)中有知觉的人不同。如果仅考虑该实体的物质体,而不考虑心理组成部分,他就会被看作是力动态较弱的主力体,被人群推到一边。但是心理成分通常包括并被看作使人成为一个较强的主力体且能够对抗人群这一要素。它通过持续付出努力,即持续不断地施加力来实现这一目标。在这一过程中,心理中以目标为导向的部分就会克服以休止为导向的部分来实现能量的输出。

心理的组成部分不但可以使客观主力体产生更大的力量,还可以设定它的力趋向。(19b)中的"人"设定自己的身体趋势为静止,而(20)中的"患者"设定他的身体趋势是运动,因此被理解为对抗束缚他的东西。(这一例子中的动词 *restrain* 与(3d)中力趋势被具体化为'*move*'的句型相呼应。)如果"患者"仅仅是一个身体,他就会静止不动,不会发生任何力的相互作用。但他有心理,使他具有积极的力趋势,这决定了他会设法获得自由。这个例子也进一步显示了'施加'心理模式的适用性。这一模式不仅涉及主力体,如"人"或"患者",而且也涉及抗力体。这样,(20a)中的"绷带"仅凭其物理性特征显示出阻力,而(20b)中的"护理人员"则使用心理力量来展现阻力。

（20）a. A strap restrained the patient.
（绷带约束了患者。）
b. An attendant restrained the patient.
（护理人员约束了患者。）

在用图示表达这些复杂的力动态关系时，我们把一条连线置于作为主力体或抗力体的物质实体和心理'施加'复合体之间。由此产生的完整模式展示在（21a）中，使用的简写符号形式展示在（21b）和（21c）中。

（21）
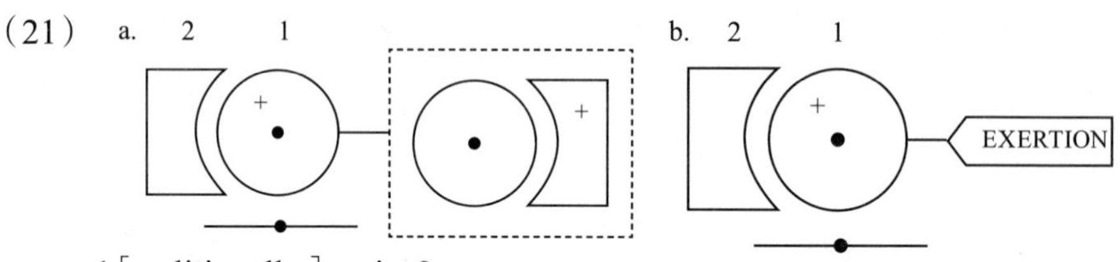


1［volitionally］resist 2
（1［有特定目的地］抵抗 2）
The man resisted the pressure of the crowd against him.
（那个人抵抗住了人群给他的压力。）

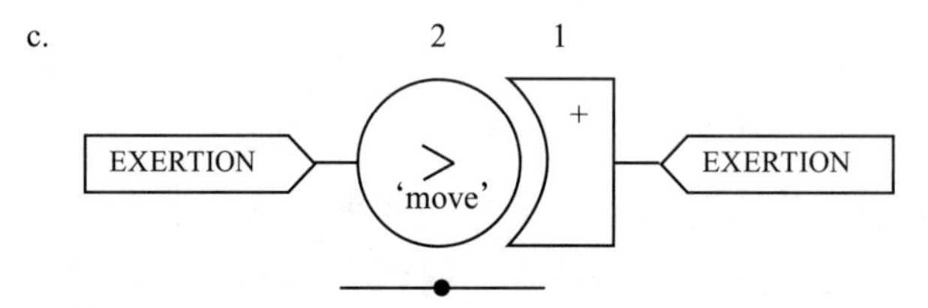


1［volitionally］restrain 2
（1［有特定目的地］控制 2）
The attendant restrained the patient.
（护理人员约束了患者。）

#### 7.12.4 力动态特征的休止、激活及能产性

另有三个因素隐含在这种心理力动态特征分析中，它们对语言的概念组织有普遍影响。第一个因素是心理中心部分的基础状态，也许是最基础的（或是无标记的）状态，这就是休止状态。在这种状态中，心理的中心力量元素有一种内在朝向休止的趋势，这种趋势需要心理的较边缘部分消耗能量来克服。没有

这些刺激,无法激活任何努力。

第二,语言的语义成分是这样构建的,即把有知觉的实体的物质部分看作本质上为静止,所以需要心理层面的激活。实体自身缺乏内在的力趋势,若被放置在力动态系统中,通常会是一个较弱的主力体。正是心理给实体嵌入了力动态特征,使它能动起来。在图表中,连接心理和物质部分的线可以被看作是表征'激活'的语义组成部分。

第三,心理和物理力动态模式的这一联系本身是力动态模式连接或嵌入的更普遍能力的具体体现。也就是说,一种模式的主力体或抗力体可以充当另外模式中的力实体的能力。此类的复杂组合能够形成像 *Fear kept preventing the acrobat from letting the elephant hold up his tightrope*(恐惧使杂技演员无法让大象拉紧他的绳索)一样的句子。这个句子中最重要的一点是,语言中的力动态系统没有被限制在一系列简单模式中,而是呈现出开放的能产性。

因此,从上文分析可以看出,语言将如下特定的力动态模式连接归因于有知觉的实体的心理物理本质:心理较边缘的部分克服较中心部分的内在休止状态,使原本静止的物质组成部分运动起来,从而相对于外部力实体,有了显著的力表征。

## 7.13 复杂体模式中的力动态

力动态模式转变类型所涉及的随着时间推移的简单变化是最基本的体类型,用一个箭头就可以表示。但语言及其所拥有的构式和词汇化也可以表示随时间而发生的更复杂的力动态变化模式。为了描述这些模式,Talmy 使用条状图表表示模式序列。

以某一组词项为例,它们各有自己的结构,该组词项都是建立在一个单一的复杂力动态序列的基础上。在这组词项中,主要有两个因素来区别它们的表达。第一个是阶段(phase):时间序列中核心注意所关注的位置。第二个是事实性(factivity):序列中某部分的发生与否及说话者对它的了解程度。

(22)中用相关连续图展示了(22-公式)中"阶段/事实性"模式。在这里,第一阶段(a)在这段时间里把有知觉的抗力体前景化为主语,持续作用于强主力体,意在能使自己在之后的几个阶段中发挥作用。抗力体的力趋势在此有标示,因为它在结构中得以明确表达。(a)阶段可能包括之后的(a')部分,在这一过程中,主力体变弱,抗力体变强。恰好在(b)阶段,相对力量对比上发生了关键性变化。(c)阶段是这一变化的后果,主力体现在被迫产生预期的行动。

在(22-公式)中,我们可以看到一系列的结构和结构类型都表示相同的力动态“脚本”。动词 *try*(尝试)的焦点放在初始阶段而不知其结果,而 *succeed*(成功)和 *fail*(失败)的焦点放在已发生和不发生的结果上。具有副词形式的结构如 *finally*(终于)和 *in vain*(徒劳)处于动词结构前后的位置(注意在动词短语下方的 c 表明致使的词汇化)。

(22)

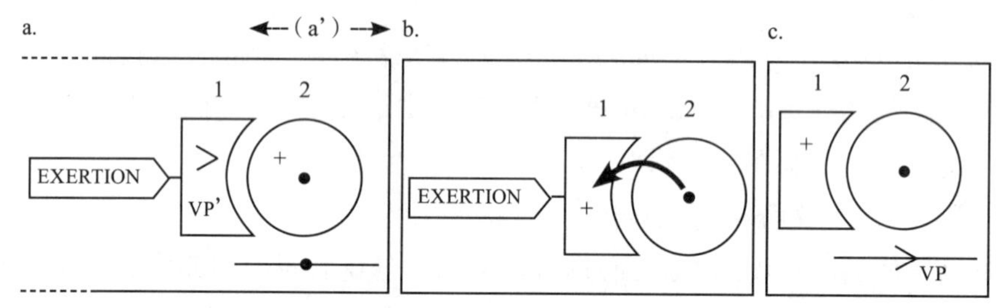


(22-公式)描述了(22-图示)中的 1 和 2;条件:抗力体欲使(a)导致(b—c)

| 阶段/事实性模式 | 结构 |
| --- | --- |
| i. 焦点在(a)<br>(b—c)是否发生未知 | $1\ \text{try to}\left\{\begin{array}{l}\text{make 2 VP}\\ {}_{c}\text{VP 2}\end{array}\right\}\text{by VP'ing}$ |
| ii. 焦点在(c)<br>(b—c)已经发生 | $1\left\{\begin{array}{l}\text{succeed in }{}_{c}\text{VPing}\\ \text{manage to }{}_{c}\text{VP}\end{array}\right\}2$ |
| | 1 finally $_{c}$VP 2 |
| iii. 焦点在(c)<br>(b—c)尚未发生 | 1 fail to $_{c}$VP 2<br>1 VP' in vain/futilely/to no avail |

i. He tried to open the window by pressing up on it.

(他尝试通过往上用力提窗户来打开它。)

ii. He succeeded in opening/managed to open the window.

(他成功地/设法打开了窗户。)

He finally opened the window.

(他终于打开了窗户。)

iii. He failed to open the window.

(他没能打开窗户。)

He pressed up on the window to no avail.

(他用力提窗户,但是徒劳无效。)

上文所有的结构都是建立在抗力体前景化做主语的基础上。但是,这一相同的力动态序列构成了主力体作为主语的其他表达方法的基础。这一力动态分析把先前未预料到的关系与表达方法放在一起。(22)中的相同的连续图表同样适用于这一新的组合,只是需要把 1 和 2 的顺序颠倒,"施加" 框为可选项并标在括号内。(23)给出了相应的结构和例子。

(23)(22–图示)中的 1 和 2 颠倒,"施加" 框可选。

| | |
|---|---|
| i. 焦点在(a)<br>(b—c)是否发生未知 | 1 resist 2 ('s VP'ing) |
| ii. 焦点在(c)<br>(b—c)已经发生 | 1 {give way / yield} (to 2)<br>1 finally VP |
| iii. 焦点在(c)<br>(b—c)尚未发生 | 1 withstand 2 ('s VP'ing)<br>1 will not VP |

i. The window resisted my pressing on it.

(窗户抵制了我的按压。)

ii. The window gave way (to my pressing on it).

(窗户没扛住我的按压。)

The window finally opened.

(窗户终于打开了。)

iii. The window withstood my pressing on it.

(窗户抵住了我的按压。)

The window wouldn't open.

(窗户打不开。)

(23)"施加" 框中为可选的原因在于,所有给予抗力体非主语地位的结构并不要求这一抗力体具有感知性，即像（22）中的主语抗力体一样。事实上，这里所涉及的是英语表达方法中的系统空缺。在前文（3b）型模式中，较弱抗力体作用于处于稳定静止状态的较强主力体，但没有哪个简单形式能用没有知觉的抗力体做主语来表达（3b）模式。这里需要的表达方式，应像用有知觉的抗力体做主语的 *try* 一样，可以成为类似 *wind* 一样的词的谓语，如在句子 **The wind tried to overturn the hut*（* 风尝试掀翻小屋）中。最接近的可用的表达方法可能是 *The wind blew on the hut with little/no effect/ineffectively*（风吹在小屋上，没有效果）。我们尚不清楚为什么会存在这种空缺。但清楚的是，这里并不存在语义障碍，因为同一概念可以用非主语抗力体形式表达出来，就像（23）中表达的那样，如 *The hut resisted the wind*（小屋抵住了风）。

## 7.14 力动态与社会指称

我们看到，Talmy 的框架已从物理力的互动延展到心理力的互动，尤其是有知觉的实体的心理力互动。该框架可以进一步扩展到社会力互动，或称社会力动态。这里一个基本的隐喻类比似乎被植入语义组织中。这一隐喻的基础是一个物体对另一物体的直接物理力作用，从而使后者显示其特定的行为。与此可以类比的是，一个有知觉的实体发出刺激，包括语言交流，这一刺激又被另一有知觉的实体所感知，成为其自愿行使某一特定行为的原因。这种语言类比从物理的力动态延伸到社会的力动态，如英语中的 *push* 和 *pressure* 这样的词。它们直接应用于社会力动态，具体见（24）。

（24）a. peer pressure/social pressure
（同行压力/社会压力）
b. He's under a lot of pressure to keep silent.
（他在很大压力下保持沉默。）
c. Our government exerted pressure on that country to toe our line.
（我们的政府向那个国家施压，使其言听计从。）
d. Getting job security relieved the pressure on her to perform.
（有了工作保障，她努力表现的压力降低了。）
e. The gang pushed him to do things he didn't want to.
（匪帮强迫他做他不想做的事。）

如目前框架所提供的整合所述，我们发现，在上一部分所讨论的同一力动态序列——虽然现在增加了对主力体和抗力体的“施加”——为一套新的人际指称词项和结构提供了理据基础。其中如“*1 urge 2 to VP*”。这里，严格地说，抗力体旨在通过交流来影响主力体行使行为的意向。但是，话语的语义效果是使社会交流成为一种力动态，由抗力体对主力体施加压力以促使主力体行使具体行为。相关的带有“施加”框的连续图表在25-图示中。正像以前一样，图中有对应于不同前景化的结构，它们或由抗力体或由主力体做主语。这些表明，在25-公式中，(i)—(iii)代表和先前相同的阶段/事实性模式。

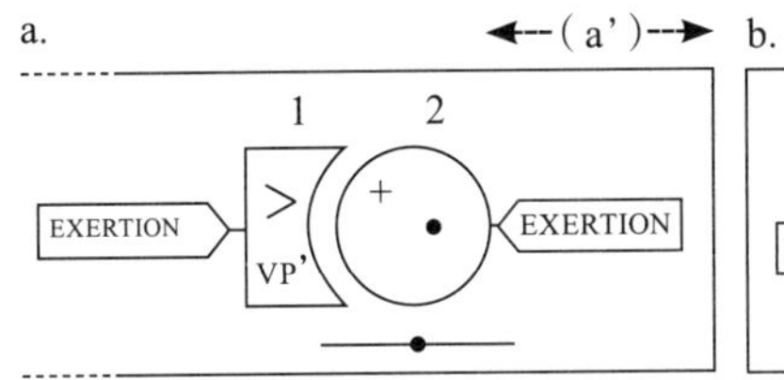


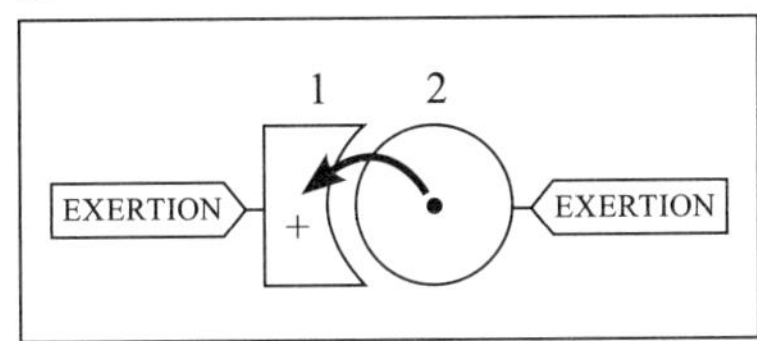


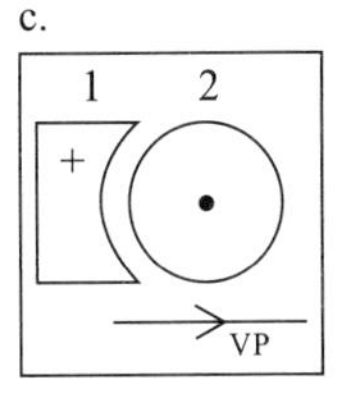


(25-公式)

| **如所述之 1 和 2** | **将 1 和 2 颠倒** |
| --- | --- |
| i. 1 敦促 2 to VP | 1 不情愿 VP |
| ii.1 劝说/让 2 to VP | 1 {顺服 / 顺从 2} (on VPing) |
| iii. ?[1 抗争 2 (on VPing)] | 1 {拒绝 / 不会} VP |

i. She urged him to leave.
(她敦促他离开。)
He was reluctant to leave.
(他不愿离开。)

ii. She persuaded him to leave.
(她劝说他离开。)
He relented./He gave in to her on leaving.
(他顺从了。/他顺从她而离开了。)

iii. She struck out with him on his leaving.
(她在他离开的问题上与他争执。)
He refused to leave. /He wouldn't leave.
(他拒绝离开。/他不会离开。)

特定的力动态序列在我们心理互动和人际交流应用上的相似性,让我们可以把所有相关的结构放在一个单一的表格中,如(26)所示。表格直观地显示出展示普遍模式的力动态概念扩展到语义学领域的方式。由于缺乏充分的解释系统,有些模式先前可能没注意到。

(26) **(22)和(25)中复杂力动态顺序结构表**

| **Effect on Ago: Physical** | Focus at (a): (b−c)'s occurrence unknown | Focus at (c): (b−c) has occurred | Focus at (c): (b−c) has not occurred |
|---|---|---|---|
| Ant = 1 | 1 try to $_{c}$VP 2 | 1 {manage to $_{c}$VP / succeed in $_{c}$VPing} 2<br>1 finally $_{c}$VP 2 | 1 fail to $_{c}$VP 2<br>1 VP'in vain/futilely/to no avail |
| Ago = 1 | 1 resist 2 | 1 {give way / yield} (to 2)<br>1 finally VP | 1 withstand 2<br>1 will not VP |
| **Communicative** | 1 urge 2 to VP | 1 persuade 2 to VP | [1 strike out (with 2)] |
| Ant = 1<br>Ago = 1 | 1 be reluctant to VP<br>1 resist VPing | 1 relent<br>1 give in to 2<br>1 finally VP | 1 {refuse to / will not} VP |

## 7.15 力动态与情态系统

目前,力动态系统的性质及其扩展形式的探讨让我们可以在这方面对情态动词进行解释。虽然这些情态动词已从许多角度进行过研究,但总的来说,对于其意义核心的基础,也就是力对抗的研究并没有引起注意。下面,我们将展示这一力动态视角。

英语情态动词构成级差语法范畴,如它们所展示的句法和形态特征的程度差异所示,具有更多核心和更多边缘成员。这些特征包括:接动词的非限定形式时不用加 *to*,表示第三人称单数不用加-*s*,后置的 *not* 以及问句中的主语倒装。(27a)中列出的情态动词及其现在时和过去时形式多少展现了这些性质。(27b)中的形式在句法和词法方面属于一般动词,但意义和用法上与那些真正的情态动词非常相近,因而经常被同样对待,并具有"准"情态动词的地位。在下面的讨论中,更口语化的 *have to* 通常出现频率超过 *must*,且相关因素与之对等。表达纯粹时态和语气的 *will*, *would*, *shall* 将被忽略。

| (27) | | | | | | | | |
|---|---|---|---|---|---|---|---|---|
| a. can | may | must | — | shall | will | need | dare | had better |
| could | might | — | ought | should | would | | (durst) | |
| b. have to | be supposed to | | | be to | get to | | | |

在深入分析之前,我们先看一下例(28)中情态动词的基本(义务型)用法展现出的核心力动态所指。因此,正如在介绍中所述,*can* 与 *not* 连用时,*can* 表示主语具有随后的动词所表达的动作趋势,而某种因素反对这一趋势,而且后者较强,阻止了此事件的发生。*may* 在文中与 *not* 连用时,表示同样的力动态构型,但被限制在人际情景中,主要力因素是个体执行特定动作的愿望,对抗因素是实权者的否定。*may not* 表示实权者对主语趋势表达的阻止,而 *must* 和 *had better* 在文中与 *not* 连用,显示一个活跃的社会压力作用于主语,使其保持原状态。*should* 和 *ought* 在效果上相似,都表示说话者对事物好坏的价值判断以及他对行为利弊的信念,从而反对主语的对立行为。*will/would not* 表示主语由于屈服于外部压力而拒绝所表达的行为。*need* 与 *not* 连用时,表示主语从外部施加的与其愿望相悖的社会义务中解放出来,可以不执行所表达的行为。*dare* 指主语对抗外部威胁时的勇气和胆量。在所有这些力量对抗的表达中,情态动词的主语表征主力体,而抗力体通常在所指的情景中只是隐性的,没有提及。

(28) John can/may/must/should/ought/would/need/dare/had better not leave the house.
(约翰不能/不可以/不许/不应/不应该/不会/不需要/不敢/最好不要离开这所房子。)

通过回顾前文可以看出,情态动词基本用法中的一个显著的语义特点是:它们大多指有知觉的主力体和心理社会方面的互动,而不是物理方面的。只有

*can*（*not*）和 *will not* 通常有物理所指，如（29a）和（29b）所示。*must/have to* 只用于有限的物理领域，如（29d）所示，Talmy 猜测主语的所指对象基本上只局限于很小的空间。

（29）a. The knob wouldn't come off, no matter how hard I pulled.
（不管我如何努力拉，旋钮都拔不出来。）
b. The ball can't sail out of the ballpark with the new dome in place.
（有了新圆顶，棒球不可能飞出球场。）
c. *The ball has to stay in the ballpark with the new dome in place.
（*有了新圆顶，棒球不得不待在球场内。）
d. An electron has to stay in a particular orbit around the nucleus.
（电子必须在围绕原子核的特定轨道上。）

在另外两种用法中，情态动词却允许无知觉的主语，也因此似乎与社会心理所指的概念相抵触，但 Talmy 证实这些都与主要发现不相悖。第一种用法如（30）所示。

（30）The cake can/may/must/should/need not/had better stay in the box.
（蛋糕能够/可以/必须/应该/不需/最好放在盒子里。）

这里的主语并不是情景中的主力体。该情景中存在一个真正的主力体，一个有知觉的主力体，只是没有表达出来。这个主力体作为施事，控制着由主语表达的受事。这样，（30）可以被认为是含有情态动词的独特结构，该结构使受事前景化，而使有知觉的主力体背景化。如果用一个恰当的术语来描述产生该结构的过程，那就是主力体降格（agonist demotion），对于力因素本身，可以称之为降格的主力体（demoted agonist）。特别是有主力体降格的句子，如（30）属于（31b）中表征的句型，但指的是（31a）中相应结构所准确表达的情景。

（31）**主力体降格**
a. 主力体（= 施事）情态动词 make/let/have 受事 VP =>
b. 受事 情态动词 VP

这样，*The cake must stay in the box*（蛋糕必须放在盒子里）可以被准确地诠释为 *People/You must make/let/have the cake stay in the box*（人们/你必须把蛋糕留在盒子里）。唯一不允许这一附加用法的情态动词是 *dare*: *The cake dare not stay in the box*（蛋糕不敢放在盒子里），这一事实说明，每个情态动词的使用与否都涉及一个真正不同的可区分的构式。

情态动词的第二种允许无知觉主语的用法是关于认知的，如(32)所示。

(32) The pear could/may/must/should/needn't be ripe by now.
(梨子可能/也许/一定/应该/不必现在成熟。)

这里涉及的是情态动词在各种命题推理领域的应用，而不是在这些命题本身的语义内容上的应用。事实上情态动词在认知情态用法中不适用于社会交际中的有知觉实体，而适用于推理范围内的各种信念。但每个例子只是关于同一领域的一种特殊用法，而不是无限制地应用于任何无知觉的实体。

对目前分析尤其重要的是，认知感觉完全和情态结合在一起。从历史发展看，英语情态动词的认知情态的用法是在最初的(道义)用法之后获得的。Sweetser (1984)采用目前的力动态框架来解释最初的情态用法；她认为对于心理社会交际的初始所指历时延展到了推理的语义领域，并被作为隐喻延伸而共时表征出来。也就是说，她把力动态概念看作从人际作用延伸到辩论及辩论者的论点之间的作用，从而限制辩论者得出某种结论。这样，她认为当前的力动态分析仍然有更大的解释力，并能够解释认知及情态语义。

## 7.16 未来研究

值得注意的是，此前力的概念在语言学以外的学科一直得到关注，在语言中也普遍存在，但力动态的语义范畴却一直被忽视。一旦力动态被人们认识到，它会被认定为语言中很重要的概念组织范畴。通过 Talmy 的介绍和分析，我们清楚地看到语言学领域的力动态系统与物理学、心理学、社会学、推理、语篇心理模式领域的所指和概念大体相似。作为一个系统，力动态为未来的研究提供了依据，以下是 Talmy 建议的几个未来可能的研究方向。

### 7.16.1 力动态系统的参数

虽然 Talmy 已经在前面的论述中列出了许多力动态系统的参数，但进一步的参数划分对未来的研究会有很大作用。(33)中总结了 Talmy 做出的许多区分,最后五个是还可能存在的区分(将在下面予以讨论)。

(33)力(或者说载力物体)是——

| | | |
|---|---|---|
| a. 出现 | 不出现 | ——即力动态情景与非力动态情景 |
| b. 中心的 | 边缘的 | ——即主力体与抗力体 |
| c. 相对较强 | 相对较弱 | ——即力的作用实现与克服 |
| d. 趋于运动 | 趋于静止 | 趋势上 |
| e. 导致运动 | 导致静止 | 结果上 |
| f. 稳定状态 | 变化状态 | 力作用模式方面 |
| g. 保持平衡 | 平衡转换 | 主力体和抗力体的相对力量方面 |
| h. 发生作用 | 不发生作用 | |
| i. 前景化 | 背景化 | ——由不同的句子结构体现 |
| j. 普遍的 | 特殊的 | ——由特定的句子结构体现 |
| k. 持久的 | 偶发的 | |
| l. 物理的 | 心理的 | |
| m. 处于与它对抗的另一物体 | 处于与它对抗的同一物体 | ——与分裂的自我相关 |
| n. 同一领域 | 跨领域 | 与对立方的关系 |
| o. 单一的 | 连锁的 | |
| p. 集中的 | 分散的 | |
| q. 推动 | 拉动 | |
| r. 接触生效 | 分开生效 | |
| s. 压缩的 | 伸展的 | |
| t. 统一不变的 | 变化的(梯度的/离散的) | |

这里列出的新参数,第一个(33p)是关于从空间和力量上讲,施力物体是集中的还是分散的。之前解释中的大多数例子都是把施力物体概念化描写为空间上集中的实体特征,它们所展示的力也集中在一个地点。例如,前文(3d)中将原木作为主力体,垄作为抗力体。但有的例子讲的是在空间上分散的抗力体,它们的力量也是分散的。(3c)中作为主力体的球在滚动时碰到的“硬草”这个抗力体,能显示出反向力分散的效果。同样,在(3b)中,是分散且持续不断

的“风”作为抗力体,作用于作为主力体的不可移动的小屋。

下一个参数(33q)区分了最显著的施力形式中“推”与“拉”之间的区别。“推”是本章唯一考虑的施力类型。拉,通常见于 *pull* (*on*), *draw*, *attract* 等表达。我们可以很明确地描述推和拉之间的基本区别。这取决于抗力体施加的大部分力是朝向(推)还是远离(拉)主力体的主要部位。在此处和下文中,“主要部位”这一说法基本上可以换成另一个更合适的说法,即“几何中心”。例如,将“我的手”作为抗力体,而将“一个杯子”作为主力体,如果“我的手掌”作用于杯子的后部使它向前滑动,我是在“推”杯子,因为手掌的主要部位施加的力是朝向杯子的主要部位。但如果我用一个弯起的手指勾住杯子的把手,把手拉回,那我就是在“拉”杯子,因为手掌的主要部位是朝与杯子的主要部位相反的方向施力。不错,我是用手的一小部分,即一个手指拉住杯子的一小部分,即通过把手施力。但是前文中我们用“几何中心”指代“主要部分”,因此对于“拉”的解释一样行得通。对于静止状态,以上解释也同样适用。这样,即使杯子牢牢地固定在其所处位置不动,区分“推”和“拉”的标准仍与上面所说的相同,尽管现代英语要求加上介词 *on*,即 *I pulled*/*pushed on the mug* (我拉/推杯子)。还有一种说法是建立在空间关系而非力的方向上。区分的标准是看在物体运动方向上,抗力体的主要部位是在主力体的主要部位的后面(推)还是前面(拉)。但这一说法仅适用于运动状态,为了扩展到静止状态,需要加上下面这句话:“只有抗力体能使主力体运动的时候才会发生推或拉。”

对什么是主力体和抗力体,什么是主要部位,即几何中心在什么地方,都有不同的解释。在不同情况下,主力体是被推还是被拉会因概念的不同而不同。例如,假设我现在坐在桌前,前臂支在桌子上,远离我的身体,但我的手是往后弯的,我通过运动手腕,把一个镇纸拿到自己身边。如果这里的抗力体仅指“我的手”,那么它的中心位于镇纸运动方向的后部,这里“推”的概念是适用的,我可以说“*I pushed the paperweight toward myself* (我将镇纸朝自己推过来)”。但如果抗力体指的是我的整个手臂,现在它的中心就位于镇纸运动方向的前部,这时,使用“拉”的概念较为妥帖,我可以说“*I pulled the paperweight toward myself* (我将镇纸朝自己拉过来)”。

应该注意的是,虽然刚开始人们会这么想,但抗力体和主力体显示的朝向或远离施事身体的任何运动方向并不是区分“推”和“拉”的决定性因素。从上面镇纸的例子可以很好地看出这一点。另外,如果我的双手在面前左右移动时,也可以有这样的例子:*I pushed the two paperweights together* (我将两个镇纸推到一起）/ *I pulled the two paperweights apart*（我将两个镇纸拉开）。

下一个参数(33r)关于一个施力物体只能通过与它的受力物体直接接触才能起作用,还是在一段距离之外也有效果。物理学领域至今只考虑直接接触的情况,包括上面讨论的“推”和“拉”(33q)。但是由当前参数来看,也有一种类似于“推”和“拉”的概念,不同之处是它在一段距离之外起作用,没有直接接触。这类概念包括排斥和吸引(就像磁铁)。在社会及心理领域,力动态被识解为直接作用还是在一段距离之外作用还不得而知。或许在一种概念化下,一个心理区域与另一个心理区域在“心理空间”(psychological space)上是相邻的。但可以确定的是,关于在一段距离之外的心理行为,其概念化是可能的,例如感情上的排斥和吸引。

参数(33s)是关于抗力体施加在主力体上的力是否会导致二者中任何一方的压缩或伸展。要注意,尽管人们常把主力体的压缩和“推”联系起来,而将其伸展和“拉”联系起来,目前讨论的参数和参数(33q)是完全不同的。例如,压缩弹簧,既可以通过推,也可以通过拉弹簧可以活动的一端,这取决于人与弹簧的位置关系——是在自由端的后面将其向远离自己的方向推开,还是站在固定的一端前面,将自由端向自己拉近。伸展弹簧也与此道理相同。

但我们目前讨论的参数的确与参数(33p)有一定关系。上文讨论参数(33p)时,我们认为,分散的性质与集中相反,适用于抗力体。现在,我们可以看出分散的性质同样适用于主力体。对于被压缩或伸展的主力体来说,例如:*I squeezed the rubber ball or I stretched the spring*（我挤皮球或我拉弹簧),主力体不是被概念化成抵抗抗力体力量的单纯的点,而是一个区域,在这个区域里,这种抵抗力是逐渐分散的。

最后,参数(33t)对抗力体或主力体施加的力的强度区分出统一状态和变化状态,而变化状态既可能是梯度的,也可能是离散的。本书中的大多数例子,不管是恒定还是变化的力动态形式,都假定抗力体和主力体在相互接触时施加给对方的具体的、持续的力。但我们也可以举出一种力的逐渐变化形式:比如与橡皮筋类似,抗力体和主力体离它们原来的位置越远,则其抵抗或复原的力量越大。因此,在 *The further I stretched the spring, the harder I had to pull*（我把弹簧拉得越远,我所用的力就越大)中,作为主力体的弹簧和作为抗力体的手是逐渐增加它们的施力强度的。

已经讨论过的力动态模式中,有一种涉及抗力体和主力体之间的力量平衡的转换,即“克服”,这种模式确实涉及了一个实体力量强度上的变化。事实上,这种变化既可能是逐渐的,也可能是离散的剧变。但是,如上述弹簧的例子所示,即使没有因某实体占优势而导致的失衡,力量也会发生变化。这样,我们必须将仅适用于力量失衡的参数(g)与目前讨论的仅适用于力量转换的参数分开列出。

毫无疑问,对语言力动态的进一步研究,将会产生更多的参数以及一个更大的系统,其中新的参数相互关联。

### 7.16.2 力动态的原型

另一条研究主线是关于语言力动态系统的局限性问题。前面所列的参数大体列出了整个系统的自由程度,但我们还能发现一些系统不能展示或者说只能稍微展示的因素,如(34)所示。

(34)语言编码表明,力的相互作用绝大多数或者说无一例外都包括:

a. 两个力
——不是一个,也不是三个或更多

b. 两个力以 180 度相对抗
——不是成其他角度,从而在新的方向上产生合力

c. 两个力相对抗
——不是朝向同一方向作用(如支撑、推动等同向的例子并不多见)

d. 较强的力克服较弱的力
——不是两个大小相同的力处于平衡状态互相对抗

e. 力沿直线起作用
——不是沿曲线起作用

f. 力沿着一条线向前起作用
——不是沿同心圆方向向内或向外起作用
(能够与同心力联系起来的封闭类形式确实存在,例如英语词 *confine* 和 *contain* 中的拉丁动词前缀 *con-*,但这种情况并不多见)

g. 主力体具有恒定的力趋势
——不是变化的力趋势

h. 主力体具有二值力趋势,或者趋于运动,或者趋于静止
——不是多值的或连续的

i. 主力体具有二值的结果状态,或者运动,或者静止
——不是多值的或连续的

关于语言力动态系统中包含什么,不包含什么,可以提供一个解释性的说明。应该包含的因素基本上是与力相互作用的概念原型一致的,如(35)所示。而偏离这些原型的,则在语言中具有最少表征。原型本身,实际上也可能成为一种重要的概念化模型,在认知的发展和总的概念组织中都能起到一定的作用。

(35)一个较强的力与一个较弱的力直接对抗,该条件要么全出现,要么全不出现。

### 7.16.3 力动态与其他图式系统

另一条研究主线是进一步揭示力动态系统与语言中其他语义范畴之间的关系。这方面的研究已经取得了一定进展。目前已经发现,至少四个图式系统可用来组织所指场景或者言语行为场景,每个系统都在一定程度上相互独立(见本书第一章)。第一个图式系统是"构型结构",通过这一结构,特定的句子元素为某一场景分配一个特定的空间和时间结构。第二个图式系统是"视角点位置"(location of perspective point),即给定关于某一场景的结构框架,语言元素能指导人们从一个特定的视角来充满想象地审视这一框架。第三个图式系统是"注意分布"(distribution of attention):从某一特定位置观察结构完整的特定图式,语言表达能够指导人们将注意最大限度地集中到这一框架内某一选定的因素上。最后,第四个图式系统是力动态,即前面提到的基本上属于图式的混合体,现在可以在它们结构框架各元素之间添加彼此相互作用的力。如果说前三个图式系统主要涉及视觉感知系统,力动态则主要涉及动觉感知系统。因此,事实上,在研究中适当考虑力动态的作用,就会有利于消除偏见,即认为在理论构建中只能用建立在视觉基础上的模式。语言学还面临的一个问题是,如何将这四个甚至是更多的图式系统整合到一个统一的语言概念结构中去。

### 7.16.4 语言和其他认知系统

最后,我们需要进一步讨论语言中的概念结构与其他认知领域中的概念结构的关系。我们已经讨论了力动态与本论题的关系。语言中对物理与心智力量相互作用的概念化与存在于我们心理模式领域中有关的物理和心理特征的常识,在概念上有密切的对应性。我们还可以观察到语言和其他认知领域之间更多的类似结构。Jackendoff(1987)和 Talmy(1988b)都阐述了语言图式系统与视觉感知结构之间的对应和不同。此外,语言包含了一种推理系统,它不仅存在于认知形式中,也存在于传信形式中,并能够从语法上做出这样的标注,比如‘已知事实(known as fact)’‘推断(inferred)’‘演绎(deduced)’和‘视为可能(considered probable)’。这一系统与一般意义上的认知领域的推理似乎类似。语言系统中的语篇功能可以标注类似‘已知的(given)’‘新的(new)’和‘处于焦点的(in focus)’信息。这与心理学中描述的“定向反应(orienting response)”系统很类似,后者包括类似的因素如‘熟悉的(familiar)’‘意外的(surprising)’和‘处于注意焦点的(at the focus of attention)’。基于此类观察,我们认为尽管每一种认知域都有自己独有的结构特点,但在所有的认知领域中存在一个共同的、基本的概念结构核心。所以,我们研究的长期目标是确定人类认知中概念结构的总体特点,这一目标的实现需要认知领域各学科之间的鼎力合作。

## 7.17 结 语

人类认知的过程就是由感知物理的力,通过隐喻等认知手段到心理的力再到语言的概念表征(刘婧、李福印 2017)。力动态概念比传统的致使概念更具概括力,为跨语言的表征研究提供了新的理论视角。

# 8　因果关系与致使①

## 8.1　引　言

因果关系和致使既相互关联,又彼此区分。作为物理学中的一个基本概念,因果关系业已成为哲学、心理学和语言学等学科的核心研究话题。研究因果关系,不同的学科具有一套各自不同的术语。语言学领域关注人类对因果关系现象的语言表征,比如:致使动词(也有译为"使役动词"的)、致使构式等。既往研究集中于对跨语言的致使动词或致使构式的比较分析,未涉及因果关系的概念本质。在此,我们将从语义学视角对这一概念展开解析,介绍因果关系不同类型的派生过程,所具有的特征及其在语言表达中的多样性。

本章首先对因果关系概念进行溯源,介绍因果关系和致使间的联系(8.2)。之后对基本致使情景及其特征进行详细介绍和示例(8.3—8.6)。基于此,进一步论述在因果关系中具有重要语义地位的工具概念(8.7)。随后介绍因果关系情景中所涉及的动态对抗(8.8)以及由此区分的两类因果关系情景(8.9)。同时性(8.10)涉及从时间维度对以上两类因果关系的区分。基于以上论述,我们对基本致使情景的特征进行了全面总结(8.11)。复杂致使情景(8.12)是在基本致使情景的基础上构建而成的,我们也对其进行了详细介绍。本章最后介绍了致使交替现象的最新研究进展。

---

① 本章内容在整理编写时主要参照《认知语义学(卷 I):概念构建系统》(伦纳德·泰尔米著,李福印等译 2017)第 8 章中的部分内容。

## 8.2 因果关系与致使

因果关系是西方著名哲学家David Hume讨论的主要话题之一。Hume(1978)认为以下七种关系是一切哲学关系的根源：类似关系(resemblance)；同一关系(identity)；时间和空间关系(space and time)；数量关系(quantity and number)；程度关系(degree)；相反关系(contrariety)以及因果关系(cause and effect)(休谟 2016: 22—23; Norton & Norton 2007)。

对于因果关系，Hume(1978)指出，"所有其他的物体，如火和水、热和冷，只能从经验中发现它们是相对的，或是从它们的原因或结果的矛盾中发现是相反的。因果关系是第七种哲学关系，也是一种自然关系"。① 因此，在Hume看来，因果关系是一种广泛的事物之间的关系，并且"只有因果关系能产生这样一种联系，使我们确信一个对象的存在或作用之后或之前有任何其他的存在或作用"。② 在语言学领域，致使作为因果关系的语言表征形式，一直是中外学者的研究重点(Beebee *et al.* 2009; Comrie 1989; Dixon 2000; Goldberg 1995, 2006, 2019; Shibatani 1976, 2002; Song 1996; Talmy 1988a, 2000a; Wolff 2007; Wolff & Barbey 2015; Wolff & Shepard 2013; Wolff & Song 2003; Wolff *et al.* 2009; Li *et al.* 2015a, 2015b; 廖巧云 2004, 2007, 2008, 2010; 熊学亮、梁晓波 2004; 俞琳、李福印 2016; 张豫峰 2007, 2008, 2014; 李金妹等 2017a, 2017b, 2020 等)。

在最新版的英语《牛津语言学词典》中，causative 的完整定义如下：

> **Causative** (**CAUS**) (Construction, verb, affix) used in saying who or what causes something to happen. Thus of an affix in, schematically, *I eat*-CAUS-PAST *the baby 'I fed the baby'*: literally, 'I caused the baby to eat'.
>
> Similarly of *make* as a causative verb, e.g. in *I made the baby eat*. Thence extensions to other cases where the subject of a transitive verb can be understood as responsible for something that happens. E.g. a sentence like *I*

---

① 原文为 Hume (1978: 15): All other objects, such as fire and water, heat and cold, are only found to be contrary from experience, and from the contrariety of their causes or effects; which relation of cause and effect is a seventh philosophical relation, as well as a natural one.

② 原文为 Hume (1978: 53): It is only causation, which produces such a connexion, as to give us assurance from the existence or action of one object, that it was followed or preceded by any other existence or action.

*dropped the glass* has been described as 'causative', with *I* referring to a 'causer', in distinction from an *intransitive, with no 'causer', like *The glass dropped*.

(Matthews 2014: 52-53)

目前学界对致使的研究集中于"致使动词""致使结构""致使构式"等。因果关系与致使相互映现,因此本章以讨论因果关系类型为主线,兼论表征因果关系的致使类型。

《牛津语言学词典》中并没有causation的定义。如前所述,原因在于语言学研究多关注因果关系的语言表征,即致使,而非其概念自身。此外,似乎也不存在一种单一的因果关系情景。同样,致使并不是单一类型的语言表征形式。

Talmy(2000a: 475)曾提出五种致使类型。以深层动词BREAK为例,这五种类型是:

(1)**五种致使类型**

a. ...RESULTed-to-break → ...$_R$broke(结果致使)
b. ...EVENTed-to-break → ...$_E$broke(事件致使)
c. ...INSTRUMENTed-to-break → ...$_I$broke(工具致使)
d. ...AUTHORed-to-break → ...$_{Au}$broke(行为者致使)
e. ...AGENTed-to-break → ...$_A$broke(施事者致使)

依据复杂程度和前景化元素(首先出现)的差异,我们可将不同的致使关系排序如下:

(2)a. The vase broke.
(花瓶碎了。)
(自发事件)
b. The vase broke from (as a result of) a ball('s) rolling into it.
(因为球撞到花瓶,结果花瓶碎了。)
(受因事件致使(基本致使))
c. A ball's rolling into it broke the vase.
(球撞到花瓶,花瓶碎了。)

(使因事件致使)

d. A ball broke the vase in (by) rolling into it.

(球撞到花瓶,把花瓶打碎了。)

(工具致使)

e. I broke the vase in (with my/by) rolling a ball into it.

(我把(用我的/用)球撞到花瓶上了,把花瓶打碎了。)

(行为者致使,即非意向性结果)

f. I broke the vase by rolling a ball into it.

(我用球撞到花瓶,把花瓶打碎了。)

(施事者致使,即意向性结果)

需要注意的是,总体来说,致使或非致使语义在表层形式上与复合句或含有补语的句子之间没有明确联系,而且与从句长度完全无关。这一点可用例(3)中的英语句子说明:这几个句子句法结构相同,但语义上的致使性各不相同。

(3)

| 不表达因果性 | 表达因果性 |
| --- | --- |
| The ice cream melted from the stick.<br>(冰激凌在棍上融化了。) | The ice cream melted from the heat.<br>(冰激凌受热融化了。) |
| The log rolled across the field.<br>(原木滚过田野。) | The girl rolled across the field.<br>(女孩滚过田野。) |
| The book gathered dust.<br>(书上积了一层灰。) | The ball broke the vase.<br>(球打破了花瓶。) |
| I grew a wart in my ear.<br>(我耳朵内长了一个疣)。 | I grew a wort in my pot.<br>(我在盆里种了一株花草。) |
| I watched the ice cream melt.<br>(我看着冰激凌融化。) | I made the ice cream melt.<br>(我使冰激凌融化了。) |

## 8.3 基本致使情景

基本致使情景包括三个主要组成部分：一个简单事件(其他语境下的自发事件),直接导致这一事件的事件,以及这两者间的因果关系。作为分析其特点的第一步,这种语义实体在句法上可用(4)中的深层结构来表征。在这种结构中,深层语素用大写字母表示,括号里的术语表示其语义成分：

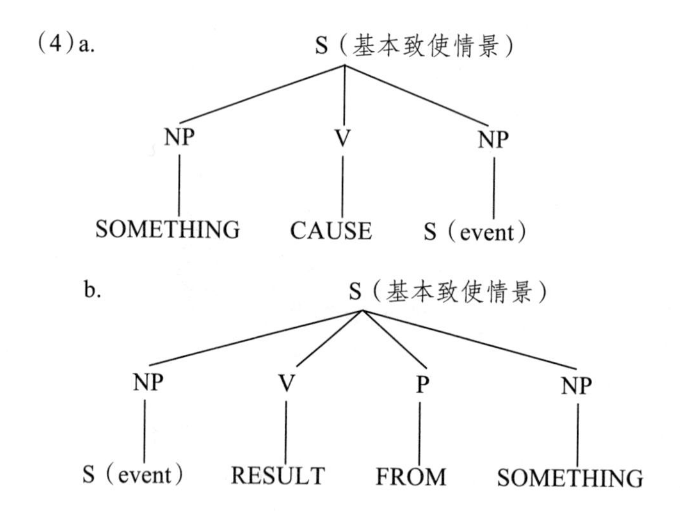


也可以用(5)中不同的表达式表征深层语素。

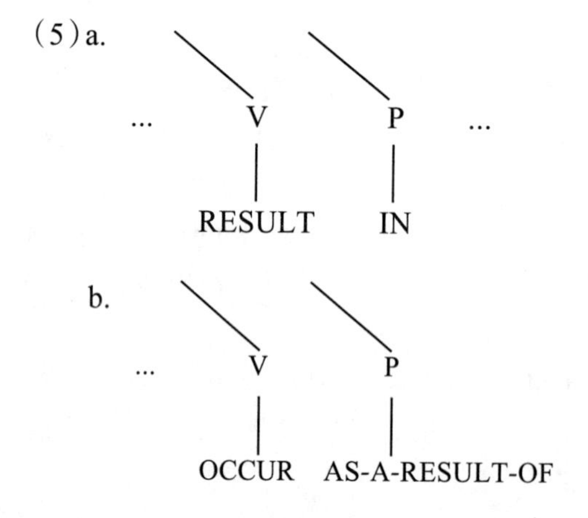


(4)和(5)中的 a 形式和 b 形式在本研究中可互换使用。

## 8.4 致因事件和使因事件

关于基本情景，另一点要注意的是，简单事件的起因本身也是一个简单事件，不能由物体充当，如例(6)中的“球”，否则将不合规范。

(6) * The window's breaking resulted from a ball.
(*窗户破碎是由于一个球。)

与之相比：

(7) ° The window's breaking resulted from a ball's sailing into it.
(°窗户破碎是由于一个球撞了进去。)

也可以用(8)复合句形式表达。

(8) The window broke as the result of { *a ball. / °a ball sailing into it. }
(窗户破碎是由于 { *一个球。) / °一个球撞入窗户。) }

在相关联的结构类型中，下面(9)与(10)相比还过得去，且与上例对应。

(9) A ball broke the window.
(一个球打破了窗户。)

(10) ° A ball's sailing into it broke the window.
(°一个球撞进去打破了窗户。)

但(10)这样的句子似乎总是暗含了更大的形式，其中包含因果事件。

(11) ° A ball broke the window in/by sailing into it.
(°一个球通过撞进窗户里，打破了窗户。)

但还有些名词性成分不同于 *ball* (球)，可以很自然地出现在 *from* 或 *as a result*

*of* 后面，比如（12）中的 *wind*（风），*rain*（雨）和 *fire*（火）。

（12）The window cracked from the wind / the rain（fall）/ a fire.
（窗户破碎是由于风 /（下）雨 / 火。）

但是这些名词表达的是 Fillmore（1971）所说的 "forces"（力），其中有些可以认为是从表达整个事件的深层分句中合并而来的，如（13）所示：

（13）... from the air blowing on the Figure
（……由于气流吹在焦点上）
... from the rain（water）falling on the Figure
（……由于雨（水）打在焦点上）
... from flames acting on the Figure
（……由于火焰作用在焦点上）

Fillmore 提出的问题是作用力归为施事还是工具，本研究认为力既不是施事也不是工具，而是一个事件。因此，例子 *The wind broke the window*（风打破了窗户）可看作是来自句子 *The air's blowing on it broke the window*（空气吹在窗户上导致窗户破了）这样的结构，即事件因果关系的例子，将在本章第 12 节中讨论。

鉴于此，（4）中最后一行的深层结构可修改为以下形式：

（14） a. S（event）CAUSE S（event）
b. S（event）RESULT FROM S（event）

本书把（14a）中左侧的 S（事件）称为使因事件（causing event），右侧的 S（事件）称为受因事件（caused event）或结果事件（resulting event）（可互换使用）。

## 8.5 受因事件在使因事件之前

有证据表明，（14）的两种表达式中，（14b）是更基本的形式。大量的致使句子可以为此提供句法依据。可以看到，受因事件的表征总是出现在主句中，且能够或者以名词性形式（在名词性词节点下）出现，或者提升为整个主句。另一方面，使因事件总是出现在从属分句中，且总是以名词化的形式出现。当然，这一点在由(14b)形式得来的表层句式结构中表现极为明显，如(15)所示：

(15) The window's breaking occurred as a result of a ball's sailing into it.
(窗户破碎的发生是由于一个球的撞入。)

其中受因事件(窗户破碎)确实在主句中，而使因事件(球撞入窗户)也确实以名词化形式出现在从属分句中。并且，受因事件可以以非名词形式表达并升格为整个复合句中的主句，如(16)所示：

(16) The window broke as a result of a ball's sailing into it.
(窗户破碎了是由于一个球撞入的结果。)

当起因(物理)物体做主语时，情况也是如此：

<table>
<tr><td rowspan="4">(17) A ball<br>(一个球</td><td>caused the window's breaking</td><td rowspan="4">in sailing into it.<br>因球撞入窗内。)</td></tr>
<tr><td>导致窗户的破碎</td></tr>
<tr><td>broke the window</td></tr>
<tr><td>打破了窗户</td></tr>
</table>

其中受因事件仍为主句(可根据需要将它提升为主句)，而使因事件仍以名词化形式做从属分句。即便是使因事件做主句(此时没有从属分句)，如(18)所示：

<table>
<tr><td rowspan="4">(18) A ball's sailing into it<br>(一个球的撞入</td><td>caused the window's breaking.</td></tr>
<tr><td>导致窗户的破碎。)</td></tr>
<tr><td>broke the window.</td></tr>
<tr><td>打破了窗户。)</td></tr>
</table>

这时使因事件还是以名词化形式出现，而受因事件的表达式也仍在主句中，仍然能提升，从而脱离名词形式。下面两例可以提供有力的反证：

(19) A ball's sailing into it resulted in the window's breaking.
(球撞入窗户导致了窗户的破碎。)

或者用反向代词化:

(20) A ball's sailing into the window resulted in its breaking.
(球撞入窗户导致它的破碎。)

其中受因事件表达式必须保持名词形式(甚至可以看作是存在于 *in* 引导的从属分句中)。即便这样,使因事件也必须保持名词形式且不能提升为主句。因此没有和(20)相对的使因事件提升为主句的句子,如(21)所示:

(21) * A ball sailed into the window in its breaking.
(* 球撞入窗户,在它破碎时。)

而在受因事件先出现并且提升为主句时,如(22)所示,也没有相应的反向嵌入和反向因果关系的表层表达形式,如(23):

(22) °The window broke *from* a ball's sailing into it.
(°窗户破碎是由于一个球撞入其内。)

(23) * A ball sailed into the window *to* its breaking.
(* 球撞入窗户致其破碎。)

我们在带有施事的句子中再次得出同样的结论。见下句:

(24) I broke the window.
(我打破了窗户。)

该句用单(主)句表达了最终受因事件,但是如果暗含且涉及另一事件,此时将用从句表达使因事件。

(25) I broke the window by throwing a ball at it.
(我朝窗户扔了一个球,窗户破了。)

与之相比,没有与受因事件和使因事件表达式位置相反的对应句式,如:

(26) * I threw a ball at the window { to / 去 / to the point of / 到……程度 } breaking it.

(* 我向窗户投一个球 { to / 去 / to the point of / 到……程度 } 打破它。)

诸如(27)中的其他反例可以排除,因为这些句子可以用 *thereby* 结尾,是对包含使因事件的从句的代词化。因此,句首分句就是使因事件的重述,该使因事件把后来所发生的事件代词化。这类句子可称为“复写分裂句”(copy-clefting)。

(27) a. A ball sailed into the window { and it broke. / with the result of its breaking. }

(球撞进了这扇窗户 { 窗户破了。) / 导致窗户破碎。) }

b. I threw a ball at the window { and broke it. / (with the result of) breaking it. }

(我向窗户投了一个球 { 把窗户打破了。) / (结果是)打破了窗户。) }

因此,这些句子中表达受因事件的表层形式会出现在表达与之相关的使因事件的表层形式之前,但缺少表达相反情况的形式。这一模式在讨论依据因果性而做出决定的句子时会再次提到并得到强调,如例(28)所示。

(28) a. We stayed home *because* of the rain pouring down.

(因为雨倾盆而下,我们待在家里。)

*The rain poured down *to-the-point-of-occasioning* our staying home.

(* 雨倾盆而下到了让我们待在家里的程度。)

b. We went out *despite* the rain pouring down.

(尽管雨倾盆而下,我们还是出去了。)

*The rain poured down *in-futile-oppositiveness-to* our going out.

(* 雨倾盆而下,没能阻止我们出去。)

例(28)中句法事实伴随的语义现象是:在标准复合句中无法陈述使因事件,而只能预设性地表征。如果要明确表达使因事件,则必须采用复写分裂句的句型。

以上结果表明,(14)的两种形式中,(b)更基本。因为受因事件在主句中得以表征(实质上一直如此),使因事件在从句中表征(通常如此),且是预设性的(一直如此)。依据本书第四章的焦点-背景理论,在(14b)形式中,受因事件充当焦点,使因事件充当背景。因此,在确定了基本致使情景的特点之后,我们可用以下深层结构更准确地表达其句式:

(29)

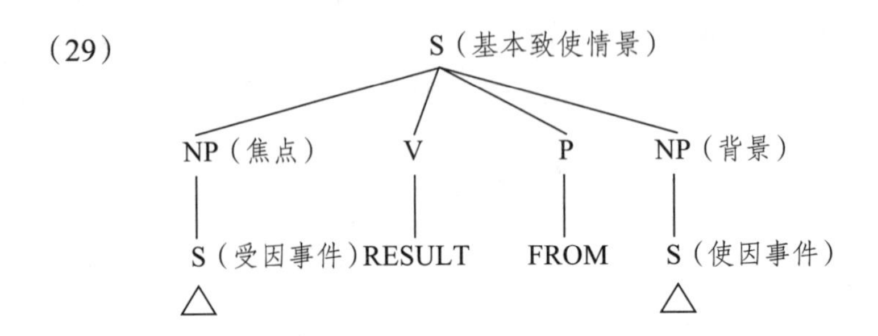


## 8.6 使因事件的特征

要使两个事件之间存在因果关系,使因事件必须和受因事件有一些共同成分。否则,就不存在因果关系的概念,如例(30)所示。

(30)*The aerial toppled off the roof as a result of a ball's sailing into the pond.
(* 一个球飞进池塘,结果导致天线从房顶倒下来。)

但是,进一步讲,使因事件不可以和受因事件随意共享任一成分,如:

(31)*The aerial plummeted through the air as a result of a ball's sailing through the air.
(* 天线从空中倒下是由于一个球穿越空中。)

但是必须共享受因事件中具有焦点功能的成分。

(32)° The aerial$_i$ plummeted through the air as a result of a ball's sailing into it$_i$.
(° 天线$_{工具}$从空中倒下是由于一个球撞在了它$_{工具}$上面。)

此外,在使因事件中,这个共享的成分必须做背景,有其他焦点成分作用其上。这个共有成分本身不能做焦点,否则它会导致自身的运动。使因事件中焦点和背景之间必须是作用(impingement)关系。对于物理事件,这种力的作用关系涉及接触时施加瞬间的力或施加持续的力。如(32)中所示的是瞬间接触,而(33)中则为持续式的接触:

(33)° The aerial (eventually) toppled off the roof as a result of
(° 天线(最终)倒下房顶是由于

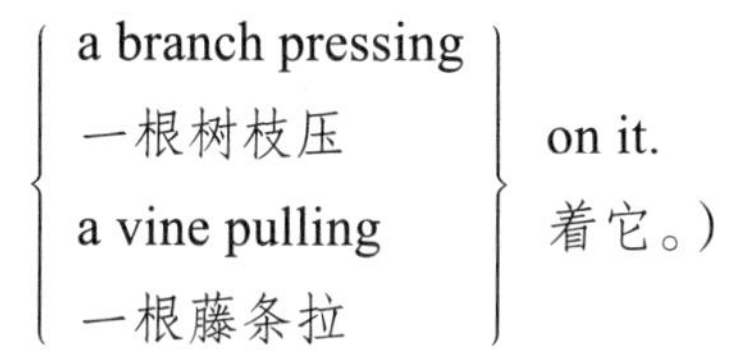
{a branch pressing / 一根树枝压 / a vine pulling / 一根藤条拉} on it. 着它。)

可以排除没有力接触的情况,如:

(34) *The aerial toppled off the roof as a result of a ball sailing past it.
(* 天线从房顶倒下是由于一个球从旁边飞过。)

同样要排除的还有产生接触但没有施力的情况。对接触中断情况则有一些限制。从施事句来看这一点,可以看到 *by* 引导的分句既可表示产生接触,也可表示中断接触,如(35a)和(35b)所示,而 *with* 引导的短语则只能表示产生接触,如(35c)。

(35) a. ° I toppled the display by throwing a can at it.
(° 我扔过去一个易拉罐,打翻了展品。)
b. ° I toppled the display by removing a can from its bottom tier.
(° 我从底层抽出一个易拉罐, 弄翻了展品。)
c. I toppled the display with a can {that I threw at it. / *that I removed from its bottom tier.}
(我弄翻了展品 {用扔过去的易拉罐。) / * 用从底层抽出的易拉罐。)}

用深层语素序列 ACT ON（作用于）表示这种作用关系，那么具有上述特点的使因事件可用(36)中的句法形式表示：

(36)

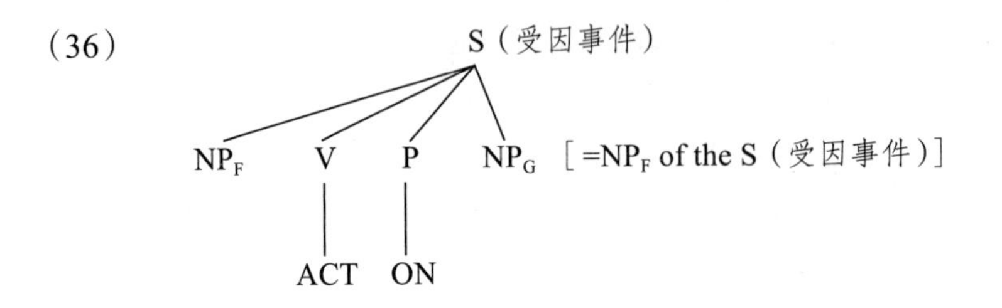


## 8.7 工 具

当我们再次考虑整个基本致使情景时，得出一个重要发现：使因事件中的焦点成分在整个致使情景中反过来又成为工具。它所承担的功能大多属于‘工具’。比如，表达工具的名词性词通过派生得来，且出现在施事句的 with 短语中。另外，在受因事件中做焦点和背景的成分在整个致使情景中也具有同样的功能。这些层级语义关系在以下对基本致使情景的句法表征中得以详细体现。图中表示语义关系的符号(F, G, I)，如果属于使因事件则标注下标 1，属于受因事件则标注下标 2，属于整个致使情景则标注下标 3：

(37)

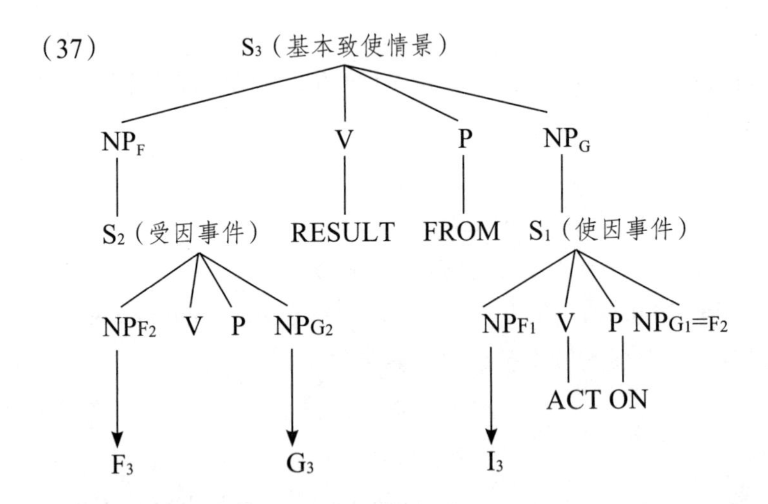


使因事件的焦点同时也是整个因果情景的工具，这就是多重关系嵌入或语义关系派生的一个例子。在后面的例子中，(1) 致使情景中的行为者和意愿情景中

的意向者(intender)在包含这两个情景的更大情景中充当施事;(2)一个实体(诱导者)相对于另一个充当施事者的实体(被诱导者)也充当施事者。

## 8.8 动态对抗

通过对比(38)和(39)中的例句,还可以得出基本因果关系情景的另一个语义特征。

(38) The golf ball rolled along the green.
(高尔夫球沿着草坪滚动。)

(38)中的独立句描述一个自发事件(类似于更明显的自发事件,如 *The satellite circled around the earth*(卫星绕着地球转))。可将该句与(39)这样的致使句中的主句进行对比,该主句描述有因果关系的结果事件。

(39) a. The ball rolled along the green from the wind blowing on it.
(由于风吹,球在草坪上滚动。)
b. The ball continued to roll along the green from the wind blowing on it.
(由于风吹,球持续在草坪上滚动。)

在(38)中,事件似乎依本身固有性质一直进行,不可阻挡;而在(39)中,球似乎没有滚动的趋势,只是由于外力的作用才滚动。这一判断的依据是:如果没有另外的事件发生,该事件就不会发生。但除了这种有条件的概括性描述外,还存在与动态对抗描述相对应的语义现实。受因事件的焦点处于和事件中运动相反状态的"自然趋势",而使因事件的工具给焦点施加了力来"克服"这种自然趋势。对于(39)中描述的情景,用公式解释的话,就是球有静止的自然趋势,而风吹克服了这种趋势。这种公式的另一种可能性是把动态对抗看作是矢量和,其合力成为焦点在受因事件中的运动状态。同样,对于(39)中的情景,这意味着球沿着路径滚动是风力的矢量和相反方向较小矢量的合力;这个反向的矢量就是物理学上的"摩擦力"或传统上的"物体趋于静止的趋势"。另外,表层动词 *continue*(继续)还有另一种表达非致使的用法,如(40)主句所示,和(38)、(39b)对比(我们必定能看出其来自一个不同的深层形式),能更清楚地说明上述问题：

（40）The ball continued to roll along the green（down the slope）despite the tall grass hindering it.

（球继续在草坪上(沿着斜坡)滚动，尽管有很高的草阻挡。）

此句中表示的动态对抗刚好和(39b)中相反，如(41)所示：

（41）

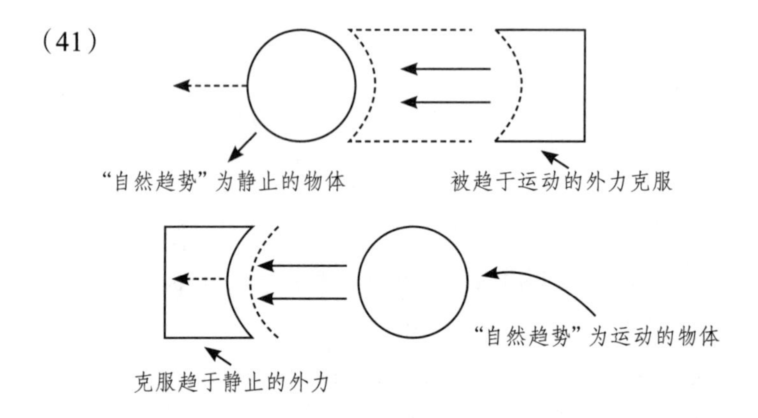


也就是说，球的自然趋势是运动，这种趋势克服了草施加的使球静止的力。或者用矢量术语来说，球沿着它的路径运动是矢量结果，即由于球的动量而产生与运动方向一致的力矢量和与草摩擦产生的较小反向力矢量相加的结果。因此，当(42)中的动词 *continue* 和(39b)中的 *continue* 语义相同时，表示真正的因果关系，尽管这是隐含的。

（42）The ball continued to roll along the green.

（球沿着草坪持续滚动。）

但是当这个句子与例句(40)语义相同时，不表示因果关系。

上述例子均涉及运动，但方位事件既可以因固有属性而发生，如：

（43）The wagon is standing on the platform.

（马车停在平台上。）

也可以是动态对抗的结果，如(44)主句所示：

<table>
<tr><td rowspan="4">(44) The wagon<br>(马车</td><td>is standing</td><td rowspan="4">on the incline as a result of<br>a brace pressing against it.<br>在斜坡上是由于使用了车<br>闸。)</td></tr>
<tr><td>停</td></tr>
<tr><td>is continuing to stand</td></tr>
<tr><td>继续停</td></tr>
</table>

这里可以把运动看作马车的自然趋势,这种自然趋势被车闸施加的力所克服。至少有一个例子可以从词汇层面显示出((43)和(44)之间)这种区别。比如吸盘镖吸在冰箱上这样一个事件。如果认为这个事件是自发的,则可用动词形式 *be stuck* 表示,如(45):

(45) The (suction-cup) dart is stuck to the refrigerator.
((吸盘)镖粘在冰箱上。)

但是当同样的事件被看作是由别的事件(不断克服焦点运动的自然趋势)引起时,使用动词 *stick*,如小孩子扔出飞镖后大叫:

(46) The dart is sticking to the refrigerator!
(飞镖粘在冰箱上了!)

对于第三种事件类型,比如从静止向运动过渡的非持续事件,很少有自发事件的例子。但可以和之前的例子一样,用动态对抗解释致使运动,如(47)的主句所示:

(47) The ball rolled off its spot from a gust of wind blowing on it.
(一阵风把球吹得滚离了原地。)

与这里讨论的其他语义关系相比,更难以确定的是,如何用深层结构清晰地表达动态对抗这样的语义关系(除暗含 RESULT FROM 部分意义外),即是否可以像(48)一样对相关从句进行详述呢?

(48) [ the ball rolled along the green ]—*against its natural tendency to rest*
([球沿着草坪滚动]——对抗其静止的自然趋势)

RESULTed FROM
是由于
[ the wind was blowing on the ball ]—*overcoming that tendency*
([风吹着球]——克服那种趋势)

或者像(49)一样,不对简单使因事件加以说明而对矢量和加以说明?

(49) [ the ball rolled along the green ] RESULTed FROM
([球在草坪上滚动]是由于)
[ the force of [ the wind blew on the ball ] exceeded the force of [ the ball's tendency to rest acted on the ball ]
([风吹着球的]力超过了[球的静止趋势作用其上的]力])

但是即便确实存在公式,目前还没有足够的句法实例推断出这种具体公式。

### 8.9 时间点延续和时间段延续因果关系

如前所述,致使情景中动态对抗的抽象性同样重要,无论这种情景持续一段时间(包括运动或静止)还是发生在某个时间点。但正是这种时间点和时间段的差异将基本致使情景分为两类,而这种差别本身也值得研究。例(50)中的一对句子表达的两个情景因这种差异而不同,我们从中可以发现若干相关特点。

(50) a. The carton slid across the grass from the wind blowing on it.
(因为风吹,纸盒滑过草地。)
b. The carton slid off the spot from a gust of wind blowing on it.
(因为一阵风,纸盒从原来摆放的地方滑落下去。)

首先,就动态对抗而言,在情景(a)中,焦点静止的趋势持续了一段时间,焦点可能在任何一个时间点上停下来;而力这一工具在整个时间段内克服这种趋势,并且作用于每一个时间点。但是在情景(b)中,运动的阻止及其克服在一个时间点上展现出来。其次,受因事件(纸盒的运动)在(a)句中匀质发生,并持续了一段时间,的确贯穿了每一个时间点。但是在(b)中,运动发生与否都表现在同一个时间点上。我们甚至可以得出这样的结论:受因事件是这两个事件的转换,而不是最终的运动状态。最后,此处(a)中的任何时间点和(b)中单独的一个时间点表现出的因果关系特点是不同的。尽管两种情况都符合因果关系的标准,因为如果没有风吹,纸盒也不会运动,但是在(b)中,使因事件的缺失意味着纸盒保持静止,而在(a)中的某个时间点上,使因事件的缺失暗示纸盒将逐渐静止。

这两类关系类型被称作时间点延续因果关系(point-durational causation)和时间段延续因果关系(extent-durational causation)。但我们还不清楚这两类关系如何在深层结构中清晰地体现出来,以及时间点因果关系在部分派生的结构中将会采用什么形式。但是,时间段因果关系可以在中间的派生过程中通过深层语素 CONTINUE (继续)很好地表现出来,如例(51)所示:

(51) The carton CONTINUEd (to) slide across the grass from the wind blowing on it.
(纸盒继续滑过草地,因为风吹向它。)

深层动词在进一步的派生中会被省去,从而产生了最初看到的句子形式,即:

(52) The carton slid across the grass from the wind blowing on it.
(纸盒滑过草地, 因为风吹向它。)

或是插入表层动词,例如,*continue to* (继续)或 *keep on -ing* (继续),由此产生:

<table>
<tr><td rowspan="4">(53) The carton<br>(纸盒</td><td>continued to slide</td><td rowspan="2">across the grass from the wind<br>过草地因为风</td></tr>
<tr><td>继续滑</td></tr>
<tr><td>kept on sliding</td><td rowspan="2">blowing on it.<br>吹向它。)</td></tr>
<tr><td>继续滑</td></tr>
</table>

深层动词 CONTINUE (继续)也可以和其他特定的语素词化并入,比如和 *be* 词化并入。

(54) NP CONTINUE to be Adjectival

*stay*,

*remain*

因此,除了 *the soup was hot*(汤是烫的),还出现了:

(55) a. * The soup continued to be/kept on being hot.

(* 汤继续是/一直是烫的。)

b. °The soup stayed/remained hot.

(° 汤保持烫的(状态)。)

并且,如先前的例子,经历了同 *be stuck* 合并的过程:

(56) NP CONTINUE to be *stuck to* NP

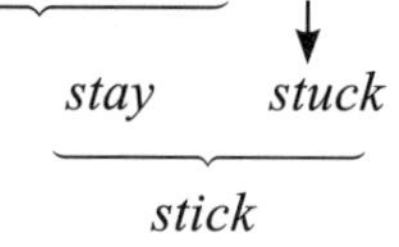


如下句中:

(57) a. * The dart continued to be stuck to the refrigerator.

(* 飞镖继续被粘在冰箱上。)

b. ˣ The dart stayed stuck to the refrigerator.

(ˣ 飞镖仍粘在冰箱上。)

c. °The dart stuck to the refrigerator.

(° 飞镖粘在冰箱上。)

施事结构呈现出如下词化并入结构:

(58) NP AGENT (*ed*) NP *to* CONTINUE *to* Verb

*keep -ing* NP

如下句中：

（59）a. ˣ I'm making the ball continue to roll.

（ˣ 我正在使球继续滚动。）

b. °I'm making the ball rolling.

（° 我正在使球滚动起来。）

同时还有：

（60）

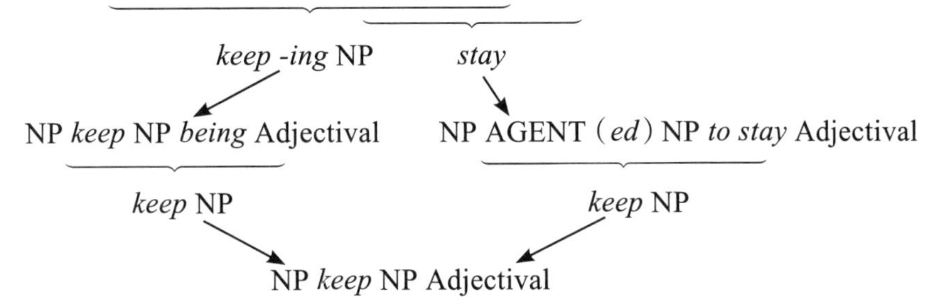


如下句中：

（61）a. ˣ I made the soup continue to be hot.

（ˣ 我让汤持续热着。）

b. * I kept the soup being hot. / ˣ I made the soup stay hot.

（* 我让汤热着。/ ˣ 我使汤保持热度。）

c. °I kept the soup hot.

（° 我让汤热着。）

## 8.10 同时性

请看下例：

（62）a. The carton slid（all the way）across the grass from a（single）gust of wind blowing on it.

（因为一阵风吹向纸盒，纸盒（一路）滑过草地。）

b. The board cracked from the rod pressing into it.
(因为杆子压进木板，木板断裂了。)

分析表明，表面上，这类句子和表达基本致使的句子有相同的结构，但实际上并非如此。这类句子表达的关系比基本致使情景更复杂，因为除了包括基本致使情景外，还包括其他语义成分。在(62a)中，纸盒的运动可以看作真正的致使情景发生后的自发事件，即一阵风使纸盒运动起来的时间点因果关系。此外，在(62b)中，杆子压下来可以看作是一个持续自发事件，只有在某一个时间点上才作为时间点致使情景中的使因事件，诱发木板断裂事件。因此，在(62a)和(62b)中，主句和从句表现出显著的非同步性，但这并不必然反映基本致使情景的任何特点。相反，从这些更复杂的情景中概括抽象出来的时间点延续因果关系，和下面这样的句子表征时间段延续因果关系同时出现。

(63) The carton slid across the grass from the wind blowing on it (steadily).
(纸盒滑过草地，因为风(持续地)吹向它。)

例(63)表现出基本致使情景的又一特点：受因事件在使因事件持续期间发生，无论这是时间点还是时间段。

## 8.11 基本致使情景的特征

综上，我们把已经抽象概括出来的基本致使情景的特点总结如下：

1. 基本致使情景包括三个要素：一个简单事件，导致该事件的事件以及这两者之间的因果关系。

2. 导致简单事件的事件本身也是一个简单事件。

3. 在整个语义情景中，受因事件是焦点，使因事件为背景(因此，它们在深层结构中分别一前一后被表征)；这种因果关系是一种"result from"关系。

4. 使因事件中的背景也是受因事件中的焦点物体。使因事件中焦点必须与这一物体有施力的接触。这一接触可能是瞬间的，也可能是持续的(可能涉及推或拉)，但是不能没有接触。深层形式 'ACT ON' (作用于)可以用来表征这些特点。

5. 受因事件中焦点物体和背景物体在整个致使情景中具有相同的作用。

使因事件中的焦点在整个致使情景中为工具。

6. 如果使因事件不发生,受因事件便不会发生。或者,受因事件中的焦点有运动的自然趋势,这与其表现出的状态相反,而且这种自然趋势被使因事件中工具施加的外力克服。或者受因事件是焦点矢量和工具矢量的矢量和。

7. 致使情景可以发生在一个时间点上,或持续一段时间,其特点呈现出相关差异。

8. 受因事件完全在使因事件的时间段内发生。

## 8.12 复杂致使情景

基于基本致使情景所反映的特点,本节将探讨如何在此基础上构建复杂的致使情景。事实上,在以下分析中,很多更加复杂的情景是已经讨论过的两个基本语义实体,即自发事件和基本致使情景的特殊嵌入形式和串联形式,而其余情景仅包括另一个语义因素,即意向(intention)。本节分析不含意向性的复杂情景。

### 8.12.1 一个成分前景化

对比以下两例可知,除例(64)表达的基本致使情景外,例(65)并未包含更多的信息或其他事件。

(64) The vase broke from (as a result of) a ball rolling into it.
(花瓶碎了,(由于)一个球撞到了它。)

(65) A ball broke the vase in (by) rolling into it.
(一个球(通过)撞到了花瓶,把它打碎了。)

如果例句(65)的确更加复杂的话,那是因为它包含了一个与原来的语义成分相关的强调语义成分,即工具(球)。特别是,工具及其与整个致使情景的关系被挑选出来或是前景化了。这一点可以通过(66a)中的深层句法结构清楚地展现出来,在这一结构中,用语义功能符号 I 代表工具, R 代表受因事件, C 代表使因事件。

(66) a. NP₁ WAS-THE-"INSTRUMENT-IN [ $S_R$ RESULT*ed* FROM $S_C$ ]
　　　　　　'INSTRUMENT*ed*
b. ⇒ NP₁ 'INSTRUMENT*ed* [ $S_R$ RESULT*ed* FROM $S_C$ ]
c. ⇒ NP₁ 'INSTRUMENT*ed*-TO-RESULT $S_R$ $WITH_C$ $S_C$
　　　　　　INSTRUMENT*ed*
d. ⇒ NP₁ INSTRUMENT*ed* $S_R$ $WITH_C$ $S_C$

在这里,(a)中的深层动词短语 BE-THE-"INSTRUMENT-IN 在(a)中词化并入为一个深层动词(to)'INSTRUMENT(上标号用以区分特定的深层语素的同形异义形式)。在(b)中括号内嵌入的致使结构在(c)中提升为"谓语",主要动词与母句的动词毗连。这一附加成分在(d)中词化并入形成一个新的深层动词(to)INSTRUMENT,并可以理解为在其他讨论中的"原因"(CAUSE)。WITHc 是一个深层的从属连词(下标 c 代表"连词",作此标记以便区分深层介词 WITH)代替当前情景中的 FROM。插入具体表层形式后,继续派生。

d.′ ⇒ a ball INSTRUMENTed [ the vase broke ] $WITH_C$ [ a ball rolled into the vase ]

e₁. ⇒ a ball INSTRUMENTed the vase to break $WITH_C$ its rolling into it.
　　INSTRUMENTed → caused　　$WITH_C$ → with, in, by

(A ball caused the vase to break {with its 通过 / in 进 / by 通过} rolling into it.)
(一个球导致花瓶破碎{with its 通过 / in 进 / by 通过}撞到花瓶。)

e₂. ⇒ a ball INSTRUMENTed-TO-break the vase $WITH_C$ its rolling into it.
　　INSTRUMENTed-TO-break → $_I$broke　　$WITH_C$ → with, in, by

(A ball broke the vase {with its 通过 / in 进 / by 通过} rolling into it.)
(一个球导致花瓶破碎{with its 通过 / in 进 / by 通过}撞到花瓶。)

如(e)所示，WITH从句的表层形式在英语中均不得体。在最有可能插入深层结构的三个表层连词中有两个都过于书面化，即*with*（注意，它不允许等名删除）和*in*。第三个*by*（用于行为者）似乎总是用在表示意愿性施事的句子中，而不适合含有工具的句子。

例(67)中的句子，表层形式中没有表达使因事件的从句，可以认为是深层结构删除该从句后升格而来。

(67) A ball broke the vase.

(球打碎了花瓶。)

(67′) $e'_2$. a ball $\underbrace{\text{INSTRUMENTed-TO-break}}_{{}_{I}\text{broke}}$ the vase $\underbrace{\text{WITH}_C \text{ its ACTing ON it}}_{\emptyset}$

上一节谈到，描述使因事件在受因事件之前的形式，并不是基本致使顺序，如(68)所示，其相反的顺序才是基本的致使顺序。

(68) A ball's rolling into it broke the vase.

(球撞到花瓶，花瓶碎了。)

由于这个句子的使因事件前景化，因此这样的形式可视为与前面的工具致使以相同的方式派生而来。如下图所示：

(69) a. $S_C\ \underbrace{\text{WAS-THE-CAUSING-EVENT-IN}}_{\text{EVENTed}}\ [\,S_R \text{ RESULTed FROM } S_C\,]$

b. ⇒ $S_C$ ′EVENTed [ $S_R$ RESULTed $\text{FROM}_C$ $S_C$ ]

c. ⇒ $S_C\ \underbrace{\text{EVENTed-TO-RESULT}}_{\text{EVENTed}}\ S_R\ \underbrace{\text{WITH}_C\ S_C}_{\emptyset}$

d. ⇒ $S_C$ EVENTed $S_R$

在(d)中插入具体的表层形式的话，如下句：

d′. ⇒ [a ball rolled into the vase] EVENTed [the vasc broke]

$e_1$. ⇒ a ball's rolling into the vase EVENTed the vase TO break
(EVENTed → caused; TO → to)

(A ball's rolling into it cause the vase to break.)

(球撞到花瓶,导致花瓶破碎。)

$e_2$. ⇒ a ball's rolling into the vase EVENTed-TO-break the vase
(EVENTed-TO-break → $_E$broke)

(A ball's rolling into it broke the vase.)

(球撞到花瓶,打破了它。)

这种派生的由来解释了例(68)这类句子中发现的一些特点:表示使因事件的分句保留了名词性结构、没有升格,与其他前置的挑选出来的成分,即含有工具和施事的分句是平行的。这样就排除了唯一可能在句末出现使因事件的情况,如(68)句尾没有指明原因,就是因为前置的成分将其删除了。

8.12.2 初始因果关系

请看例(70)这个歧义句所表征的两种不同的情景。

(70) I pushed the box across the ice.

(我将盒子推过冰面。)

即(a)我让盒子保持运动,我跟着盒子走;(b)我让盒子运动,我原地不动。例(71)中的两个句子是将上句歧义消除的例子。

(71) a. I slid/brought the box across the ice by pushing on it (steadily).

(我(一直)将盒子推过/带过冰面。)

b. I slid/sent the box across the ice by giving it a push.

(我推了盒子一下,让它滑过冰面。)

试比较(72)中两个对应的没有施事的情景。

(72) a. The box slid across the ice from the wind blowing on it (steadily).
(风(一直)吹着盒子滑过冰面。)
b. The box slid across the ice from a gust of wind blowing on it.
(一阵风吹着盒子,盒子滑过冰面。)

我们再次注意到,在情景(a)中,焦点持续运动是由于受到一个持续力的作用,没有这个力它便会停止运动。因此,因果关系贯穿了运动过程的始终("时间段延续因果关系")。但是,在情景(b)中,焦点经过了一段路程,在此期间,运动的发生不是被动的,而是自发的。在情景(b)中,唯一致使部分是在某个时间点上某种外力使焦点运动起来的情景,这与下面表示非伴随时间点致使情景的句子类似。

(73) a. I slid/got the box off the spot it was resting on by giving it a push.
(我推了盒子一下,让它从原来停放的地方滑落。)
b. The box slid off the spot it was resting on from a gust of wind blowing on it.
(因为一阵风吹来,盒子从原来停放的地方滑落。)

因此,每个(b)情景都比基本的致使情景更复杂,因为它包含了时间点因果关系以及自发事件。这种复杂情景与语言研究有具体关联,因为当有自发事件发生在时间点致使后,且同一物体充当焦点时,如(74a)所示,(所有?)语言都会转换派生出如(74b)那样具有简单表层结构的句子来表达复杂情景。

(74) a. The box CAME INTO MOTION from a gust of wind blowing on it and then/whereupon it slid across the ice.
(一阵风把盒子吹得动起来,然后它滑过了冰面。)
b. ⇒⇒ The box slid across the ice from a gust of wind blowing on it.
(盒子滑过了冰面,因为一阵风吹向它。)

应该注意,在深层结构(74a)中,受因事件焦点之外的细节不能像在(73)中的短语 *slid off the spot it was resting on* (从原来停放的地方滑落)那样表达,而只能通过某个深层语素短语概括性地表述为 COME INTO MOTION。因为具体细节在转换为更简单的表层句子结构时将被删除；或者从句法角度讲，这个深层语素没有被删除，而是提升为动词小品词 *off*，这个小品词可以出现在前面的（b）转换形式中，起到消除歧义的作用。

（75）a. I pushed the box off across the ice.（我把盒子推过冰面。）
b. I slid/sent the box off across the ice...（我使盒子滑过冰面……）
c. The box slid off across the ice...（盒子滑过冰面……）

受因事件和自发事件之间关系的本质还需要进一步的研究。这种关系通过 *ensuing*（接着）、*and then*（然后）和 *whereupon*（于是）等词有了初步体现，但进一步的研究可能会揭示，这种关系包含有序线性时间范围的最初临界点与整个事件范围的关系，如（76）的深层结构所示。

（76）The box CAME TO the BEGINNING POINT of [ the box slid across the ice ] from a gust of wind blowing on it.
（盒子进入[滑过冰面的]开始点，因为一阵风吹过。）

由于复杂情景包含初始点的概念，同时深层结构词化并入体现为类似致使结构的表层句子，我们称这种关系为初始因果关系（onset causation）（Shibatani 称为 'ballistic causative'（投射体致使）），尽管严格来讲，只有时间段因果关系和时间点因果关系才是真正的致使。

#### 8.12.3 系列因果关系

在基本致使情景中，我们讨论了当一个事件引起另一个事件时，在第一个事件中起焦点作用的物体如何成为与第二个事件中焦点物体相关的工具。那么，如果第二个事件又引起了第三个事件的发生，其中起焦点作用的物体又成为与第三个事件焦点物体相关的工具，以此类推发生了一连串的事件，这种关系被称为系列因果关系（serial causation）。这种致使链比基本因果关系情景更复杂，可以视为基本因果关系的概括，包含 n 个事件而不是两个，如（77）顶部大括号所示；或者视为包括基本因果关系情景的交叉"联系"，如（77）底部大括号所示。

(77) 3-event causative situation（三事件致使情景）

$\text{EVENT}_3$ RESULTs FROM $\text{EVENT}_2$ RESULTs FROM $\text{EVENT}_1$

2nd basic causative situation（第二个基本致使情景） 1st basic causative situation（第一个基本致使情景）

本应全面分析表层句子表达的关系链的长度和类型，从而确定复杂情景关系的最佳深层表征形式（尤其是括号内的深层语素）以及随后的派生形式，但在这里只能通过选择三个连续的致使事件加以说明。表征这三个事件的深层结构如例（78）所示。

(78) a. [the aerial toppled] RESULTed FROM
([天线倒了]是因为)
b. [the branches came down upon the aerial] RESULTed FROM
([树枝压在了天线上]是因为)
c. [the wind blew on the branches]
([风吹动树枝])

注意：可能有人认为表层的句子可以从这个结构派生出来，但只有几个是可行的，如（79）所示：

(79) ⇒⇒ The aerial toppled from
(天线倒了，是因为
a. * the branches coming down upon it [基本致使]
from the wind blowing on them.
* 风吹动树枝，树枝压在了天线上。)
b. ° the branches blowing down upon it. [有从句并入的基本致使]
° 树枝压在了天线上。)
c. ˣ the wind bringing the branches [工具致使]
down upon it with its blowing on them.
ˣ 风吹动树枝，树枝压在了天线上。)
d. ˣ the wind's blowing on them [事件致使]

bringing the branches down upon it.

ˣ风吹动树枝导致它们压在了天线上。)

e. °the wind blowing the branches down upon it. ［有从句并入的工具致使］

°风把树枝吹得压在了天线上。)

注意,如果我们通过把当前工具前景化构建工具致使结构(基于(79a)和(79b),这两句中 *the branches* 是主语),那么得到的句子可接受程度不一。

(80) The branches$_I$ toppled the aerial

(树枝$_{工具}$压倒了天线

a. * in coming down upon it from the wind blowing on them.

* 风吹动树枝，树枝压在了天线上。)

b. °in blowing down upon it from the wind.

°风把树枝吹得压在了天线上。)

还应注意到,上一个工具结构的概括可以用于系列因果关系,因为前一个工具(这里指 'the wind')的前景化也具有句法表征形式。这种表征形式以(79c)—(79e)形式为基础,这几句的主语是 *the wind*。

(81) The wind$_I$ toppled the aerial

(风$_{工具}$刮倒了天线

c. * in bringing the branches down upon it with its blowing on them.

* 风吹动树枝，树枝压在了天线上。)

d. °in blowing the branches down upon it.

°风吹动树枝，压在了天线上。)

对事件致使结构的概括也可以用于系列因果关系,因为因果关系链的整个前面部分可以以这样的方式前景化。

(82) a. *The branches coming down upon it from the wind blowing on

them—

（*风吹动树枝，压在它上面——）

b. °The branches blowing down upon it from the wind—

（°因风，树枝倒在它上面——）

$_{E}$toppled the aerial.

$_{事件}$压倒天线。）

c. * The wind's blowing on them bringing the branches down upon it—

（*风吹动树枝，把树枝压在它上面——）

d. °The wind's blowing the branches down upon it—

（°风吹动树枝压在它上面——）

$_{E}$toppled the aerial.

$_{事件}$刮倒天线。）

同样，这些句子可接受程度不一。

8.12.4 连续和非连续系列因果关系

这里所谈的因素与贯穿系列致使情景过程的因果持续性(causal continuity)相关。我们讨论这一因素的句法表现形式。前面的三事件系列因果关系实际上包括因果非连续性(causal discontinuity)。风吹动树枝使树枝变得松动，树枝砸在天线上，天线倒了。但是中间事件(包括树枝从树干脱离，从空中落下以及接触到天线)是一个自发事件，即被概念化为不含因果关系的事件。自发事件通常包含一个处于自由运动状态的物体：在此例中指自由落体；或者在抛出物体的例子中，指物体在空中滑翔。

相比之下，可以用一个对应的例子来说明连续因果关系(continuous causation)。例如，有这样一种情景：没有完全脱离树干的树枝已经接触到天线。那么，风吹动树枝就会使树枝更有力地压在天线上，这个压力反过来使天线倒下。此情形下，表达非连续和连续因果关系的句子，其句法表征既允许词化并入动词，又允许迂回的动词形式(参见 Shibatani (1976)中的"词汇"与"能产"形式)，如(83)所示：

(83) The wind { toppled the aerial / 刮倒了天线 / made the aerial topple / 把天线刮倒 } in { blowing the branches down upon it. / pressing the branches harder against it. }

(风 { 刮倒了天线 / 把天线刮倒 } 通过 { 吹落树枝在上面。) / 使树枝使劲压在天线上面。) }

与这些连续和非连续因果关系例子相对应的施事表达也表明因果关系的连续与动词形式无关。

(84) °I { toppled the aerial / made the aerial topple } in { throwing the branches down upon it. / pressing the branches against it. }

(°我 { 弄翻天线 / 把天线弄翻 } 通过 { 把树枝扔到天线上。) / 用树枝压天线。) }

但是,这种形式上的关联性在其他例子中却的确能够显示出来。

(85) a. I { °slid the dish / ˣmade the dish slide } across the table by pushing on it with a stick.

(我 { °滑动盘子 / ˣ使盘子滑 } 过桌子通过用棍子推它。)

b. I { * slid the dish / ° made the dish slide } across the table by throwing a stick at it.

(我 { * 滑动盘子 / ° 使盘子滑 } 过桌子通过向它扔个棍子。)

尽管仍需做进一步研究,这些例子的确表明 *make* 通常用在含有说话人认为是自发事件的因果链中;相反,*make* 的词化并入形式则用在说话者认为的持续性因果关系链中。

还有一种语义情景中的例子也能体现这种趋势：某人作为开大门这一动作的施事者。假如他通过摇动连着门上链条的曲柄将大门打开，他很有可能说"*I opened the gate*（我打开了大门）"。但是如果他按下按钮，按钮发出无线信号，信号不需要借助其他因素而穿越空中，最后传到大门的机械装置，在这种情况下，开门的人很可能说"*I made the gate open*（我把大门打开了）"。类似情景下，如果一个人用锤子击碎窗户，很可能会说"*I broke the window*（我打破了窗户）"。但是如果他把门"砰"的一声关上，这个动作在空气中形成了一阵震荡波，这股震荡波也不需要借助任何外力，直接通过空气传递到玻璃上。这时，很有可能使用 *I made the window break*（我把窗户打破了）这样的句子。

我们很难分析出使用 *make* 的因素，因为有很多语义和句法因素都会影响该词的使用。与之相邻的语义场景有助于我们分析出使用 *make* 的因素。一种语义场景是克服某种特别强大的阻力（尤其是在用力拔出某物的时候），例如，谈到一只顽固的螺钉，如（86）所示。

（86）I made the bolt screw in by twisting it with a heavy wrench.
（我用重型扳手旋拧螺钉，才把它拧了进去。）

这句话中的 *make* 可以看作是通过词化并入得来的，这个深层表达可以是：

（87）I countered its resistance sufficiently enough to AGENT（the bolt to screw in）.
（我克服了很大的阻力才施事（把螺钉拧了进去）。）

或者是：

（88）（I）succeeded in overcoming its resistance thereupon AGENTing（the bolt）...
（（我）成功地克服了阻力，于是施事（螺钉）……）

另一种语义场景是把施事者的方法前景化。（86）中的句子就运用了这一点，但在这里其语义和（89）相似。

(89) It was by twisting it with a heavy wrench that I made the bolt screw in.
(正是使用了重型扳手旋拧，我才把螺钉拧了进去。)

因此，*make* 可以看作从以下深层动词结构中词化并入而来：

(90) (I) used the means specified in AGENTing (the bolt)...
((我)使用了施事(螺钉)中表明的方法……)

其他因素还包括是否存在后续自发事件，以及动词在多大程度上可以通过词化并入表示致使。

8.12.5 使能因果关系

比较(91)和(92)这两个句子：

(91) The water drained from the tank as a result of the piston squeezing down [on it].
(由于受活塞的挤压，水从水箱流干了。)

该句表示基本致使情景(这一情景可能还必须有一个自动关闭的阀门才合适)：

(92) The water drained from the tank as a result of the plug coming loose.
(由于塞子松动，水从水箱里流干了。)

(91)和(92)的句法结构相同，同时符合致使的条件，也表示某种致使情景：如果塞子不松动，水就不会流干。不同点在于，(92)后半句描述的焦点物体(水)的运动不是由物体(塞子)(看似与(91)中具有工具功能的物体(活塞)对应)的作用导致的，即塞子未对水施加外力，这正是基本因果情景的特点之一。尽管从物理学的角度来看，这两种情景类似，因为都含有分子运动和撞击，原理相同。但是我们的语义系统认为，(92)表达的情景比(91)表达的基本致使情景复杂。事实上，因为(92)包含了(93)列出的各个组成部分。

(93) a. 已存在的情景：一个实体受到另一实体的限制
(水被限制在一个带塞子的水箱里)

b. 新发生的事件：打破实体的限制

（塞子松动）

c. 结果情景：限制解除

（水可自由流动）

d. 后来发生的事件：先前受限实体的运动

（水从水箱里流干）

就表层结构而言，只有（b）和（d）在（92）这种类型结构中得以表达，并分别做从句和主句。但是，从形式上却未能反映出这种情景与基本因果关系的不同。但是，这两种情景的差别体现在（91）和（92）中将最后表达的事件前景化的表层结构上，原因在于前一种情景表层的主要动词可以是 *make* 或一个词化并入的形式，如（94）所示：

（94）°The piston squeezing down {made the water drain / drained the water} from the tank.

（°活塞压下去，使水从水箱里排干/排干水箱。）

但是，对于后一种情景，这两种动词形式都不可行，如（95）所示：

（95）* The plug coming loose {made the water drain / drained the water} from the tank.

（* 塞子松了，使水从水箱里排干/排干水箱。）

而只能使用动词 *let* 或 *allow*。

（96）°The plug coming loose {let / allowed} the water（to）drain from the tank.

（°塞子松了，让/允许水从水箱里流干。）

最后这些动词形式可以识解为（93c）部分的表层表征。因为单词 *enabling* 和 *let* 这类词的语义相关（将在下文讨论），整个情景被归为使能因果关系（enabling causation）的一种。

我们现在从使能关系的核心开始逐步到整体，一部分一部分地分析使能情景，探究每一阶段的句法表征。这种因果关系的核心由(93)中的(a)和(b)组成，也就是说，由一个基本致使情景和一个具有如下特征的简单事件组成：前者是一个正在进行中的时间段致使情景，在该情景中，工具物体凭借其内在属性克服焦点物体的自然运动趋势。后者是新发生的运动事件，在该事件中焦点物体与先前情景中的工具相同，或是工具的一部分。这个物体从原来的位置移开或消失(或用深层语素表示为'MOVEs ABSENT')。这两个语义实体也许应该在整个深层结构中得以表征，例如(97a)和(97b)所表征的(92)中的情景，尽管这种表征未出现在表层结构。到目前为止，在表层结构中得以表征的确实是简单事件的实现，如(97b′)所示。

(97) a. [the water (F) REMAINed in the tank] RESULTed FROM [the tank [walls and plug] (I) pressed in on the water]
([水(焦点)仍在水箱中]因为[水箱[壁和塞子](工具)压水面])
b. (PART of) the tank MOVEd ABSENT
(水箱(的一部分)水消失了)
b′. in particular: the plug came loose
(具体地说：塞子松动了)

但这些结构可以压缩为更有提示性的例子，如(98)的表征形式。

(98) a. The water REMAINed in the tank as a result of the tank pressing in on it.
(水留在水箱中，因为水箱对水的压力。)
b′. The plug came loose.
(塞子松动了。)

一种情景加上一个事件构成了这种因果关系的核心。此外，如果同时考虑该情景和该事件，其语义重要性为：一个情景中曾一直有阻碍，现在阻碍消失了，原来受限的事物因阻碍的解除现在得到释放(换句话说，如(93c))。整个情景可以用句法结构表达，即将(97)的结构嵌入表达刚才讨论的语义情景的母句中，如(99)所示。

（99）[ the water BECAME FREE FROM S（97a）] RESULTed FROM
[ S（97b or b′）]

表达还可以更随意一些，如(100)所示。

（100）The water's BECOMing FREE { FROM remaining / NOT to remain } in the tank
as a result of the tank's pressing in on it RESULTed FROM a tank part's moving away（→ a plug's coming loose）.
（水不再留在水箱里，因为不再受水箱限制，这是因为压在水箱的一部分移走了（塞子松动）。）

深层语素表达形式 BECOME FREE FROM/NOT *to* 表示阻碍解除。根据深层结构(99)，我们得到表层句子(101)。

（101）The water became free { not to remain in / to drain from } the tank as a result of the plug coming loose.
（水流出 { 不再留在 / 流干 } 水箱因为塞子松动。）

这个事实表明：目前考虑的这种语义集合（也就是说，不包括其他事件，比如水流干）本身就是语义实体，可以称为最简或基本使能情景(minimal or basic enabling situation)。把释放事件前景化后，相对应的语义实体可以用句法表征为(102)。

（102）a. [ the plug came loose ] EVENTed [ the water BECAME FREE NOT to REMAIN... ]
（[ 塞子松动 ]产生事件[ 水不再留在…… ]）

事实上，相应的语义实体可以产生包含 *enable* 一词的句子：

b. ⇒[ the plug came loose ] EVENTed-TO-BECOME-FREE the water NOT to REMAIN...

$_{E}$FREEd / ENABLEd

([塞子松动]事件使水流动,不再停在……)

c. ⇒[ the plug came loose ] ENABLEd the water NOT to REMAIN in the tank

([塞子松动]使得水不再留在水箱中)

d. ⇒ the plug coming loose

(塞子松动

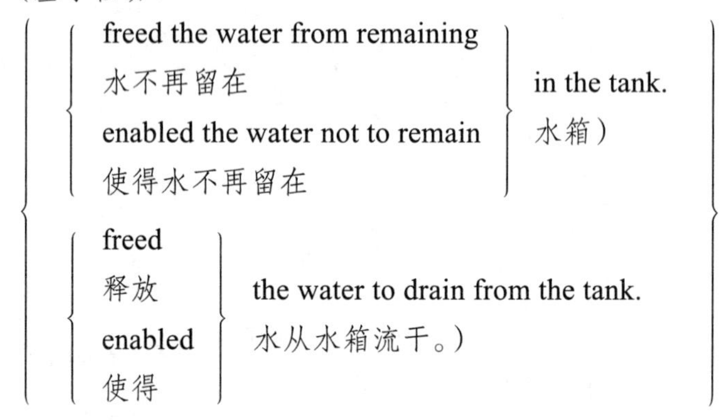


((102b)中的 $_{E}$FREE 和 ENABLE 仅为相关单一深层动词的替代或其他表征形式。)

最后,在类似(92)这种较完整的语义情景中,正如初始因果关系中"随后发生的事件"(ensuing event)一样,其最末尾的事件和基本使能情景之间具有偶发关系(incidental relation)。这种关系的本质尚不清楚。也许,最后的事件应该理解为仅仅依靠自身的自然趋势而发生,或者是未指明的基本因果情景中的受因事件(在这里,例如,地球引力对水的作用是使因事件)。不管最终的解释如何,它们之间的关系可以用一个深层语素来表达,比如 ENSUE UPON。因此,本节开头介绍的完整使能致使情景的深层结构最终可由(103)表示。

(103) [ the water drained from the tank ] ENSUEd UPON [ S (99) ]

(事件(99)之后,[水从水箱中流干])

在派生过程中,仅保留(103)中第一个括号中的句子及(99)中最后一个括号中的句子，其余均删除，得到的表层句子用(104)再次表征。

(104) The water drained from the tank as a result of the plug's coming loose.
(水从水箱中流干是塞子松动的结果。)

把解除阻碍事件前景化之后，与(96)相对应的完整情景可以表征为(105)。

(105) [S (102)] AND THEN [the water drained from the tank].
([事件(102)]，随后[水从水箱中流干]。)

这句话的派生过程和前句类似，都是删除其他部分，保留(102c)中第一个括号里的事件，用 ENABLE 作为动词，保留(105)中最后一个括号里的事件。但是派生后得到的表层句子必须包含随后发生的事件，而 *enable* 不能蕴涵这一语义。所以在(105)的派生中，AND THEN 的语义词化并入新的深层动词中，用 LET 来表示。

(106) [the plug came loose] ENABLEd ... Ø ... AND THEN [the water drained from the tank]
LET (under "ENABLEd ... Ø ... AND THEN")

这就派生了先前见过的句子，再次列为(107)。

(107) The plug coming loose {let / 让 / allowed / 任由} the water (to) drain from the tank.
(塞子松动了，{让 / 任由} 水从水箱里流空了。)

本研究总的论点为：因果关系首先是事件之间的一种关系，并且仅仅作为附加情况时才包含意志性施事。因此，到目前为止，Talmy 讨论的使能因果关系情景(甚至包括像 *let* 这类词)的本质仅包括没有施事者的事件。但是，这种附属因素当然可以包括进来。尽管我们不在这里讨论施事性的全部问题，但需要注意的是，在其他致使链中只有涉及阻碍解除时，才包含施事，如(108)所示。

（108）I let the water drain from the tank by pulling the plug loose.
（我通过松动塞子，让水从水箱中流出。）

## 8.13 致使交替

致使交替现象指作格动词具有的及物和不及物两种论元实现方式，这一现象近年来引起学界的广泛关注和探讨，如下例所示：

（109）a. Pat broke the window.
b. The window broke.

此前对致使交替的研究总体上可归为“派生观”和“非派生观”两大类（杨大然 2015）。“派生观”认为，致使交替中的一种形式通过词库内的某些规则派生出另一种形式，两者间存在依附关系。但对于哪一个是基础形式，哪一个是派生形式，学者们看法不一。一些学者（Dowty 1979; Williams 1981; Pesetsky 1995 等）指出，非宾格动词表达成就类事件，而致使动词表达更复杂的完成类事件，按照事件结构由简到繁的构成方式，应先有非宾格动词这一简单形式。Dowty（1979: 206）提出，致使动词 break 在词库内经历了“致使化”（causativization）过程：

（110）break（非宾格动词）：λ x [ BECOME *broken*（x）]
↓ + CAUSE
break（致使动词）：λ x λ y [（y）CAUSE [ BECOME *broken*（x）] ]

与致使化观点相反，另一些学者（Chierchia 2004; Levin & Rappaport Hovav 1995, 2005; Reinhart 2003）则主张“致使交替动词本质上是二元动词，非宾格变体是通过抑制外部致使论元的‘去及物化’（detransitivization）过程派生而来的”。Levin & Rappaport Hovav（1995: 108）设定此类动词的词汇语义表征式为包含致使子事件和状态变化子事件的双事件结构，在用作非宾格动词时，致使者 x 在从词汇语义表达式向论元结构的映射过程中受到词汇约束（lexical binding），无法在论元结构中得到体现，只有 y 通过链接规则映射为客体论元，该过程可表现为：

（111）break（非宾格动词）

词汇语义表征：[[ x DO-SOMETHING ] CAUSE [ y BECOME BROKEN ]]

词汇约束↓ 链接规则↓

论元结构：Ø <y>（客体论元）

Levin & Rappaport Hovav（1995：102-105）还提出了一系列证据，以证明去及物化派生的合理性，如英语中某些致使动词要么没有非宾格用法，要么只有选择某些特定论元才有非宾格用法，以此说明非宾格用法应是派生于致使用法，但这种派生形式并非总是合法。比如：

（112）The baker cut the bread. / * The bread cut.

（113）a. He broke his legs / the contract / the world record.

b. His legs / * The contract / * The world record broke.

（杨大然 2015：41）

截至目前，学界对"派生"和"非派生"两种转化路径的争论仍未停止。我们认为，致使交替反映了人们观察世界的两种不同视角，是具有认知理据的语言现象。

## 8.14 结 语

在本章，我们主要讨论了因果关系的定义、基本致使情景的组成要素以及基本致使情景和复杂致使情景的特征。通过对因果关系概念语义的解析，语言表征不同类型因果关系的方式和派生过程得以显现出来。

# 9 运动事件语义学

## 9.1 引 言

运动事件是 Talmy 语言两分法类型学的基础,是其他事件的原型。如前所述,运动事件的语义元素主要包括:焦点、运动、路径、背景、原因、方式等。

在本章中,9.2 对 Aristotle(亚里士多德)哲学思想中的事件观进行了溯源和考察。9.3 介绍了 Vendler(万德勒)对动词(事件)的经典四分法。这两节内容在整理时主要参照李福印、沈煜(2021)第 2 章和第 5 章中的内容。9.4 解析了作为"事件原型"的运动事件的语义组成成分。基于此,9.5 和 9.6 分别论述了运动事件中动词和与动词存在姊妹关系的卫星语素的事件结构。9.7 介绍了动词复合体中的突显现象。9.4 节至 9.7 节在内容整理时主要参照伦纳德·泰尔米著、李福印等译(2019)第 1 章中的内容。9.8 回顾了近年来国内外学界对运动事件及其词汇化模式的代表性研究。9.9 为结语。

## 9.2 Aristotle 的事件观

本节先介绍 Aristotle 对事件本质的界定,之后从其著作中追寻他对这一话题的讨论,最后提炼出其事件思想的核心观点。

### 9.2.1 Aristotle:事件即情景

根据文献考证, Aristotle 至少在两处讨论过事件,第一处为《诗学》,第二处为《形而上学》。在《诗学》中，Aristotle 讨论了悲剧中的事件，这实际上是在探讨事件思想在文学中的应用。《形而上学》中的事件则涉及对动词的分类，这是对后来的事件研究产生重大影响的思想。Aristotle 在《形而上学》中对动词的分类，成为事件研究最权威、最早的文献。Aristotle 把实体过程分为“现实活动”和“运动”，运动又分为“完成”和“未完成”两类（Aristotle 1984；苗力田 2016）。哲学家 Vendler 和 Davidson（戴维森）继承了 Aristotle 的思想精髓，发展了事件思想，成为近代事件研究的先驱。

### 9.2.2 《诗学》中的事件

在《诗学》中，Aristotle 对事件的讨论源于对“悲剧”的讨论（亚里士多德著，陈中梅译注 1996）。其译文援引如下：

> 事件的安排最为重要，因为悲剧不是对人的摹仿，而是对一种活动、生活和系于活动的幸福与不幸的摹仿，目的不在于摹仿人物的品质，而是人物的活动。性格决定人物的品质，活动使人物幸福或者不幸。他们不是为了刻意表现性格而活动，而是通过活动顺便展示性格。由此可见，悲剧的目的在于事件和情节，在一切事物中，目的是最重要的。没有活动悲剧就无从产生，没有性格悲剧却可以存在。
>
> （苗力田 2016：650）

有一点需要指出，Aristotle 的《诗学》是用希腊语写成的，“事件”用的是“pragamata”，该词与“情节”同义，在英文版的《诗学》中，“pragamata”翻译成了“incident”，中文版翻译成“事件”。Aristotle 在该书后文以及其他章节中多次提到“事件”，并强调事件乃情节，情节乃行动。Aristotle 最初谈论事件就触及了“行动”这一本质特征，这与后来学者在研究事件的语言表征时把关注点放在动词表征上是一致的。尽管《诗学》中的事件并未引起语言学领域学者的注意，但笔者认为《诗学》对事件的讨论已经和当今讨论的事件相关。这一点是本书在文献考证中的创新发现。

### 9.2.3 《形而上学》中的事件

学界普遍认为，Aristotle 对动词的分类，是对事件的最早论述（如 Tenny & Pustejovsky 2000；Rosen 1999）。Aristotle 实际上提出了三类事件：存在性事件

(actuality),即事物的存在;运动事件(movement),即未完成的过程,没有内在终结点的事件;行动事件(action),有内在/内部终结点的过程。其实这都是学者的理解,Aristotle 本人既没有使用"事件"这一术语,也没有使用"动词"这一术语。

据考证,Aristotle 在讨论"现实"(《形而上学》第九卷第六章)的时候区分了"现实"和"运动"。其英文版原文如下:

> Of these processes, then, we must call the one set movements, and the other actualities. For every movement is incomplete—making thin, learning, walking, building; these are movements, and incomplete at that. For it is not true that at the same time a thing is walking and has walked, or is building and has built, or is coming to be and has come to be, or is being moved and has been moved, but what is being moved is different from what has been moved, and what is moving from what has moved. But it is the same thing that at the same time has seen and is seeing, or is thinking and has thought. The later sort of process, then, I call an actuality, and the former a movement.
>
> (Aristotle 2012: 194)
>
> 译文如下:
>
> 这两者之中,一个叫作运动,一个叫作现实活动。一切运动都是不完满的,减肥、学习、行走、造屋这些都是运动,并且是不完满的。行走并不同时已经走到了,造屋并不同时已经造好屋了,生成也不是已经生成了,被运动并不是已经被运动完了,运动和已经运动了是不相同的。已经看到和观看、思想和已经想过了却同时都是一回事情,我就把这样的活动叫作现实,而把另外一种叫作运动。
>
> (苗力田 2016: 210)

由此,Aristotle 把现实进行了二元区分:现实活动和运动。

在该章,Aristotle 讨论的核心就是"现实",英文译文为"actuality"。"现实"又被区分为"现实"和"运动",这似乎不妥。因此,译者使用了两个不同的术语:"现实"和"现实活动"。但在英文译文中,二者使用的是同一个单词"actuality",只是有单复数之别。这在另一层面也能解释通,因为 Aristotle 在后文有解释,他把运动当成一种特殊的“现实”来对待。请看下文。

我们认为,在该书第十一卷第九章,Aristotle 讨论潜能和实现的时候,又把运动分为“完成”和“未完成”两类。在这里,Aristotle 把潜能和运动对等看待。这样一来,Aristotle 完成了对事件所做的三分:“现实”对应现在学界所称的“状态”(state);完成的运动对应“完成”(complete),未完成的运动对应“未完成”(incomplete)。请看英文版原文:

> Some things exist only actually, some potentially, some potentially and actually—some as beings, some as quantities, others in the other categories. There is no movement apart from things; for change is always according to the categories of being; and there is nothing common to these and in no one category; but each of the categories belongs to all its subjects in either of two ways (e.g.'thisness'—for one kind of it is form, and the other is privation; and as regards quality one kind is white and the other black, and as regards quantity one kind is complete and the other incomplete, and as regards spatial movement one is upwards and the other downwards, or one thing is light and another heavy); so that there are as many kinds of movement and change as of being. Each kind of thing being divided into the potential and the fulfilled I call the actuality of the potential as such, movement.
>
> (Aristotle 2012: 244)

译文如下:

> 有的东西以实现方式存在,有的东西以潜能方式存在,有的东西以潜能和实现两种方式存在。有的是存在,有的是数量,有的是其他。由于在事物之外没有运动,所以,变化只能按照存在的各种范畴而变化。在这些变化中没有共同之处,对每个范畴也无共同之处。每一范畴都以两重方式依存于相应的所有事物,例如,这个,有的是它的形式,有的是缺失。在性质方面是白和黑,在数量方面是完全和不完全,在移动方面是上和下、轻和重。所以运动和变化的形式和存在的种类一样多。每一种东西都可分为潜能和实现。我把一个潜能上是如此的东西的实现叫作运动。
>
> (苗力田 2016: 257)

关于后人把事件的“完成”和“未完成”与 Aristotle 相关联,笔者认为

这源于 Aristotle 对运动本质的讨论(见第十一卷第九章),请看英文版原文:

> And the reason why movement is thought to be indefinite is that it cannot be classed either with the potency of things or with their actuality; for neither that which is capable of being of a certain quantity, nor that which is actually of a certain quantity, is of necessity moved, and movement is thought to be an actuality, but incomplete; the reason is that the potential, whose actuality it is, is incomplete.
>
> (Aristotle 2012: 246)
>
> 由于运动既不能归于为存在物的潜能,也不能归之于存在物的实现,所以,看起来它是无规定的。不论是一个可能的数量,还是一个实现的数量,都不必要运动。运动被认为是一种实现活动,不过尚未完成。其原因在于实现活动寓于其中的可能是未完成的。
>
> (苗力田 2016: 259)

综上, Aristotle 的主要贡献在于状态和事件的二分,以及对后者的进一步二分:有内部终结点和无内部终结点。

我们认为 Aristotle 是学界研究事件的第一人。Aristotle 对现实的区分就是基于事件的分类。他在谈及悲剧的组成要素时所提及的事件以及对现实的讨论,都与事件的本质相关。

不过,有一点至关重要。Aristotle 从未使用"动词"或"事件"这两个专有名词,他在哲学层面讨论"现实",这一内容虽然与学界当前对事件的分类并不一一对应,但两者仍存在共通之处。因此,对事件的哲学基础进行溯源,实为必要。

### 9.2.4 Aristotle 事件思想的精髓

在这一研究领域,除了 Aristotle, Donald Davidson 和 Zeno Vendler 的研究也具有深远的影响。这两位语言哲学家把事件研究进一步引入哲学和语言学领域。Davidson (2001) 文集中收录了他早期发表的关于事件的核心文献。这些论文谈及事件的方方面面:事件的逻辑形式(Davidson 1967a);事件中的核心要素,例如施事性(agency)(Davidson 1971a);事件关系(Davidson 1967b);

事件切分(Davidson 1969);不同类型的事件(Davidson 1970a,1970b,1971b);等等。但遗憾的是,国内语言学、文学、哲学、逻辑学等领域多关注 Davidson 关于"意义"的理论,对其事件研究未展开深入探讨。

和 Davidson 一样, Vendler 对事件的研究,也延续了亚氏对"行动"的关注,并深化了这一领域的研究。语言对"行动"的表征,自然是以动词为核心。Vendler 对动词的四种分类颇具影响力。他把动词分为"活动词项"(activity term)、"目标/达成词项"(accomplishment term)、"成就词项"(achievement term)以及"状态词项"(state term)这四类。Vendler 通过对动词的分类,澄清了事件、事实、物体、状态等概念(Vendler 1967)。Vendler 认为事件的本质特征是它的时间属性,物体的本质特征是它的空间属性。Vendler 对语言研究的贡献不仅在于他提出的动词的四分观,还包括抽象名词的三分观、事件名词概念的提出、名词化的途径等诸多方面(方清明 2015)。遗憾的是,国内对 Vendler 的研究缺乏系统性。

总的来说,这两位语言哲学家开创了事件研究的两个传统。Davidson 开创了事件逻辑语义研究的传统, Vendler 开创了事件词汇语义研究的传统(吴国向 2012)。

## 9.3 Vendler 的事件四分法

Vendler 是美国语言哲学家。Vendler 掌握德语、匈牙利语、拉丁语、荷兰语、英语等多门语言。他曾在哈佛大学学习哲学,于 1959 年获得博士学位,之后相继在莱斯大学、加利福尼亚大学圣地亚哥分校、卡尔加里大学任教,他是卡尔加里大学哲学系的奠基人与创立者之一。本节介绍他的语言哲学思想和对事件的研究。

### 9.3.1 Vendler 的语言哲学思想

Vendler 是语言哲学较晚时期的一个重要人物(万德勒著,陈嘉映译 2002)。在哲学方面, Vendler 深受奥斯汀、斯特劳森、维特根斯坦等人的影响。在语言学方面,哈里斯和乔姆斯基的思想对他影响较大,尤其是前者。他参与了哈里斯的语法转换研究项目,逐渐接触到结构主义语言学,其所从事的形态化、形容词和名词化等诸多研究正是在这一背景下进行的。Vendler 的语言哲学思想主要体现在对词汇时态、量化词和名词化的论述中。Vendler 共出版专著四部,发表高频被引文献 30 余篇。其中,《哲学中的语言学》(*Linguistics in Philosophy*)一书集中体现了 Vendler 的语言哲学思想。这本书对单称词项、全称量词、动词与时间、事实与事情、因果关系词以及形容词等展开了深入的哲学思考。

有关单称词项的哲学讨论由来已久,罗素、奎因、基契、斯特劳森等对此都有相关论述。从语言学的角度来看,单称词项自身没有结构可言,它们是语言中的"原子"单位,不能进行进一步分析,其功能类似逻辑表达中的参数。专有名词是典型的单称词项,如"苏格拉底",它指代一个专有的对象,在书面语中通常大写首字母以区分于其他名词。然而,Vendler 发现,有些必须大写词首的词不一定能被视作单称词项,如"English"做形容词时并无特定指称对象,无法体现单称词项的特点。此外,某些词项在某个层面上无需分析,但在更深层次上需要进一步分析。在此基础上,Vendler 认为,不能仅从词形角度界定单称词项,而是需要将其置于一定的语境或上下文中进行观察。此外,不能将专有名称简单等同于单称词项。在以上发现的基础上,Vendler 提出了基于名词的单称词项构成的几种方法:除了一部分专有名称和处于名词短语中的名称之外,大部分普通名词需要附加其他成分来表达指称概念,常见的如附加定冠词、定语从句、同位语从句、修饰语、代词等。此外,限定名词、动词过去式及存在句也能用于判定单称词项。Vendler 还总结出了辨识单称词项的十个发现程序。

Vendler 对全称量词的研究主要体现在对"所有(all)""每个(every)""各个(each)""任何(any)"四个词的分析上。在逻辑语义中,这四个词都是概括命题的标志,因此使用同一逻辑符号(x)表达。Vendler 认为这样的概括一方面凸显了这几个词在逻辑上的共性特征,避免了表达的逻辑混乱,而与此同时,这种概括抹杀了四个词在逻辑语义层面的差异,而这种差异不能简单地归于修辞的需要。Vendler 承认这些词在一定语境下互相替代不会影响小句的语义和真值,但在部分情况下并不总是如此。他认为"所有""任何"在集体意义上涵盖整个集合,而"每个""各个"是在分离的意义上涵盖整个集合。例如在法庭语境下,书记说"全体起立",这一用法表达集体意义上的整个集合,而不使用表达分离意义的整个集合(如"每个人起立")。"任何"为特定范围内的选择提供了自由和限制。所谓"自由"是指可以选择区域中的任何一个对象;所谓"限制"是指一旦做出选择行为就失去选择的自由,如可以说"他可以拿走任何一个",但不能说"他拿走了任何一个"。"每个""各个"蕴含了存在,而"任何""所有"则不一定。Vendler 通过对英语中四个量化词的对比考察,指出逻辑分析对日常量词的使用差异无法进行明确的区分。

Vendler对名词的论述主要集中在《哲学中的语言学》一书的第五章——“事实与事件”。对名词化的论述是这一章的重点。Vendler首先提出一个有趣的规律(interesting regularity):几乎所有的词语都是包含一个动词派生词的名词短语,这些动词派生词有的带有主语、宾语或其他补足语成分,而有些则不带。用专业的术语说,我们得到的是一系列名词化的句子(万德勒著,陈嘉映译2002)。名词化语法结构在语言中高频使用的原因在于,名词化手段将一个句子转换为一个名词短语,这样就便于插入另一个句子中, Vendler将其称为“把句子打包(packing)为可装入其他句子的包裹(bundle)”。名词化的方式包括:动词派生,主要是动词-*ing*形式;附加词缀法,如*death*, *refusal*, *explanation*, *move*等,部分动词拥有多个名词化形式,如*disposing*, *disposal*, *disposition*,又如*moving*, *move*, *movement*, *motion*;名词性从句,如*that he arrives*;带有补足语的名词性从句,如带有时态、助动词、副词等,例如*that he arrived*, *that he is able to arrive*, *that he arrives unexpectedly*; -*ing*形式构成的名词短语,如*his having arrived*, *his being able to arrive*, *his arriving unexpectedly*。Vendler使用不同的容器语句(container sentences),即测试框架,来考察各类名词化形式进入不同容器语句的限制条件。根据这些限制条件的不同,名词化表达可以分为两类:不完全动名语和完全动名语。不完全动名语中动词仍然发挥其本身的作用,具体表现为可以带有时态、助动词或副词;完全动名语中动词完全失去了其作为动词的功能,已经衍化为一个名词,具体表现为能受冠词、形容词等修饰或具有宾语所有格形式。容器语句可以分为宽松和狭窄两类。宽松容器能接受不完全动名语和完全动名语,而狭窄容器仅能接受完全动名语。当完全动名语出现在宽松容器语句中时,可以将其转换为不完全动名语。然而,完全动名语出现在狭窄容器中时,却不能转换为不完全动名语。Vendler从哲学角度区分了物体、事件和事实。物体处于空间之中,相对于时间的关系不同于事件、行为或过程,这是一种间接关系。事件及其相关表达本质上是时间实体,事件间接存在于空间之中。而事实既不在时间也不在空间之中。这三类区分投射在名词短语上的镜像分别为物体名词、不完全动名语和完全动名语。

Vendler有关名词化的论述给我们的启示可能包括以下方面:第一,推动事件名词相关研究,在“动词—不完全动名语—完全动名语—物体名词”这一连续统中考察名词对事件研究的贡献。第二,作为一个特殊的类型或语法化阶段,不完全动名语一方面体现出名词性,另一方面又体现出动词性功能,用Vendler的话说“这类动名语尚处于未定型的状态,打个比方,即把动词打包以便装入容器语句的工序尚未完成,动词在动名语中仍然踢腾着不肯安稳"。因此,将这类名词与语法化相结合也是一个值得尝试的研究思路。第三,动名语中有时省略主语,有时省略宾语,在论元不明的情况下会造成歧义,如 *the shooting of soldiers*,造成这类歧义的详细结构类型及其特点、论元类型等都可以进行进一步的探讨。

Vendler 对因果关系的考察基于对事实和事件的相关论述,因果关系是事实和事件的融合。首先,跨类型的语言事实表明了原因和结果之间的关系类型具有显著的规律性,原因通常体现为事实而非物体,一只猫、一张桌子等表述不能成为某事的原因或结果,而事实所导致的结果体现为事态或事件,因果在形式上体现为动名词(语)。其次,*cause* 和 *effect* 在语义上并非同质关系。普遍哲学原理通常将 *cause* 和 *effect* 视为一组对应的概念,但 Vendler 用自己的分析方法证明了事实并非如此。*effect* 链条(事件 + 事件)和 *result* 链条(事实 + 事实)均体现为同质关系,而 *cause* 链条(事实 + 事件)则体现为异质关系。最后,Vendler 指出日常语言使用中的一个有趣现象,即词语在哲学和科学领域的用法与日常用法常常大相径庭,由此引发了科学术语在多大程度上有权制造术语的问题探讨。然而,也有学者对 Vendler 的因果关系相关论述并不认同,如 Peterson(1981)就从三个角度驳斥了 Vendler 观点的不合理性。

Vendler 最后从 *good* 入手,分析了与形容词有关的一系列问题。第一,多个形容词修饰一个名词性成分时涉及线性排列上的优先序列问题,这一顺序反映了不同形容词跟名词的关系存在远近的差别,Givón(1979,2001)用距离象似性对这类现象进行了解读。第二,修饰语和名词的关系有时候蕴含修饰语和动作行为的关系,如"快马"是指"马跑得快","快"和"马"之间不是直接关联起来的,而是存在一个隐含的动词与"马"相结合。第三,修饰语和名词之间可能体现为不同的逻辑语义关系,如"好厨师"中的"厨师"是"做饭"的逻辑主语,而在"好饭"中则为"饭"是"好吃"的逻辑宾语。第四,某些性质形容词具有拓扑性,它们做修饰语时所描述对象的性质不是绝对的,如"大"和"小"。第五,部分形容词只能修饰动名语,不能修饰典型的名词。

### 9.3.2 Vendler 与事件研究

Vendler 在《动词与时间》(Vendler 1957)一文中,首先指出动词的用法与时间概念紧密相关。在 Vendler 看来,所谓时间概念与通常所说的过去、现在、将来时态不同,它是指动词可以以某种特殊而精妙的方式默认和关涉时间概念

（万德勒著，陈嘉映译 2002）。学界通常将前一种时间相关概念称为语法时态，而将 Vendler 所论述的这类情况称为词汇时态。通过对英语动词的分析，Vendler 发现英语动词暗含了四类最普通的时间图式，即活动、目标/达成、成就和状态（Vender 1967）。

活动动词：A 在 t 时跑步，表明时刻 t 包含在 A 跑步的整个时间范围内。（For activities: *A was running at a time t* means that time instant *t* is on a time stretch throughout which *A was running.*）例如：

（1）a. 他从早到晚一直在读书。
　　b. 演员们在后台愉快地聊天。

目标/达成动词：A 在 t 时在画一个圆，表明时刻 t 包含在 A 画这个圆的时间范围内。（For accomplishments: *A was drawing a circle at t* means that *t* is on the time stretch *in* which *A drew that circle.*）例如：

（2）a. 他看了一本小说。
　　b. 他跑了三千米。

成就动词：A 在时间 $t_1$—$t_2$ 期间赢了一场比赛，表明 A 获胜的时刻位于 $t_1$ 和 $t_2$ 时之间。（For achievements: *A won a race between* $t_1$ *and* $t_2$ means that the time instant *at* which *A won that race* is between $t_1$ and $t_2$.）例如：

（3）a. 队员们到达了山顶。
　　b. 他意识到自己说错了话。

状态动词：A 在时间 $t_1$—$t_2$ 期间爱某人，表明在 $t_1$ 时和 $t_2$ 时之间的任何一个时刻，A 都爱着那个人。（For states: *A loved somebody from* $t_1$ *to* $t_2$ means that at any instant between $t_1$ and $t_2$ *A loved that person.*）例如：

（4）a. 这座房子坐北朝南。
　　b. 衣服挂在墙上。

换一个视角，上述四个类型的划分，是依据另外三组概念界定的，它们是：有终（telic）与无终（atelic），持续（durative）与非持续（non-durative），静态与动态（Kearns 2011）。有终与无终合称“终结性”（telicity）。有些行为具有自然的终结点，有的则没有。例如“吃一个苹果”“喝一杯咖啡”“写一封信”等存在行为的自然终点，而“看书”（“他在图书馆看书”）则没有。持续与非持续统称“持续性”（duration）：有些行为占据了一定的时段，而还有一些行为是在特定时间点瞬时发生。持续性行为例如“睡觉”“建造房屋”；非持续性行为如“发现目标”。静态与动态统称为“动态性”（dynamicity）：部分事件的内部是同质的，没有自然的起点和终点，也没有明显的运动和发展，这是具有静态形式的行为；与之相反，内部异质，存在起点和终点的差异和明显的运动或发展则是动态行为。

根据以上三组概念重新审视 Vendler 的事件四分法，我们可以得出各个事件所具有的语义特征：

活动事件：[无终][持续][动态]。“活动”类行为占据一定的时间跨度，但行为本身没有自然终结点，但它的内部可能是异质的。例如：他在图书馆学习。这一事件所发生的范围是一个时间段，事件本身没有自然的终结点，他可能一直在学习，也可能中间有休息，学习的内容在不同时间点上可能是不同的。

目标/达成事件：[有终][持续][动态]。“达成”行为占据一定的时间跨度，并有事件发展的顶点或高潮，事件本身存在自然终结点，事件内部存在不同的发展阶段，所以是动态的和异质的。例如：他看了一本杂志。“看杂志”是典型的行为动词短语，但是由于加上了定量的宾语“一本杂志”，事件本身由“无终”的活动变成了“有终”的“达成”型行为。由此可见，定量宾语对于动作行为的限定非常重要，它为行为设置了自然的终结点。

实现事件：[有终][非持续][动态]。“实现”是一种瞬时完成的行为，体现了行为的动态变化性，即从一个行为或状态瞬间转变为另一行为或状态，这个发生变化的瞬间是事件内部转变的临界点。与达成事件一样，实现事件也有自然的终结点，但是这个终结是指前一行为或状态的终结，这个终结点就是行为本身，是它完成后进入的新状态的起始，因此实现事件既是转折的终点，又是新阶段的起点。例如：他们到达了华山顶峰。“到达”体现了事件的状态变化，“到达”的那一刻意味着“攀登”事件的发展和终结，事件由动作转变为状态。

状态事件：[无终][持续][静态]。状态在时间跨度中是持续不变的，没有自然终结点，也没有事件发展的顶点，因此是内部同质的。例如：我知道那件事。

Vendler 是系统区分动词不同时体类别的第一人，而他的这种分类建立在把时间作为基本概念的认识之上，动词（短语）四分法来源于时间图式。他认为状态事件和实现事件属于一类，它们也被合称为非过程动词，具体表现为没有进行时态，动词内部缺乏表达时间的成分；而活动事件和目标/达成事件属于另一类，即过程动词，它们可以用进行时态表达，动词内部也可以被区分为更小的不同阶段。此外，目标/达成和实现类动词可以带 *in* 类的时间状语，如 *in five minutes*；而活动和状态类动词只能用 *for* 类的状语，如 *for an hour*。

Vendler 关于动词时间类型之间关系的思考对于事件研究同样具有重要意义。例如，他认为从时间图式的角度看，表达属性的动词和状态类动词极为接近，例如"已婚、在场、缺席、健康、生病"等动词表达一段时间中的状况而非过程，类似于属性，因此应该被视为一种状态。习惯（广义上包括职业、性向、能力等）也应归属为状态，如"Are you smoking"是问一种活动，而"Do you smoke"询问的是状态。"He is thinking about Jones"是活动，而"He thinks that Jones is a rascal"是状态。

### 9.3.3 Vendler 事件研究的拓展

Vendler 的动词时间图式类型在事件研究学术史中具有承前启后的作用。一方面，它是对 Aristotle, Ryle, Kenny 等动词（及词组）分类的延伸和拓展。另一方面，它为许多后继者的深入探讨及拓展奠定了基础。如 Mourelatos（1978）发现名词和动词具有相同的理论基础，即存在对事件进行个体化的过程，如在多个个体之中识别某个特定个体。他发现事件谓项和可数名词具有一致性，而过程谓项、状态和物质名词具有一致性，由此区分出三类情境：状态、过程和事件。Vendler 的四分法以施事及施事的掌控程度为分类依据，而 Mourelatos 的分类则基于不同的情境。还有一些学者对 Vendler 的分类提出了质疑，如 Dowty（1986）和 Moens & Steedman（1988）就指出实现类动词的内部并不一致，并非所有表达实现的动词（短语）都是非持续的。例如：盟军在十点钟打败了德军。"打败"表达了由一个状态向另一个状态的转变，但这个动作显然是持续性量变所产生的结果。Verkuyl（1989）对四分法用于解决语言中时体现象的解释力持怀疑态度。Pulman（1997）提出了事件性应从状态、点和过程三个角度进行区分，其中状态和过程都具有时间性，因此 Vendler 分类中的实现事件可以在内部进一步区分为［点，状态］和［过程，状态］两类。Smith（1991：30）和 Bertinetto（1986）则在 Vendler 四分法的基础上将点状事件也纳入动词的分类体系，这类事件的语义特征体现为[动态][非持续][无终]。除此之外，部分学者在Vendler动词四分法的影响下尝试从动词本身走出来，从更宽广的视野考察动词分类和动词语义。例如Pustejovsky（1995）基于生成词库理论提出了四种语义生成机制，其中的类型强迫就是事件本身对动词语义的要求。Krifka（1989）在事件-论元同构理论（event-argument homomorphism）基础上提出了事件结构的梯阶模式（scale model），即事件在时间轴上的进展与受影响客体在空间轴上的变化同步，其中，客体的变化幅度即为阶（scale）。而Beavers（2009）也提出了事件梯阶模式，这个模式与Vendler的四个事件类型结合起来，可以清晰地区分事件的有界性与无界性。

Vendler是事件研究历史上较为重要的一位学者，他所提出的动词分类对今天的动词研究仍具有积极的意义。然而，在研读Vendler的过程中也要注意以下几个问题：第一，关于Vendler的以上分类，学界有"行为类型""事件类型""动词四分法""词类次范畴"等不同说法，各种观点所指对象不尽一致，但Vendler原文中使用"时间图式"这一概念，研究者在阅读过程中需要澄清各种说法的使用语境及关联；第二，Vendler所说的"动词"是广义上的，既包括光杆动词，也包括各类动词词组，因此有学者指出在本质上Vendler的分类对象是谓项（predicate）；第三，Vendler的分类并非是全范畴的（万德勒著，陈嘉映译2002）。

## 9.4 运动事件的语义元素

运动是人类活动的最基本的方式，人类自身毫无选择地时时刻刻都处于各种形式的运动之中。人类对运动的认知也毫无例外地被编码到语言表达之中。但是，世界上不同语言对运动事件的编码却不尽相同。这反映了不同民族和文化在认知上的差异性。Talmy（1972，1975b，1985，1991）是第一位系统研究运动事件的语义与形式对应关系（即词汇化模式）的学者。

首先，含有运动及持续性静止的情景在Talmy看来都是运动事件，用大写字母M表示。基本的运动事件包含一个客体（焦点）相对于另一客体（背景或参照客体）的运动或方位。运动事件可以分析为含有四种成分：除了焦点和背景，还包括路径和运动。路径（P）是焦点相对于背景所走过的路径或所处的方位。运动（M）指运动事件中运动本身的存在或方位关系。语言仅对这两种运动状态做了结构性的区分。Talmy分别用MOVE和$BE_{LOC}$（"be located"的簡写形式)来表达运动和方位关系。运动成分指位移运动(translational motion)的发生(MOVE)或未发生($BE_{LOC}$)。这里的运动是焦点在一定时间段内所发生的位置上的变化。因此,它不指焦点呈现的所有类型的运动;尤其是,它不包括下面提到的诸如旋转、振荡或膨胀之类的"自足运动"。除了这些内在成分,一个运动事件可以同一个外部副事件(Co-event)联系在一起。这些副事件经常与运动事件有着方式或原因上的联系。(5)中的句子展示了所有这些语义实体。

(5)

| | 方式 | 原因 |
|---|---|---|
| a. **运动** | The pencil rolled off the table.<br>(铅笔滚离桌子。) | The pencil blew off the table.<br>(铅笔被吹离桌子。) |
| b. **位置** | The pencil lay on the table.<br>(铅笔放在桌子上。) | The pencil stuck on the table (after I glued it).<br>(铅笔粘在桌子上(在我用胶粘它之后)。) |

在所有四个句子中,*the pencil* 充当了焦点,而 *the table* 为背景。*off* 和 *on* 表示路径(分别表示路径和地点)。顶排两个句子中的动词表示运动,而底排两个句子中的动词表示位置。除了表达这些运动状态外,方式通过 *rolled* 和 *lay* 得以表达,而原因由 *blew* 和 *stuck* 来表达。

如本书第四章所述,焦点和背景术语源于完形心理学。Talmy(1972)赋予它们不同的语义学解释。焦点是一个运动的或者说概念上可以运动的客体,其路径或方位是未知的。背景是一个参照框架,或是在参照框架内静止的参照客体。正是相对于该背景,焦点的路径或方位得以描述。

焦点和背景这些概念同 Fillmore 的格语法系统相比具有一些优势。充当参照客体的背景概念涵盖了 Fillmore 格语法体系中"方位""来源""目标"和"路径"所有这四个格的共性特点。而 Fillmore 格语法体系没有表明这四个格与"工具""受事"和"施事"相比具有共性。再者,相对于"方位"而言,Fillmore 格语法体系也没有对"来源""目标"和"路径"这些格之间的共性作出说明。在 Talmy 的研究中,这种区别用运动成分中的两个对立成分 MOVE 和 $BE_{LOC}$ 清晰地表达出来了。再进一步说,Fillmore 的那些格词化编入了除背景之外的另外几个路径概念,比如,来源格中的"from"概念与目标格中的"to"

概念。这样一来,每一个新发现的路径概念都可能会为格语法体系增加一个新成员,这样不利于概括语言间的共性。通过把所有的路径概念抽象成独立的路径成分, Talmy 的系统既可以表征体现语言普遍性的语义复合体,也可以表征体现语言特性的语义复合体。

## 9.5 运动事件:动词的事件结构

在对动词的研究中, Talmy 主要关注动词词根本身,一方面是因为本研究主要目的在于探讨含有一个单一语素的词汇化类型,另一方面是因为只有这样才能对有着不同词汇结构的语言进行词汇化模式的对比。例如,汉语中的动词词根一般来说可以独立成词,而在阿楚格维语中,动词词根同许多词缀结合在一起构成多式综合动词。但就动词词根而言,这两种语言存在一致性。

本节首先介绍动词词根词汇化的三种主要类型。在大多数情况下,一种语言在其表达最典型的运动中只使用其中一种类型。这里的"典型"是指:(1)文体上的口语化,而不是书面表达或是一些不自然的表达等;(2)口语中的常见性,而不是偶然出现的;(3)普遍性,而不是使用范围具有局限性,也就是说,一系列的语义概念通过这种类型得以表达。

### 9.5.1 动词 = 运动 + 副事件

在某些语言特有的表达运动的句子模式中,动词可以同时表达运动和副事件,副事件通常是运动的方式或原因。这种类型的语言通常使用一系列的动词来表达通过各种方式发生的或由各种原因导致的运动。这类语言也会有一系列的动词来表达通过各种不同方式或由于各种原因而具有的方位,但这样的动词在数量上相对较少。这种语义与形式的关系可以参见本书第五章图 5.1。属于这种类型的语系或者语言有印欧语系(后拉丁罗曼语系语言除外)、芬兰-乌戈尔语、汉语、奥吉布瓦语和沃匹利语。英语是这种类型的典型代表。如例(6)所示:

(6)**词化并入方式或原因的英语运动表达形式**

**方位 + 方式**

a. The lamp *stood*/*lay*/*leaned* on the table.
(台灯立/放置/靠在桌子上。)

b. The rope *hung* across the canyon from two hooks.
（绳索穿过两个钓钩，横挂在峡谷间。）

**运动＋方式**

**非施事性**

c. The rock *slid*/*rolled*/*bounced* down the hill.
（石头滑下/滚下/弹下山坡。）

d. The gate *swung*/*creaked* shut on its rusty hinges.
（门晃晃荡荡/吱吱嘎嘎地关在了生了锈的折页上。）

e. Smoke *swirled*/*rushed* through the opening.
（烟雾旋转着飘出/冲出出口。）

**施事性**

f. I *slid*/*rolled*/*bounced* the keg into the storeroom.
（我将小桶滑进/滚进/弹进储藏室。）

g. I *twisted*/*popped* the cork out of the bottle.
（我将软木塞从瓶子里拧出/砰的一声拧出。）

**自身施事性**

h. I *ran*/*limped*/*jumped*/*stumbled*/*rushed*/*groped* my way down the stairs.
（我跑下/跛行下/跳下/摔下/冲下/摸索下了楼梯。）

i. She *wore* a green dress to the party.
（她穿一件绿连衣裙参加了舞会。）

**运动＋原因**

**非施事性**

j. The napkin *blew* off the table.
（纸巾被吹离了桌子。）

k. The bone *pulled* loose from its socket.
（骨头被从骨臼里拉松动了。）

l. The water *boiled* down to the midline of the pot.
（水沸腾后降到了壶的中间线。）

**施事性**

m. I *pushed/threw/kicked* the keg into the storeroom.
（我将小桶推进/扔进/踢进了储藏室。）

n. I *blew/flicked* the ant off my plate.
（我将蚂蚁从盘子上吹走/弹走。）

o. I *chopped/sawed* the tree down to the ground at the base.
（我从根部将树砍倒/锯倒在地。）

p. I *knocked/pounded/hammered* the nail into the board with a mallet.
（我用木槌将钉子敲进/砸进/锤进木板。）

这里，判断动词中词化并入的是方式还是原因，取决于动词所指的是焦点的行为还是施事或工具的行为。例如，在 *I rolled the keg...*（我滚动小桶……）一句中，*rolled* 主要描绘的是桶的运动，因此是方式，而在 *I pushed the keg...*（我推小桶……）一句中，*pushed* 主要指的是我的动作，因此是事件的原因。

对于讲英语的人来说，这类句子看起来很直接，他们不需要时间来考虑。因为如果不这样表达，这样的情景在口语中还能怎样表达呢？事实上，世界上有许多语言采用非常不同的表达方式。就连看似与英语亲缘关系较近的西班牙语都不存在与以上英语句子相同的表达方式，如下文所述。

我们可以用单个表征那些独立语义成分的语法结构来说明词化并入模式的类型，即解构或"分解"句子。因此，我们最好使用表示副事件的单个从句来表征词化并入动词中的方式或原因概念。在这种结构中，副事件与主要的运动事件的关系可以用 WITH-THE-MANNER-OF（……的方式）或者 WITH-THE-CAUSE-OF（……的原因）的形式表现。该形式代表了深层或者中间层次上且在语义上起复合句中介词或连词作用的语素(见下文)。因此，WITH-THE-CAUSE-OF 在功能上相当于英语施事结构中的从属词 *by*（例如，*I moved the keg into the storeroom by kicking it*（我通过踢，将小桶移动到储藏室）)，或者相当于非施事结构中的 *from* 或 *as a result of*（例如，*The napkin came off the table from/as a result of the wind blowing on it*（纸巾被吹离了桌子，因为一阵风吹过））。尽管这种表达有点儿蹩脚，但它表达了预期的语义，具有便于记忆的优势。其次，它们无论是在施事还是非施事的用法中，都可以用相同的形式表达。此外，这种统一的模式便于引入更多的此类结构，后文将介绍一些这样的结构。

在下文的结构中,下标"A"放在动词前,表示该动词为施事性的(因此,$_{A}$MOVE($_{施事}$运动)= CAUSE to MOVE(使移动))。GO 形式表示自我施事运动。

(7)**对含有词化并入的英语运动表达的分解**

**方位 + 方式**

a′. The lamp lay on the table. =[ the lamp WAS$_{LOC}$ on the table ] WITH-THE-MANNER-OF [ the lamp lay there ]

(台灯平放在桌子上。=[台灯处于桌子上]的方式为[台灯放在那里])

b′. The rope hung across the canyon from two hooks. =[ the rope WAS$_{LOC}$(EXTENDED)across the canyon ] WITH-THE-MANNER-OF [ the rope hung from two hooks ]

(绳子穿过两个钓钩横挂在峡谷间。=[绳子(伸展着)横跨峡谷]的方式为[绳子穿过两个钓钩悬挂着])

**运动 + 方式**

**非施事性**

c′. The rock rolled down the hill. =[ the rock MOVED down the hill ] WITH-THE-MANNER-OF [ the rock rolled ]

(石头滚下山坡。=[石头运动下了山坡]的方式为[石头滚动])

d′. The gate swung shut on its rusty hinges. =[ the gate MOVED shut (=the gate shut)] WITH-THE-MANNER-OF [ The gate swung on its rusty hinges ]

(门晃晃荡荡地关在了生了锈的折页上。=[门运动到关上(=门关上了)]的方式为[门晃晃荡荡地关在了生了锈的折页上])

**施事性**

f′.I bounced the keg into the storeroom. =[ I $_{A}$MOVED the keg into the storeroom ] WITH-THE-MANNER-OF [ I bounded the keg ]

(我把小桶反弹进了储藏室。=[我把小桶$_{施事}$运动到储藏室]的方式为[我反弹小桶])

**自我施事性**

h′.I ran down the stairs. =[ I WENT down the stairs ] WITH-THE-

MANNER-OF [ I ran ]
（我跑下了楼梯。=[我运动到楼下]的方式为[我跑]）

**运动 + 原因**

**非施事性**

j′. The napkin blew off the table. = [ the napkin MOVED off the table ] WITH-THE-CAUSE-OF [ (something) blew on the napkin ]
（纸巾被吹离了桌子。=[纸巾远离桌子运动]的原因为[(某物)吹了纸巾]）

k′. The bone pulled loose from its socket. = [ the bone MOVED loose from its socket ] WITH-THE-CAUSE-OF [ (something) pulled on the bone ]
（骨头被从骨臼里拉松动了。=[骨头移动,从骨臼里松动了]的原因为[(什么东西)拉动了骨头]）

**施事性**

m′. I kicked the keg into the storeroom. = [ I $_A$MOVED the keg into the storeroom ] WITH-THE-CAUSE-OF [ I kicked the keg ]
（我将小桶踢进了储藏室。=[我把小桶$_{施事}$移动到了储藏室]的原因为[我踢了桶]）

o′. I chopped the tree down to the ground at the base. = [ I $_A$MOVED the tree down to the ground ] WITH-THE-CAUSE-OF [ I chopped on the tree at the base ]
（我从根部把树砍倒在了地上。=[我把树$_{施事}$移动到地上]的原因为[我从根部砍树]）

需要注意,许多解构后的结构与不含有词化并入的句子有更直接的联系,因此这些句子可以看作是对原来句子的解释,如例(8)。

(8) c″. The rock rolled down the hill.
（石头滚下了山坡。）
The rock went down the hill, rolling in the process/the while.
（石头到达山坡下,期间一直滚动着。）

j″. The napkin blew off the table.

(纸巾被吹离了桌子。)

The napkin moved off the table from [ the wind ] blowing on it.

(因[风]吹,纸巾离开了桌子。)

m″.I kicked the keg into the storeroom.

(我将小桶踢进了储藏室。)

I moved the keg into the storeroom by kicking it.

(我通过踢,把小桶移进了储藏室。)

事实上,副事件与运动事件之间的关系并不局限于方式或原因,而是包括一系列的关系。Talmy(2000b)选取了其中的八种关系展开讨论。依据副事件与运动事件发生的时间先后顺序,先讨论副事件发生在运动事件之前的情况,最后讨论副事件发生在运动事件之后的情况。这一系列关系的词化并入对施事结构和非施事结构二者都适用。因此下文将给出两种结构都适用的例子。

在第一种关系即先发关系(precursion)中,副事件发生在主要运动事件之前,但副事件并没有导致或促使运动事件的发生。即使没有先发的副事件,运动事件也可以同样地发生。因此,在(9a)的第一个例子中,玻璃没有先破碎也可以直接掉到地毯上。尽管玻璃的破碎发生在前,但是并不会导致玻璃掉到地毯上。同理,在(9a)的第二个例子中,尽管我把香菜种子磨碎在前,但这个事件并不导致种子进入试管,研究人员可简单地把种子直接倒入或者扔入试管中。

(9) a. **先发关系**

i. [ glass MOVED onto the carpet ] WITH-THE-PRECURSION-OF [ the glass splintered ]

([玻璃运动到地毯上]先发事件为[玻璃碎了])

Glass splintered onto the carpet.

(玻璃碎了,掉在地毯上。)

ii. [ The researcher $_{A}$MOVED the caraway seeds into the test tube ] WITH-THE-PRECURSION-OF [ the researcher ground the caraway seeds ]

([研究者将香菜种子$_{施事}$运动到试管里]先发事件为[研究者把香菜种子磨碎了])

The researcher ground the caraway seeds into the test tube.

(研究者把香菜种子碾磨到试管里。)

需要注意的是,当副事件与主要运动事件之间为先发关系时,不同语言对两者之间语义疏密性的制约条件不同。英语通常要求副事件直接在主要运动事件之前,并且作为一个单独的活动与主要事件紧密相连。因此,如果上述第二个例子使用恰当的话,那么研究者就不能先用捣钵和钵槌把香菜种子捣碎,然后从捣钵里倒出来,再倒入试管中;而是把捣钵直接放到试管口上,这样刚捣出来的香菜种子就能掉入试管中。另外,把种子碾碎和把碾碎的种子灌入试管中必须被看成是一个完整事件。但是,在阿楚格维语中,先发的副事件与主要运动事件之间可以有间隔,而且两者之间并不存在什么固定关系。

在使能关系(enablement)中,副事件直接发生在主要运动事件之前,并且为导致运动发生的事件提供前提,但是副事件本身却并不导致该主要运动事件。因此,在(10b)的第一个例子中,你伸手去够或去抓瓶子并不能导致瓶子从架子上运动下来,而是当你将手臂从架子上往回移动的时候,去够或去抓的这个事件使你能够一直把瓶子握在手中,正是往回移动的这个事件导致了瓶子的运动。同理,在(10b)的第二个例子中,我用勺子把糖豆舀起来并不能导致它们运动到袋子里,但是这个舀起来的事件能够使糖豆被抬高到袋子的高度,再从勺子里流出,而正是后者使糖豆进入了袋子。

(10) b. **使能关系**

i. [could you $_{A}$MOVE that bottle down off the shelf] WITH-THE-ENABLEMENT-OF [you reach to/grab the bottle]

([你能把瓶子从架子上$_{施事}$挪下来吗]使能为[你够到/拿到瓶子])

Could you reach/grab that bottle down off the shelf?

(你能把瓶子从架子上够/拿下来吗?)

ii. [I $_{A}$MOVED jellybeans into her sack] WITH-THE-ENABLEMENT-OF [I scooped up the jellybeans]

([我把糖豆$_{施事}$移动到她的袋子里]使能为[我用勺子把糖豆舀起来])

I scooped jellybeans up into her sack.

（我用勺子把糖豆舀到她的袋子里。）

在逆向使能关系（reverse enablement）中，由动词表达的副事件是之前发生的，但尚未完成，而这一新的事件反过来促使了由卫星语素表示的主要运动事件的发生，后面的这种使能关系与上面讨论的完全一致。于是，在例（11c）的第一个例子中，我首先解开先前系的袋子，即我解开了袋子。解开袋子是打开袋子的条件。注意，解袋子的动作并不能导致打开袋子事件。解袋子只是一个使能，而用我的手指拉开袋子口才是打开袋子事件的真正原因。

（11）c. **逆向使能关系**

i. ［I $_A$MOVED the sack TO AN-OPEN-CONFORMATION］WITH-THE-ENABLING-REVERSAL-OF［（someone）had tied the sack］

（［我把袋子$_{施事}$运动到打开的状态］逆向使能是［（有人）系紧了袋子］）

Ich habe den Sack aufgebunden.

I have the sack open-tied

" I untied the sack and opened it ."

（我解开了袋子并打开了它。）

ii. ［I $_A$MOVED the dog TO FREENESS］WITH-THE-ENABLING-REVERSAL-OF［（someone）had chained the dog］

（［我使狗$_{施事}$运动到自由的状态］逆向使能为［有人用链子拴住了狗］）

Ich habe den Hund losgekettet.

I have the dog free-chained

"I set the dog free by unchaining it."

（我解开狗的链子，放开了它。）

在原因关系中，如果是初始因果关系，那么副事件可以发生在主要运动事件之前；如果是持续因果关系，那么副事件和主要运动事件可以同时发生。无论哪种情况，都是副事件导致了主要运动事件的发生。也就是说，这种运动事件可识解为——如果副事件不发生，那么主要的运动事件也不会发生。

（12）d. **原因关系**

**初始**

i. [ our tent MOVED down into the gully ] WITH-THE-ONSET-CAUSE-OF [ a gust of wind blew on the tent ]

（[我们的帐篷移动掉下了水沟]初始原因为[一阵风吹过帐篷]）

Our tent blew down into the gully from a gust of wind.

（我们的帐篷被一阵风吹下了水沟。）

ii. [ I $_A$MOVED the puck across the ice ] WITH-THE-ONSET-CAUSE-OF [ I batted the puck ]

（[我将冰球$_{施事}$移动过冰场]初始原因为[我击打了冰球]）

I batted the puck across the ice.

（我击打冰球使它穿过了冰场。）

**持续**

iii. [ the water MOVED down to the midline of the pot ] WITH-THE-EXTENDED-CAUSE-OF [ the water boiled ]

（[水运动到壶的中线位置]持续原因为[水沸腾了]）

The water boiled down to the midline of the pot.

（水沸腾后降到了壶的中间线。）

iv. [ I $_A$MOVED the toothpaste out of the tube ] WITH-THE-EXTENDED-CAUSE-OF [ I squeezed on the toothpaste/tube ]

（[我使牙膏$_{施事}$移动出了牙膏管]持续原因为[我挤压牙膏/牙膏管]）

I squeezed the toothpaste out of the tube.

（我把牙膏挤出了牙膏管。）

在方式关系中，副事件与运动事件同时发生，并且被概念化为运动事件焦点的一个附加活动——一个与运动事件直接相关，但却与之不同的活动。在这种概念化过程中，副事件以几种不同的方式与运动事件“相关联”，例如与主要运动相互作用、影响主要运动，或者只能在主要运动的过程中得以体现。因此，副事件可以包括焦点的运动模式——具体来说，一种概念上可抽象的自足运动——该模式与焦点的位移运动合为一个更为复杂的运动包络形式，例如，球弹下/滚下门厅。或者副事件可以是焦点的一个在概念上可进行抽象的活动，但只存在于与焦点相关的位移运动中，例如独木舟划过水面，或者书滑下斜面，或者婴儿爬过地板。

(13) e. **方式关系**

i. [the top MOVED past the lamp] WITH-THE-MANNER-OF [the top spun]

([陀螺运动过台灯] 方式为 [陀螺旋转])

The top spun past the lamp.

(陀螺旋转着从台灯旁边经过。)

ii. [the frond MOVED into its sheath] WITH-THE-MANNER-OF [the frond curled up]

([叶子运动到叶鞘中]方式为[叶子卷了起来])

The frond curled up into its sheath.

(叶子卷入叶鞘中。)

iii [I $_A$MOVED the mug along the counter] WITH-THE-MANNER-OF [I slid the mug]

([我使杯子沿着吧台$_{施事}$运动] 方式为 [我滑动杯子])

I slid the mug along the counter.

(我把杯子滑过吧台。)

伴随关系(concomitance)与方式关系的相同之处在于：副事件都与主要运动事件同时发生，而且都是运动事件中的焦点呈现的附加活动。但是在伴随关系中，从上文讨论的“相关性”来看，这个活动本身与运动不相关，且可以独立发生(尽管伴随关系与方式关系的差异可能更多呈现梯度性而非二分性)。因此，在(14f)的第一个例子中，不管那个女子去不去舞会都可以穿绿色连衣裙，而且对她去参加聚会的运动路径没有任何影响。伴随关系在英语中表现得并不十分明显(因此，不同的人对下面第二个例子的可接受程度不同)。但是在某些语言中，这种伴随关系非常普遍。例如，在阿楚格维语中，我们可以说“*The baby cried along after its mother*”(孩子哭着跟在母亲后面)，意思是“The baby followed along after its mother, crying as it went”(孩子跟着母亲，边走边哭)。

(14) f. **伴随关系**

i. [ she WENT to the party ] WITH-THE-CONCOMITANCE-OF [ she wore a green dress ]

([她自我施事运动到聚会]的伴随状态为[她穿着绿色连衣裙])

She wore a green dress to the party.

(她穿了绿色连衣裙到聚会上。)

ii. [ I WENT past the graveyard ] WITH-THE-CONCOMITANCE-OF [ I whistled ]

([我自我施事运动穿过墓地]的伴随状态为[我吹着口哨])

I whistled past the graveyard.

(我吹着口哨走过墓地。)

参见该例: I read comics all the way to New York.

(我一路看着漫画,来到纽约。)

在伴随结果关系(concurrent result)中,副事件是由主要运动事件所导致的,是主要运动事件的结果,且没有主要运动事件就没有副事件。副事件与主要运动事件共存,或者与主要事件的某个部分共存。副事件的焦点可以与主要运动事件的焦点相同,也可以不同。因此,在(15g)的第二个例子中,水的四处飞溅既是火箭落入其中的结果,又与火箭落入其中的运动同时发生。

(15) g. **伴随结果关系**

i. [ the door MOVED TO A-POSITION-ACROSS-AN-OPENING ] WITH-THE-CONCURRENT-RESULT-OF [ the door slammed ]

([门运动过门口的位置]的伴随结果为[门砰的一声关上了])

The door slammed shut.

(门砰的一声关上了。)

ii. [ the rocket MOVED into the water ] WITH-THE-CONCURRENT-RESULT-OF [ the water splashed ]

([火箭运动到水里]的伴随结果为[水四处飞溅])

The rocket splashed into the water.

(火箭溅入水中。)

最后，在后发关系(subsequence)中，副事件紧随着主要运动事件发生。主要运动事件或促使副事件的发生，或导致副事件的发生，或副事件是主要运动事件发生的目的。事实上，我们最好把后发关系理解成一个概括性的术语，其下还包含了许多存在细微差别的关系，这些关系在结构上有待进一步区分。

(16) h. **后发关系(包括结果/目的)**

i. [I will GO down to your office] WITH-THE-SUBSEQUENCE-OF [I will stop at your office]

([我将自我施事去你的办公室]的后发事件为[我将在你办公室停留])

I'll stop down at your office (on my way out of the building).

(我将(在我离开大楼的路上)在你办公室停留一会儿。)

ii. [I will GO in (to the kitchen)] WITH-THE-SUBSEQUENCE-OF [I will look at the stew cooking on the stove]

([我将自我施事(去厨房)]的后发事件为[我将看看炉子上炖的菜])

I'll look in at the stew cooking on the stove.

(我会去看看炉子上炖的菜。)

iii. [they $_A$MOVED the prisoner into his cell] WITH-THE-SUBSEQUENCE-OF [they locked the cell]

([他们把囚犯$_{施事}$运动到他的牢房]的后发事件为[他们锁上了牢房])

They locked the prisoner into his cell.

(他们把囚犯锁进了他的牢房。)

(with PLACE: [A] PUT [F] TO [G])

(放置:[施事]放[焦点]到[背景]上)

iv. [I PLACED the painting down on the table] WITH-THE-SUBSEQUENCE-OF [the painting lay (there)]

([我把那幅画放到桌子上]的后发事件为[那幅画放在(那里)])

I laid the painting down on the table.

(我把那幅画摆在桌子上。)

类似：I stood/leaned/hung the painting on the chair/against the door/on the wall.
（我把画立/靠/挂在椅子/门/墙上。）
类似：I sat down on the chair.
（我在椅子上坐下。）

9.5.2 动词 = 运动 + 路径

在表达运动的第二种类型模式中，动词词根可以同时表达运动和路径。如果句中还有表达方式或原因的副事件，那么该副事件必须用状语成分或者动名词类型的成分单独表达出来。在许多语言中，例如，西班牙语中，这样的成分会在语体上显得很别扭，于是关于方式或原因的信息在临近的语篇中建立，或者是省略掉。总之，主要动词词根自身都不能表达方式或原因。但是这样的语言中通常都有大量的表层动词来表达沿不同路径的运动。这种词化并入模式可以用图式来表征，具体可见本书第5章图5.2。

属于这种类型的语言或语系有罗曼语、闪族语、日语、朝鲜语、土耳其语、泰米尔语、波利尼西亚语、内兹佩尔塞语和喀多语。其中西班牙语最具代表性，因此 Talmy 以西班牙语为例，首先用非施事句子来说明这种类型的普遍性。

（17）**西班牙语中将路径词化并入（非施事）运动的表达形式**

a. La botella entró a la cueva （flotando）
the bottle MOVED-in to the cave （floating）
（瓶子 运动-进 至 洞 （漂着））
"The bottle floated into the cave."
（瓶子漂进了洞。）

b. La botella salió de la cueva （flotando）
the bottle MOVED-out from the cave （floating）
（瓶子 运动-出 从 洞 （漂着））
"The bottle floated out of the cave."
（瓶子漂出了洞。）

c. La botella pasó por la piedra （flotando）
the bottle MOVED-by past the rock （floating）
（瓶子 运动-过 经 岩石 （漂着））

"The bottle floated past the rock."
(瓶子漂过了岩石。)

d.

| La botella | pasó | por | el | tubo | (flotando) |
|---|---|---|---|---|---|
| the bottle | MOVED-through | through | the | pipe | (floating) |
| (瓶子 | 运动–穿过 | 通过 | | 管道 | (漂着)) |

"The bottle floated through the pipe."
(瓶子漂浮着穿过管道。)

e.

| El globo | subió | por | la | chimenea | (flotando) |
|---|---|---|---|---|---|
| the balloon | MOVED-up | through | the | chimney | (floating) |
| (气球 | 运动–上 | 通过 | | 烟囱 | (飘着)) |

"The balloon floated up the chimney."
(气球飘上了烟囱。)

f.

| El globo | bajó | por | la | chimenea | (flotando) |
|---|---|---|---|---|---|
| the balloon | MOVED-down | through | the | chimney | (floating) |
| (气球 | 运动–下 | 通过 | | 烟囱 | (飘着)) |

"The balloon floated down the chimney."
(气球飘下了烟囱。)

g.

| La botella | se fué | de | la | orilla | (flotando) |
|---|---|---|---|---|---|
| the bottle | MOVED-away | from | the | bank | (floating) |
| (瓶子 | 运动–离开 | 从 | | 河岸 | (漂着)) |

"The bottle floated away from the bank."
(瓶子漂离了河岸。)

h.

| La botella | volvió | a | la | orilla | (flotando) |
|---|---|---|---|---|---|
| the bottle | MOVED-back | to | the | bank | (floating) |
| (瓶子 | 运动–回 | 至 | | 河岸 | (漂着)) |

"The bottle floated back to the bank."
(瓶子漂回了河岸。)

i.

| La botella | le dió | vuelta | a | la | isla | (flotando) |
|---|---|---|---|---|---|---|
| the bottle | to-it | gave turn | to | the | island | (floating) |
| (瓶子 | 至–岛 | 围着岛转 | | | | (漂着)) |
| | (= 'MOVED around') | | | | | |

"The bottle floated around the island."
(瓶子在岛周围漂来漂去。)

j. La botella cruzó el canal (flotando)
the bottle MOVED-across the canal (floating)
(瓶子 运动-过 运河 (漂着))
"The bottle floated across the canal."
(瓶子漂过了运河。)

k. La botella iba por el canal (flotando)
the bottle MOVED-along along the canal (floating)
(瓶子 运动-沿着 沿 运河 (漂着))
"The bottle floated along the canal."
(瓶子顺着运河漂流而下。)

l. La botella andaba en el canal (flotando)
the bottle MOVED-about in the canal (floating)
(瓶子 运动-周围 在 运河里 (漂着))
"The bottle floated around the canal."
(瓶子在运河中漂来漂去。)

m. Las dos botellas se juntaron (flotando)
the two bottles MOVED-together (floating)
(两个 瓶子 运动-一起 (漂着))
"The two bottles floated together."
(两个瓶子漂到一起。)

n. La dos botellas se separaron (flotando)
the two bottles MOVED-apart (floating)
(两个 瓶子 运动-分开 (漂着))
"The two bottles floated apart."
(两个瓶子漂着分开了。)

西班牙语还有一些非施事动词可以体现这种路径的词化并入,例如 *avanzar* 'MOVE ahead/forward'(向前运动), *regresar* 'MOVE in the reverse direction'(反方向运动), *acercarse* 'MOVE closer to (approach)'(运动接近), *llegar* 'MOVE to the point of (arrive at)'(运动到某点(到达)), *seguir* 'MOVE along after (follow)'(一直跟在……运动(跟随))。

西班牙语的施事性动词也有同样的路径词化并入模式。同样,如果存在表示方式或原因的副事件,也就必须以独立的成分来表达。首先我们看一下副事件为方式的表达:

(18)**西班牙语中将路径词化并入(施事)运动的表达形式**

a. Metí el barril a la bodega rodándolo
I-$_A$MOVED-in the keg to the storeroom rolling-it
(我-$_{施事}$运动-进 小桶 到 储藏室 滚动它)
"I rolled the keg into the storeroom."
(我将小桶滚进储藏室。)

b. Saqué el corcho de la botella retorciéndolo
I-$_A$MOVED-out the cork from the bottle twisting-it
(我-$_{施事}$运动-出 木塞 从 瓶子 拧-它)
Retorcí el corcho y lo saqué de la botella
I-twisted the cork and it I-$_A$MOVED-out from the bottle
(我-拧 木塞 并且 它我-$_{施事}$运动-出 从 瓶子里)
"I twisted the cork out of the bottle."
(我把软木塞从瓶子里拧了出来。)

接下来我们看看西班牙语中词化并入原因的(施事)运动表达:

c. Tumbé el árbol serruchándolo// a hachazos/ con una hacha
I-felled the tree sawing-it// by ax-chops/ with an ax
(我-砍倒树 (因为)锯-它 用斧-砍/用斧子)
"I sawed//chopped the tree down."
(我把树锯倒/砍倒了。)

d. Quité el papel del paquete cortándolo
I-$_A$MOVED-off the paper from-the package cutting-it
(我-$_{施事}$运动-开 纸 从- 包裹(因为)剪-它)
"I cut the wrapper off the package."
(我把包裹的包装纸剪开。)

有一类施事运动可以用中间层次动词PUT表征。在这种类型中,施事用身体的某(些)部位(或拿着的工具)与焦点保持持续的接触,然后通过身体某(些)部位的运动来移动焦点,但是施事的整个身体没有位置变化。像先前讨论的简单运动(MOVE)一样,西班牙语用不同的路径概念词化并入PUT,从而生成一系列不同的动词形式,而这些动词形式可以单独表示不同的路径,详见表9.1。

**表9.1 西班牙语中的'putting'(放)类动词和路径搭配**
**(A=施事,F=焦点物体,G=背景物体)**

| | |
|---|---|
| A poner F en G | A把F放到G上 |
| A meter F a G | A把F放进G里 |
| A subir F a G | A把F放到G上 |
| A juntar $F_1$ y $F_2$ | A把$F_1$和$F_2$放到一起 |
| A quitar F de G | A把F从G拿开 |
| A sacar F de G | A把F从G中拿出 |
| A bajar F de G | A把F从G上拿下来 |
| A separar $F_1$ y $F_2$ | A把$F_1$和$F_2$拿开 |

需要注意的是,英语确实可以在这里使用不同的动词形式,例如*put*(放)和*take*(拿)可词化并入笼统的路径概念'to'(去)和'from'(来),这一现象与西班牙语中的动词词化并入路径有相似之处。这也许是最合适的解释方法。但是还有另一种观点,认为英语中的*put*和*take*只是PUT这个更为广义的、不带方向性的概念的替补形式。而表层的具体形式完全由特定的路径小品词"和/或"介词决定。为表达这一概念,英语的*put*与'to'(去)-型的介词相搭配(*I put the dish into/onto the stove*(我把饭菜放到炉子里/上));在没有*up*(上)的情况下,*take*与'from'(来)-型的介词相搭配(*I took the dish off/out of the stove*(我把饭菜从炉子上拿下来/炉子里拿出来));在有up的情况下,*pick*(拣)与'from'(来)-型的介词相搭配(*I picked the dish up off the chair*(我把饭菜从椅子上端起来));*move*(移动)与'along'(沿着)-型介词相搭配(*I moved the dish further down the ledge*(我把饭菜从壁架上端了下来))。

当上述动词词化并入了方式后,它们之间的区别便消除了,这一点更好地证明了我们纯形式的解释方法。因此,在句子*I put the cork into/took the cork out of the bottle*(我把软木塞放到瓶子中/我把软木塞从瓶子里拿出来)中,我们使用了两个不同的动词,但是在句子*I twisted the cork into/out of the bottle*

（我把软木塞拧到瓶子里去/我把软木塞从瓶子里拧出来）中，我们却只使用了一个词化并入了方式的动词“拧”（*twist*）来取代“放”（*put*）和“拿”（*take*）。与之类似的是 *I put the hay up onto/took the hay down off the platform*（我把干草放到台子上/我把干草从台子上拿下来）和 *I forked the hay up onto/down off the platform*（我把干草叉到台子上/我把干草从台子上叉下来）。可以看出，英语中 PUT 动词所词化并入的关于路径的信息少于同一句中小品词或介词所表示的信息，并且与小品词及介词所表示出来的信息并无差异。因此，在英语典型的方式词化并入情况中，它们可以很容易地被取代。

另一方面，西班牙语中 PUT 动词所词化并入的一系列路径语义——在这类动词中所使用的介词只有 *a*, *de* 和 *en*——处于非常中心的位置，无法被取代。这是西班牙语的典型结构。

英语中确实存在一些动词，这些动词的确可以和西班牙语中的动词一样词化并入路径信息。代表性的例子包括 *enter*（进入）, *exit*（退出）, *ascend*（上升）, *descend*（下降）, *cross*（穿过）, *pass*（经过）, *circle*（环绕）, *advance*（前进）, *proceed*（前进）, *approach*（靠近）, *arrive*（到达）, *depart*（离开）, *return*（返回）, *join*（加入）, *separate*（分开）, *part*（分离）, *rise*（上升）, *leave*（离开）, *near*（靠近）, *follow*（跟随）等。这些动词所在的句子结构甚至也与西班牙语相同。因此，方式概念必须以一个独立的成分表示。例如，*The rock slid past our tent*（石头滑过我们的帐篷）这句话用一个包含方式的动词和一个路径介词展示出了基本的英语表达形式。但是如果将上句中的动词换成一个包含路径的动词，那么方式就要以一个单独的成分来表达，上面的句子就要改写成：*The rock passed our tent in its slide/in sliding*（石头从帐篷边滑过去）。可以看出，改写后的句子十分别扭。然而，这些动词（以及句型）都不是英语中最典型的表达，而且很多也不是最口语化的句式。更重要的是，在上文提到的动词中，除了最后四个，其他都不是英语原有的动词，而是借自罗曼语，它们是罗曼语中典型的表达方式。相比之下，由于德语较少地借用了罗曼语的语言结构，因此上面的大多数路径动词在德语中都没有与之对应的动词词根。

### 9.5.3 动词 = 运动 + 焦点

在第三种表达运动的主要类型模式中，动词和焦点一起表达运动事实。以此为典型表达模式的语言有一系列的表层动词，它们能表达各种物体或物质的运动或位置。这种词化并入类型也可以用图表征出来（参见本书第 5 章图 5.3）。

这种类型的例子首先在英语里就有，不必从其他语言里寻找，因为英语确实有几个符合这一类型的例子。比如，非施事性动词（to）*rain*（下雨）指“雨运动”，施事动词（to）*spit*（吐痰）指“致使痰移动”，见（19）。

（19）a. It *rained* in through the bedroom window.　　非施事性
（雨从卧室窗户溜入）。
b. I *spat* into the cuspidor.　　施事性
（我朝痰盂吐了口痰。）

但是，在以这种模式为特征的语言中，许多运动＋焦点的动词是口语中最常出现的，且有一系列的扩展用法。在加利福尼亚北部的霍卡语言中，阿楚格维语便是一个很好的例子。（20）中的动词词根只是一组例子。

（20）**阿楚格维语焦点词化并入运动动词词根**

-lup- ‘指小的、闪光的、球形物体（如圆形的糖果、眼球、冰雹等）运动/处于’

-t̓- ‘指在功能上可以附着在其他物体上的、小的、平面物体（如邮票、衣服补丁、纽扣、木瓦、摇篮的遮阳伞等）运动/处于’

-caq- ‘指光滑、笨重的物体（如癞蛤蟆、牛粪）运动/处于’

-swal- ‘指一端悬挂起来的长条状柔软的物体（如晒衣绳上挂的衬衫、悬挂起来的死兔子、疲软的阴茎等）运动/处于’

-qput- ‘指干燥松散的污泥运动/处于’

-st̓aq̓- ‘指松软发黏的物质（如泥、肥料、腐烂的番茄、内脏、咀嚼过的口香糖等）运动/处于’

这些动词词根也可以具有施事语义。比如-*st̓aq̓*-还有另外一个语义，即‘（施事）移动松软的黏状物质’。因此这种动词词根同等地、典型地适用于位置、非施事性运动和施事性运动等事件的表达。从-*st̓aq̓*-所指为内脏的例子（‘松软发黏的物质’的例子）中，我们可以了解它的每一种用法。每个例子都有它的词素音位和语音形式（标在上方的元音是这种语言的特殊词素音位）（注意：动词词根已经为焦点提供了一个参照，表‘内脏’义的单独名词可以与动词搭配，为焦点物体提供另外一个参照）。

（21）**阿楚格维语中焦点词化并入运动的表达形式**

a. 方位后缀： -ik · ‘在地面上’

原因前缀： uh- ‘因“重力”（物体自身的重量）作用其上’

屈折词缀集： ’-w- -ª ‘第三人称－主语；事实语气’

/’-w-uh-sṫaq̇-ik · -ª/=>［ẇosṫaq̇ík·a］

字面意义：‘因松软的黏状物质使其自身的重量作用于本身，而位于地面上。’

示例：“内脏正放在地上。”

b. 方向后缀： -iċt ‘进入液体’

原因前缀： ca- ‘因风吹在焦点上’

屈折词缀集： ’-w- -ª ‘第三人称－主语，事实语气’

/’-w-ca-sṫaq̇-iċt-ª/=>［ċwasṫaq̇íċta］

字面意义：‘松软的黏状物质因风的吹动进入了液体。’

示例：“内脏被吹到了河湾里。”

c. 方向后缀： -cis ‘进入火里’

原因前缀： cu- ‘因一个长条状物体做轴线运动，作用于焦点上’

屈折词缀集： s-’-w- -ª ‘我－主语（第三人称－宾语），事实语气’

/ s-’-w-cu-sṫaq̇-cis-ª/=>［sċust áq̇ cʰa］

字面意义：‘我用某一长条状物体做轴线运动，把一个松软的黏状物体送入火里。’

示例：“我用小棍把内脏捅进火里。”

阿楚格维语中将焦点词化并入运动的这种模式，可以扩展到把身体部位及衣服作为焦点。注意英语中指代身体部位控制的句法结构常常将身体部分表达为一个控制类动词的名词性直接宾语，如：*I laid my head on the pillow/pulled my arm back out of the cage/put my ear against the wall/stuck my tongue out*（我把头放在枕头上/把胳膊从笼子里拽出来/把耳朵贴在墙上/把舌头伸出来）。有零星的动词词根表示身体部位的运动，而这些动词经常会有其他一些语义限制。如：在 *I stepped into the puddle/over the crack*（我踩进水坑/踏过裂缝）中的 *step*，表示‘一只脚站立，同时施事性地控制另一只脚’。但是在阿楚格维语中，通常模式中会有一个表示身体某一部位运动或方位的动词词根，该词根可以带一系列的方向性后缀。同样,阿楚格维语不使用英语中的如下句法结构,如 *I have a hat on*/*put my shirt on*/*took my shoes off*/*put a coat on her*(我戴上帽子/穿上我的衬衣/ 脱下鞋子/给她穿上外套),而是用指代要穿的衣服被移动或被放置的动词词根加上词缀表示"衣服是自己或他人穿着,穿上还是脱掉的"。

## 9.6 运动事件:卫星语素的事件结构

卫星语素是指与动词有姊妹关系的语法范畴,包括除了名词短语或介词词组的补语之外的任何成分。它与动词词根之间是从属成分与中心语的关系。卫星语素既可以是一个黏着词缀,也可以是一个自由词,它包括以下所有语法形式,这些语法形式在传统上大多被认为是彼此无关的:英语中的动词小品词、德语中的可分离的和不可分离的动词前缀、拉丁语或俄语中的动词前缀、汉语中的动词补语、拉祜语中的非中心"多功能动词"(versatile verbs)(Matisoff 1973/1982)、喀多语中的合成名词以及阿楚格维语中的围绕动词词根的多式综合型词缀。把卫星语素作为一个语法范畴的理由是它的所有形式之间有一个显著的共性,既是句法上的也是语义上的——例如,它在不同语言的同一范畴下,可以与动词搭配,共同表示路径,即"核心图式"。

### 9.6.1 路径

在英语中,卫星语素大多与路径的表达形式有关。通常,路径通过一个卫星语素与一个介词的组合而得到完全表达,如(22a)所示。但通常,卫星语素也可以单独出现,如(22b)所示。此处,介词短语的省略通常要求它的名词性成分或者是一个指示词,或者是一个复指代词(也就是说,作为背景的那个物体必须能被听话人准确地辨别)。

(22) a. I ran *out of* the house.
(我跑出房子。)
b. (After rifling through the house, ) I ran *out* [ i.e., ...of it ].
((在房子里搜索之后,)我跑出去[也就是说,从房子里……]。)

此处,用符号体系有助于表现语义情景和语法情景。符号">"放在介词之后,指向介词的名词性宾语。因此,这个符号与符号"←"一起表示所有描述路径的表层形式(卫星语素加上介词),如(23a)所示。符号表征再细致一些,括号里表示可省略的成分,F 和 G 表示充当焦点和背景的名词性成分的位置,如(23b)所示。

(23) a. ← out of >

b. F ... ← out (of >G)

英语有相当多的表示路径的卫星语素。例(24)中列举了一些,但是这些都不是句末包含背景的词组。

**(24) 英语中的一些路径卫星语素**

| | | |
|---|---|---|
| I ran *in*$_1$. | He ran *across*. | It flew *up*$_1$. |
| (我跑进来$_1$。) | (他跑过去。) | (它飞上去$_1$。) |
| I ran *out*$_1$. | He ran *along*. | It flew *down*. |
| (我跑出去$_1$。) | (他向前跑。) | (它飞下来。) |
| I climbed *on*. | He ran *through*. | I went *above*. |
| (我继续爬。) | (他跑过去。) | (我走上去。) |
| I stepped *off*$_1$. | He ran *past/by*. | I went *below*. |
| (我走下楼梯$_1$。) | (他跑过去。) | (我走下去。) |
| He drove *off*$_2$. | She came *over*$_1$. | I ran *up*$_2$ (to her). |
| (他开车走了$_2$。) | (她过来了$_1$。) | (我跑上前$_2$(到她那里)。) |
| I stepped *aside*. | It toppled *over*$_2$. | She followed along after (us). |
| (我走到一旁。) | (它倒塌了$_2$。) | (她跟在(我们)后面。) |
| She came *forth*. | She spun *around*$_1$. | They slammed *together*. |
| (她出来了。) | (她转了转$_1$。) | (他们打在一起。) |
| She walked *away*. | She walked *around*$_2$. | They rolled *apart*. |
| (她离开了。) | (她四处走$_2$。) | (他们滚着分开了。) |
| He went *ahead*. | She walked (all) *about*. | It shrank *in*$_2$. |
| (他向前走。) | (她(到处)散步。) | (它缩进去$_2$了。) |

He came *back*.
(他回来了。)

It spread *out*$_2$.
(它传开$_2$了。)

另外,英语中还有一些路径卫星语素,它们并没有获得普遍认可,即人们不认为它们和(24)中所列的路径卫星语素一样属于同一语义范畴。

**(25)英语中更多的路径卫星语素**

| | | |
|---|---|---|
| F... ← loose(松开的) | (from > G) | The bone pulled loose (from its socket).<br>(骨头(从骨臼中)被拉松了。) |
| F... ← free(自由的) | (from > G) | The coin melted free (from the ice).<br>(硬币(从冰中)融化出来。) |
| F... ← clear(离开) | (of > G) | She swam clear (of the oncoming ship).<br>(她游着避开了(迎面驶来的船只)。) |
| F... ← stuck(卡住的) | (to > G) | The twig froze stuck (to the window).<br>(树枝冻在(窗户)上了。) |
| F... ← fast(快速) | (to > G) | The glaze baked fast (to the clay).<br>(釉很快烧入(黏土)。) |
| F... ← un-(非,不) | (from > G) | The bolt must have unscrewed (from the plate).<br>(螺钉肯定是(从金属板)中拧下来的。) |
| F... ← over-(在……上) | Ø > G | The eaves of the roof overhung the garden.<br>(屋檐悬在花园上方。) |

F... ← under-（在……下） Ø > G Gold leaf underlay the enamel.（金色的叶子衬垫在搪瓷下。）

F... ← full（满的） （of > G） The tub quickly poured full（of hot water）.（水盆很快装满了(热水)。）

多数印欧语系分支中的语言都有路径系统，与前文所讨论的英语中的路径系统同源。即，它们也用一个卫星语素和一个介词，这个介词短语通常是可以省略的。这一点可以由(26)和(27)中所列的俄语例子说明(关于俄语中此种形式更为全面的论述可参照 Talmy 1975b)。

（26）**俄语中的一些路径表达**

F... ← v-（v + 宾格 > G）'into'（进入）
F... ← vy-（iz + 所有格 > G）'out of'（出去）
F... ← pere-（čerez + 宾格 > G）'across'（穿过）
F... ← pod-（pod + 宾格 > G）'to under'（在下边）
F... ← pod-（k + 与格 > G）'up to'（向上）
F... ← ob-（ob + 宾格 > G）'to against'（对着）
F... ← ot-（ot + 所有格 > G）'off a ways from'（离开一段距离）
F... ← na-（na + 宾格 > G）'onto'（到……上面）
F... ← s-（s + 所有格 > G）'off of'（从……离开）
F... ← pro-（mimo + 所有格 > G）'past'（过去）
F... ← za-（za + 宾格 > G）'to behind/beyond'（在后边/在外边）
F... ← pri-（k + 与格 > G）'into arrival at'（到达）
F... ← do-（do + 所有格 > G）'all the way to'（一直到）
F... ← iz-（iz + 所有格 > G）'(issuing) forth from'（从……出来）

（27）a. Ja vbežal（v dom）
I in-ran（into house（ACC））
（我进-跑(入房子(宾格)))
"I ran in（-to the house）."
（我跑进(入房子)。）

b. Ja vybežal（iz doma）
I out-ran（out of the house（GEN））
（我出-跑 （出了 房子（所有格）））
“I ran out（of the house）.”
（我跑出（房子）。）

对于所有这些表达路径的例子，我们需要强调，卫星语素应该与介词很好地区分开。在大多数印欧语系的语言中，卫星语素和介词之间有着截然不同的位置和语法特征，所以二者不会混淆。例如，在拉丁语、古希腊语和俄语中（如（26）和（27）），卫星语素作为前缀黏着在动词上，而介词（不管它出现在句中的哪个位置）是伴随名词使用的，同时介词还决定了它所伴随的名词的格。即使一个卫星语素和一个与其有着相同语音形式的介词一起用在同一个句子中表达一个特定的路径语义——此种情况在拉丁语、希腊语和俄语中常常发生（如（26）和（27））——两者在形式上仍然是不同的。然而，英语却存在一个问题，即英语可能是印欧语系中唯一一个经常将卫星语素和介词并置在一个句子中的语言。尽管如此，两种形式——卫星语素和介词——仍有相互区别的地方。

第一，两类形式中的成员地位不一致：有些形式只有两种功能中的一种。例如，如前所述，*together*，*apart*，*away*，*back* 和 *forth* 是从来不做介词的卫星语素，而 *of*，*at*，*from* 和 *toward* 是从来不做卫星语素的介词。此外，那些同时有两种功能的形式在每一种功能中常常有不同的语义。例如，作为介词的 *to*（*I went to the store*（我去了商店））与作为卫星语素的 *to*（*I came to*（我来到））是不同的。再比如，作为卫星语素、意为‘围绕一个水平的轴旋转’的 *over*（*It fell/toppled/turned/flipped over*（它翻倒/倒塌/转过/翻过）），与作为介词指‘在……之上’或‘覆盖’语义的 *over*（*over the treetop*（在树梢上）及 *over the wall*（在墙那边））在语义上不是严格对应的。

此外，二者在特征上也有区别。就短语结构和共现关系来说，卫星语素与动词处于同一结构之中，而介词则与名词性宾语在同一结构之中。与这一原则相符，当作为背景的名词性成分被省略的时候——即当作为背景的名词性成分的所指是已知的或可以推断的时候，它通常被省略——本来会与名词性成分一起出现的介词也会被省略，而卫星语素则被保留。例如，*He was sitting in his room and then suddenly ran out*（*of it*）（他坐在他的房间里，然后突然跑出了

（房间）），如果 *it* 被省略，那么与它处于同一结构中的介词 *of* 也必须被省略。但是，与动词 *ran* 处于同一结构中的卫星语素 *out* 还在它原来的位置。此外，一个没有任何名词性宾语，甚至连省略的名词性宾语都没有的句子可以包含一个与动词搭配的卫星语素，如句子 *The log burned up*（原木烧尽了）。但介词总是与某一名词性宾语有关——尽管这一名词性宾语可能被移位或者省略，如句子 *This bed was slept in*（这个床被睡过）或 *This bed is good to sleep in*（这个床睡起来很舒服）。

第二，就位置特征而言，介词位于它的名词性成分之前（除非它的名词性成分被移位或省略），如（28a）所示。但是，一个自由卫星语素（即非动词前缀的卫星语素）有以下这些更为复杂的特征：如果有介词，它位于这个介词之前，如（28b）所示。它可以或者位于一个没有介词的完整的名词短语之前，或者位于其后，如（28c）所示。但如果它被放置在一个紧跟其后的介词之前，它更倾向位于该名词短语之后，如（28d）所示。还有，它必须位于一个没有介词的代词性名词之后，如（28e）所示。

（28）a. I ran from the house/it.
（我从房子/那里跑出来。）
b. I ran away from the house/it.
（我从房子/那里逃跑了。）
c. I dragged away the trash./I dragged the trash away.
（我把垃圾拖走了。/我拖走了垃圾。）
d. ? I dragged away the trash from the house./I dragged the trash away from the housc.
（？我从房子那里拖走了垃圾。/我把垃圾从房子那里拖走了。）
e. *I dragged away it (from the house)./I dragged it (away from the house).
（*我拖走了它（从房子那里）。/我把它拖走了（从房子那里）。）

第三，就重音来说，在无标记格并且只有代词性宾语（它比非代词性宾语更具可鉴别性）的情况下，介词不重读，而卫星语素重读，如（28）中的句子所示。实际上，如果一个句子的所有名词短语都是代词性的，那么这个句子中的卫星语素——如果此句中有多于一个的卫星语素，就是最后一个卫星语素——通常是这个句子中读音最重的词，如句子 *I dragged him away from it*（我把他从那里拉开）或句子 *You come right back down out from up in there*（你赶快从那上面出来，下来，回来）。

第四，英语的路径系统有一个特殊的特征。有一些像 *past* 一样的形式，它们在句末没有名词性成分时，作用与普通卫星语素一样，如(29a)所示。但如果句末有名词性成分，即使是代词性的，这些形式将位于这个名词性成分之前并重读。即，它们有介词的前置特征，同时又像卫星语素一样重读。

(29) a. (I saw him on the corner but) I just drove *pást*.
((我看见他在拐角处，但是)我只是把车开了过去。)
b. I drove *pást* him.
(我开车从他旁边经过。)

由于像 *past* 这样的形式表现出独特的双重用法，它的后一种用法可以看作是一个新的(可能也是稀有的)语法范畴——由一个卫星语素加上一个介词而组成的一个联合变体，可被称为卫星语素介词(satellite-preposition)或"卫星介词"(satprep)——如(30a)中的符号表达。还可以把这种形式看作是一个普通卫星语素偶然与一个零介词相结合，如(30b)中的符号表达。

(30) a. F... ← past >G
b. F... ← past Ø >G

英语中还有一些其他的卫星语素介词，如 *through*，在句子 *The sword ran through him*（剑刺穿他的身体）中。还有 *up*，在句子 *I climbed up it*（我爬到它上边）中。事实上，尽管 *into* 这一形式有着明显的双语素根源，它现在是一个卫星语素介词。它在语音上不同于由一个卫星语素 *in* 后面加一个介词 *to* 构成的组合，这一点可以从 *The bee's sting went into him*（蜜蜂的刺扎进了他的肉里）与 *Carrying the breakfast tray, the butler went in to him*（管家端着早餐盘子走进了房间，然后走到他旁边）的不同中看出来。基于同一语音基础，*out of* 也像一个独立的卫星语素介词，与 *out from* 这一搭配不同，这一点可以从 *She ran out of it*（她从那里跑出来）与 *She ran out from behind it*（她从那后面跑出来）

的不同中看出来。可能是因为英语恰巧常常把卫星语素与介词形式并置,所以它产生了卫星语素介词这一形式。但我们马上发现,汉语普通话作为其他语言的一种,也表现出了卫星语素介词的同源性。英语中的卫星语素和介词之间的各种区别可总结为(31)。

(31) a. **介词 + 名词短语** (Mary invited me to her party.) I went to it.
((玛丽邀请我去她的晚会。)我去了。)

b. **卫星语素** (I heard music on the second floor.) I went úp.
((我听见二楼有音乐声。)我上楼了。)

c. **卫星语素 + 介词 + 名词短语** (There was a door set in the wall.) I went úp to it.
((墙上装了个门。)我向它走去。)

d. **卫星介词 + 名词短语** (There was a stairway to the second floor.) I went úp it.
((有楼梯通向二楼。)我走上去了。)

e. **卫星语素 + 名词短语** (They wanted the phone on the second floor.) I took it úp.
((他们要在二楼打电话。)我把电话拿了上去。)

汉语中有与英语完全对应的路径卫星语素和结构。例(32)中列出了一些这样的卫星语素(它们以各种各样的形式,或可以、或不能、或必须在后面带上表‘去’或‘来’的卫星语素)。

(32)
← qù ‘thither’ (去)
← lái ‘hither’ (来)
← shàng ‘up’ (上)
← xià ‘down (下)
← jìn ‘in’ (进)
← guò ‘across/past’ (过)
← qǐ ‘up off’ (起)
← diào ‘off (He ran *off*)’ (掉(他跑掉了))
← zǒu ‘away’ (走)
← huí ‘back’ (回)

| | | | |
|---|---|---|---|
| ← chū | 'out'<br>（出） | ← lǒng | 'together'<br>（拢） |
| ← dào | 'all the way（to）'<br>（到） | ← kāi | 'apart/free'<br>（开） |
| ← dǎo | 'atopple（i.e., pivotally over）'<br>（倒（即绕轴向倒）） | ← sàn | 'ascatter'<br>（散） |

这些卫星语素以合并或者非合并的方式参与路径表达。与英语唯一明显的区别是顺序上的差异：合并形式的宾语跟在动词复合体之后，而非合并形式的介词短语位于动词复合体之前（一般情况下，是任何种类的介词短语）。有些卫星语素可以参与两种类型结构。其中一种是表示'过去'意义的卫星语素，如例（33）和（34）两例中不同的两个句子翻译成英语就是一样的。

（33）F... ←（过）（-Ø>G-边）（卫星语素和介词的合并形式）

Píng-zi　piāo　guò　shí-tou　páng-biān
Bottle　float　past　rock（'s）　side
（瓶子　漂　过　石头（的）　旁边）
'The bottle floated past the rock.'
（瓶子漂过石头旁边。）

（34）F... ←（过）（从>G-边）（卫星语素和介词的非合并形式）

Píng-zi　cóng　shí-tou　páng-biān　piāo　guò
bottle　from　rock（'s）　side　float　past
（瓶子　从　石头　旁边　漂　过）
'The bottle floated past the rock.'
（瓶子从石头旁边漂过。）

9.6.2　路径 + 背景

在另一种词化并入模式中，一个卫星语素可以同时表达一个特殊的路径和为路径做背景的宾语。这种卫星语素似乎在世界上的语言中都很少见，但却是构成某些美洲印第安语的一种主要类型。英语中确实也有一些可以表达这种类型的例子。一个是 *home*，当其用作卫星语素时，意为 'to his/her...home'（去他/她……家）。另外一个是 *shut*，当它意为 'to（a position）across its/...associated opening'（穿过它的/……相连空间到（某个位置））时，也是作为卫星语素的用法。这些形式的阐释如例（35），它们选择性地连接介词短语，这些介词短语能增强这些形式的原有语义。

（35）a. She drove *home*（to her cottage in the suburbs）.
（她开车回家（到她郊区的别墅）。）
b. The gate swung *shut*（across the entryway）.
（门砰的一声关上了（滑过入口通道）。）

我们可以得出这些卫星语素将背景词化编入路径结论的原因，即它们关于背景的信息是完整的，而不是回指或指示的。因此，就像在句子 *The president swung the White House gate shut and drove home*（总统关上白宫的门并开车回家了）中一样，一个篇章也可以以这种用法开始。相比之下，一个路径卫星语素具有完整的路径信息，但是它只暗指一种背景类型，并且它只能回指或指示这一背景中的某个具体的东西。因此，虽然英语中的 *in* 暗示以封闭体为背景，但它自身不能指一个具体的封闭体，如句子 *The president drove in*（总统开车进来）所示。因此，它必须跟明确指称背景宾语的所指，如 *The president drove into a courtyard*（总统开车进了一个院子）所示。阿楚格维语就是把这类 "路径 + 背景卫星语素" 作为主要系统的一种语言。

9.6.3 受事：（焦点/）背景

另一种类型的卫星语素是所指事件受事的卫星语素。这样的卫星语素构成一个主要体系，比如 "词化编入名词的" 美洲印第安语。这些语言的多式综合动词包含一种卫星语素的词缀形式。喀多语就是其中的一个例子。在这种语言中，卫星语素典型地表明受事较为通用的身份。一个句子中也可能还包含一个独立的名词成分，从而典型地、更具体地表明同一个受事的身份，但是，无论是何种情况，卫星语素必须出现。这里首先举一些非运动事件的例子，如（36a）是受事在一个非施事句中做主语的例子，（36b）和（36c）是受事做施事句的直接宾语的例子。

(36) a. ʔínikuʔ hák-*nisah*-ni-káh-saʔ => [ʔínikuʔ háhnisánkáhsaʔ]

church PROG-house-burn-PROG

(教堂 进行体-房屋-燃烧-进行体)

**字面意义**: 'The church is house-burning (i.e., building-burning).'

(教堂正在房子-燃烧(即楼房-燃烧)。)

**大意**: "The church is burning."

(教堂正在燃烧。)

b. cú · cuʔ *kan*-yi-daʔk-ah => [cú · cuʔ kanidaʔkah]

milk liquid-find-PAST

(牛奶 液体-发现-过去时)

**字面意义**: 'He liquid-found the milk.'

(他液体-发现了牛奶。)

**大意**: "He found the milk."

(他发现了牛奶。)

c. widiš *dáʔn*-yi-daʔk-ah => [widiš dânnidaʔkah]

salt powder-find-PAST

(食盐 粉末-发现-过去时)

**字面意义**: 'He powder-found the salt.'

(他粉末-发现了盐。)

**大意**: "He found the salt."

(他发现了盐。)

如果没有独立的名词,最后一个例子就会如例(37)所示。

(37) *dáʔn*-yi-daʔk-ah 'He powder-found it.' / 'He found it (something powdery).'

(他粉末-发现了它。/他发现了(粉末状的东西)。)

在喀多语表达运动的普通模式中,动词词根表示运动事实以及路径,如西班牙语那样。词化编入的名词能够在有限条件下——是什么条件还不太确定——表示焦点,如下面方位格的例子。

（38）yak-čah-yih *nisah*-ya-ʔah => [ dahčahih tisáyʔah ]
woods-edge-LOC house-be-TNS
（森林-边-方位格 房子-在-时态）
**字面意义**：'At woods edge it-house-is.'
（在森林边上它-房子-是。）
**大意**："The house is at the edge of the woods."
（房子在森林边上。）

通常情况下，词化编入的名词指代背景：

（39）a. wá·kas na-*yawat*-yá-ynik-ah => [ wá · kas táywacáynikah ]
cattle PL-water-enter-PAST
（牛 复数-水-进入-过去时）
**字面意义**：'Cattle water-entered.'
（牛水-进入。）
**大意**："The cattle went into the water."
（牛进入水中。）
b. *nisah*-nt-káy-watak-ah => [ tisánčáywakkah ]
house-penetrate/traverse-PAST
（房子-穿透 / 穿过-过去时）
**字面意义**：'He-house-traversed.'
（他-房子-穿过。）
**大意**："He went through the house."
（他穿过房子。）

9.6.4 方式

卫星语素有一种特殊类型，就是对方式的表达。北美洲的多式综合语言之一的内兹佩尔塞语（Nez Perce）就有这样丰富的卫星语素（见 Aoki 1970）。在运动事件的句子中，这种语言中的动词词根像西班牙语的动词词根一样表达"运动 + 路径"。但同时，一个连接词根的前缀表明运动的具体方式。例（40）给出了这种组合的一个例子。

(40) /hi quqú · - láhsa -e/ => [ hiqqoláhsaya ]
3rd person galloping go-up PAST
(第三人称 飞跑着 去-上 过去时)
**字面意义**: 'He/she ascended galloping.'
(他/她飞跑着上去了。)
**大意**: "He galloped uphill."
(他飞跑上山坡。)

在例(41)中我们列出了一些内兹佩尔塞语中的方式前缀。需要注意的是,这个前缀体系不仅包括运动方式类型,还扩展到伴随类型,两者都是关于情感('in anger'(愤怒))和活动('on the warpath'(出征路上))的。

(41) **内兹佩尔塞语的方式前缀**

ʔipsqi- 'walking'
(走着)
wilé··- 'running'
(跑着)
wat- 'wading'
(跋涉着)
siwi- 'swimming-on-surface'
(游着-在-表面)
tuk<sup>w</sup>e- 'swimming-within-liquid'
(游着-在……里-液体)
we··- 'flying'
(飞着)
tu·k̓e- 'using a cane'
(正用着手杖)
ceptukte- 'crawling'
(爬行着)
tuk̓weme- '(snake) slithering'
((蛇)滑动着)
wu·l- '(animal) walking / (human) riding (on animal at a walk)'
((动物)走着/(人)骑着(在行走的动物上))

quqú·- ‘(animal) galloping / (human) galloping (on animal)’
((动物)飞奔着/(人)(骑在动物上)飞奔着)

tiq̓e- ‘(heavier object) floating-by-updraft/wafting/gliding’
((重物)通过上升气流飘浮着/飘荡着/滑行着)

ʔiyé·- ‘(lighter object) floating-by-intrinsic-buoyancy’
((轻物)通过内在的浮力漂浮着)

wis- ‘traveling with one's belongings’
(带着财产旅行)

kipi- ‘tracking’
(跟踪着)

tiw̓ek- ‘pursuing (someone: D. O.)’
(追赶着(某人:直接宾语))

cú·- ‘(plurality) in single file’
((复数)成一列队)

til- ‘on the warpath/to fight’
(在出征路上/去打仗)

qisim- ‘in anger’
(生气)

假设多式综合形式是通过对成串的词的划分和读音的改变而产生的,我们便可以想象一种内兹佩尔塞语类型体系是怎么从一种西班牙语类型发展而来的。最初单独表示方式的词常与动词搭配,然后变成了词缀(在大多数情况下也失去了它们在句子中其他地方的用法)。事实上,我们可以想象,西班牙语有可能朝着内兹佩尔塞语的方向进化。在西班牙语中,表达方式的动名词的理想位置是直接跟在路径动词之后,如例(42)所示。

(42) Entró corriendo/volando/nadando/... a la cueva
he-entered running flying swimming to the cave
(他-进去了 跑着 飞着 游着 到 山洞)

这些动名词有可能逐渐发展为固定的后置卫星语素的封闭类体系,甚至可能继续发展为动词后缀。因此,我们可以想象出几种类型的变化,它们可能使西班牙语表达运动的体系变得和内兹佩尔塞语体系相同。

### 9.6.5 原因

在一些语言中,至少在美洲语言中,Talmy 发现了一种通常用来表达“工具”的卫星语素。然而,这些形式看上去更像是表达整个使因事件的。这是因为,至少在熟悉的例子中,这些卫星语素不仅表示涉及的那一种工具对象,也表示工具对象对受事实施行为的方式(为引起一个结果)。也就是说,这种类型的卫星语素相当于英语中表达因果关系的整个从句。具体地说,出现在非施事动词复合体中的卫星语素相当于一个 *from*-从句,比如(举一个翻译成英语的实例):‘The sack burst *from a long thin object poking endwise into it*’(袋子破了,因为一个又长又细的东西竖着戳进去了)。同样的卫星语素出现在施事动词复合体中,则相当于一个 *by*-从句,如:‘I burst the sack *by poking a long thin object endwise into it*’(我用一个又长又细的东西竖着把袋子戳破了)。

或许,加利福尼亚州北部的霍卡语能够很好地解释这类卫星语素类型,其中的阿楚格维语中有大约 30 种形式。在这里,绝大多数的动词词根必须带有一种原因卫星语素,以确保动词词根能够表达表示原因的行为(一些动词词根不能带这些卫星语素,但它们只是少数)。所有这些卫星语素把可能的原因语义域穷尽性地细分。也就是说,任何感知到的或想到的因果条件都很可能由这其中的一个或另一个卫星语素表示。阿楚格维语的大部分原因卫星语素——在最普通的用法中的那些——都在(43)中列了出来。它们是根据其具体所指的工具类型分组的。在另一种霍卡语中,它们直接以短小前缀形式出现在动词词根之前。这些卫星语素在动词中使用的例子在例(21a)到(21c)中都已经表现出来了。

**(43)阿楚格维语中表示原因的卫星语素(P= 受事,E= 经历者)**

**自然力**

← ca- ‘from the wind blowing on P’
(因为风吹向受事)

← cu- ‘from flowing liquid acting on P’(e.g., a river on a bank)
(因为流动的液体作用于受事(如,河水在河岸上))

← ka- ‘from the rain acting on P’
(因为雨作用于受事)

← ra- ‘from a substance exerting steady pressure on P’(e.g., gas in the stomach)
(因为一种物质施加稳定的压力于受事)(如,肚子里的气体)

← uh- 'from the weight of a substance bearing down on P'(e.g., snow on a limb)
(因为一种物质的重量向下施加压力于受事)(如,雪在枝头上)

← miw- 'from heat/fire acting on P'
(因为热/火作用于受事)

**实施行为的物体**

← cu- 'from a linear object acting axially on P'(e.g., as in poking, prodding, pool-cueing, piercing, propping)
(因为一个线性物体沿轴的方向作用于受事)(如,戳、刺、球杆击球、刺穿、支撑)

← uh- 'from a linear object acting circumpivotally (swinging) on P'(as in pounding, chopping, batting)
(因为一个线性物体围绕轴心(旋转着)作用于受事)(如,猛击、砍、打)

← ra a. 'from a linear object acting obliquely on P'(as in digging, sewing, poling, leaning)
(因为一个线性物体倾斜地作用于受事)(如,挖掘、缝纫、撑、斜靠)

b. 'from a linear/planar object acting laterally along the surface of P'(as in raking, sweeping, scraping, plowing, whittling, smoothing, vising)
(因为一个线性/平面物体侧向作用于受事的表面)(如,耙、扫除、刮擦、犁地、削、弄平、钳住)

← ta- 'from a linear object acting within a liquid P'(as in stirring, paddling)
(因为一个线性物体在液体受事内起作用)(如,搅动、划桨)

← ka- 'from a linear object moving rotationally into P'(as in boring)
(因为一个线性物体转动着进入受事)(如,钻孔)

← mi- 'from a knife cutting into P'
(因为刀切入受事)

← ru- 'from a (flexible) linear object pulling on or inward upon P'

(as in dragging, suspending, girding, binding)
(因为一个(柔韧的)线性物体穿在受事上或里面)(如,拖、悬挂、束缚、捆绑)

**实施行为的身体部分**

← tu- 'from the hand (s) —moving centripetally—acting on P' (as in choking, pinching)
(因为手向中心移动作用于受事)(如,堵着、捏着)

← ci- 'from the hand (s) —moving manipulatively—acting on P'
(因为手在控制下移动作用于受事)

← ma- 'from the foot/feet acting on P'
(因为脚作用于受事)

← ti- 'from the buttocks acting on P'
(因为臀部作用于受事)

← wi- 'from the teeth acting on P'
(因为牙齿作用于受事)

← pri- 'from the mouth—working ingressively—acting on P' (as in sucking, swallowing)
(因为嘴向内吸气作用于受事)(如,吸、吞咽)

←phu- 'from the mouth—working egressively—acting on P' (as in spitting, blowing)
(因为嘴向外呼气作用于受事)(如,吐、吹)

← pu- 'from the lips acting on P'
(因为嘴唇作用于受事)

← hi- 'from any other body part (e.g., head, shoulder) or the whole body acting on P'
(因为其他身体部位(如,头、肩)或整个身体作用于受事)

**感觉**

← sa- 'from the visual aspect of an object acting on E'
(因为一个物体的视觉方面作用于经历者)

← ka- 'from the auditory aspect of an object acting on E'
(因为一个物体的听觉方面作用于经历者)

← tu- ‘from the feel of an object acting on E’
（因为一个物体的触觉作用于经历者）

← pri- ‘from the taste/smell of an object acting on E’
（因为一个物体的味觉/嗅觉作用于经历者）

## 9.7 运动事件：动词复合体中的突显

与上两节内容都相关的一个理论视角是突显。具体来讲，突显是指一个语义成分根据其语言表征的类型，出现在注意的前景位置，或者相反地，这个语义成分构成语义背景的一部分，且获得很少的直接注意。对于这种突显，似乎存在一个最初的普遍原则。在其他条件相同的（比如这个成分在句子中的重音度和位置）情况下，这个语义成分会被背景化在以下表达形式中：主要动词词根，包含卫星语素的封闭类成分，即主要动词复合体。如果在其他位置出现，这个语义成分就会被前景化。这一原则可以称作基于成分类型的背景化原则（the principle of backgrounding according to constituent type）。

比如，例（44）中的前两个句子，它们传递的全部信息实质上是对等的。但它们的区别是，使用飞机作为交通工具的事实在例（44a）中是被前景化的，因为它是由一个副词词组和这个副词词组所包含的名词表达的，而它在例（44b）中是一条附带发生的背景信息，且词化并入主要动词。

（44）a. I went by plane to Hawaii last month.
（我上个月乘飞机去了夏威夷。）
b. I flew to Hawaii last month.
（我上个月飞到了夏威夷。）
c. I went to Hawaii last month.
（我上个月去了夏威夷。）

第二条原则似乎是前一原则的姊妹原则。一个概念或许多概念的一个范畴在背景化时更易于表达。即当它能以背景化的方式，而不是只能以前景化的方式被提到时，说话者更倾向于表达这一概念，而不是省略它。在它能够被背景化而不是必须被前景化时，它在文体上更倾向于口语化的通顺表达形式。这被称作背景化下的自然表达原则（the principle of ready expression under backgrounding)。例如,一个方式概念——像前一个例子中航空交通工具的使用,当它表征在像例(44b)的主要动词那样的背景化结构成分中,而不是像(44a)的副词词组那样的前景化成分结构中时,它表达起来可能更容易——也就是说,表达得更频繁、更口语化。

第二条原则本身有一个伴随原则:当一个概念被背景化并因此表达起来更容易时,它传达的信息内容可被包含在一个具有明显的较低认知成本的句子中——具体地说,说话者不需用更多的努力或听话者不用施加额外注意。这第三条原则被称作背景化下附加信息的低认知代价原则(low cognitive cost of extra information under backgrounding)。因此,例(44b)除了表达和(44c)相同的信息内容外,还包括位置改变的具体概念,还表示这种位置改变是通过使用航空交通工具实现的。但是这种附加的信息是"无代价"的,因为显然例(44b)可以和传递更少信息的例(44c)一样被轻松地表达出来,此时说话者和听话者都不需要付出很大努力。最后,由于有第三条原则,一种语言可以比另外一种语言(这种语言不允许将这种信息背景化)——或同一种语言用法中的另一个部分——更随意地、轻松地把更多的信息放在一个句子中,这被称为背景化下额外信息的自然包含原则(the principle of ready inclusion of extra information under backgrounding)。

第四条原则可以从当前问题中得到论证,即,从不同语言类型之间和同一种语言的不同部分之间的相异突显现象中得到论证。语言在它们所能表达的信息内容方面很具有可比性。但是,各种语言之间的不同之处在于能以背景化方式表达的信息数量和信息类型。英语和西班牙语在这一点上形成对比。英语有其具体的动词词化并入模式和多重卫星语素承载力,可以以背景化方式表达事件的方式或原因,以及表达含有多至三个组成部分的路径复合体,如例(45)所示。

(45) The man ran back down into the cellar.
(那个人跑回去,进了地下室。)

在这个相当普通的句子中,英语已经背景化了——并且因此通过第四条原则,轻松地集中了——所有的信息:这个人去地下室的行程是通过跑(*ran*)来完成;他最近已经去过地下室一次,因此这是一个返程(*back*);他的行程从高于地下室的某一点开始,所以他必须下去(*down*);这个地下室是一个封闭体,因此他的行程是从外进入的(*in-*)。与之形成对比的是西班牙语,西班牙语有不同的动词词化并入模式和几乎没有能产性的卫星语素,只能背景化四个英语成分中的一个,通过其主要动词达到这个目的:其他被表达的成分被迫被前景化在一个动名词或介词词组中。同时,借用第四条原则,这样的前景化信息是不易被包括在内的。事实上,试图把所有的信息包括在一个句子中的做法是不可接受的。因此,在目前情况下,西班牙语可以很轻松地只表达方式,如(46a)所示,或者只表达某一个路径概念与表方式的动名词搭配,如(46b)到(46d)所示。对于可接受的文体来说,深一层的成分必须省略或留着让人来推理,或在语篇中的其他地方确立。

(46)**与信息充实的英语句子(45)最接近的西班牙语句子**

a. El hombre corrió a -l sótano
the man ran to-the cellar
(那 人 跑了 到-那 地下室)
"The man ran to the cellar."
(那个人跑去了地下室。)

b. El hombre volvió a -l sótano corriendo
the man went-back to-the cellar running
(那 人 去了-回 到-那 地下室 跑着)
"The man returned to the cellar at a run."
(那个人跑着返回了地下室。)

c. El hombre bajó a -l sótano corriendo
the man went-down to-the cellar running
(那 人 去了-下 到-那 地下室 跑着)
"The man descended to the cellar at a run."
(那个人跑着下了地下室。)

d. El hombre ntró a -l sótano corriendo
the man went-in to-the cellar running
(那 人 进了-里 到-那 地下室 跑着)
"The man entered the cellar at a run."
(那个人跑着进了地下室。)

在对比卫星语素框架语言（如英语）和动词框架语言（如西班牙语）的书面语时，除了表达路径和方式的位置区别，Slobin（1996）证明了两种语言类型的另一种区别。正如 Talmy（1985）已经观察到的，Slobin 证实了在表达运动的句子中，英语对于方式的表达不受限制，而在西班牙语中这种情况却很少。方式在英语中典型地在主要动词中表达，在西班牙语中却在一个动名词成分中表达。他探讨了这个区别产生的原因，但却没有说明为什么这种现象能导致观察到的结果。相反，Talmy 认为，原则上两种语言在其用法上应该是对等的，因为两种语言类型都是在动词和一个非动词成分中表达方式和路径，只是表达方式相反。

## 9.8 国内外研究现状及趋势

运动事件的研究处于语义与句法的接口，同时又具有语言类型学的意义；运动事件研究关注的核心是句子中的动词以及与动词搭配的卫星词。由此，这个话题在语言对比研究领域、修辞领域、英汉、汉英翻译领域等都具有重要意义。这一话题在国外认知语言学领域也一直是一个热点。最重要的标志就是国外语言学研究者们对这一话题的持续性关注。Talmy 的主要研究成果汇集于他的两卷本专著（Talmy 2000a，2000b）。他把[方式]和[原因]语义成分纳入[副事件]这个语义框架中。[副事件]与运动事件的关系除了[方式]和[原因]之外，还有[先发]、[使能]、[伴随]以及[后发]等。除此之外，著名语言学家 Dan Slobin 也一直关注这一话题（例如，Slobin & Bocaz 1988; Slobin & Hoiting 1994; Slobin 1996，1997，2004，2005，2006，2008）。Slobin 认为，汉语既不属于动词框架语言，也不属于卫星框架语言，而是单独属于第三类，即均衡框架语言（equipollently-framed language）。这两位学者的母语都不是汉语，对汉语也没有进行过系统的对比研究。因此，汉语在运动事件类型学中的归属问题一直是学界悬而未决的问题。

和国外研究相类似，国内对运动事件的语义类型的研究虽起步较晚，但也呈逐年上升趋势，比如：严辰松（1998，2005），邵志洪（2006），李雪（2008，2009，2010，2012），李雪、白解红（2009），罗杏焕（2008），阚哲华（2010），管博（2011），邓宇、李福印（2015，2017），邓宇等（2015），李福印（2013，2017），刘礼进（2014），史文磊（2011a，2011b，2012，2014）等。但就汉语类型的归属而言，不同研究结论互异，究其原因：一是研究高度集中于运动事件；二是相关研究缺乏科学统一的方法论(李福印 2013)。有鉴于此,李福印等(2019)采用语料库、诱导实验、问卷调查等实证方法,对 Talmy 宏事件语义类型学中所包含的五类宏事件(运动、体相、状态变化、行动关联及实现)展开了系统、全面的考察,其结论基本支持"现代汉语属于动词框架与卫星框架混合型语言",修正了 Talmy 关于"现代汉语是典型的卫星框架语言"(Talmy 2000b: 222,272)的论断。

## 9.9 结 语

Talmy 提出可以用六种最基本的语义要素(或称语义成分)来描述世界上任何语言中的运动事件。这些语义成分包括: FIGURE, MOTION, PATH, GROUND, MANNER 和 CAUSE。我们用汉语分别把这些语义成分标记为[焦点]、[运动]、[路径]、[背景]、[方式]和[原因]。例如: *An apple falls into the grass*(一只苹果掉入草地中)这句话中语言表达形式与语义成分的对应分别为: *An apple*[焦点]*falls*[运动/方式]*into*[路径]*the grass*[背景]。需要注意的是,语义和语言表达(即意义与形式)并不总是一一对应的关系。句子 *The dog entered the kitchen*(狗进了厨房)中, *enter* 一词就合并了两个语义成分:[运动]+[路径]。句子 *It rained in through bedroom window*(雨从卧室的窗户流进来了)中,动词部分 *rained in* 合并了[焦点]+[运动]+[路径]三个语义成分。Talmy 把上例中动词之后既不是介词又不是名词性成分的 *in* 称为卫星语素。由于[路径]是描写运动事件最重要的(也是最显著的)语义成分, Talmy 根据[路径]出现的位置把世界上的语言分为两大类:动词框架语言与卫星框架语言,并由此对多种语言进行了类型考察。这一语言类型二分法理论是 Talmy 最重要、最具有影响力的理论。

# 10 宏事件语义类型学①

## 10.1 引 言

本章与第 9 章在语言的形式与语义映射视角上形成互补。在第 9 章,我们把语言的形式(即动词词根及卫星语素)作为恒量,研究它们所表征的语义元素,如图 10.1 所示。在本章,我们以语义元素(即核心图式)为恒量,研究它们的语言编码形式,如图 10.2 所示。

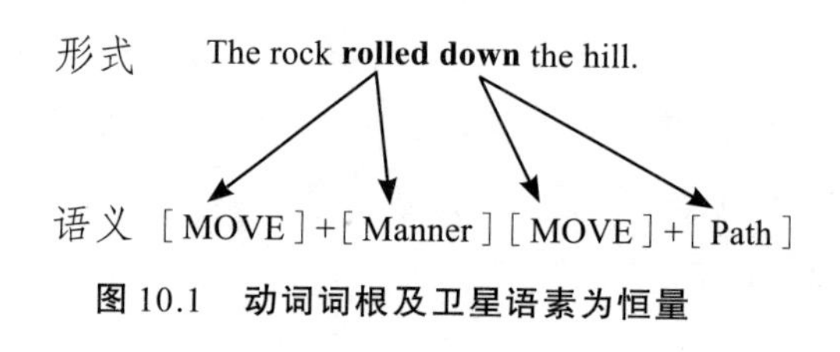


图 10.1 动词词根及卫星语素为恒量

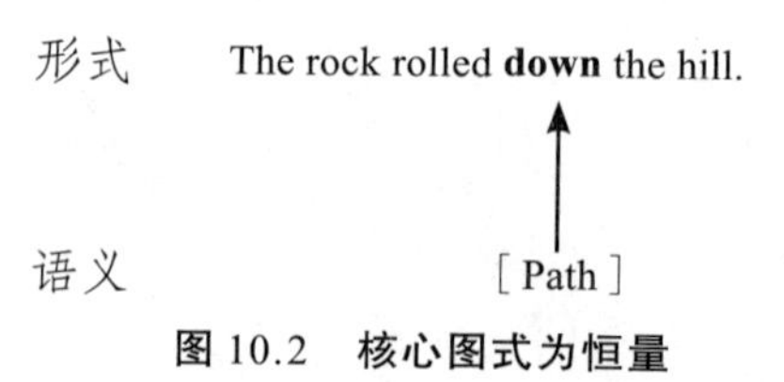


图 10.2 核心图式为恒量

① 本章部分内容在整理编写时主要参照《认知语义学(卷Ⅱ):概念构建的类型和过程》(伦纳德·泰尔米著,李福印等译 2019)第 3 章中的部分内容。

宏事件代表了 Talmy 的重要学术贡献。正是基于对宏事件中语义向句法映射规律的研究，Talmy 提出了著名的语言类型两分法。宏事件具有其内部结构，包括主事件（也称框架事件）和副事件（也称从属事件）（10.2）。Talmy 研究的第一类宏事件为运动事件（10.3）。基于运动事件中核心图式（core schema）的类比，Talmy 提出了其他四类宏事件，分别为：体相事件（10.4），状态变化事件（10.5），行动关联事件（10.6）以及实现事件（10.7）。在宏事件中，主事件为事件语义核心，处于突显地位，副事件起辅助作用（10.8）。目前学界对宏事件的系统性研究尚属起步阶段（10.9），未来研究仍有较大发展空间（10.10）。通过观察汉语语料，我们发现汉语中的核心构式，如动趋式，可以表征宏事件（10.11）。

## 10.2 宏事件

Talmy 对宏事件的界定是“语言深层概念组织中普遍存在的某种基本的事件复合体”。具体而言，“一方面，宏事件可以概念化为由两个较为简单的事件以及它们之间的相互关系组成，但宏事件也能概念化为一个单一的融合事件，从而用一个单句来表达，这一点可能具有普遍性”（In the underlying conceptual organization of language, there is a certain type of event complex, what we term the “macro-event”, that is fundamental and pervasive. On the one hand, the macro-event can be conceptualized as composed of two simpler events and the relation between them. But the macro-event is—perhaps universally—also amenable to conceptualization as a single fused event and, accordingly, to expression by a single clause.）（Talmy 2000b: 213; 伦纳德·泰尔米著，李福印等译 2019: 215）。

从组成成分上看，宏事件由框架事件和副事件以及二者之间的语义关系组成。框架事件包括四个语义成分：焦点实体、背景实体、激活过程以及关联功能。有了这些更具概括性的术语作为工具，Talmy 通过类比将宏事件的下属成员由运动事件扩展至五类，并且使用这些更具概括性的语义元素分析这五类事件的语义结构。

由运动事件中的路径概括抽象出来的关联功能在运动事件中表示路径，在体相事件中表示行动的时间结构，在状态变化事件中表示状态的转变，在行动关联事件中表示某两个行动间的关联，在实现事件中表示某行为的确认或实现。Talmy 认为，包含动词核心语义在内的这四种语义要素是事件的核心，对事件的性质起到决定性作用,因此称为主事件。单独的关联功能或关联功能和背景实体一起被认为是框架事件的图式化核心,如图 10.3 所示。

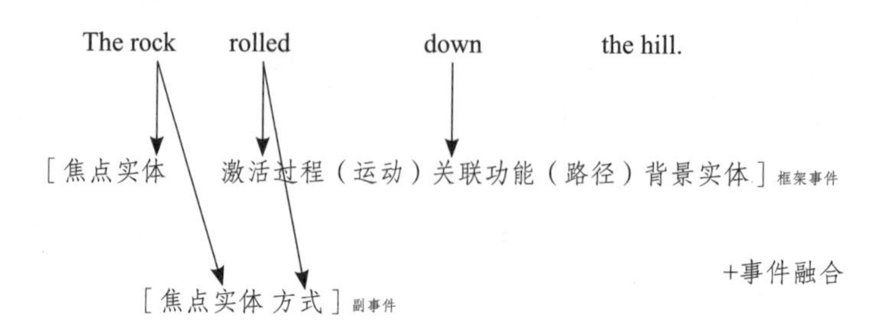


**图 10.3 宏事件图式**

例(1)是这五类宏事件的英文示例,其中的卫星语素用斜体表示。

(1)a. 运动事件

The ball rolled ***in.***(球滚进来了。)

b. 体相事件

They talked ***on.***(他们一直在谈。)

c. 状态变化事件

The candle blew ***out.***(蜡烛吹灭了。)

d. 行动关联事件

She sang ***along.***(她随着唱。)

e. 实现事件

The police hunted the fugitive ***down.***(警察追捕到逃犯了。)

但是,并非所有的复杂事件都是宏事件,请看例(2):

(2)a. The candle went out because something blew on it.

(因为某物吹向蜡烛,蜡烛灭了。)

b. The candle blew out.

(蜡烛吹灭了。)

c. 瑾便引船出,逊徐整部伍,张拓声势,步趋船,敌不敢干。(《三国志》)

d. 须臾,引一鲈鱼出。(《搜神记》)

e. 平旦,至流水侧,从孔中引出五脏六腑洗之,讫还内腹中。(《搜神后记》)

f. 秦始皇将我到彭城，引出周时鼎。(《抱朴子内篇》)

具体说来，宏事件是一个语义层面的概念，在语言表征层面上是用一个小句表征。它是一个可以分解为两个简单事件的复杂事件，所以，例(2a)中由复合句表征的复杂事件不是宏事件。相对应地，简单句例(2b)是宏事件。(2a)和(2b)几乎表达相同的语义，且(2b)可以分解为(2a)。同样地，例(2c)和(2d)所表征的均不是宏事件。例(2e)和(2f)符合 Talmy 对宏事件的定义，因此表征了宏事件。根据对汉语语料的历时考察，我们主张：在古汉语中，两个分离的动词分别表征的事件所形成的复杂事件不是宏事件，如例(2c)和(2d)。随着趋向动词的出现，由动趋结构表征的事件复合体所形成的复杂事件是宏事件，如例(2e)和(2f)。换言之，随着部分主要动词语法化为趋向补语，汉语中出现宏事件表征。

因此，判定某个事件复合体是否表征宏事件需满足以下三个条件：

① 必须含有两个子事件；

② 两个子事件之间必须具有内在的语义关联；

③ 两个子事件必须在一个小句中表征。

Talmy 认为五类宏事件具有相同的语义结构。这些宏事件的语义核心，即核心图式，由语义要素“路径”或者语义要素的组合“路径”+“背景”组成。该核心图式往语言表层表达的映射(即编码位置)极具规律性。Talmy 根据核心图式在语言表达中不同编码位置的典型性，把语言分为两大类：惯常把核心图式编码到动词词根中的语言为动词框架语言(下文称 V 型语言)；惯常把核心图式编码到卫星语素中的语言为卫星框架语言(下文称 S 型语言)(Languages that characteristically map the core schema into the verb will be said to have a framing verb and to be verb-framed languages. On the other hand, languages that characteristically map the core schema onto the satellite will be said to have a framing satellite and to be satellite-framed languages.)(Talmy 2000b: 222)。对于核心图式的说明，请看例(3)：

(3) a. 他跑**下**楼梯。

b. 老师已经走**进**教室了。

c. 老师**进**教室了。

d. He ran **into** the room.

e. He **exited** the classroom.

f. He **entered** the classroom.

在例(3a)中,"路径"语义编码在趋向动词"下"中,而在英文例子(3d)中,"路径"语义则编码至 *into* 中。因此,(3a)和(3d)都属于卫星框架语言表达。在例(3e)和(3f)中,"路径"语义编码在动词 *exit* 和 *enter* 中,因此这两个例句属于动词框架语言表达。依据核心图式编码位置的不同, Talmy 区分了 V 型语言和 S 型语言,并进一步认为英语和汉语都属于 S 型语言。

当我们将视线转回现代汉语,可以发现,现代汉语中宏事件的表征主要是依靠动补结构实现的,具体说来,由动结式或动趋式在一个单句中表征宏事件这一事件复合体。比如,在例(3)中,(3a)、(3b)和(3d)为宏事件表达,而(3c)、(3e)和(3f)表征的是单一事件,非宏事件。

目前国内对运动事件类型学的研究大多集中在动趋式。例(4)以趋向补语"上"为核心图式,表达了五种宏事件。Li (2018,2019)、李福印(2020)和 Li & Liu (2021)的研究表明,在现代汉语的 28 个趋向动词(11 个简单趋向动词和 17 个复合趋向动词)中,同一个趋向动词能够表达 Talmy 的五类宏事件的例子很少。因此,不同趋向补语表征宏事件的情况呈现出级差性(gradience)。具体说来,绝大多数表示趋向,即 Talmy 运动事件中的路径,状态变化事件中变化了的特征和实现事件中的完成或确认,最后是体相事件中的体和行动关联事件中的相互关系。

(4) **由趋向补语"上"表征的五类宏事件**

a. 运动事件中路径的终点

江涛走上台阶(,拉了一下门铃)。

b. 体相事件中的体表示开始或持续

雪又下上了。

c. 状态变化事件中变化了的特征

穿上衣服。

d. 行动关联事件中的相互关系

同志,跟上队伍。

e. 实现事件中的完成

十天以后,他又交上了一份申请报告。

（例句选自刘月华 1998）

例(4)是笔者在系统考核简单趋向动词的相关语料后确定的可由趋向补语“上”表征的五类宏事件的示例。

由于两分法理论表述简单、概括性强且验证方便,该理论面世后,出现了大量根据运动事件的语义判定语言类型的文献,掀起一股“运动事件类型学”热潮。国内外在这一领域撰写的学位论文、期刊论文、图书等文献数量持续增加,数不胜数。其中较具有代表性的研究有 Slobin & Bocaz（1988）、Aske（1989）、Slobin & Hoiting（1994）、Slobin（1996, 1997, 2004, 2005, 2006, 2008）、严辰松(1998, 2005, 2008)、李福印(2013, 2015a, 2015b, 2017)、史文磊(2011a, 2011b, 2012, 2014)等。

## 10.3 运动事件为框架事件

我们考虑的第一种框架事件是物理运动事件或静止事件,这类事件是框架事件的概念原型。之前描述的总体框架事件结构可以被应用于运动事件。焦点实体是一个物体,在整个事件中是焦点,它的路径或位置需要描述。背景实体是作为参照点的第二物体,焦点路径或位置用背景实体来描述,后者在整个事件中的角色是背景。当激活过程包含焦点相对于背景的转变时,就是通常所说的位移运动;当激活过程包含焦点相对于背景的不变状态时就是静止。此处的关联功能是路径,也就是焦点沿背景的路径或相对于背景所占据的位置。如下例所示。

（5）The bottle floated into the cave.（瓶子漂进山洞。）

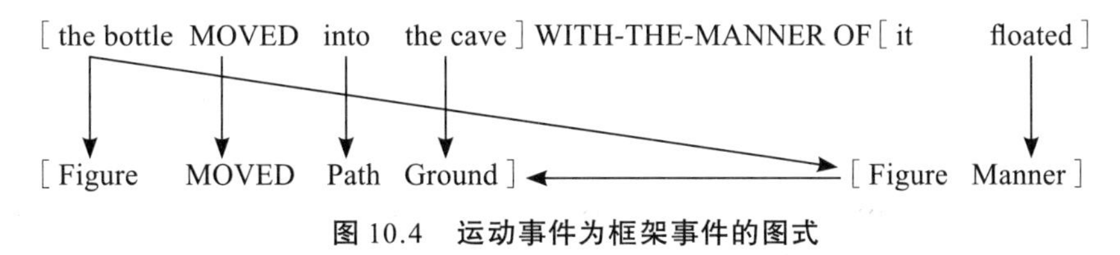


**图 10.4 运动事件为框架事件的图式**

运动事件的核心图式在有些语言里通常是单独的路径,比如英语。但在有些语言里是路径加上背景,比如阿楚格维语(参考 Talmy 1972, 2000b)。按照普遍映射类型,核心图式在动词框架语言里由主要动词表达,在卫星语素框架语言里由卫星语素表达。

作为说明,例(6)表述了四种运动类宏事件的概念结构。它们之间的不同在于:施事性因果链的有无;支撑关系是“方式”还是“原因”。运动概念用移动(MOVE)表示,或者——当运动归因于施事链时——用“$_{\text{施事}}$移动”($_A$MOVE)表示,如运动由一系列施事导致的时候,用“$_A$运动”($_A$MOVE)来表示。与两种类型学上对立的模式一致,每一个宏事件映射在西班牙语句子上,代表动词框架语言;映射在英语句子上,代表卫星框架语言。

(6)a. **非施事的**

i. **支撑关系:方式**

[the bottle MOVED in to the cave] WITH-THE-MANNER-OF [it floated]

([瓶子移动到洞里]以[漂]的方式)

**英语:** The bottle floated into the cave.

(瓶子漂进山洞。)

| **西班牙语:** | La botella | entró | flotando | a | la | cueva. |
|---|---|---|---|---|---|---|
| | the bottle | entered(MOVED-in) | floating | to | the | cave |
| | (瓶子 | 移进了 | 漂着 | 到 | | 山洞) |

ii. **支撑关系:原因**

[the bone MOVED out from its socket] WITH-THE-CAUSE-OF [(something) pulled on it]

([骨头从骨臼里移出]因为[(某物)拉它)]

**英语:** The bone pulled out of its socket.

(骨头脱臼了。)

| **西班牙语:** | El | hueso | se salió | de | su |
|---|---|---|---|---|---|
| | the | bone | existed(MOVED-out) | from | its |
| | (骨头 | | 移动出 | 自 | 它的 |

| sitio | de | un | tirón. |
|---|---|---|---|
| location | from | a | pull |
| 位置 | 自 | 一个 | 拉力) |

b. 施事的

i. 支撑关系：方式

[ I $_{A}$MOVED the keg out of the storeroom ] WITH-THE-MANNER-OF [ I rolled it ]

（[ 我把桶$_{\text{施事}}$移出仓库 ]以[ 我滚着它 ]的方式）

英语：I rolled the keg out of the storeroom.

（我把桶滚出仓库。）

西班牙语：

| Saqué | | | el | barril |
|---|---|---|---|---|
| I extruded ( $_{A}$MOVED-out ) | | | the | keg |
| (我逐出( $_{\text{施事}}$移出 ) | | | 这只 | 桶 |
| de | la | bodega | rodándolo. | |
| from | the | storeroom, | rolling it | |
| 从 | 那 | 仓库， | 滚着它） | |

ii. 支撑关系：原因

[ I $_{A}$MOVED the ball in to the box ] WITH-THE-CAUSE-OF [ I kicked it ]

（[ 我把球$_{\text{施事}}$移进盒子 ]由于[ 我踢它 ]）

英语：I kicked the ball into the box.

（我把球踢进盒子。）

西班牙语：

| Metí | | | | la | pelota | |
|---|---|---|---|---|---|---|
| I inserted ( $_{A}$MOVED-in ) | | | | the | ball | |
| (我放入( $_{\text{施事}}$移进 ) | | | | | 球 | |
| a | la | caja | de | | una patada. | |
| to | the | box | from (by) | | a | kick |
| 到 | 那 | 盒子 | 通过 | | 一 | 踢） |

如前面翻译所示，英语通常有路径动词，直接对应西班牙语的路径动词，但是这些动词的使用不太口语化，而且大部分都借自罗曼语，而罗曼语大部分都是动词框架语言。比如，下列不及物路径动词就属于这种情况：*enter*（进入），*exit*（出去），*ascend*（上升），*descend*（下降），*pass*（通过），*cross*（横过），*traverse*（穿过），*circle*（围绕），*return*（返回），*arrive*（到达），*advance*（前进），*join*（加入），*separate*（分开）等。

上述例子说明了将宏事件的主事件看作框架事件的一个原因。这里的主事件表达位移运动,也就是焦点物体改变它的空间位置的运动。这一位移运动辅助定义了空间中的一个(尤其是直线)框架,在这个框架中,方式副事件可以被定位。为说明这一点,首先请注意一类体相无界活动,Talmy 之前称之为"自足运动"事件,它们可作为方式类副事件。在确定的更大的颗粒度范围内,自足运动是空间中不改变自身平均位置成分的运动。这类运动包括旋转、振动、局部运动、膨胀(扩大/缩小)、摆动和静止。这样的自足运动事件可以单独表达,比如在 *The ball rolled over and over in the magnetic field* (rotation)(球在磁场里一直翻滚)(旋转)中,或者在 *The ball bounced up and down on one spot* (oscillation)(球在一点上下弹跳)(振动)中。另一方面,在宏事件句子中,如 *The ball rolled/bounced down the hall* (球滚下/弹下大厅),我们可以看到自足运动与位移运动同时发生,并充当位移运动事件的修饰方式(本句中是球沿大厅向下运动)。因此,自足运动这一活动被放置在位移运动的框架内,由主事件表达。所以,这也是把主事件叫作框架事件的一个原因。

如前所述,英语运动事件的核心图式常常只有路径,但是我们应该给出一些核心图式是路径 + 背景的例子。这样既能展示像阿楚格维语等语言中表达运动的主要模式,也能展现包括英语在内的大部分语言中其他框架事件类型的主要模式。

因此,英语里路径 + 背景的整体概念 'to the home of $entity_1$/$entity_2$' 映射到卫星语素 *home* 上。如句子 *He drove her home* (他开车送她回家),既可以表示 'to his home'(回他家),也可以表示 'to her home'(回她家)。

带有更抽象背景的类似的例子——路径 + 背景组合 'to a position across an opening'(经过一个入口到某个位置)——遵循 Talmy 的类型学。在卫星框架语英语中,这个概念可以映射到卫星语素 *shut* 上。但在动词框架语西班牙语中,这一概念必须和 '运动' 含义一起映射到动词上,比如 *cerrar* 'to close'(关上)。如例(7)所示。由于这句话既可以理解为运动事件,又可以理解为状态变化事件,还可以理解为两者之间的事件,这表明了这两种不同类型的框架事件之间的相关性和梯度。

(7) [ $I_A$MOVED the door TO POSITION-ACROSS-OPENING ]
WITH-THE-CAUSE-OF [ I kicked it ]
([我$_{施事}$移动门经过入口位置]由于[我踢它])

英语：I kicked the door shut.

（我踢了一脚门，把门关上了。）

| 西班牙语： | Cerré | la | puerta | de | una | patada. |
|---|---|---|---|---|---|---|
| | I closed | the | door | from（by） | a | kick. |
| | （我通过（用）踢关上门。） | | | | | |

宏事件之前的施事因果链如何和宏事件内容发生联系？由于宏事件可以包括一个与框架事件有原因关系的副事件，该问题显得尤为重要。此处，我们给出在运动域中处理此问题的方法，但这种方法适用于所有概念域，尤其是状态变化域，如下文所述。

我们首先考虑一个宏事件中（即无施事的一类）对框架事件作出原因说明的副事件。这个副事件包括一个作用于框架事件焦点实体上的实体，该实体引发焦点实体的行动。从原型上考虑，这一副事件直接在框架事件之前（初始因果关系），但也可以和框架事件一起保持致使作用（持续因果关系）。这一语义模式可以由复杂句表征的复杂事件来示例，如 *The pen moved across the table from the wind blowing on it*（由于风吹，笔移过桌子），但这一事件也可以概念化为一个融合的宏事件，并由简单句如 *The pen blew across the table from the wind*（笔被风吹过桌子）来表达。

相比之下，和框架事件具有方式关系的副事件原型是一个附加活动，该活动由焦点实体实施，和框架事件活动一同发生。以下为一个复杂形式和一个融合形式，均可表明这一模式：*The pen moved across the table, rolling as it went*（笔以滚动的方式移过桌面）和 *The pen rolled across the table*（笔滚过桌面）。

现在，我们加一个引发致使链（不需要长于一个链接）的施事，该施事影响宏事件本身。当副事件是框架事件的原因时，施事致使链必须确实导致并引起副事件，后者接着引发框架事件。这样，从施事到框架事件之间的致使链没有断开。*I blew on the pen and made it move across the table*（我吹了一下笔，使它移过了桌子）例证了复杂形式。*I blew the pen across the table*（我把笔吹过了桌子）例证了融合形式。后面的简单句形式是施事强化宏事件的例子。

但是当副事件是框架事件的方式时，施事致使链必须被解读为由其自身导致及引发框架事件。副事件只是焦点实体在被引发执行框架事件的同时发生的活动。这种模式的复杂形式（英语表达很生硬）是 *I acted on the pen and made it move across the table, rolling as it went*（我给笔施加了作用，使它以滚动的方式从桌子上移动过去),融合形式是 *I rolled the pen across the table*(我把笔滚过了桌子)。

在表征最后这种语义模式时,一些动词框架语言使用形态学上的施事形式表征框架动词及任何表达方式副事件的动名词,如西班牙语。这一点很明显,如(6bi)所示。此例解释为"*I extruded the keg from the storeroom*, *rolling* (trans.) *it*(我从那个仓库中把桶移出,滚动着(及物)它)"。但这种表达方式副事件动词的语法形式不能准确地反映语义,因为焦点实体自身仍在做辅助活动。

## 10.4 体相事件为框架事件

框架事件的第二种类型是体相事件。体相是语言的体,这种体自身概念化为一种事件。

从运动事件的语义结构到体相事件的语义结构主要基于时间结构和空间中的运动两个概念之间的类比。有两种方法能将框架事件的一般结构应用到时间结构中。在第一种方法中,焦点实体是事件的展示度(degree of manifestation),该特征指事件是否充分展示、未展示或在某种程度上部分展示以及这个条件变化时所处的情景。这种展示度与某些特定时间点或时间段有固定联系,这些时间点或时间段起着背景实体的作用。因此,如果画一个向右表示时间进度、向上表示展示度增加的图表,如此反复地画图,将会产生一系列扁平倒立的U形曲线时间结构。此类体相展示度的一般例子是'开始''停止''持续''依旧未展示''反复''强化'和'逐渐减弱'。

框架事件结构应用到体相还有第二种方法。在这种方法中,有一个过程逐渐影响某个特定的有限量,此过程伴随着时间中的特定体相。在此,焦点实体是被影响的物体自身。激活过程是该物体在时间中的进展,以下称为"运动"(MOVE),引号表明时间进程可被概念化为运动在空间中的类比或隐喻扩展。关联功能表明被影响的物体与体相之间关系的方向(如"接受它"或"让它去")。背景实体是体相本身。因此核心图式包括最后两种成分。这种体相最普遍的例子是'完成'。

该分析基于如下证据,即语言表达的概念化结构使体相与运动类似。语言表达的概念化隶属于一种更广泛的认知类比,这种类比把体相概念化为与空间结构相似。这种概念上的类比激发了句法和词汇上的类比:在很大程度上,语言中的体经常通过同音形式由相同的组成成分类型表达：路径(+背景)。因此，与一般类型学一致，体相事件的核心图式在动词框架语言中出现在主要动词上，而在卫星框架语言中出现在卫星语素上。

顾名思义，体相事件作为与整个宏事件相关的框架事件，决定整个宏事件发生的全部时间框架。如前所述，体相事件还在副事件中起框架作用，作为塑造结构强加在基底上。并且，与前文的概述一致，相对于较为具体的副事件特征，体相事件的特征更抽象。相应地，副事件与体相事件之间的支撑关系是一种构成关系，实际"填充"以时间结构为框架的概念区域。

为什么一项活动的体相——它展示的包络——在概念和语言表达中被作为独立的事件和过程？这样处理的原因是，与英语中的 *begin*（开始），*end*（结束），*continue*（持续），*repeat*（重复），*finish*（完成）相似的主要动词在跨语言中频繁出现。主要的认知基础可能包括力动态，即普遍的和基于语言的概念体系，这些体系与施力、反作用力、阻力和力的克服有关。在此，力动态的特殊应用可能是：作为抗力体的体相事件克服作为主力体的基底活动内在时间特征。据此，在概念化中基底活动具有保持稳定状态的倾向，但由于一个时间强加过程，该倾向被克服，从而使基底活动终止或完成。抑或基底活动具有终止的倾向，被克服后基底活动仍继续。再或者，具有断续倾向的基底活动被克服，从而活动反复。这种为了克服一项活动的自然时间倾向的强加可以因此被概念化为不同的过程，独立于该活动自身的理想化状态，因此可以由一个主要动词表征。

上述强加过程施事形式的另一个认知基础可能是个体自身的施事活动的发展经历，具体而言，这可能包含某人在一项活动中集中力量以促成目标模式的经历，比如通过加速、减速、引发、维持或者放弃。

但是，无论体是基于何种事件有效性以及这种有效性是基于哪一个认知基础，事实上，语言通常用主要的实义动词来表达体，在动词框架语言中尤其如此。

## 10.5 状态变化为框架事件

第三类框架事件是状态变化事件。当人们认为某种特性与某一特定的物体或者情景相联系时，这样的框架事件包括该特性的一种变化或持续不变。

把状态变化归于宏事件也是基于状态变化和运动的类比。状态变化域的基本结构和几种不同的概念化相一致，这些概念化发生在框架事件选择其中一种概念化并进行表征之前。例如，包括一种特性与一个物体或情景相关联的事件可以被构想和直接表达为该特性自身的转变或不变。这种概念化可能反映在不同语言偶然出现的结构中，而且在任何情况下都可以由以下公式表征，如 *Her* (*state of*) *health changed from well to ill* (她的健康(状态)由好变坏)(表征变化)，或 *Her* (*state of*) *health is illness* (她的健康(状态)是正在生病)(表征不变)。

或者，就如同该特征来到或发生在物体或情景中，此特征可以被概念化为焦点实体，物体或情景为背景实体。这种概念化的表达公式有 *Illness came to him* (疾病来到他身上)或 *Illness is in him* (他病了)。我们可以对比真实存在的表达，如 *Death came to him* (死亡降临在他身上)和 *Madness is upon him* (他疯了)。

或者反之，如同物体或情景来到或发生在特征中，该物体或情景可被概念化为焦点实体，特征作为背景实体。这种概念化可由以下公式体现，*She entered* (*a state of*) *ill health* (她进入有病的(状态)) / *She became ill* (她病倒了) / *She sickened* (她得病了)(cf. *She went to sleep* (比较：她睡着了))，或 *She is in ill health* / *She is ill* / *She is ailing* (她身体不好/她生病了/她不舒服)。

上述三种概念化类型以及其他可能的类型，或许会出现在某种语言或非语言的认知中。尽管没有任何证据直接表明某种类型优于其他类型，但第三种类型似乎具有普遍性，它在任何语言中都处于最基本和最突出的地位。状态变化框架事件的表征应反映这种概念化偏好。

因此，在首选的框架事件表征中，焦点实体是与特征相关的物体或情景，而背景实体是该特征。激活过程是物体或情景相对于特征的转变(即通常理解的变化)，或是物体或情景相对于特征维持原状(即不变(stasis))。关联功能是物体或情景相对于特征的方向关系，这被称为转变类型(transition type)。这种转变类型通常涉及关联的获得，由 TO 表征，但也有其他可能性。像这里被概念化为背景实体的特征可称作状态。事实上，Talmy 的术语“状态”只用来指作为背景实体的特征的概念化，而非以上所列特征的其他概念化。状态变化事件的核心图式通常是转变类型与状态的结合，这一点与运动事件的路径 + 背景类似。

因此我们发现，语言表达的概念化结构把状态变化与运动相类比，尤其是状态变化或不变与物体的运动或静止类似。此外，状态转变类型与路径类型相似。这种概念化类比激发了句法和词汇的类比：在一种语言中，很大程度上，状态变化由和路径（+背景）相同的成分类型表达，并且经常由同音异义形式表达。因此，和普通类型学一致，动词框架语言中状态变化事件的核心图式出现在主要动词上，而在卫星框架语言中出现在卫星语素上。

依据与副事件有关的框架事件的惯常属性，作为一种框架事件，状态变化事件的特征更抽象，而且常常包括纯个人认知状态中的变化。例如，以下例子中的状态变化包括 'to become awake/aware/familiar/in possession/existent/nonexistent/dead'（醒了/意识到/熟悉/占有/存在/不存在/死去）。另一方面，副事件大多是具体的和物质的，如下例所示：'to battle/play/run/shake/jerk/rot/boil'（作战/玩耍/跑步/抖动/猛拉/腐烂/煮沸）。

在相反方向上，副事件对状态变化框架事件的支撑关系明显显示出与运动事件相同的类型。和运动事件的情况一样，方式和原因也是这里最普遍的类型，这可以首先通过英语中的非施事例子来解释。在 *The door swung/creaked/slammed shut*（门摇晃着/嘎吱/砰的一声关上了）和 *He jerked/started awake*（他突然/开始醒了）中，副事件动词与框架卫星语素是方式关系。在 *The door blew shut*（门被吹闭了）中则是因果关系。

同样在施事结构中，动词与卫星词的支撑关系可以是方式，例如 *I swung/slammed the door shut*（我摇晃着/砰的一声关上了门）和 *I eased him awake gently*（我轻轻地叫醒他）；或者是原因，例如 *I kicked the door shut*（我踢门，使门关上了）和 *I shook him awake*（我摇醒了他）。

正如已在运动域中论述过的，在前面施事性方式的例子中，施事者引发了事件致使链，这一致使链在状态变化事件中到达顶点，因此，该事件被标记为受因事件。然而，动词本身命名了一种行为，该行为不是致使链上的一个致使事件，而是伴随状态变化的一个过程，这个过程被称为方式。因此，在 *I eased him awake gently*（我轻轻地叫醒他）中，动词 *ease* 所指过程并不是致使他醒来的致使链中的一节，而是致使链中的这一节或状态变化本身实现的方式。

由于状态变化的支撑关系不仅包括原因，还包括方式以及其他一些类型，对整个状态变化范畴而言，传统术语"结果"和"结果体"并不恰当。在一个句子的指称范围内，状态变化只有在概念上和原因相配对时才是结果。但正如我们所看到的，这仅是多种选择中的一种。尽管这种原因-结果配对在应用中占支配地位，或在一些句法环境中是必需的用法，它对于整个状态变化范畴并不是必需的。因此，Talmy 避免用术语"结果"和"结果体"指称整个范畴，只在相应语境中保留它们的字面意义。

## 10.6 行动关联为框架事件

第四类框架事件是行动关联事件。这一事件也存在与运动事件的类比。

行动关联事件涉及一个独立的语义范畴，Talmy（2000b）称之为共同活动（coactivity）。学界很少有关于这类事件语义结构的研究。这类事件的表征往往涉及两个行动者，第一个为施事，由名词短语充当，在句中一般做主语。第二个行动者往往是直接宾语或介词的宾语。这类事件主要包括以下五种情况：共同行动、伴随行动、模仿行动、超越行动以及示范行动。在这类事件中，施事者在进行的行动和另外一个行动者在进行的行动相关联。

Talmy（2000b）指出，行动关联作为一个完整话题几乎未受到关注。在这种共同活动中，执行具体活动的第一个行动者和第二个行动者相关，后者的活动和前者的活动相关。通常，第二个活动和第一个活动或是类似，或是互补。典型情况是，第一个行动者由一个主语 NP 表示，第二个行动者由（直接或间接）宾语 NP 表示。跨语言的原型情况是对称动词、伴随格、与格及另外一些句法范畴需要这样一个共同活动的宾语 NP。所以，*I met John/ *the mannequin*（我遇到了约翰/ * 人体模型）这一句要求"约翰也遇到我"。句子 *I ate with Jane/ *the mannequin*（我与简/ * 人体模型吃饭）要求"简也有吃饭这一动作"。句子 *I threw the ball to John/ *the mannequin*（我扔个球给约翰/ * 人体模型）或 *I threw John/ *the mannequin the ball*（我扔给约翰/ * 人体模型一个球）要求"约翰有试着接球这一动作"，作为"我扔球"的一个补充动作。*I ran after Jane / *the building*（我追简/ * 楼）要求"简也快速地向前运动"。

在行动关联框架事件中，一个有意图的施事者影响或者维持他自己的行动和另一个行动者行动之间的一种特定关联，另一个行动者可以是有生的或是无生的。请注意，Talmy 用"施事者"（Agent）表示第一个实体，用"行动者"（Agency）表示第二个实体。框架事件由这种关联自身的建立构成。下面将介绍的关联的类型有'共同行动''伴随行动''模仿行动''超越行动'和'示范行动'。副事件由施事者发出的具体行动构成。除了'示范行动'类型，这种行为或与行动者所发出的行动相同，或归属同一类别，这要根据那些尚需探究的语用规则来理解。

同样地，行动关联和空间中的运动有类比关系。具体而言，一个行动和另一个行动的关联类似于一个物体与另一个物体在路径上的关联。特别是在框架事件的概念建构中,如(8)中的图式所示,施事者把他自己的行动作为一个焦点实体(一般由术语 Action 表示),与作为背景实体的行动者的相同类型行动(一般用 Action' 表示)相关联。因此,这种结构和施事性运动类型结构类似:[施事者$_{施事}$移动 焦点 路径 背景]。这里的核心图式,即关联成分,直接类比路径。

宏事件的剩余部分也由图式(8)表征,包括副事件及其与框架事件的支撑关系,副事件是施事者所行使的具体行为,在这里用[Agent PERFORM]表示。这种支撑关系被描述为“构成”,因为副事件的具体活动构成了施事者发出的行动,这一行动与行动者的行动相关。在与施事者的行动相同而不仅仅是属于同一类别的情况下,这种支撑关系也构成行动者的行动。

(8)[Agent PUT Agent's Action In-Correlation-With Agency's Action] CONSTITUTED-BY [Agent PERFORM]
([施事者使(PUT)自己的行动关联行动者的行动]由[施事者执行(PERFORM)行动]构成)

(8)中的宏事件结构似乎更贴切地表征了概念成分间的相互关系。但这一结构的改编形式,如(9)所示,至少在这里提到的几种语言中,似乎更接近映射到当前句法结构上的语义类别模式。所以,基于(9)及以往的类型学,在卫星框架语言中,核心图式映射到卫星语素(加附置词)上,副事件映射到主要动词上。在动词框架语言中,行动(ACT)成分和核心图式合起来映射到主要动词(加附置词)上,副事件映射到一个附加语上。

(9)[Agent ACT In-Correlation-With Agency] CONSTITUTED-BY [Agent PERFORM]
([施事者动作(ACT)关联行动者]由[施事者执行(PERFORM)]构成)

就当前类型中框架事件的角色而言,它清楚地提供了总体框架,两种动作在其中互相关联。此外,因为框架事件的特征相对抽象,而副事件往往较为具体,普遍模式得以维持。因此,如果一个观察者处于一个行动关联宏事件情景中，观察者将直接感知到由施事者发出的具体副事件活动，也将感知到由行动者发出的相同或类似的活动。例如，这些活动可以是玩耍、唱歌、喝酒等。但是观察者通常不能感知到一种活动与另一活动之间的意图关系，而需要推断或以其他方式了解。例如，观察者可能需要推断或了解施事者实施了他的行动，以便此行动与行动者的行动相一致，或与之伴随，或模仿后者等。

## 10.7 实现事件为框架事件

框架事件的第五种类型是实现事件。它包含完成义和确认义这两个相关的类型，因此是一个包含性范畴。

Talmy 先通过例子进行说明。该例是一个递进序列，包括两种实现类型对应的四种动词模式。(10)展示了卫星框架语言(英语)中的施事性语义递增序列。

(10) a. *Intrinsic-fulfillment verb*: action
(**固有完成义动词**: 行动)
*Further-event satellite*: the state change resulting from that action
(**其他事件卫星语素**: 由此行动引起的状态变化)
例如:
V: *kick* ‘propel foot into impact with’
(动词: *kick* ‘驱动脚接触’)
Sat: *flat* ‘thereby causing to become flat’
(卫星语素: *flat* ‘因此致使变平’)
I kicked the hubcap./I kicked the hubcap flat.
(我踢了轮毂盖。/我踢平了轮毂盖。)
b. *Moot-fulfillment verb*: action + goal
(**未然完成义动词**: 行动 + 目标)
*Fulfillment satellite*: fulfillment of that goal
(**完成义卫星语素**: 目标的完成)
例如:
V: *hunt* ‘go about looking with the goal of thereby finding and capturing’

（动词：*hunt*‘四处寻找的目的是发现和捕获’）

Sat: *down* ‘with fulfillment of the goal’

（卫星语素：*down*‘目标完成’）

The police hunted the fugitive for/* in three days (but they didn't catch him).

（警察追捕逃犯追了三天/ * 在三天内(但是没有抓住他)。）

The police hunted the fugitive down in/ *for five days (*but they didn't catch him).

（警察在五天内/ * 五天抓捕到了逃犯(* 但是没有抓住他)。）

c. *Implied-fulfillment verb*: action + goal + implicature of fulfillment of the goal

（**隐含完成义动词**：行动 + 目标 + 目标完成义的隐含义）

*Confirmation satellite*: confirmation of that implicature

（**确认义卫星语素**：确认隐含义）

例如：

V: *wash* ‘immerse and agitate with the goal of cleansing thereby + the implicature of attaining that goal’

（动词：*wash*‘为了清洁目的而浸入和搅动 + 蕴含达到目标’）

Sat: *clean* ‘with confirmation of the implicature of attaining the goal of cleansing’

（卫星语素：*clean*‘确认达到清洁目的的蕴含义’）

I washed the shirt (but it came out dirty)./I washed the shirt clean (* but it came out dirty).

（我洗了这件衬衫(但是还是脏的)。/我把这件衬衫洗干净了(* 但是还是脏的)。）

d. *Attained-fulfillment verb*: action + goal + fulfillment of that goal

（**完全完成义动词**：行动 + 目标 + 目标完成）

*Pleonastic satellite*: fulfillment of the goal (generally avoided in English)

（**赘述卫星语素**：目标完成(英语中一般避免使用)）

例如：

V: *drown* ‘submerge with the goal of killing thereby + attainment of

that goal'
(动词：*drown*'浸没的目标为杀死 + 目标实现')
Sat: *dead/to death* 'with the attainment of the goal of killing'
(卫星语素：*dead/to death*'杀死的目标实现')
I drowned him (* but he wasn't dead). /* I drowned him dead/to death.
(我把他淹死了(* 但是他没有死)。/* 我淹死了他/致死他。)

对于序列中四种动词模式的每一种而言，动词被词汇化以表达更多种类的指称对象。所有四种类型中的动词的共性是：它们代表施事者实施的一种具体行动。施事者的意图范围至少覆盖该行动的实施。在第一种动词模式中，意图范围与该行动有共同的外延，因此这个有意图的行动构成动词所指的整体。在第二种动词模式中，意图范围超出行动本身。现在这个动词另外包含一个目标和该行动导致该目标的意图。该动词被词汇化为仅表征这个指称范围，所以获得目标的意图是否实现有待商榷。在第三种动词模式中，动词被词汇化为表征先前所有的内容和意图目标实现的隐含义。在第四种动词模式中，事实上，除了它把隐含意义强化为意图目标实现的断言外，动词指称先前所有的内容。每一个不同类型的动词都能与一个不同类型的、语义互补的卫星语素结合，形成构式。

Talmy (2000b)认为汉语是很强的卫星框架语言，通常用卫星语素表示路径、体、状态变化、某些行动关联以及大部分实现。或许，汉语大多数施事动词或是未然完成义类型，或是隐含完成义类型——需要卫星语素表达实现——其中，隐含完成义类型表现得更为突出。如例(11)—(13)所示：

(11) a. wǒ kāi le mén (dàn-shì mén méi kāi)
I open PERF door (but door not-PAST open)
(我 打开 完成体 门 (但 门 没-过去时 开))
(我开了门(但是门没开))

b. wǒ kāi kāi le mén
I open (V) open (Sat) PERF door
(我 开(动词) 开(卫星语素) 完成体 门)
(我开开了门)

(12)a. wǒ shā le tā (dàn-shì méi shā sǐ)
I kill PERF him (but not-PAST kill dead)
(我 杀死 完成体 他 (但是 没-过去时 杀 死))
(我杀了他(但是没杀死))

b. wǒ shā sǐ le tā
I kill dead PERF him
(我 杀 死 完成体 他)
(我杀死了他)

(13)a. wǒ tī le tā (dàn-shì méi tī zháo)
I kick PERF him (but not-PAST kick into-contact)
(我 踢 完成体 他 (但是 没-过去时 踢 接触到))
(我踢了他(但是没踢着))

b. wǒ tī zháo le tā
I kick into-contact PERF him
(我 踢 接触到 完成体 他)
(我踢着了他)

## 10.8 框架卫星语素表达主事件的证据

在概念层面上，宏事件中的框架事件在多个方面起决定性作用，比如，可通过提供完整框架，或通过锚定，或通过强加结构。然而，在表达层面上，我们还需证明所谓的框架成分（无论是动词还是卫星语素）实际表征框架事件，证据如下：

1）框架卫星语素决定分句中大部分或所有的补语结构和这些补语中论元的语义特征。

2）当实义动词独立使用、不加框架卫星语素时，它典型地呈现出一种特定类型的固有体态（Aktionsart）。不考虑这些的话，与此动词同现的框架卫星语素是决定总体分句指称体态的成分。

3）在德语中，框架卫星语素除了确定论元结构和体外，还确定表示过去式的助动词 *haben* ‘有’ 或 *sein* ‘是’。

4）表征主事件的框架卫星语素表达了整个宏事件的“要点”。也就是说，它表达了陈述结构的陈述核心、否定结构的否定核心、疑问结构的提问核心以及祈使句的祈使核心。当实义动词单独出现、不带框架卫星语素时,实义动词表达中心意义;而当框架卫星语素出现时,表达中心意义的便是卫星语素。

5)在卫星框架语言的一般模式中,框架卫星语素表达句子要点,而副事件动词表示某个特定的辅助事件,说话人使用特定的实义动词表达这个辅助事件,不管此事件与交际语境是否密切相关。出于这种考虑,人们也许期待卫星框架语言会发展出一种系统,它在句法上保持一般模式,同时在语义上回避某种不需要的特定辅助事件的表达。实际上,为了实现这一功能,许多这样的语言形成了一个类属(generic)或"形式"动词系统。这种动词在表达相对一般或中性的语义内容时可以做句法"占位符"(placeholders),因而允许句子在语义内容为相关因素的卫星语素前出现。概而言之,框架卫星语素允准类属(形式)动词。

6)在卫星框架语言中,类属动词允许卫星语素表达框架事件,同时不需要用动词表达特定副事件。但是这样的语言也可以使用其他动词类型来达到这一目的。一种情况是与框架卫星语素赘述用法意义相接近的框架动词的赘述用法。此处两次提到框架事件,分别由卫星语素和动词表示,动词因此不再表达副事件。动词与卫星语素的组合,类似类属动词中的例子,也可以看作框架动词的短语形式。卫星框架语言的另一个策略是概括原有的具体副事件动词的使用。这个动词所表达的副事件通常是为了实现由卫星语素表达的框架事件而采取的原型行动。因此,框架卫星语素允准赘述动词与扩展的原型动词。

## 10.9 宏事件研究现状

宏事件涵盖如下五种事件:运动、体相、状态变化、行动关联及实现(Talmy 2000b: 216)。Talmy 认为,核心图式为宏事件的重要语义组成,且具有类型学意义。Talmy 根据核心图式在语言表达中不同编码位置的典型性,把语言分为两大类。例如,在"我下午进城"中,"路径"语义编码在了动词"进"中,而在例子 *He ran into the room* 中,"路径"语义则编码至"*into*"中。在两分法理论框架下,Talmy 认为英语和汉语同属于 S 型语言。判断一种语言类型所属的标准为语言表达的"典型性",说明某类语言用例非偶发,更不是个例。这种"典型性",具有三条标准:口语化、高频率和普遍性。

这一理论问世后,引起了国内外学界极大的兴趣。在国际认知语言学领域，对词汇化模式的研究成为过去 20 年间一个重要的研究方向。Matsumoto 和 Slobin 等人整理的“运动事件文献目录”（Matsumoto *et al.* 2021）中包含了 1000 余条涉及不同语言、不同视角下的重要研究文献。Slobin（1996，1997，2004，2005，2006，2008）对 Talmy 的框架更是发起挑战，认为除以上两种类型外，还存在均衡框架语言（简称 E 型语言），汉语便是典型代表。在国内，研究热点主要集中在现代汉语究竟属于何种类型语言这一问题上。学者们对这一问题不仅难以达成共识，而且结论甚至相互冲突。总的来说，汉语的类型归属有以下五类：V 型、S 型、E 型、V 型和 S 型兼有型，V 型、S 型、E 型兼有型（例如：Bowerman 1985; Supalla 1982; Herskovits 1986; Choi & Bowerman 1991; Tai 2003; Li 2013c; 吴建伟 2009; 罗杏焕 2008; 李雪 2010; 唐晓磊 2008; 史文磊 2011a，2011b，2012，2014; 严辰松 1998，2005; 等等）。

纵观国内文献，本领域的研究呈现出两大鲜明的特点：“内容失衡”和“方法论失当”。“内容失衡”有两个方面。首先，从宏事件整体看，研究内容过度集中于运动事件。仅有个别学者研究过其他四类事件中的某类（如严辰松 2005）。其次，从运动事件内部看，研究过度聚焦于位移性质的运动事件（如 *The rock rolled down the hill*），而运动事件的另一大核心组成部分，即处所型，或称存在型运动事件（如“书放在桌子上”），几乎被学界所忽略。“方法论失当”是指 Talmy 对这类研究在方法论上有十分严格的要求，其核心就是上文提到的语料的口语化、高频率和普遍性（Talmy 2000b: 27）。但是，国内多数研究对于语料的采集采用了过于宽泛的标准，书面语、词典中的释义、小说等都成为语料来源。我们不能因为看到汉语有“矿工已经安全升井”这样的表达，就判断汉语为 V 型语言；又如看到 *He exited the room* 这样的例子，就判断英语是 V 型语言（李福印 2013）。

## 10.10 宏事件未来研究框架

基于上文，从理论意义上看，弥补目前研究中存在的“内容失衡”及“方法论失当”这两大系统性不足有利于解决一直争论不休的现代汉语的类型归属问题，为进一步研究英、汉两种语言深层的认知规律打下基础。事件研究是语言学、心理学、哲学、计算机科学、脑科学等诸多学科的议题（Shipley & Zacks 2008），解决现代汉语在宏事件语义类型中的所属是进入其他学科进行跨学科、交叉学科研究的基础。另外，对于汉语独具的一些特殊性问题，如连动式的句法性质等问题(“他跳入河中”,“入”属于动词与“跳”地位平等,还是属于“卫星语素”),应进行深入探讨。从实践意义上看,汉语是世界上以其为母语使用人数最多的语言,深化对现代汉语宏事件语义类型的理解意义非凡。未来更可探讨汉语与其他类型语言的语义结构异同及其对外语教学、对外汉语教学、翻译等领域的研究启示;亦可为古汉语往现代汉语的类型转换研究打下坚实基础(史文磊 2011b)。

依据 Talmy (2000b),全面系统地研究现代汉语宏事件所涵盖的五种事件的词汇化模式需要涉及 8 种语义关系和 50 个研究问题,具体如表 10.1 所示:

表 10.1 现代汉语宏事件语义类型实证研究路线图

| 框架事件 | 核心图式 | 副事件 | 研究问题 |
|---|---|---|---|
| 运动事件 | [路径]+([焦点])<br>位移:<br>The ball rolled in.<br>处所:<br>书放在桌子上。 | 先发关系<br>使能关系<br>逆向使能<br>原因关系<br>方式关系<br>伴随关系<br>伴随结果<br>后发关系 | 1. 运动事件中先发关系的语义结构及句法特征<br>2. 运动事件中使能关系的语义结构及句法特征<br>3. 运动事件中逆向使能关系的语义结构及句法特征<br>4. 运动事件中原因关系的语义结构及句法特征<br>5. 运动事件中方式关系的语义结构及句法特征<br>6. 运动事件中伴随关系的语义结构及句法特征<br>7. 运动事件中伴随结果关系的语义结构及句法特征<br>8. 运动事件中后发关系的语义结构及句法特征<br>9. 运动事件中路径的语义结构及句法特征<br>10. 运动事件中副事件突显程度研究 |
| 体相事件 | [体]<br>They talked on. | 同上 | 把第一栏研究问题 1—10 中的“运动”替换为“体相”,为本栏研究问题 11—20。 |
| 状态变化事件 | [状态变化]<br>The candle blew out. | 同上 | 把第一栏研究问题 1—10 中的“运动”替换为“状态变化”,为本栏研究问题 21—30。 |
| 行动关联事件 | [关联行动]<br>They sang along. | 同上 | 把第一栏研究问题 1—10 中的“运动”替换为“行动关联”,为本栏研究问题 31—40。 |
| 实现事件 | [实现]<br>The police hunted the fugitive down. | 同上 | 把第一栏研究问题 1—10 中的“运动”替换为“实现”,为本栏研究问题 41—50。 |

## 10.11 汉语中可能存在的宏事件类型

汉语动趋式由“动词+趋向动词”构成,为汉语动补结构的一种。学界对汉语动趋式研究的相关文献已较充分。多项研究表明,汉语趋向动词的语法化演变路径为:趋向动词>趋向补语>结果补语/动相补语>体标记(太田辰夫著,蒋绍愚、徐昌华译 2003;刘坚等 1992;刘丹青 1996;刘月华 1998;吴福祥 1996,2010;蒋冀骋、吴福祥 1997;梁银峰 2007)。Li(2018)从认知语义学中的事件融合视角提出动趋式由两个事件融合而成,并对 28 个趋向动词表达宏事件的分布情况进行了定性和定量分析。图 10.5 显示了 28 个趋向动词表达五类宏事件的分布情况。

C motion(27)> C realization(19)> C state change(15)> C temporal(7)> C action correlation(3)

C 运动(27)> C 实现(19)> C 状态变化(15)> C 体相(7)> C 行动关联(3)

**图 10.5 动趋式表达宏事件的差异(C=complements,即趋向补语)**

图 10.5 括号中的数字表示 28 个趋向动词中能够表达该类宏事件的趋向动词的数量。例如,图中最左侧第一个"C motion(27)"表示:在 28 个趋向动词中,有 27 个可以跟在动词后面做趋向补语构成动趋式,并表达运动事件。再比如,"C action correlation(3)"表示仅发现 3 个趋向动词可以跟在动词后一起表达行动关联事件。

Li(2018)还谈到,简单事件融合成宏事件的程度呈现差异性,这一点反映在宏事件被分解还原成简单事件后的合理性和可接受程度上,见例(14)至(16)。

(14) a. 小鸟飞出了屋子。
b. 小鸟飞了,出了屋子。

(15) a. 他朝山上跑去。
b. 他朝山上跑,去了。

(16) a. 天慢慢热起来了。
b. * 天慢慢热,起来。

在例(14)至(16)中,句子(14a)、(15a)和(16a)表征宏事件。(14b)和(14a)语义相等,但是是由两个小句组成的一个复杂事件,非宏事件。(15a)在语义上可以分解为(15b)。但是,(16b)就完全不合语法,(16a)在语义上不可以分解为(16b)。

此外, Li (2019)全面研究了这28个趋向动词中的11个简单趋向动词在动趋式中表达宏事件的历时发展顺序。汉语趋向动词的发展史及趋向动词所具有的实义及语法义表明:汉语通常把一组较为简单的相关事件更具综合性地表征为一个单一的、融合的复杂事件,即“宏事件”。

## 10.12 结 语

宏事件是Talmy的重要发现。他通过分析运动事件的语义结构确定了五种宏事件和两种语言类型。五种宏事件的概念化表明人类具有强大的认知能力,能够将大量且多样的概念材料融合为一个一元体。语言类型两分法的论证过程结合了跨语言的语料及证据,未来研究可结合心理学实验,论证该理论的心理现实性。

# 参考文献

Abdoulaye, M. L. 1996. Figure and Ground in the Hausa 'Grade 2' Verb. *African Languages and Cultures* 9 (1): 1-25.

Aoki, H. 1970. *Nez Perce Grammar*. University of California Publications in Linguistics, *Vol. 62*. Berkeley: University of California Press.

Aristotle. 1984. *Metaphysics*. In Barnes, J. (ed.) *The Complete Works of Aristotle: The Revised Oxford Translation*, *Vol. 2*. Princeton, NJ: Princeton University Press.

Aristotle. 2012. *Metaphysics*. Beijing: Central Compilation and Translation Press (北京:中央编译出版社).

Aske, J. 1989. Path Predicates in English and Spanish: A Closer Look. *Proceedings of the 15th Annual Meeting of the Berkeley Linguistics Society*, 1-14. California: Berkeley Linguistics Society.

Barenholtz, E. & Feldman, J. 2006. Determination of Visual Figure and Ground in Dynamically Deforming Shapes. *Cognition* 101 (3): 530-544.

Batoréo, H. J. 2014. Leonard Talmy's Schematic System of Perspective. *International Journal of Cognitive Linguistics* 5 (1): 53-54.

Beavers, J. 2009. *A Scalar Approach to Aspectual Classes*. Ghent: Verb Typologies Revisited.

Beebee, H., Hitchcock, C. & Menzies, P. 2009. *The Oxford Handbook of Causation*. Oxford: Oxford University Press.

Bennardo, G. 2002. Cognitive Semantics, Typology, and Culture as a Cognitive System: The Work of Leonard Talmy. *Journal of Linguistic Anthropology* 12 (1): 88-98.

Bertinetto, P. M. 1986. *Tempo, Aspetto e Azione nel Verbo Italiano*. Firenze: Accademia della Crusca.

Bhat, D. N. S. 1994. *The Adjectival Category: Criteria for Differentiation and Identification*. Amsterdam/Philadelphia: John Benjamins Publishing Company.

Bloomfield, L. 1926. A Set of Postulates for the Science of Language, Language 2.3. Republished as Chapter B21 in Hockett, C. F. (ed.) *A Leonard Bloomfield Anthology*, 153-164. Chicago: The University of Chicago Press.

Bloomfield, L. 1933. *Language*. New York: Holt, Rinehart & Winston.

Booij, G. 2010. *Construction Morphology*. Oxford: Oxford University Press.

Bowerman, M. 1985. Beyond Communicative Adequacy: From Piecemeal Knowledge to an Integrated System in the Child's Acquisition of Language. In Nelson, K. E. (ed.) *Children's Language*, *Vol. 5*, 369-398. Hillsdale, NJ: Erlbaum.

Chen, Rong. 2003. *English Inversion: A Ground-before-Figure Construction*. Berlin/New York: Mouton de Gruyter.

Chierchia, G. 2004. A Semantics for Unaccusatives and its Syntactic Consequences. In Alexiadou, A., Anagnostopoulou, E. & Everaert, M. (eds.) *The Unaccusativity Puzzle: Explorations of the Syntax-Lexicon Interface*, 22-59. Oxford: Oxford University Press.

Choi, S. & Bowerman, M. 1991. Learning to Express Motion Events in English and Korean: The Influence of Language-Specific Lexicalization Patterns. *Cognition* 41: 83-121.

Chomsky, N. 1957. *Syntactic Structures*. The Hague: Mouton.

Chomsky, N. 1981. Principles and Parameters in Syntactic Theory. In Hornstein, N. & Lightfoot, D. (eds.) *Explanation in Linguistics: The Logical Problem of Language Acquisition*, 32-75. London, UK: Longman.

Chomsky, N. 1988. *Language and Problems of Knowledge. The Managua Lectures*. Cambridge, MA: The MIT Press.

Chomsky, N. 1995. *The Minimalist Program*. Cambridge, MA: The MIT Press.

Chomsky, N. 2001.《当代国外语言学与应用语言学文库》总序之二,《外语教学与研究》第 5 期,387-392.

Chomsy, N. 2002. *Syntactic Structures* (*2nd Edition*). Berlin/New York: Mouton de Gruyter.

Chomsky, N. 2015. Some Core Contested Concepts. *J Psycholinguist Res* 44: 91-104.

Chu, Chengzhi. 2004. *Event Conceptualization and Grammatical Realization: The Case of Motion in Mandarin Chinese*. Ph.D. dissertation, Hawai 'i University.

Comrie, B. 1989. *Language Universals and Linguistics Typology* (*2nd edition*). Chicago: The University of Chicago Press.

Croft, W. 1991. *Syntactic Categories and Grammatical Relations: The Cognitive Organization of Information*. Chicago: The University of Chicago Press.

Croft, W. 2001. *Radical Construction Grammar: Syntactic Theory in Typological Perspective*. Oxford: Oxford University Press.

Croft, W. 2007. Construction Grammar. In Geeraerts, D. & Cuyckens, H. (eds.) *The Oxford Handbook of Cognitive Linguistics*, 463-508. Oxford: Oxford University Press.

Croft, W. & Cruse, D. A. 2004. *Cognitive Linguistics*. Cambridge: Cambridge University Press.

Davidson, D. 1967a. The Logical Form of Action Sentences. In Davidson, D. (ed.) *Essays on Actions and Events* (*2nd edition*), 105-148. Oxford: Clarendon Press.

Davidson, D. 1967b. Causal Relations. In Davidson, D. (ed.) *Essays on Actions and Events* (*2nd edition.*), 149-162. Oxford: Clarendon Press.

Davidson, D. 1969. The Individuation of Events. In Davidson, D. (ed.) *Essays on Actions and Events* (*2nd edition*), 163-180. Oxford: Clarendon Press.

Davidson, D. 1970a. Events as Particulars. In Davidson, D. (ed.) *Essays on Actions and Events* (*2nd edition*), 181-188. Oxford: Clarendon Press.

Davidson, D. 1970b. Mental Events. In Davidson, D. (ed.) *Essays on Actions and Events* (*2nd edition*), 207-225. Oxford: Clarendon Press.

Davidson, D. 1971a. Agency. In Davidson, D. (ed.) *Essays on Actions and Events* (*2nd edition*), 43-62. Oxford: Clarendon Press.

Davidson, D. 1971b. Eternal vs. Ephemeral Events. In Davidson, D. (ed.) *Essays on Actions and Events (2nd edition)*, 189-203. Oxford: Clarendon Press.

Davidson, D. 2001. *Essays on Actions and Events (2nd edition)*. Oxford: Clarendon Press.

De Beaugrande, R. A. 1991. *Linguistic Theory: The Discourse of Fundamental Works*. London: Routledge.

De Vega, M., Rinck, M., Díaz, J. M. & León, I. 2007. Figure and Ground in Temporal Sentences: The Role of the Adverbs *When* and *While*. *Discourse Processes* 43 (1): 1-23.

Dik, S. C. 1978. *Functional Grammar*. Amsterdam: North-Holland Publishing Company.

Dirven, R. 2005. Major Strands in Cognitive Linguistics. In Ruiz de Mendoza Ibánez, Francisco J. & Peña Cervel, M. S. (eds.) *Cognitive Linguistics: Internal Dynamics and Interdisciplinary Interaction*, 17-68. Berlin/New York: Mouton de Gruyter.

Dirven, R. & Verspoor, M. 1998. *Cognitive Exploration of Language and Linguistics*. Amsterdam/Philadelphia: John Benjamins Publishing Company.

Dixon, R. M. W. 1972. *The Dyirbal Language of North Queensland*. London: Cambridge University Press.

Dixon, R. M. W. 1977. Where Have all the Adjectives Gone? *Studies in Language* 1 (1): 19-80.

Dixon, R. M. W. 2000. A Typology of Causatives: Form, Syntax and Meaning. In Dixon, R. M. W. & Aikhenvald, A. Y. (eds.) *Changing Valency: Case Studies in Transitivity*, 30-84. Cambridge: Cambridge University Press.

Dorgeloh, H. 1997. *Inversion in Modern English: Form and Function*. Amsterdam/Philadelphia: John Benjamins Publishing Company.

Dowty, D. 1979. *World Meaning and Montague Grammar*. Dordrecht: Holland, Reidel.

Dowty, D. 1986. The Effects of Aspectual Class on the Temporal Structure of Discourse: Semantics or Pragmatics? *Linguistics and Philosophy* 9 (1): 37-61.

Dowty, D. 1991. Thematic Proto-Roles and Argument Selection. *Language* 67 (3): 547-619.

Enfield, N. J. 2010. Without Social Context? (Book Review of Fitch 2010 and Larson et al. 2010). *Science* 329 (5999): 1600-1601.

Evans, V. & Green, M. 2006. *Cognitive Linguistics: An Introduction.* Edinburgh: Edinburgh University Press.

Fauconnier, G. 1985. *Mental Spaces: Aspects of Meaning Construction in Natural Language.* Cambridge, MA: The MIT Press.

Fillmore, C. 1968. The Case for Case. In Bach, E. & Harms, R. T. (eds.) *Universals in Linguistic Theory*, 1-88. New York: Holt, Rinehart and Winston.

Fillmore, C. 1971. Some Problems for Case Grammar. *Working Papers in Linguistics* 10: 245-265.

Fillmorc, C. 1982. Frame Semantics. In the Linguistic Society of Korea (ed.) *Linguistics in the Morning Calm (Selected Papers from SICOL-1981)*, 111-137. Seoul, Korea: Hanshin Publishing Company.

Fischer, O. & Rosenbach, A. 2000. Introduction. In Fischer, O., Rosenbach, A. & Stein, D. (eds.) *Pathways of Change: Grammaticalization in English*, 1-38. Amsterdam/Philadelphia: John Benjamins Publishing Company.

Fischer-Seidel, T. 1997. All Life is Figure and Ground: Perception and Self-reflexive Structures in Beckett's Early Prose and Late Drama. In *Samuel Beckett Today/Aujourd'hui* 6: 199-210. The Netherlands: Brill.

Geeraerts, D. 2003. Cultural Models of Linguistic Standardization. In Dirven, R., Frank, R. & Pütz, M. (eds.) *Cognitive Models in Language and Thought: Ideology, Metaphors and Meanings*, 25-68. Berlin/New York: Mouton de Gruyter.

Geeraerts, D. 2006. *Cognitive Linguistics: Basic Readings.* Berlin/New York: Mouton de Gruyter.

Givón, T. 1971. Historical Syntax and Synchronic Morphology: An Archaeologist's Field Trip. *Papers from the 7th Regional Meeting*, 394-415. Chicago Linguistics Society.

Givón, T. 1975. Serial Verbs and Syntactic Change. In Li, C. N. (ed.) *Word Order and Word Order Change.* Austin: University of Texas Press.

Givón, T. 1979. *On Understanding Grammar.* New York: Academic Press.

Givón, T. 1984. *Syntax: A Functional-Typological Introduction, Vol.1.* Amsterdam/

Philadelphia: John Benjamins Publishing Company.

Givón, T. 2001. *Synatx: An Introduction, Vol.I*. Amsterdam/Philadelphia: John Benjamins Publishing Company.

Goldberg, A. E. 1995. *Constructions: A Construction Grammar Approach to Argument Structure*. Chicago: The University of Chicago Press.

Goldberg, A. E. 2006. *Constructions at Work: The Nature of Generalization in Language*. Oxford: Oxford University Press.

Goldberg, A. E. 2019. *Explain Me This: Creativity, Competition, and the Partial Productivity of Constructions*. Princeton and Oxford: Princeton University Press.

Greenberg, J. 1961. Some Universals of Grammar with Particular Reference to the Order of Meaningful Elements. In Greenberg, J. (ed.) *Universals of Language (2nd edition)*, 58-90. Cambridge, MA: The MIT Press.

Grice, H. P. 1975. Logic and Conversation. In Cole, P. & Morgan, J. (eds.) *Syntax and Semantics 3: Speech Act*, 41-58. New York: Academic Press.

Grundy, P. 2004. The Figure/Ground Gestalt and Language Teaching Methodology. In Achard, M. & Niemeier, S. (eds.) *Cognitive Linguistics, Second Language Acquisition, and Foreign Language Teaching*, 119-142. Berlin/New York: Mouton de Gruyter.

Haegeman, L. 1994. *Introduction to Government and Binding Theory (2nd edition)*. Oxford: Blackwell Publishing.

Halliday, M. A. K. 1961. Categories of the Theory of Grammar. *Word* 17(2): 241-292.

Halliday, M. A. K. 2001. *Language as Social Semiotic: The Social Interpretation of Language and Meaning*. Beijing: Foreign Language Teaching and Research Press.

Halliday, M. A. K. & Matthiessen, C. M. I. M. 2004. *An Introduction to Functional Grammar (3rd edition)*. London: Routledge.

Haspelmath, M. 1999a. Why is Grammaticalization Irreversible? *Linguistics* 37 (6): 1043-1068.

Haspelmath, M. 1999b. Review: Are There Principles of Grammatical Change? *Journal of Linguistics* 35 (3): 579-595.

Haspelmath, M. 2001. Word Classes and Parts of Speech. In Baltes, P. B. & Smelser, N. J. (eds.) *International Encyclopedia of the Social and Behavioral Sciences*, 16538-16545. Amsterdam: Pergamon.

Haspelmath, M. 2004. On Directionality in Linguistic Change with Particular Reference to Grammaticalization. In Fischer, O., Norde, M. & Perridon, H. (eds.) *Up and Down the Cline: The Nature of Grammaticalization*, 17-44. Amsterdam/Philadelphia: John Benjamins Publishing Company.

Heine, B. 2002. On the Role of Context in Grammaticalization. In Wischer, I. & Diewald, G. (eds.) *New Reflections on Grammaticalization*, 83-101. Amsterdam/Philadelphia: John Benjamins Publishing Company.

Heine, B. & Kuteva, T. 2002. *World Lexicon of Grammaticalization*. Cambridge: Cambridge University Press.

Heine, B. & Reh, M. 1984. *Grammaticalization and Reanalysis in African Languages*. Hamburg: Helmut Buske Verlag Hamburg.

Herskovits, A. 1986. *Language and Spatial Cognition: An Interdisciplinary Study of the Prepositions in English*. Cambridge: Cambridge University Press.

Heusel, B. S. 1982. The Problems of Figure and Ground in *A Portrait of the Artist as a Young Man*. *Centennial Review* XXVI: 180-198.

Hill, C. A. 1975. Variation in the Use of 'Front' and 'Back' in Bilingual Speakers. *Proceedings of the First Annual Meeting of the Berkeley Linguistics Society*, 196-206. Berkeley, California: Berkeley Linguistics Society.

Hilpert, M. & Saavedra, D. C. 2016. The Unidirectionality of Semantic Change in Grammaticalization: An Experimental Approach to the Asymmetric Priming. *English Language and Linguistics* 22 (3): 357-380.

Hopper, P. J. & Traugott, E. C. 1993/2003. *Grammaticalization*. Cambridge: Cambridge University Press.

Hume, D. 1978. *A Treatise of Human Nature* (edited by L. A. Selby-Bigge, second edition revised by P. H. Nidditch). Oxford: Clarendon Press.

Huumo, T. 2014. Leonard Talmy's Schematic System of Force Dynamics. *International Journal of Cognitive Linguistics* 5 (1): 1-2.

Jackendoff, R. 1972. *Semantic Interpretation in Generative Grammar*. Cambridge, MA: The MIT Press.

Jackendoff, R. 1976. Toward an Explanatory Semantic Representation. *Linguistic Inquiry* 7 (1): 89-150.

Jackendoff, R. 1987. On Beyond Zebra: The Relation of Linguistic and Visual Information. *Cognition* 26: 89-114.

Jackendoff, R. 1990. *Semantic Structures*. Cambridge, MA: The MIT Press.

Janda, L. 2013. *Cognitive Linguistics: The Quantitative Turn*. Berlin/New York: Mouton de Gruyter.

Janda, R. D. 2001. Beyond 'Pathways' and 'Unidirectionality': On the Discontinuity of Transmission and the Counterability of Grammaticalization. *Language Sciences* 23: 265-340.

Johnson, M. 1987. *The Body in the Mind: The Bodily Basis of Meaning, Imagination, and Reason*. Chicago and London: The University of Chicago Press.

Joseph, B. D. 2001. Is There Such a Thing as 'Grammaticalization'? *Language Sciences* 23: 163-186.

Kawachi, K. 2007. Korean Putting Verbs do not Categorize Space Contrastively in Terms of "Tightness of Fit". *Lingua* 117 (10): 1801-1820.

Kearns, K. 2011. *Semantics* (*2nd edition*). London: Palgrave Macmillan.

Klein, W. 2009. Concepts of Time. In Klein, W. & Li, P. (eds.) *The Expression of Time*, 5-38. Berlin/New York: Mouton de Gruyter.

Klymenko, V. & Weisstein, N. 1989a. Figure and Ground in Space and Time: 1. Temporal Response Surfaces of Perceptual Organization. *Perception* 18 (5): 627-637.

Klymenko, V. & Weisstein, N. 1989b. Figure and Ground in Space and Time: 2. Frequency, Velocity, and Perceptual Organization. *Perception* 18 (5): 639-648.

Koffka, K. 1935. *Principles of Gestalt Psychology*. New York: Harcourt Brace & Co.

Krifka, M. 1989. Nominal Reference, Temporal Constitution and Quantification in Event Semantics. In Bartsch, R., van Benthem, J. & van Emde Boas, P. (eds.) *Semantics and Contextual Expression*, 75-116. Dordrecht: Foris.

Kristiansen, G., Achard, M., Dirven, R. & Francisco J. Ruiz de Mendoza Ibáñez. 2006. *Cognitive Linguistics: Current Applications and Future Perspectives*.

Berlin/New York: Mouton de Gruyter.

Lakoff, G. 1977. Linguistic Gestalts. *CLS* 13: 236-287. Chicago: Chicago Linguistic Society.

Lakoff, G. 1987. *Women, Fire and Dangerous Things: What Categories Reveal about the Mind.* Chicago: The University of Chicago Press.

Lakoff, G. 1993. The Contemporary Theory of Metaphor. In Ortony, A. (ed.) *Metaphor and Thought*, 202-251. Cambridge: Cambridge University Press.

Lakoff, G. & Johnson, M. 1980/2003. *Metaphors We Live By*. Chicago: The University of Chicago Press.

Lampert, M. 2013. Leonard Talmy's Schematic System of Attention. *International Journal of Cognitive Linguistics* 4 (2): 89-90.

Langacker, R. W. 1977. Syntactic Reanalysis. In Li, C. N. (ed.) *Mechanisms of Syntactic Change*, 57-139. Austin: University of Texas Press.

Langacker, R. W. 1987a. *Foundations of Cognitive Grammar: Theoretical Prerequisites. Vol. I.* Stanford: Stanford University Press.

Langacker, R. W. 1987b. Nouns and Verbs. *Language* 63 (1): 53-94.

Langacker, R. W. 1991a. *Foundations of Cognitive Grammar: Descriptive Application. Vol. II.* Stanford: Stanford University Press.

Langacker, R. W. 1991b. *Concept, Image, and Symbol: The Cognitive Basis of Grammar.* Berlin/New York: Mouton de Gruyter.

Langacker, R. W. 1999. *Grammar and Conceptualization*. Berlin/New York: Mouton de Gruyter.

Langacker, R. W. 2008. *Cognitive Grammar: A Basic Introduction*. New York: Oxford University Press.

Lehmann, C. 1982/1995. *Thoughts on Grammaticalization.* Munich: Lincom.

Levelt, Willem J. M. 1996. Perspective Taking and Ellipsis in Spatial Descriptions. In Bloom, P., Peterson, M. A., Nadel, L. & Garrett, M. F. (eds.) *Language and Space*, 77-107. Cambridge, MA: The MIT Press.

Levin, B. & Rappaport Hovav, M. 1995. *Unaccusativity: At the Syntax-Lexical Semantic Interface*. Cambridge, MA: The MIT Press.

Levin, B. & Rappaport Hovav, M. 2005. *Argument Realization*. Cambridge: Cambridge University Press.

Levinson, S. C. 1996. Frames of Reference and Molyneux's Question: Crosslinguistic Evidence. In Bloom, P., Peterson, M. A., Nadel, L. & Garrett, M. F. (eds.) *Language and Space*, 109-169. Cambridge, MA: The MIT Press.

Levinson, S. C. 2008. *Space in Language and Cognition: Explorations in Cognitive Diversity*. Cambridge: Cambridge University Press.

Levinson, S. C. & Wilkins, D. P. 2006. *Grammars of Space: Explorations in Cognitive Diversity*. Cambridge: Cambridge University Press.

Li, Fengxiang. 1993. *A Diachronic Study of V-V Compounds in Chinese*. Ph. D. dissertation, State University of New York at Buffalo.

Li, Fuyin, Du, Jing, & Wolff, P. 2015a. The Linguistic Representations of Causing Events and Caused Events in Narrative Discourse. *Cognitive Semantics* 1 (1): 45-76.

Li, Fuyin, Xu, Mengmin & Cienki, A. 2015b. The Linguistic Representations of Agency in Causal Chains. In Daems, J., Zenner, E., Heylen, K., Speelman, D. & Cuyckens, H. (eds.) *Change of Paradigms: New Paradoxes*, 169-188. Berlin/New York: Mouton de Gruyter.

Li, Thomas Fuyin. 2013a. Chomsky on Cognitive Linguistics: An Interview. *International Journal of Cognitive Linguistics* 4 (1): 1-8.

Li, Thomas Fuyin. 2013b. Leonard Talmy's Framework for Event Structure. *International Journal of Cognitive Linguistics* 4 (2): 157-160.

Li, Thomas Fuyin. 2013c. An Empirical Study on Stationary Motion Events in Mandarin Chinese. *International Journal of Cognitive Linguistics* 4 (2): 133-156.

Li, Thomas Fuyin. 2018. Extending the Talmyan Typology: A Case Study of the Macro-Event as Event Integration and Grammaticalization in Mandarin. *Cognitive Linguistics* 29 (3): 585-621.

Li, Thomas Fuyin. 2019. Evolutionary Order of Macro-Events in Mandarin. *Review of Cognitive Linguistics* 17 (1): 155-186.

Li, Thomas Fuyin & Liu, Na. 2021. Potentials for Grammaticalization: Sensitivity to Position and Event Type. *Review of Cognitive Linguistics* 19 (2): 365-404.

Lightfoot, D. 1999. *The Development of Language: Acquisition, Change, and*

*Evolution*. Maiden, MA: Blackwell.

Lightfoot, D. 2002. Myths and the Prehistory of Grammars. *Journal of Linguistics* 38 (1): 113-136.

Ma, Sai. 2014. Leonard Talmy's Framework of Configurational Structure. *International Journal of Cognitive Linguistics* 5 (1): 75-78.

Marín-Arrese, Juana. I. & Geeraerts, D. 2007. Cognitive Sociolinguistics and the Sociology of Cognitive Linguistics. *Annual Review of Cognitive Linguistics* 5 (1): 289-305.

Matisoff, J. A. 1973/1982. *The Grammar of Lahu*. Berkeley: University of California Press.

Matsumoto, Y., Slobin, D. I. & Akita, K. 2021. A Bibliography of Linguistic Expressions for Motion Events (ver.3.0). http: //www.lit.kobe-u.ac.jp/~yomatsum/motionbiblio.html, last accessed in Aug, 2021.

Matthews, P. H. 2014. *The Concise Oxford Dictionary of Linguistics (3rd edition)*. Oxford: Oxford University Press.

McCawley, J. D. 1976. Remarks on What can Cause What. In Shibatani, M. (ed.) *Syntax and Semantics (Vol.6): The Grammar of Causative Constructions*, 117-129. New York: Academic Press.

Moens, M. & Steedman, M. 1988. Temporal Ontology and Temporal Reference. *Computational Linguistics* 14 (2): 15-28.

Mourelatos, A. P. D. 1978. Events, Processes, and States. *Linguistics and Philosophy* 2: 415-434.

Newmeyer, F. J. 1998. *Language Form and Language Function*. Cambridge, MA: The MIT Press.

Norton, D. F. & Norton, M. J. 2007. David Hume. *A Treatise of Human Nature: A Critical Edition (Vol 1): Texts*. Oxford: Oxford University Press.

Nwokah, E. 1981. Information-Processing Strategies and Short-Term Memory in Normal and Retarded Children. *First Language* 2 (4): 61-66.

Palmer, F. R. 1976. *Semantics*. Cambridge: Cambridge University Press.

Pesetsky, D. 1995. *Zero Syntax: Experiencers and Cascades*. Cambridge, MA: The MIT Press.

Peterson, P. L. 1981. What Causes Effects? *Philosophical Studies* 39 (2): 107-

139.

Peterson, M. A. & Salvagio, E. 2009. Attention and Competition in Figure-Ground Perception. *Progress in Brain Research* 176: 1-13.

Pettinari, C. J. 1999. The Figure with Which a Sentence is Made: Double Exposure from an English Newspaper Furore. *Language Sciences* 21 (3): 333-344.

Pulman, S. G. 1997. Aspectual Shift as Type Coercion. *Transactions of the Philological Society* 95 (2): 279-317.

Pustejovsky, J. 1995. *The Generative Lexicon*. Cambridge, MA: The MIT Press.

Quine, W. V. O. 1960. Translation and Meaning. In Quine, W. V. O (ed.) *Word and Object*, 26-79. Cambridge, MA: The MIT Press.

Quine, W. V. O. 1970. Methodological Reflections on Current Linguistic Theory. *Synthese* 21: 386-398.

Reinhart, T. 2003. The Theta System—an Overview. *Theoretical Linguistics* 28 (3): 229-290.

Rosen, S. T. 1999. The Syntactic Representation of Linguistic Events. *Glot International* 4 (2): 3-11.

Rubin, E. 1958. Figure and Ground. In Beardslee, D. C. & Wertheimer, M. (eds.) *Readings in Perception*, 194-203. Princeton, NJ: D. Van Nostrand.

Rupert, R. D. 2019. What is a Cognitive System? In Defense of the Conditional Probability of Co-contribution Account. *Cognitive Semantics* 5 (2): 175-200.

Saeed, J. I. 2003. *Semantics*. Oxford: Blackwell Publishing.

Sasse, H-J. 1993. Das Nomen-eine Universale Kategorie? *Sprachtypologie und Universalienforschung* 46 (3): 187-221.

Saussure, F. de. 1916. *Cours de Linguistique Générale.* Publié par Charles Bally et Albert Sechehaye, avec La Collaboration de Albert Riedlinger. Lausanne & Paris: Payot.

Saussure, F. de. 1959. *Course in General Linguistics*. London: Peter Owen Ltd.

Saussure, F. de. 1983. *Course in General Linguistics* (Translated by Harris, R). London: Gerald Duckworth & Co. Ltd.

Schlichter, A. 1986. The Origins and Deictic Nature of Wintu Evidentials. In Chafe, W. & Nichols, J. (eds.) *Evidentiality: The Linguistic Coding of Epistemology*, 46-59. Norwood, NJ: Ablex.

Shibatani, M. 1973/1975. *A Linguistics Study of Causative Constructions*. Ph. D. dissertation, University of California, Berkeley. Available from the Indiana University Linguistics Club, Bloomington, Indiana.

Shibatani, M. 1976. *Syntax and Semantics (Vol.6): The Grammar of Causative Constructions*. New York: Academic Press.

Shibatani, M. 2002. *The Grammar of Causation and Interpersonal Manipulation*. Amsterdam/Philadelphia: John Benjamins Publishing Company.

Shipley, T. F. & Zacks, J. M. 2008. *Understanding Events: From Perception to Action*. New York: Oxford University Press.

Simpson, J. A. & Weiner, E. S. C. 1989a. *The Oxford English Dictionary (2nd edition), Vol I*. Oxford: Clarendon Press.

Simpson, J. A.& Weiner, E. S. C. 1989b. *The Oxford English Dictionary (2nd edition), Vol VI*. Oxford: Clarendon Press.

Slobin, D. I. 1996. Two Ways to Travel: Verbs of Motion in English and Spanish. In Shibatani, M. & Thompson, S. A. (eds.) *Grammatical Constructions: Their Form and Meaning*, 195-220. Oxford: Clarendon Press.

Slobin, D. I. 1997. The Universal, the Typological, and the Particular in Acquisition. In Slobin, D. I. (ed.) *The Crosslinguistic Study of Language Acquisition (Vol. 5): Expanding the Contexts*, 1-39. Mahwah, NJ: Lawrence Erlbaum Associates.

Slobin, D. I. 2004. The Many Ways to Search for a Frog: Linguistic Typology and the Expression of Motion Events. In Strömqvist, S. & Verhoeven, L. (eds.) *Relating Events in Narrative (Vol. 2): Typological and Contextual Perspectives*, 219-257. Mahwah, NJ: Lawrence Erlbaum Associates.

Slobin, D. I. 2005. Linguistic Representations of Motion Events: What is Signifier and What is Signified? In Maeder, C., Fischer, O. & Herlofsky, W. (eds.) *Iconicity Inside Out: Iconicity in Language and Literature*, 307-322. Amsterdam/Philadelphia: John Benjamins Publishing Company.

Slobin, D. I. 2006. What Makes Manner of Motion Salient? Explorations in Linguistic Typology, Discourse, and Cognition. In Hickmann, M. & Robert, S. (eds.) *Space in Languages: Linguistic Systems and Cognitive Categories*, 59-81. Amsterdam/Philadelphia: John Benjamins Publishing Company.

Slobin, D. I. 2008. Relations between Paths of Motion and Paths of Vision: A Crosslinguistic and Developmental Exploration. In Gathercole, V. M. (ed.) *Routes to Language: Studies in Honor of Melissa Bowerman*, 197-221. Mahwah, NJ: Lawrence Erlbaum Associates.

Slobin, D. I. & Bocaz, A. 1988. Learning to Talk about Movement through Time and Space: The Development of Narrative Abilities in Spanish and English. *Lenguas Modernas* 15: 5-24.

Slobin, D. I. & Hoiting, N. 1994. Reference to Movement in Spoken and Signed Languages: Typological Considerations. *Berkeley Linguistic Society* 20: 487-505.

Smith, C. S. 1991. *The Parameter of Aspect*. Dordrecht: Kluwer-Reidel.

Song, J. J. 1996. *Causatives and Causation: A Universal-Typological Perspective*. London/New York: Longman.

Supalla, T. 1982. *Structure and Acquisition of Verbs of Motion and Location in American Sign Language*. Ph. D. dissertation, University of California, Berkeley.

Sweetser, E. E. 1984. *Semantic Structure and Semantic Change: A Cognitive Linguistic Study of Modality, Perception, Speech Acts, and Logical Relations*. Ph. D. dissertation, University of California, Berkeley.

Tai, J. H-Y. 2003. Cognitive Relativism: Resultative Construction in Chinese. *Language and Linguistics* 4 (2): 301-316.

Talmy, L. 1972. *Semantic Structures in English and Atsugewi*. Ph.D. dissertation, University of California, Berkeley.

Talmy, L. 1975a. Figure and Ground in Complex Sentences. In *Proceedings of the First Annual Meeting of the Berkeley Linguistics Society*, 419-430. California: Berkeley Linguistics Society.

Talmy, L. 1975b. Semantics and Syntax of Motion. In Kimball, J. P. (ed.) *Syntax and Semantics*, *Vol. 4*, 181-238. New York: Academic Press.

Talmy, L. 1976a. Communicative Aims and Means—A Synopsis. *Working Papers on Language Universals* 20: 153-185. Stanford, California: Stanford University.

Talmy, L. 1976b. Semantic Causative Types. In Shibatani, M. (ed.) *Syntax and Semantics* (*Vol.6*): *The Grammar of Causative Constructions*, 43-116. New

York: Academic Press.

Talmy, L. 1978. Figure and Ground in Complex Sentences. In Greenberg, J. (ed.) *Universals of Human Languages (Vol.4): Syntax*, 625-649. Stanford: Stanford University Press.

Talmy, L. 1985. Lexicalization Patterns: Semantic Structure in Lexical Forms. In Shopen, T. (ed.) *Language Typology and Syntactic Description (Vol.3): Grammatical Categories and the Lexicon*, 36-149. Cambridge: Cambridge University Press.

Talmy, L. 1988a. Force Dynamics in Language and Cognition. *Cognitive Science* 12 (1): 49-100.

Talmy, L. 1988b. The Relation of Grammar to Cognition. In Rudzka-Ostyn, B. (ed.) *Topics in Cognitive Linguistic*, 165-206. Amsterdam/Philadelphia: John Benjamins Publishing Company.

Talmy, L. 1991. Path to Realization: A Typology of Event Conflation. In *Proceedings of the Seventeenth Annual Meeting of the Berkeley Linguistics Society*, 480-519. Berkeley: Berkeley Linguistics Society.

Talmy, L. 2000a. *Toward a Cognitive Semantics (Vol I): Concept Structuring Systems*. Cambridge, MA: The MIT Press.

Talmy, L. 2000b. *Toward a Cognitive Semantics (Vol II): Typology and Process in Concept Structuring*. Cambridge, MA: The MIT Press.

Talmy, L. 2015. Relating Language to Other Cognitive Systems: An Overview. *Cognitive Semantics* 1 (1): 1-44.

Taylor, J. 1989. Possessive Genitives in English. *Linguistics* 27: 663-686.

Taylor, J. 2002. *Cognitive Grammar*. Oxford: Oxford University Press.

Tenny, C. L. & Pustejovsky, J. 2000. *Events as Grammatical Objects: The Converging Perspectives of Lexical Semantics and Syntax*. Stanford: CSLI Publications.

Traugott, E. C. 2001. Legitimate Counterexamples to Unidirectionality. Paper Presented at Freiburg University, October 17th 2001.

Traugott, E. C. & Heine, B. 1991. Introduction. In Traugott, E. C. & Heine, B. (eds.) *Approaches to Grammaticalization*, *Vol. 1*, 1-14. Amsterdam/Philadelphia: John Benjamins Publishing Company.

Traugott, E.C. & Trousdale, G.2013. *Constructionalization and Constructional Changes*. Oxford: Oxford University Press.

Tucker, R. E.2001. Figure, Ground and Presence: A Phenomenology of Meaning in Rhetoric. *Quarterly Journal of Speech* 87 (4): 396-414.

Ungerer, F. & Schmid, H-J.1996. *An Introduction to Cognitive Linguistics*. London: Longman.

Vendler, Z.1957. Verbs and Times. *The Philosophical Review* 66 (2): 143-160.

Vendler, Z.1967. *Linguistics in Philosophy*. Ithaca and London: Cornell University Press.

Verkuyl, H.1989. Aspectual Classes and Aspectual Composition. *Linguistics and Philosophy* 12: 39-94.

Vincent, N.1980. Iconic and Symbolic Aspects of Syntax: Prospects for Reconstruction. In Ramat, P. (ed.) *Linguistic Reconstruction and Indo-European Syntax. Current Issues in Linguistic Theory*, 47-68. Amsterdam/Philadelphia: John Benjamins Publishing Company.

Wagemans, J., Elder, J. H., Kubovy, M., Palmer, S. E., Peterson, M. A., Singh, M. & von der Heydt, R.2012a. A Century in Gestalt Psychology in Visual Perception: I. Perceptual Grouping and Figure-Ground Organization. *Psychological Bulletin* 138 (6): 1172-1217.

Wagemans, J., Feldman, J., Gepshtein, S., Kimchi, R., Pomerantz, J. R. & van der Helm, P. A.2012b. A Century in Gestalt Psychology in Visual Perception: II. Conceptual and Theoretical Foundations. *Psychological Bulletin* 138 (6): 1218-1252.

Walter, H.1981. *Studies Zur Nomen-Verb-Distinktion aus Typologischer Sicht*. Munich: Fink.

Wetzer, H.1996. *The Typology of Adjectival Predication*. Berlin/New York: Mouton de Gruyter.

Wierzbicka, A.1986. What's in a Noun? (Or: How do Nouns Differ in Meaning from Adjectives?) *Studies in Language* 10 (2): 353-389.

Williams, E.1981. Argument Structure and Morphology. *The Linguistic Review* 1: 81-114.

Wolff, P.2007. Representing Causation. *Journal of Experimental Psychology:*

*General* 136（1）: 82-111.

Wolff, P. & Barbey, A. K. 2015. Causal Reasoning with Forces. *Frontiers in Human Neuroscience* 9: 1-21.

Wolff, P. & Shepard, J. 2013. Causation, Touch, and the Perception of Force. In Ross, B. H. (ed.) *The Psychology of Learning and Motivation*, 167-202. San Diego: Elsevier Academic Press.

Wolff, P. & Song, G. 2003. Models of Causation and the Semantics of Causal Verbs. *Cognitive Psychology* 47（3）: 276-332.

Wolff, P., Jeon, G-H. & Li, Yu. 2009. Causers in English, Korean, and Chinese and the Individuation of Events. *Language and Cognition* 1（2）: 167-196.

Wu, Xinxin. 2011. Application of Figure and Ground Theory to Translation in Single Clause. *Theory and Practice in Language Studies* 1（11）: 1655-1658.

车文博,1998,《西方心理学史》,杭州:浙江教育出版社。

程琪龙,2002,语言认知和隐喻,《外国语》第1期,46—52页。

邓晓青、古丽梅、潘洁、王淑芬,2014,语言认知康复系统在颅脑损伤语言认知康复中的应用,《实用医技杂志》第2期,136—138页。

邓宇、李福印,2015,现代汉语运动事件切分的语义类型实证研究,《现代外语》第2期,194—205页。

邓宇、李福印,2017,现代汉语是均等框架语言吗——从Leonard Talmy与Dan Slobin的运动事件类型学之争谈起,《语言学研究》第22辑,113—123页。

邓宇、李福印、陈文芳,2015,汉语隐喻运动事件的词汇化类型探究——整合语料库和实验的证据,《外语与外语教学》第3期,73—78页。

杜鹃,2006,图形-背景理论解读英语中动结构的语义基础,《宜春学院学报》第5期,153—156页。

方清明,2015,万德勒的词类次范畴学说及其影响,《浙江外国语学院学报》第3期,58—64页。

傅勇林、陈丕,2003,从英语主谓顺序看语言序次观及其认知来源——语言与认知关系的哲学初探,《外语与外语教学》第11期,6—10页。

高远、李福印(主编),2007a,《乔治·莱考夫认知语言学十讲》,北京:外语教学与研究出版社。

高远、李福印(主编),2007b,《罗纳德·兰艾克认知语法十讲》,北京:外语教学与研究出版社。

高远、李福印(主编),2007c,《约翰·泰勒应用认知语言学十讲》,北京:外语教学与研究出版社。

管博,2011,英汉构架事件词汇化模式的差异:对中国学生使用英语动—品组合的影响,《解放军外国语学院学报》第3期,51—54页。

霍克斯[英](著),瞿铁鹏(译),1987,《结构主义和符号学》,上海:上海译文出版社。

蒋冀骋、吴福祥,1997,《近代汉语纲要》,长沙:湖南教育出版社。

蒋绍愚,1994,《蒋绍愚自选集》,郑州:大象出版社。

蒋绍愚,2017,《近代汉语研究概要(修订本)》,北京:北京大学出版社。

阚哲华,2010,汉语位移事件词汇化的语言类型探究,《当代语言学》第2期,126—135页。

李福印,2006,《语义学概论》,北京:北京大学出版社。

李福印,2008,《认知语言学概论》,北京:北京大学出版社。

李福印,2013,宏事件研究中的两大系统性误区,《中国外语》第2期,25—33页。

李福印,2015a,Leonard Talmy的语言哲学思想,《中国外语》第6期,41—47页。

李福印,2015b,静态事件的词汇化模式,《外语学刊》第1期,38—43页。

李福印,2017,典型位移运动事件表征中的路径要素,《外语教学》第4期,1—6页。

李福印,2020,宏事件假说及其在汉语中的实证研究,《外语教学与研究》第3期,349—360页。

李福印等,2019,《事件语义类型学》,北京:北京大学出版社。

李福印、沈煜,2021,《事件语法导论》,北京:北京大学出版社。

李金妹、李福印、Alan Cienki[荷兰],2020,事件融合理论视角下初始因果关系与持续因果关系的语言表征,《解放军外国语学院学报》第1期,109—117页。

李金妹、李福印、Jürgen Bohnemeyer[美],2017a,四字成语中的词汇型致使构式,《华文教学与研究》第2期,81—88页。

李金妹、李福印、顾琦,2017b,现代汉语迂回致使动词的语义类型,《解放军外国语学院学报》第5期,47—54页。

李雪,2008,英汉移动动词的词汇化模式差异及其对翻译的影响,《外语学刊》第6期,109—112页。

李雪,2009,英汉隐喻运动表达的对比研究,《外语学刊》第3期,44—47页。

李雪,2010,英汉移动动词词汇化的对比研究——一项基于语料的调查,《西安外国语大学学报》第 2 期,39—42 页。
李雪,2012,移动事件类型学研究述评,《外语研究》第 4 期,1—9 页。
李雪、白解红,2009,英汉移动动词的对比研究——移动事件的词汇化模式,《外语与外语教学》第 4 期,6—10 页。
梁银峰,2007,《汉语趋向动词的语法化》,上海:学林出版社。
廖巧云,2004,英语实据原因句探微,《外国语》第 4 期,46—52 页。
廖巧云,2007,英语因果构式探讨,《外语研究》第 3 期,24—27 页。
廖巧云,2008,英语实据因果句生成机理研究,《现代外语》第 3 期,238—244 页。
廖巧云,2010,英语实据因果句识解机理研究,《外语教学》第 5 期,10—14 页。
刘丹青,1996,东南方言的体貌标记,张双庆(主编),《动词的"体"》,香港:香港中文大学中国文化研究所吴多泰中国语文研究中心。
刘富华、孙维张,2003,《索绪尔与结构主义语言学》,长春:吉林大学出版社。
刘坚、江蓝生、白维国、曹广顺,1992,《近代汉语虚词研究》,北京:语文出版社。
刘婧、李福印,2017,力动态视角下汉语"使"字句的语义构建,《语言学研究》第 21 辑:122—135 页。
刘礼进,2014,汉语怎样编码位移的路径信息——现代汉语位移事件的类型学考察,《世界汉语教学》第 3 期,322—332 页。
刘月华,1998,《趋向补语通释》,北京:北京语言文化大学出版社。
鲁苓,2003,语言·符号·认知——关于索绪尔语言学理论的再思考,《外语研究》第 2 期,1—4 页。
伦纳德·泰尔米[美](著),李福印等(译),2017,《认知语义学(卷Ⅰ):概念构建系统》,北京:北京大学出版社。
伦纳德·泰尔米[美](著),李福印等(译),2019,《认知语义学(卷II):概念构建的类型和过程》,北京:北京大学出版社。
罗杏焕,2008,英汉运动事件词汇化模式的类型学研究,《外语教学》第 3 期,29—33 页。
吕叔湘,1979,《汉语语法分析问题》,北京:商务印书馆。
吕叔湘,1999,《现代汉语八百词》(增订本),北京:商务印书馆。
吕叔湘、朱德熙,2013,《语法修辞讲话》,北京:商务印书馆。
马庆株,1991,影响词类划分的因素和汉语词类定义的原则,中国语文杂志社(编),《语法研究和探索》(五),130—143 页,北京:商务印书馆。

苗力田(主编),2016,《亚里士多德全集》(一),北京:中国人民大学出版社。
牛保义,2018,认知语言学研究的现状与发展趋势,《现代外语》第6期,852—863页。
邵志洪,2006,英汉运动事件框架表达对比与应用,《外国语》第2期,33—40页。
史文磊,2011a,国外学界对词化类型学的讨论述略,《解放军外国语学院学报》第2期,12—17页。
史文磊,2011b,汉语运动事件词化类型的历时转移,《中国语文》第6期,483—498页。
史文磊,2012,汉语运动事件词化类型研究综观,《当代语言学》第1期,49—65页。
史文磊,2014,《汉语运动事件词化类型的历时考察》,北京:商务印书馆。
索绪尔[瑞士](著),高名凯(译),1980,《普通语言学教程》,北京:商务印书馆。
太田辰夫[日](著),蒋绍愚、徐昌华(译),2003,《中国语历史文法》(第2版),北京:北京大学出版社。
唐晓磊,2008,现代汉语运动类事件表达的结构特征,《天津外国语大学学报》第4期,27—30页。
万德勒[美](著),陈嘉映(译),2002,《哲学中的语言学》,北京:华夏出版社。
王铭玉、于鑫,2013,索绪尔语言学理论的继承与批判,《外语教学与研究》第3期,363—373页。
吴福祥,1996,《敦煌变文语法研究》,长沙:岳麓书社。
吴福祥,2003,关于语法化的单向性问题,《当代语言学》第4期,307—322页。
吴福祥,2004,近年来语法化研究的进展,《外语教学与研究》第1期,18—24页。
吴福祥,2010,汉语方言里与趋向动词相关的几种语法化模式,《方言》第2期,97—113页。
吴国向,2012,过程的事件及事用解析,《外语教学与研究》第4期,510—522页。
吴建伟,2009,英汉运动事件路径语义的句法研究,《山东外语教学》第5期,28—32页。
吴一安,2000,《语义学》导读,John I. Saeed[英](著),《语义学》,F16—F44,北京:外语教学与研究出版社。
肖燕,2015,时间参照框架与时间表征的主观性,《外国语文》第6期,75—80页。
谢艳红,2006,汉语歇后语的图形-背景论分析,《高等教育与学术研究》第3期,21—26页。

邢福义,1991,词类问题的思考,中国语文杂志社(编),《语法研究和探索》(五),23—41页,北京:语文出版社。

熊兵,2003,美国结构主义语言学:回顾与反思,《外语与外语教学》第8期,50—53页。

熊学亮、梁晓波,2004,论典型致使结构的英汉表达异同,《外语教学与研究》第2期,90—96页。

休谟[英](著),关文运(译),郑之骧(校),2016,《人性论》,北京:商务印书馆。

徐杰,2007,生成语法的"语类"与传统语法的"词类"比较研究,《对外汉语研究》第1期,16—31页。

徐盛桓,1995,英语倒装句研究,《外语与外语教学》第4期,28—37页。

亚里士多德[古希腊](著),陈中梅(译注),1996,《诗学》,北京:商务印书馆。

严辰松,1998,运动事件的词汇化模式——英汉比较研究,《解放军外语学院学报》第6期,8—12页。

严辰松,2005,英汉语表达"实现"意义的词汇化模式,《外国语》第1期,23—29页。

严辰松,2008,伦纳德·泰尔米的宏事件研究及其启示,《外语教学》第5期,9—12页。

杨大然,2015,基于事件轻动词理论的致使性交替现象研究,《解放军外国语学院学报》第3期,40—48页。

余玲丽,2005,基于图形-背景理论的英语关系分句认知分析,《宁波大学学报》(人文科学版)第4期,37—40页。

俞琳、李福印,2016,因果关系语言表征研究中的CiteSpace Ⅲ对比分析,《当代外语研究》第3期,9—15页。

张德禄,2004,系统功能语言学的新发展,《当代语言学》第1期,57—65页。

张德禄,2011,系统功能语言学,《中国外语》第3期,64—65页。

张德禄、刘世铸,2006,形式与意义的范畴化——兼评《评价语言——英语的评价系统》,《外语教学与研究》第6期,423—427页。

张克定,2006,英语存现构造的认知解释——英语存现结构的认知与功能研究(之二),《外国语文》(原《四川外语学院学报》)第6期,60—64页。

张豫峰,2007,关于现代汉语致使态的思考,《汉语学习》第6期,25—30页。

张豫峰,2008,现代汉语致使语态句分析,《中州学刊》第4期,246—248页。

张豫峰,2014,《现代汉语致使态研究》,上海:复旦大学出版社。

赵艳芳,2001,《认知语言学概论》,上海:上海外语教育出版社。
朱德熙,1982,《语法讲义》,北京:商务印书馆。
朱德熙,1991,词义和词类,中国语文杂志社(编),《语法研究和探索》(五),3—7页,北京:语文出版社。
朱德熙,1999a,《朱德熙文集(第一卷)·语法讲义》,北京:商务印书馆。
朱德熙,1999b,《朱德熙文集(第一卷)·语法答问》,北京:商务印书馆。
朱永生,2002,系统功能语言学与转换生成语言学的主要区别,《外语研究》第4期,1—5页。